Das Buch

In ihrem Bestseller *Der einzige Weg, Oliven zu essen* äußerten sich 120 Frauen freimütig über ihr sexuelles Leben; in dem neuen Buch der Sexualtherapeutinnen Lonnie Barbach und Linda Levine geht es um sexuelle Männerphantasien. 120 Männer wurden interviewt, sprachen offen über ihre Wünsche, Probleme und Vorstellungen, und die Autorinnen resümierten überrascht: Die Männer sind besser als ihr Ruf. Der Macho ist angeschlagen. Zärtlichkeit und Rücksicht ist angesagt. Verständnis und Sympathie für die Partnerin werden als wichtigste Voraussetzungen für eine glückliche Beziehung angesehen. Aber die Männer geben auch zu, daß es ihnen nicht immer leichtfällt, mit ihren Partnerinnen über sexuelle Probleme, über Gefühle und Sex zu reden. Und sie wollen die Verantwortung für guten Sex nicht länger allein tragen. *Fühlst du mich?* ist ein Buch für Männer und Frauen, die bereit sind, ausgefahrene Gleise zu verlassen, um sexuelles Glück intensiver zu erleben.

Die Autorinnen

Lonnie Barbach ist Psychologin und Sexualtherapeutin an der Medizinischen Fakultät der Universität von Kalifornien in San Francisco. In Amerika machte sie sich einen Namen mit einem neuartigen sexualtherapeutischen Programm, das sie am California Medical Center in Berkeley mit mehreren Frauengruppen erprobte.
Linda Levine, Magister der Psychologie und Medizin, ist staatlich anerkannte Sexualerzieherin und -therapeutin und arbeitet seit 1971 im klinisch-sozialen Bereich. Sie besitzt eine Privatpraxis in Washington.

In unserem Hause sind von Lonnie Barbach außerdem erschienen:
Die dritte Weiblichkeit
For yourself
50 Wege zu neuer Lust
Welche Farbe hat die Lust?
Der einzige Weg, Oliven zu essen
Wildkirschen

Lonnie Barbach / Linda Levine

Fühlst du mich?

Männerphantasien

Aus dem Amerikanischen
von Dr. Jürgen Behrens

Ullstein

Ullstein Taschenbuchverlag
Der Ullstein Taschenbuchverlag ist ein Unternehmen der
Econ Ullstein List Verlag GmbH & Co. KG, München
Ungekürzte Ausgabe
7. Auflage 2001
Alle Rechte vorbehalten
© 1983 by Linda Levine and Lonnie Barbach
Übersetzung © 1986 Verlag Ullstein GmbH, Frankfurt/M – Berlin
Titel der amerikanischen Originalausgabe: *The Intimate Male, Candid Discussions*
About Women, Sex and Relationships
Übersetzung: Dr. Jürgen Behrens
Umschlagkonzept: Lohmüller Werbeagentur GmbH & Co. KG, Berlin
Umschlaggestaltung: Thomas Jarzina
Titelabbildung: photonica, Hamburg
Druck und Verarbeitung: Ebner Ulm
Printed in Germany
ISBN 3-548-22100-9

Inhalt

Vorwort

In der Lawine von Büchern über Sex, die innerhalb der vergangenen zwanzig Jahre erschienen sind, gibt es eine Unmenge schlechter und nur wenige gute. Die schlechten geben gewöhnlich Privatmeinungen als wissenschaftliche Tatsache aus, sind bestrebt, alles in ein bestimmtes Schema sexueller Funktionstüchtigkeit zu zwängen und dienen eher dazu, Menschen zu verwirren und ihnen ein Gefühl der Unzulänglichkeit zu vermitteln. Die guten bieten nützliche Information, lassen Unterschiede zwischen Menschen zu, lassen Spielraum in Beziehungen und tragen dazu bei, uns so, wie wir sind, zu akzeptieren oder in Richtung dahin, wie wir sein möchten, uns zu ändern. »Fühlst du mich« ist eines dieser guten Bücher.

Die hier vorgelegten Antworten von Männern klingen wahrheitsgemäß. Obwohl diese Stichproben-Untersuchung von Levine/Barbach für die männliche Population in den USA nicht repräsentativ ist – wenn auch vielleicht aus keinem anderen Grund als dem, daß diese Männer einen hohen Bildungsstand haben, den Mittelschichten angehören und ausgewählt wurden, weil ihr Geschlechtsleben erfüllt und glücklich ist –, sind ihre Aussagen nach Inhalt und Stil dem sehr ähnlich, was ich von mehr als 1000 Männern, mit denen ich sexualtherapeutisch gearbeitet habe, zu hören bekam oder was mir in Gesprächen über Sex in anderen Zusammenhängen mitgeteilt worden ist. Männer sind, genau wie Frauen auch, in mancherlei Hinsicht voneinander verschieden. Was für den einen angenehm, erregend oder befriedigend sein mag, erlebt der andere vielleicht genau entgegengesetzt. Dieses Buch vermittelt die Vielschichtigkeit des modernen Mannes in überzeugender Weise.

Während die Unterschiede zwischen Männern wichtig sind und nicht übergangen werden dürfen, gibt es doch auch signifikante Ähnlichkeiten (Entsprechungen). Die Männer verändern sich.

Viele haben den Wert von Zärtlichkeit, Feinfühligkeit und Rücksichtnahme für sich erlebt und die Wichtigkeit von Beziehungen zu Frauen, die ihnen ebenbürtig sind. Überdies sind sie sich – zumindest in gewissem Umfang – auch der Hindernisse bewußt, mit jenen Modellen von Männlichkeit und Sexualität, mit denen sie aufgewachsen sind, diese Ziele zu erreichen. Und sie ermessen durchaus die Tragweite des Konflikts – wählen zu müssen zwischen dem, was sie hier und heute für richtig halten und dem, was man sie als richtig und gut gelehrt hat. Diese Männer kennen die Zwänge des Macho-Stereotyps und mögen sie ganz und gar nicht. Sie wollen nicht die ganze Verantwortung für gelungenen Sex auf ihren Schultern und Penissen tragen. Sie fragen sich, warum sie immer den ersten Schritt tun, anbahnen, vorbereiten, führen und dann auch noch das Ergebnis verantworten sollen (Erfolg oder Mißerfolg . . .), und sie schätzen jene Frauen, die die Last und die Freuden der Liebe mit ihnen teilen.

Die Männer in diesem Buch sind Menschen aus Fleisch und Blut, mit eigenen Sorgen und Mitgefühl für andere, Empfindungen und Ängsten, Zartgefühl und Rücksichtnahme – im Gegensatz zu jenen fühllosen Mißbrauchern von Frauen, über die in manchen Sexbüchern geschrieben wird, und zu den völlig Ahnungslosen, an die andere sich wenden – zum Beispiel Männer, die nicht wissen, was eine Klitoris ist, wie sie sie erfühlen, was sie tun können, wenn sie sie gefunden haben, kurzum jene, die sich um die Befriedigung ihrer Partnerinnen keinen Deut scheren. Wie die meisten Männer, mit denen ich gearbeitet habe, wollen sie Sex mit Frauen, an denen ihnen etwas liegt und denen sie etwas bedeuten, sie sind einigermaßen kundig in Sachen Sexualität, und sie möchten ihren Partnerinnen Befriedigung verschaffen. Trotz all dessen, womit sie aufgewachsen sind – »Nummern schieben«, »Zwangsfickertum« –, können sie damit wenig anfangen. Sie haben den Zusammenhang zwischen zärtlicher Nähe und gutem Sex kennengelernt und wissen von der Wichtigkeit klitoritaler und anderer Formen der Stimulation ihrer Partnerinnen.

Obwohl es auch Macho-Elemente in dem gibt, was diese Männer vorbringen – kein Wunder, wenn man bedenkt, wie sie aufgewachsen sind und worin unsere Kultur sie bestärkt hat –, sind sie doch im großen und ganzen nicht jene wortkargen, »problemfreien«

Macho-Typen, die uns sattsam bekannt sind. Sie machen sich Sorgen über Länge, Größe und Leistung ihres Penis, vor allem über die schreckliche Möglichkeit, ihn nicht hochzubringen und ihre Gefährtinnen nicht befriedigen zu können. Die meisten haben irgendwann einmal sexuelle Probleme erfahren, und die überwältigende Mehrzahl von ihnen hat Mittel und Wege gefunden, auch ohne professionelle Unterstützung Abhilfe zu schaffen (– eine frohe Kunde für Menschen, die zunehmend ihre Fähigkeit, Probleme selber lösen zu können, in Zweifel ziehen). Diese Männer wissen sehr gut, daß das Herstellen und die Aufrechterhaltung wechselseitiger Intimität nicht eben leicht ist, und sie wissen auch, wie schwierig es zuweilen ist, über Gefühle und über Sex mit ihren Partnerinnen zu reden. Besonders schwer aber fällt es Männern, zur Aufforderung zum Sex auch einmal nein zu sagen, und manch einer würde lieber Enthusiasmus oder einen Orgasmus vortäuschen, als zugeben, daß er nicht in Stimmung ist oder aufhören möchte. Nichtsdestoweniger versuchen doch die meisten, mit dem geliebten Menschen über Sex zu sprechen und den Versuch zu machen, alles zu unternehmen, um Nähe und eine gute sexuelle Beziehung aufrechtzuerhalten.

Obwohl die meisten dieser Männer keine politisch radikalen Auffassungen vertreten, stellen sie doch kulturelle Modelle in Frage und sind empfänglich dafür, neue Lebens- und Beziehungsformen zu erproben. Das ist vielleicht ein hoffnungsvolles Zeichen für all diejenigen Frauen, die sich Sorgen machen, ob sie den Mann finden, der ihnen ebenbürtig ist. Es sind dies Männer, die einiges Nachdenken darauf vewandt haben, was sie vom Leben wollen, von Beziehungen, von der Sexualität. Da Frauen oftmals darüber klagen, daß Männer sich nur sehr unbestimmt über das auslassen, was ihnen sexuell Spaß macht und sich entsprechende Fragen mit einem vagen »eigentlich macht mir alles Spaß« abwimmeln, beziehen sich bestimmte Partien dieses Buches auf Äußerungen darüber, was sie mögen – von der behaglichen Atmosphäre, vom Berührtwerden an bestimmten Stellen bis zu diversen Sexartikeln – und mögen für Leserinnen recht aufschlußreich sein. Während die Präferenzen, zu denen diese Männer sich bekennen, keineswegs allgemein übertragbar sind, eignen sie sich jedoch vielleicht als Anregung fürs Experimentieren und für Gespräche.

So bescheiden sich das Buch in seinem Anspruch gibt, halte ich es dennoch für einen wertvollen Beitrag zur Literatur über männliche Sexualität. Es stellt eine Fülle von Informationen über sexuelle Vorstellungen, Empfindungen und Verhaltensweisen einer wichtigen Gruppe von Männern bereit – in der Sprache dieser Männer. Es ist für uns viel aus diesem Buch zu lernen. Wenn wir bereit sind, genau hinzuhören, geht uns vielleicht auf, daß der Macho tödlich verwundet oder angeschlagen ist, und daß Männer, oder wenigstens einige Männer, sich mit den Frauen verbünden, die mit liebgewordenen Vorstellungen darüber aufräumen, was es heißt, feminin und maskulin zu sein, und was es bedeutet, mit jemandem zusammenzusein, im Bett oder außerhalb. Guter Sex – darüber zu lernen, zu reden, ihn in einer sinnvollen Weise in unser Leben und in unsere Beziehungen einzubringen – ist ganz und gar nicht so natürlich oder leicht, wie viele von uns glauben mögen. Mehr und mehr Menschen fangen an, das zu begreifen, und das schöne Buch von Linda Levine und Lonnie Barbach stellt klar, daß Männer viele derselben Fragen, Befürchtungen und Schwierigkeiten haben wie Frauen. Das Wissen um diese einfache Tatsache mag dabei helfen, Verständnis und Sympathie für uns selbst und die, die wir lieben, hervorzubringen, insbesondere dann, wenn es mit dem Sex oder vielleicht auch der Beziehung selbst gerade nicht zum besten steht. Ich glaube und hoffe, daß dieses Buch Ermutigung sein wird zu solchem Verständnis und solcher Sympathie.

Bernie Zilbergeld
Berkeley, California

Einleitung

Als wir anfingen, für dieses Buch Interviews mit Männern aufzunehmen, bestand unser Ziel einfach darin, ein männliches Gegenstück zu unserer Sammlung »Der einzige Weg, Oliven zu essen, und andere intime Geständnisse« herauszubringen. Jenes frühere Buch enthält Mitteilungen und Erzählungen über Einstellungen zum Intimleben und sexuelle Verhaltensweisen und Praktiken von 120 Frauen, die sich mit ihrer Sexualität wohlfühlen. Es bietet Informationen, zu denen nur wenige Frauen Zugang haben: wie andere Frauen ihre langfristigen Beziehungen sexuell lebendig erhalten und wie Frauen erfolgreich mit Problemen umgehen, die im normalen Alltag auftreten und ihr Geschlechtsleben einengen und beeinträchtigen wie etwa Schwangerschaft, Elternschaft, Alter und Krankheit.

Überall in diesem Land ist uns von Frauen bestätigt worden, daß diese Lektüre ihnen das Gefühl vermittelt hätte, weniger isoliert zu sein und über größeres Wissen und mehr Selbstvertrauen zu verfügen. Sicherlich, so überlegten wir uns, bestand das Bedürfnis nach einem ähnlichen Buch über Männer, die ein befriedigendes Geschlechtsleben haben und die für sich ganz ähnliche Konflikte gelöst haben.

Doch im Verlauf unserer Bemühungen, Informationen von 120 Männern überall im Land zu sammeln, entdeckten wir mehr als nur Lösungen für gleichartige Probleme, die Mitteilung sexueller Techniken und den Austausch von Vorstellungen über Geschlechterbeziehungen. Wir erfuhren zugleich, daß sich Männer, unabhängig von Alter, Lebensstil oder ökonomischer Situation, für ihr Leben mehr Intimität und Zärtlichkeit wünschen – insbesondere für ihr Sexualleben.

Die Männer, die wir interviewten, hatten ein gesteigertes Interesse daran, die landläufige Definition von Männlichkeit auf dem Gebiet der Sexualität zu revidieren. Sie meinten, daß die kulturell akzeptierten Macho-Bilder ihre Fähigkeit einschränken, zärtlich zu sein. Diese Männer waren in der Lage, sich unbefangen und deutlich auszusprechen.

Angesichts dieses neuen Bewußtseins mögen Sie sich fragen, wie repräsentativ jene Männer, die wir interviewt haben, für den Durchschnittsmann eigentlich sind. Wir fanden, daß sie durchaus die Allgemeinbevölkerung vertreten. Sie waren Durchschnitt in dem Sinne, daß auch sie sich mit Alltagsproblemen auseinandersetzten und sich den üblichen sexuellen Schwierigkeiten gegenübersahen. Nach Alter, Lebensstil und Beruf waren sie unterschiedlich. Der jüngste Mann war 19, der älteste 88. Einige waren häufig die Partnerinnen wechselnde Junggesellen, andere Familienväter. Wir interviewten Studenten, Künstler, Pfarrer, Rechtsanwälte, Zahnärzte, Ärzte, Mechaniker, Regierungsangestellte, Rentner, leitende Angestellte und auch Medienstars. Annähernd 10 % der Männer waren Schwarze. Wir suchten uns unsere Interviewpartner hauptsächlich an der Ost- und Westküste, im Gebiet der San Francisco Bay und im Großraum New York/Washington, D. C., befragten aber auch Männer in Kansas, Ohio, Washington, Texas, Colorado, Georgia und Florida. Nur vier dieser 120 Männer waren sogenannte ›befreite Männer‹, die an Sitzungen von Selbsterfahrungsgruppen teilnahmen.

Die Interviewten sind vielleicht insofern nicht repräsentativ, als die meisten über eine College-Bildung verfügten, karriereorientiert waren und der Mittelklasse angehörten. Hinzu kommt, daß sie in ihrer Sexualität Befriedigung fanden. Vielerlei Gründe haben uns bewogen, Männer auszusuchen, die an ihrem Sexualleben Vergnügen hatten. Die meisten Bücher über männliche Sexualität sind von Fachleuten geschrieben, die Anleitung geben, wie man Probleme lösen kann. Für dieses Buch nun suchten wir Männer, die bestätigen konnten, daß das, was sie empfanden, für ihre eigene Sexualität wichtig war. Sie sollten uns ihre individuellen Lösungen für vertraute Probleme mitteilen.

Ebenso sollten es Männer sein, die sich erfolgreich mit den wechselnden Erwartungen auseinandergesetzt hatten, die gesellschaftlich an einen Mann gerichtet werden.

Schließlich sind wir auch der Auffassung gewesen, daß Männer, die emotional befriedigend zu leben verstehen und ein erfolgreiches Leben in der Auseinandersetzung mit den Problemen der Gesellschaft führen, vielleicht auf Trends aufmerksam machen können, die später einmal zu einer Hauptströmung werden könnten.

Wie haben wir nun diese Männer gefunden? Anfangs einfach dadurch, daß wir Freunde und Kollegen überall im Land baten, uns Männer zu nennen, die unseren Auswahlkriterien entsprachen. Auch auf Vortragsreisen im Zusammenhang mit unserer Veröffentlichung »Der einzige Weg, Oliven zu essen« und in unseren Seminaren über die Sexualität suchten wir uns überall im Land Freiwillige aus der Zuhörerschaft. Während wir immer mehr Informationen für unser neues Buch sammelten, hielten wir nach Männern Ausschau, deren Situation von besonderem Interesse war, z. B. nach behinderten Männern; nach Männern, deren Frauen schwanger waren; nach Männern über sechzig oder unter dreißig; nach alleinstehenden Vätern, die das Sorgerecht für ihre Kinder hatten. Wie wir das schon früher bei Frauen feststellen konnten, waren auch die Männer, die wir interviewten, meistens erfreut, uns die Namen von Freunden zu nennen, die sich ebenfalls in ihrer Sexualität wohlfühlten und bereit zu einem Interview waren.

Zu Anfang interviewten wir sowohl homosexuelle als auch heterosexuelle Männer in der Annahme, daß sich, wie in unserem früheren Buch über Frauen, herausstellen würde, daß die grundsätzlichen Anliegen beider ähnlich sein würden. Allerdings stellten wir fest, daß – anders als bei lesbischen Frauen, die gewöhnlich dasselbe Bedürfnis nach Intimität und Monogamie hatten wie heterosexuelle Frauen – der Lebensstil schwuler Männer sich wesentlich von dem lesbischer Frauen unterscheidet. Ein hoher Grad von Unbeständigkeit ist kennzeichnend für die Homosexuellen. Ihre Bandbreite reicht von Monogamie bis zu Sex im Stehen und von Leder bis zu Spitzenrüschen. Da wir zu der Auffassung gelangt waren, daß wir diesem breiten Spektrum homoerotischer männlicher Sexualität nicht gerecht werden könnten, beschränkten wir uns schließlich auf heterosexuelle Männer.

Unsere Absicht bestand, ähnlich wie in unserer früheren Veröffentlichung, nicht darin, eine statistische Untersuchung durchzuführen oder gewichtige Erklärungen abzugeben über die Unterschiede in Einstellungen und Erfahrungen von Männern verschiedener Altersstufen, verschiedener Herkunft oder von verschiedenem Personenstand, sondern vielmehr eine Fülle von Daten über Sexualität, Einstellungen, Erfahrungen und problemlösende Techniken vorzulegen, die für die Männer kennzeichnend waren, die wir interviewt hatten. Jedes Interview, das wir durchführten, dauerte mindestens 2 Stunden. Die Fragen, die wir stellten, waren gezielt. Daher war es für uns notwendig, zum Interviewten so schnell wie möglich eine vertrauensvolle Beziehung herzustellen. Wir ermutigten die Männer, offen und unbefangen zu sein, während sie uns die persönlichsten Dinge mitteilten und von ihren Praktiken erzählten.

Während unserer Arbeit an diesem Buch waren wir erstaunt über eine Befürchtung, die wiederholt zum Ausdruck gebracht wurde, manchmal sogar von den Interviewten selbst: »Woher wollen Sie wissen, daß die Männer, die Sie interviewen, ehrlich sind?« Einer schlug sogar im Spaß vor, daß wir Lügendetektoren hinzuziehen sollten.

Es liegt nahe, daß Männer übertreiben, ausschmücken und prahlen, jedoch selten – falls überhaupt – die Wahrheit über ihre sexuellen Erfahrungen erzählen. Da wir in dieser Hinsicht bei unseren Interviews mit Frauen kaum Bedenken hatten, begannen wir uns zu fragen, warum Männern ihre Vorstellungen von Sexualität so wichtig sind, daß sie lügen müssen, um sie zu schützen. Doch als unser Material vollständiger wurde, begannen wir zu erkennen, in welch starkem Maße unsere Kultur die Männlichkeit eines Mannes nach den Maßstäben seiner sexuellen Leistungskraft bemißt. Jede offenkundige Unsicherheit, jedes geringste Versagen beispielsweise kann bereits bewirken, daß ein Mann an seinem maskulinen Selbstbild zu zweifeln beginnt.

Infolgedessen ist jedes Gespräch zwischen Männern, das sich auf Sex bezieht, oft beschränkt auf reines Imponiergehabe. Spike und sein bester Freund Paul zum Beispiel haben 14 Jahre lang aufgebauschte Geschichten über ihr Geschlechtsleben ausgetauscht. Unter vier Augen, während des Interviews, warfen Spikes Erzählungen Licht auf die Spiele, die Männer miteinander spielen: Jedesmal, wenn einer von uns mit einer Frau ausgegangen war, ließen wir uns am nächsten Morgen erst einmal über Einzelheiten der »Bumserei« aus. Ganz ohne Einleitung, nicht mal ein Hallo, es ging gleich zur Sache. Wir malten uns ganz minutiös aus, was in der letzten Nacht passiert war. Wenn ich wußte, daß Paul morgens anrufen würde, mußte ich mir immer eine lange, ausführliche, knallharte Geschichte ausdenken. Paul und ich hatten offenbar ein echtes Bedürfnis, uns voreinander aufzuspielen. Manchmal erzählte ich ihm dann, wir hätten 45 Minuten bis 1 Stunde damit verbracht, wild zu bumsen, anstatt einzugestehen, was wirklich vorgefallen war. Schließlich gelangte ich zu der Erkenntnis, daß wir uns so sehr in diesen ganzen Dreckskram versponnen hatten, daß es schon soweit gekommen war, daß meine Beziehungen zu Frauen darunter litten.

Wir hatten nicht das Gefühl, in unserem Bemühen um ehrliche Antworten Lügendetektoren benutzen zu müssen, da wir schließlich beide auf mehr als 20 Jahre klinische Erfahrung zurückblicken können und genügend professionelle Urteilsfähigkeit besitzen, um die Vertrauenswürdigkeit der Antworten richtig einzuschätzen. Von wenigen Ausnahmen abgesehen, waren wir überzeugt, daß diese Männer uns nichts vormachten. Es waren allerdings auch einige darunter, die mit herkulischen sexuellen Glanzleistungen prahlten, »Marathons« und dergleichen, doch sobald wir das Gefühl bekamen, daß ein Mann nicht aufrichtig war, ließen wir das Interview mit ihm unberücksichtigt. Da behauptete einer der Männer, sein hartnäckiger sexueller Appetit wäre auch dann nicht zu befriedigen, wenn er wöchentlich dreimal mit seiner Frau Geschlechtsverkehr hätte. Angeblich kompensierte er das dadurch, daß er sich noch gleichzeitig vier Geliebte hielt.

Viele der Männer, mit denen wir sprachen, gestanden uns, daß sie nur ganz selten so offen und ehrlich über Sex geredet hätten. Einer sagte: »Ich rede mit niemandem über Sex – auch nicht mit meiner Frau oder mit meinen Freunden.« Und ein anderer erklärte: »Ich habe noch nie in der Weise mit jemandem gesprochen, wie ich es mit Ihnen tue, nicht einmal mit meinem Analytiker.«

Angesichts einiger Fragen waren manche Männer offensichtlich ziemlich verstört und hatten Schwierigkeiten, sie zu beantworten. Als wir ihn nach kritischen Phasen seiner Sexualität befragten, erklärte uns der vierzigjährige Werner: »Ich überlege mir gerade, ob ich die richtige Antwort darauf weiß, und falls ja, ob ich auch den Mut habe, mit Ihnen darüber zu sprechen. Ich halte es für besser, wenn wir diese Frage vorerst auslassen.« Andere Männer waren bereit, uns mitzuteilen, wo und wann sie sexuell Schwierigkeiten gehabt hatten und stellten sich dabei selbst durchaus nicht im allerbesten Licht dar. Der 43jährige Drew räumte ein:

> Sex ist ein derart aufgeladenes Thema, daß es schwerfällt, ohne Übertreibung oder ohne den Wunsch, zu vertuschen, darüber zu reden. Ich glaube, es ist ein ganz natürliches Bestreben, die guten Erfahrungen herauszustreichen und die schlechten besser gar nicht zu erwähnen. Ich finde es etwas schwierig, wirklich aufrichtig zu sein, weil einige Dinge nicht gerade schmeichelhaft sind, und es ist eben schwer, über Dinge zu reden, die nicht schmeichelhaft sind.

Aber grundsätzlich waren die Männer dazu entschlossen, ehrlich zu sein, oftmals mehr sich selbst zuliebe, als um zu unserer Forschungsarbeit beizutragen. »Als ich herkam, hatte ich mich entschlossen«, sagte der 30jährige Joseph,

> daß ich so frei und offen wie möglich sein wollte und mit Ihnen über alles reden möchte. Manchmal könnte es mir ein bißchen schwer werden, so richtig einzusteigen, da ich Sie ja kaum kenne. Und wenn ich dann also einmal ins Stottern gerate oder wenn Sie sehen, wie ich zur Decke hochstarre, dann haben Sie bitte Verständnis mit mir.

Die Namen der Interviewten sind im Text geändert worden, und alles, wodurch sie identifiziert werden könnten, ist sorgfältig getilgt worden. Wegen dieses Versprechens der Anonymität ergriffen viele Männer die Gelegenheit, Dinge zur Sprache zu bringen, die sie noch niemals jemand anderem anvertraut hatten. Manchen war das Interview schon deswegen willkommen, weil sie sich bei dieser Gelegenheit etwas von der Seele reden konnten, ohne sich Sorgen darüber machen zu müssen, wie man sie beurteilen würde. Da waren einmal jene, die uns gestanden, daß sie außereheliche Affären hätten, von denen ihre Frauen nichts wüßten. Andere vertrauten uns Geheimnisse an, die für sie peinlich gewesen wären, hätte man sie veröffentlicht. So gestand einer der Männer zum Beispiel: »Jeder glaubt, daß ich sexuell unheimlich aktiv bin, aber meine Frau und ich haben schon seit einigen Jahren keinen Verkehr mehr miteinander.«

Zuerst gewannen wir den Eindruck, daß die Männer ehrlicher und freimütiger gewesen wären als die Frauen in unserer Vergleichsuntersuchung. Doch nach reiflichem Abwägen ging uns auf, daß wir unbewußt einer Stereotype aufgesessen waren, die besagt, daß Männer nicht von ihren Ängsten sprechen und keine Furcht davor haben, sich verletzlich zu zeigen. Wenn sie dann so freimütig auf unsere Fragen antworteten, schien ihre Unbefangenheit eben dramatischer, vielsagender und verläßlicher als das, was Frauen uns mitteilten.

Männer zum Thema Sexualität zu interviewen, war unleugbar etwas anderes als die Interviews mit Frauen. Der Umstand, daß wir als Frauen den Männern überaus persönliche Fragen nach ihren intimsten sexuellen Erlebnissen stellten, schuf zwischen uns eine sexuelle Spannung, die in den Gesprächen mit Frauen nicht feststellbar gewesen war. Wir waren darauf gänzlich unvorbereitet und hatten Schwierigkeiten, uns einzugestehen, daß irgendwelche Gefühle gegenseitiger sexueller Anziehung überhaupt existierten. Anfangs distanzierten wir uns von diesen Gefühlen, indem wir uns auf unseren professionellen Status zurückzogen. Später dann, als wir schon mehrere Interviews hinter uns hatten und die sexuellen Gefühle, die unsere Aufgabe in uns wachrief, unbefangener akzeptieren konnten, waren wir in der Lage, uns zu entspannen und uns eindeutiger und offenherziger zu äußern, als wir es in den voraufgegangen Interviews gewagt hatten. Unsere Entspanntheit wiederum schien auch die Männer zu veranlassen, sich zu entspannen und ihre eigenen Gefühle zuzulassen. Dennoch waren wir dann gelegentlich ziemlich schockiert – insbesondere im Hinblick auf die Sprache, derer sie sich bedienten. Diese unverblümte Sprache, die einige der Männer benutzten, verursachte uns zuerst einiges Unbehagen. Zu Beginn eines Interviews hielten sich die meisten Männer zurück und verwendeten klinische Ausdrücke wie etwa Penis und Vagina. Doch sobald sie unbefanger geworden waren, fielen sie in das vertraute Vokabular zurück und gebrauchten Ausdrücke wie »Fotze, Möse und Schwanz« immer häufiger. Und während wir uns manchmal innerlich wehrten gegen eine Sprache, die zu hören für uns ungewohnt war, wahrten wir nach außen hin die Miene dessen, den nichts mehr zu schockieren vermag.

Es war für uns beide, die wir diese Interviews getrennt durchführten, oftmals eine Bestätigung, wenn wir unser Aufzeichnungen verglichen und entdeckten, daß wir auf einiges ganz ähnlich reagierten. Beide empfanden wir Unbehagen über die sexuelle Spannung in den Interviews. Wir fanden es auch schwer, uns einige der Slangausdrücke anzuhören, die die Männer verwendeten und die sich gelegentlich chauvinistisch anhörten. Aber wir unterdrückten unsere anfangs noch heftigen Reaktionen und waren bald imstande, uns auf das zu konzentrieren, was die Männer uns über ihr Geschlechtsleben erzählten. Wir konnten am Ende feststellen, daß aufmerksames Zuhören entschieden unser Bewußtsein dafür geschärft hatte, wie Männer die Sexualität erleben. Wir begriffen auch schon sehr bald, daß manche ihrer Slangausdrücke, die man als gegen Frauen gerichtete Aggressivität deuten könnte, einfach nur aus Gewohnheit benutzt wurden.

Trotz solcher zunehmenden Bewußtheit legten wir uns, als wir die Daten analysierten, die Frage vor, in welchem Maße sich unsere unbewußten Grundannahmen noch erhalten hatten und ob sie die Form beeinflussen würden, in der wir unser brisantes Material vorlegten.

Im Grunde lief es darauf hinaus, daß wir zwei Frauen uns fragten, ob wir ein Buch über männliche Sexualität schreiben könnten. Würde unsere Analyse den männlichen Standpunkt authentisch wiedergeben? Unsere erste Reaktion darauf war, daran zu erinnern, daß über Jahre hinweg Männer sich für Autoritäten in Sachen weibliche Sexualität ausgegeben hatten. Warum nicht auch einmal umgekehrt? Wir waren gut ausgebildete Therapeuten, erfahren darin, die Welt mit den Augen unserer Klienten wahrzunehmen. Aber diese Rechtfertigung erschien uns eigentlich nicht ganz zureichend. Immerhin hatten Männer, die sich für Experten auf dem Gebiet der weiblichen Sexualität hielten, oft ihr Ziel um Längen verfehlt. Also fragten wir uns, ob wir eigentlich dieses Material vorlegen könnten, ohne aus erster Hand Erfahrungen darüber gemacht zu haben, wie es ist, in dieser Kultur ein Mann zu sein. Und während wir diese Überlegungen anstellten, waren wir überzeugt davon, daß wir einigen der möglichen Fallgruben dadurch ausweichen können, daß wir den interviewten Männern das Recht einräumen, mit eigenen Worten über ihre Erfahrungen als

Männer zu sprechen. Sicher waren wir bei unseren Entscheidungen darüber, welches Material aufgenommen werden sollte, von bestimmten stereotypen Vorstellungen beeinflußt. Aber: würde dasselbe nicht auch für jeden anderen gelten, der ein Buch wie dieses zusammenträgt? Um uns also selbst wirkungsvoller zu kontrollieren, fragten wir die Männer, was sie dabei empfanden, von einer Frau interviewt zu werden, und worin möglicherweise der Unterschied bestanden hätte, wäre ein Mann der Fragesteller gewesen.

Die überwältigende Mehrheit der Männer, die wir interviewt haben, erklärte, daß es ihnen leichter gefallen wäre, als bei einem Mann, in aller Offenheit zu antworten. Sie fanden, daß Frauen besser auf sie eingingen und weniger bereit zu Vorverurteilungen wären als Männer. Hätte ein Mann sie interviewt, so sagten einige, hätten sie sich vielleicht vor allem darum bemüht, ihr Gesicht zu wahren. »Wissen Sie, irgendwie so wie rivalisierende Köter, die ihr Revier mit Duftmarken abstecken«, bemerkte einer der Männer. Einige betonten sogar, sie hätten dem Interview nur zugestimmt, weil es von Frauen geführt wurde. Sie hätten sich nicht darauf eingelassen, von einem Mann interviewt zu werden. Einige meinten, es wäre ihnen vielleicht anfangs leichter gefallen, mit einem Mann zu sprechen, ergänzten dann jedoch, daß ihre Antworten womöglich auch oberflächlicher ausgefallen wären. Sie hatten den Eindruck, daß man mit einer Frau aufrichtiger und offener reden kann. Die Mehrzahl ihrer Beziehungen zu Männern waren durch Kumpelhaftigkeit geprägt – gemeinsame Aktivitäten ja, aber keine Gemeinsamkeiten der Gefühle. Sofern überhaupt tiefere Gefühle und sexuelle Intimität erörtert wurden, waren die Gesprächspartner Frauen gewesen: zuerst die Mütter und dann die Geliebten und Ehefrauen, bei denen sie sich sicher gefühlt hatten, sich mitzuteilen und ihre Verletzlichkeit einzugestehen. Spike faßte das folgendermaßen zusammen:

Das ist schon eine ganz intime Angelegenheit, über sexuelle Erfahrungen zu reden. Und obwohl es mir leichterfällt, freundschaftlich mit Männern umzugehen, liegt mir doch viel mehr daran, vertraut und rückhaltlos offen mit Frauen umzugehen.

Trotzdem war diese Reaktion nicht ganz einheitlich. Einige Männer fanden, daß unser Frau-Sein sie auch behinderte. Sie hatten den Eindruck, ihren Sprachgebrauch zensieren zu müssen, weil wir Frauen waren. Greg, ein 53jähriger Lehrer, erklärte uns zum Beispiel: »Ich habe ein sehr reichhaltiges Vokabular, das ich im Zusammensein mit Männern benutze, und das ist weitaus eindeutiger.« Und einige Männer hatten das Gefühl, daß sie gewisse Dinge erst erklären müßten, die ein anderer Mann sofort verstehen könnte. Weil wir eben Frauen waren, machten sich einige Männer darüber Gedanken, wie sie uns gefallen und auf uns sexuell attraktiv wirken könnten. So erklärte uns etwa Barry:

> Kein normaler Mann würde mich sexuell anziehend finden und sich vorstellen, ob er mich abstoßend oder begehrenswert finden soll, was bei einer Frau durchaus der Fall sein könnte. Weil Sie eine Frau sind, möchte ich für Sie sexuell attraktiv sein. Ich will nicht so tun, als wäre ich besonders unternehmungslustig oder draufgängerisch, aber dennoch, ich fände es nett, wenn Sie mich sexuell attraktiv fänden. Wären Sie ein Mann, der da vor mir sitzt, würde sich diese Frage gar nicht erst stellen.

Einige Männer sagten uns sogar ganz offen, daß sie sich von uns stark angezogen fühlten. Einer von ihnen gab zu: »Ich hatte so meine Phantasien, daß ich mit Ihnen ins Bett gehe, und die wären mir wohl nicht gekommen, hätte mir ein Mann gegenüber gesessen.« Gewiß hatten Reaktionen wie diese Einfluß auf das Material, das wir im Interview erarbeiteten. Zum Beispiel haben wir in gewissem Maße einige der dick aufgetragenen liberalen, emanzipierten oder geradezu feministischen Standpunkte weggelassen, weil einige Männer womöglich solche Aspekte ihrer Vermutungen und Einstellungen in dem Versuch übertrieben haben, uns zu gefallen oder auf uns sexuell attraktiv zu wirken.

Doch die Mehrzahl der Männer reagierte auf unsere Weiblichkeit in einer Form, die nicht spezifisch sexuell geprägt war: auf unsere Wärme, das Akzeptiertwerden durch uns, unser Verständnis und unser Eingehen auf sie. Eigentlich war aber die Anzahl derjenigen Männer, die die Interviewsituation sexuell erregend fanden, doch sehr gering. Die Mehrheit empfand das Interview als eine Lernerfahrung. Viele berichteten uns, daß die Aufforderung, Antworten auf unsere Fragen zu formulieren, ihnen Einblicke in ihre Gefühle und eingefahrenen Verhaltensschemata gewährt hätte. Zum Beispiel bekannte ein Mann im Laufe des Interviews, warum er aufgehört hätte, seiner Frau gegenüber sexuell zu empfinden, die gerade schwanger war. Seine bevorzugte sexuelle Phantasie war darauf gerichtet, unschuldige Jungfrauen zu entjungfern, doch als dann seine Frau einen dicken Bauch vor sich hertrug, funktionierte diese Phantasie nicht mehr.

Einige Männer schrieben uns, wie sie die Eindrücke, die ihnen das Interview vermittelt hätte, mit ihren Ehefrauen, Freundinnen oder Geliebten durchgesprochen hätten und fanden, daß diese Erfahrung die Kommunikation mit ihren Partnerinnen vertieft hätte. Ein 67 Jahre alter Mann räumte ein, daß er noch nie zuvor diese Themen mit jemandem erörtert hätte. Als das Interview zu Ende war, zeigte er sich hochbefriedigt. »Es war gut, diese Dinge einmal auszusprechen«, sagte er. »Ich finde es schade, daß das Interview schon zu Ende ist.«

Nicht nur die Männer, mit denen wir sprachen, hatten das Gefühl, etwas gelernt zu haben, sondern auch wir hatten durch die Gespräche die einzigartige Gelegenheit bekommen, einen riesigen Vorrat an Informationen in die Hände zu bekommen, den die meisten Menschen als streng geheim einstufen würden. Die Männer hatten uns ihre intimsten Hoffnungen, Befürchtungen, Ängste und Triumphe mitgeteilt. Sie hatten uns erzählt, wie sie Probleme verarbeitet hätten, auf die sie zuvor in ihren sexuellen Beziehungen noch nie gestoßen waren, und uns Einzelheiten über die männliche Sexualität enthüllt, die selten dokumentiert worden sind: beispielsweise welcher Strategien sie sich bedienten, um eine Partnerin zu verführen; wie Männer einen Orgasmus vortäuschten und warum; inwieweit die Schwangerschaft ihrer Ehefrauen ihren libidinösen Trieb hemmte; welchen Rat sie anderen Männern geben würden, ein lustvolles Geschlechtsleben wieder aufzunehmen, nachdem ihre Frauen ein Kind geboren hatten, und wie der Prozeß des Altwerdens ihre Sexualität beeinträchtigte.

Einiges von dem, was wir erfuhren, führte dazu, unsere stereotypen Grundannahmen über Männer zu korrigieren. Anfangs hatten wir noch geglaubt, ganz frei von Vorurteilen zu sein. Aber rückblickend ging uns auf, daß wir die Interviews mit der Vormeinung begonnen hatte, daß Männer sich mehr für die physische Erregung und für Abwechslung interessieren als für Verantwortung, Nähe und Intimität. Wir glaubten, daß im Gegensatz zu Frauen, die sich nur deswegen auf Sex einlassen, um eine Beziehung zu erleben, Männer eine Beziehung nur deswegen eingehen, um Sex zu haben.

Die Männer, die wir interviewt haben, belehrten uns eines anderen. Eine überwältigende Mehrheit sprach sich beglückt über ihre intimen Beziehungen und über ihr Imstandesein aus, sich ihren Partnerinnen mitzuteilen. Für sie war ein Gefühl wechselseitiger sexueller Befriedigung das Hauptanliegen. Immerhin, so sagte uns einer der Männer, ist guter Sex eine Art Kitt, der eine Beziehung zusammenhält. Ein anderer beschrieb uns eine gute sexuelle Beziehung als die »intimste Form, in der zwei Menschen miteinander umgehen können«.

Uns von unseren eigenen Vorurteilen loszusagen und die Ängste, den Erwartungsdruck und die Zwänge zu begreifen, mit denen sich der Mann der Gegenwart auseinandersetzen muß, war für sich schon eine beeindruckende Lernerfahrung. Sie bereicherte unser Leben und unsere fachlichen Kenntnisse. Aber weitaus wichtiger noch stellte sie uns die notwendigen Informationen zur Verfügung, die uns dabei halfen, jenen Männlichkeitsmythos zu entzaubern, der eine so große Rolle in den Geschlechterbeziehungen spielt.

Demografische Daten

Zahl der interviewten Männer: 120

Alter

Unter	20	1
	20–29	19
	30–39	50
	40–49	18
	50–59	13
	60–69	13
	70 und älter	6

Geografisches Gebiet

Ostküste	39
Süden	17
Mittelwesten	22
Westen	42

Ethnische Herkunft

Kaukasisch	108
Dritte Welt	12
Zahl der verheirateten oder in einer Partnerschaft lebenden Männer:	62

Dauer des Zusammenlebens

Weniger als 1 Jahr	6
1–10 Jahre	32
11–20 Jahre	10
21–30 Jahre	6
31 Jahre und mehr	8

Kinder	Verheiratet oder in Partnerschaft	Alleinstehende
Erwartet oder unter 2 J.	18	0
Kindesalter 2–11 J.	17	11
Kinder von 12 J. und älter (im Haushalt)	11	13
Erwachsene Kinder	19	16

	Mit einem Partner lebend	Alleinstehend
Keine Kinder	11	29

Dreiundzwanzig Männer haben Kinder in zwei Altersgruppen und sind doppelt aufgeführt. Ein Mann hat Kinder in drei Altersgruppen und ist dreifach aufgeführt.

Berufsgruppen der 120 befragten Personen

Verwaltung/Leitende Angestellte	8
Künstler/Fotografen	3
Geschäftsleute	7
Geistliche	6
Pädagogen/Lehrer	15
Friseure	1
Rechtsanwälte	7
Im Gesundheitswesen Beschäftigte	5
Militärpersonal	1
Büroangestellte	1
Psychotherapeutische Berufe	15
Bauplanung/Umweltschutz	2
Politiker/Lobbyisten	3
Im Ruhestand	10
Händler	4
Naturwissenschaftler/Ökonomen/Ingenieure	3
Studenten	14
Kellner	1
Schriftsteller/Redakteure/Produzenten	7

Die neuen Supermänner

1938, im 9. Jahr der Weltwirtschaftskrise, hielt Amerika nach einem neuen Helden Ausschau, und er wurde auch gefunden:
    Schau! Da oben am Himmel!
    Es ist ein Vogel!
    Es ist ein Flugzeug!
    Es ist Superman!
Der legendäre Comic-Strip-Held Superman ist schwerlich eine Gestalt aus dem wirklichen Leben, doch die Vorstellungen, die er hervorruft, haben sich dem Publikum eingeprägt. Diese Cartoon-Figur, dieser Mann aus Stahl, hat – wie wir alle sehr wohl wissen – »Kräfte und Fähigkeiten wie sonst kein Sterblicher«. Allmächtig und mit Röntgenblick behielt Superman den Überblick auch noch in Situationen, die anderen längst außer Kontrolle geraten wären. Und durch seine Tüchtigkeit erwarb er sich die Bewunderung der Männer. Er war eine Paraphrase zu dem Stereotyp des wahrhaft männlichen Mannes. In sexistischer Terminologie war Superman eben die Quintessenz eines Macho-Symbols.
Seine Kraft ist legendär, und er hat sich selbst stets in der Gewalt. Stünde dieser Comic-Strip auf einer Hitliste, wäre Superman wohl der absolute Sex-Star mit unvergleichlicher Ausdauer und voller unvergleichlicher Finesse. Im Gegensatz dazu steht Clark Kent, der treue Kumpel, stets um andere bemüht, verletzlich, zartfühlend, höflich, ein bißchen auch reiner Tor, jedenfalls keiner, um den man sich reißt. Stets als Milchbubi angesehen, stellt Clark Kent die Antithese zum Macho-Mann dar und würde wohl schwerlich als Sex-Symbol verstanden werden. Das Zweigespann Superman – Clark Kent stellt für unsere Zwecke eine vollkommene Metapher für die beiden gegensätzlichen Pole männlicher Sexualität dar; obwohl jeder für sich genommen eine Stereotype ist, bilden sie gemeinsam die entgegengesetzten Extreme des Gesamtspektrums männlicher Erfahrung.

Superman ist wohl unbewußt und manchmal auch bewußt das Rollenmodell gewesen, das das sexuelle Selbstbild von Männern geprägt hat. Clark Kent dagegen war der allerletzte Schwächling, und Männer haben sich mit Händen und Füßen dagegen gewehrt, so zu werden wie er. Aber heute sind die Dinge doch in Fluß geraten. Wir haben Männer interviewt, die den Männlichkeitswahn des Supermanbildes unerträglich finden, – mit all seiner Betonung auf Macht, Kontrolle, Perfektion und unglaublicher Kraft. Sie erzählen uns, daß ihre Beziehungen gelitten hätten und daß das Bild des stahlharten Mannes nicht eben sehr hilfreich gewesen sei, sexuelle Intimität herzustellen und zu erhalten. Andererseits verfügt Clark Kent über Qualitäten, die notwendig sind für ein vertrauensvolles Verhältnis zu einer Gefährtin. Die gefühlvollen, vertrauenswürdigen und verläßlichen Aspekte seiner Persönlichkeit sind gerade das, was von vielen Frauen bei Männern vermißt wurde. Wegen der Probleme, die in diesem Konflikt angelegt sind, lehnen viele Männer, die wir interviewt haben, die traditionelle Auffassung vom männlichen Mann ab. Dadurch haben sie sich weitaus reichere Möglichkeiten geschaffen, sich selbst als Geschlechtswesen auszudrücken.

Viele der interviewten Männer wollten beide Typen – sowohl den Superman, als auch Clark Kent – in ihre Persönlichkeit integrieren. Andere stellten im Verlauf des Interviews fest, daß ihre Einstellungen und Verhaltensgewohnheiten sich unvermerkt gewandelt hatten. Aus unserer Perspektive wurde erkennbar, daß sich die Männer aus der ganzen Bandbreite dieser beiden symbolischen Extreme je nach Bedarf eines oder das andere heraussuchten. Sie hatten nicht den Wunsch, die Attribute der einen Seite voll und ganz der anderen zu opfern. Sie wollten in der Lage sein, je nach den Umständen auf das gesamte Spektrum zurückgreifen und auswählen zu können, um sich als Mensch vollwertig und unverkürzt begreifen zu können.

Für die meisten war die Neubestimmung ihrer Männlichkeit ein schmerzhafter Prozeß, meist im Gefolge des Zuammenbruchs einer Beziehung oder einer Ehe. Für andere war es ein schrittweiser Wandel, der sich über Jahre hinzog, oftmals infolge des Einflusses der Frau, mit der sie zusammen waren, oder infolge kultureller Wandlungsprozesse. Aber ganz wie unser Superheld, der unverdächtig in eine Telefonzelle schlüpft, um dort seine Verkleidung abzulegen, haben die meisten Männer, die wir interviewten, diese Veränderungen in aller Stille vollzogen. Immerhin verlangt ja auch die Macho-Ethik unter anderem eine klaglose, stoische Selbstgenügsamkeit.

Die Art und Weise, in der die 120 von uns interviewten Männer diese Veränderungen wahrgenommen haben, deuteten auf einen unverkennbaren Wandel im Selbstverständnis männlicher Sexualität hin. Um die Geschichte dieser Entwicklung und die Notwendigkeit, einen solchen Wandel zu vollziehen, besser verstehen zu können, müssen wir uns zuerst der Quelle männlicher sexueller Identität – Machismo – zuwenden und untersuchen, welche Auswirkungen sie auf das Leben eines Mannes hat.

Ab heute bin ich ein Mann

Jede Kultur verfügt über Übergangsriten, die den Schritt zum vollen Mannestum anzeigen. Manche sind nur ganz unbestimmt umschrieben; etwa wenn junge Männer ihre Familien verlassen und zum Militär gehen oder ihre erste eigene Wohnung beziehen. Oder sie folgen einem strengen Zeremoniell, wie das jüdische Bar-Mizwa, wenn der Rabbi verkündet: »Ab heute bist du ein Mann.« Doch abgesehen vom jeweiligen Ritual und dem Bestätigungsakt durch die Gesellschaft ist es in Wahrheit doch so, daß Männer sich auch danach noch fragen, ob sie dem, was von ihnen verlangt wird, auch gerecht werden. Es ist nahezu unmöglich, das Maß des jeweils Erreichten – Stärke, Macht, Erfolg, Zufriedenheit – auf der nichtsexuellen Ebene eines Männerlebens zu bestimmen. Standards der echten Männlichkeit sind, ausgenommen finanzielle Erfolge, stets zweideutig. Es sind oftmals gerade die Hochleistungstypen, die nagende Zweifel daran hegen, ob sie es tatsächlich »geschafft« haben. Aber in der sexuellen Arena sind die Kriterien scharf umrissen. Das hat damit zu tun, daß sexuelle Anforderungen des »Machismo« erfüllt werden. Und nur wenige Männer vermögen jederzeit jedem einzelnen Kriterium gerecht zu werden. Machismo ist ein spanisches Wort mit den Bedeutungen Männlichkeit, Dominanz, Mut, Virilität und Aggressivität – das

Gegenteil sind Zartheit, Passivität, Verletzlichkeit und Empfind-samkeit. Vor allem aber ist es kraftstrotzende Sexualität und Selbstbeherrschung. Macho-Männer müssen laut dieser Rollenan-weisung folgendes bieten:

immer bereit zum Sex sein,

immer steinharte Erektionen haben,

immer über unermüdliche Ausdauer verfügen,

immer ihre Frauen befriedigen.

Einer der Männer, die wir interviewt haben, Werner, 40 Jahre alt, beschreibt einen Macho-Mann als »Schwanzträger, der ein ganzes Schock Chormädchen in sein Bett abschleppt und es schafft, sie alle durchzuziehen...) der 48 Stunden lang nur bumst. Dann guckt er sich kurz über die Schulter um und sagt: Ich sag's dir, man kann nicht genug davon bekommen, und dann macht er gleich weiter.«

Das Wesen des Machismo besteht darin, daß jemand sich ständig beweisen muß, und das Schlüsselwort ist wirklich: ständig. In jedem Augenblick versucht der Mann, idealisierten Standards gerecht zu werden. Es sind unmögliche Träume, auf die die Ma-chismo-Ethik jeden verpflichten will, in denen Hochleistung alles ist. Im sexuellen Verkehr bedeutet dies, daß der Mann zugleich Hauptdarsteller, Drehbuchautor, Regisseur und Produzent in ei-ner Person ist. Er leitet die ganze Show von Anfang bis Ende, und es wird von ihm erwartet, daß er mit der Kraft und Ausdauer einer Maschine funktioniert.

Und obwohl Männer rein verstandesmäßig sich über derartige Mythen lustig machen und eilfertig erklären, wie unmöglich sie im Grunde sind, grübeln sie doch darüber nach, ob ihr Nachbar im Bett besser ist als sie selbst. Immerhin tut unsere moderne Kultur alles, solche Mythen und Botschaften am Leben zu erhalten. Sie leben in unseren Köpfen weiter und spiegeln sich in der Literatur wider.

Die folgende aufreizende Passage aus Harold Robbins »The Bet-sy« ist ein Beispiel für eine unüberbietbare Machonummer:

Sanft nestelten ihre Hände an seiner Hemdhose, und er sprang ihr entgegen wie ein hungriger Löwe aus seinem Kä-fig. Vorsichtig schob sie seine Vorhaut zurück und legte die pralle dunkelrote Eichel frei, nahm ihn dann in ihre Hände, eine über die andere gelegt, so als packte sie einen Baseball-schläger. Sie starrte bewundernd darauf hinunter. ›C'est formidable. Un vrai canon . . .‹

Nackt glich er noch mehr einem Tier als vorhin. Schultern, Brust und Bauch waren mit Haaren bedeckt, aus denen die gewaltige Erektion hervorragte . . . Sie wurde fast ohnmächtig, als sie darauf schaute. Langsam ließ er sich auf sie gleiten. Sie hob ihre Beine an . . ., während er in sie eindrang . . . Es war, als würde ein Riesengebilde aus weißglühendem Stahl, das in sie eindrang, ihr Innerstes aufwühlen. Sie fing zu stöhnen an, als es immer tiefer in sie hineinfuhr und in ihr immer höher stieg, durch ihren Schoß, durch ihren Bauch, unter ihr Herz, in ihre Kehle. Sie keuchte jetzt wie eine läufige Hündin . . . Seine Hände packten ihre beiden schweren Brüste, als wollte er sie ihr vom Leib reißen. Sie stöhnte vor Schmerz und wandt sich, doch plötzlich bog sich ihr Becken vor und warf sich ihm entgegen. Dann drang er wieder in sie ein.

›Mon dieu!‹ schrie sie, und Tränen schossen ihr in die Augen. ›Mon dieu!‹ Sie kam zum Höhepunkt, noch bevor er ganz in ihr drin war. Dann konnte sie nicht mehr an sich halten. Es kam ihr in schneller Folge, einer nach dem anderen, während er mit der Gewalt jener gigantischen Stahlpresse auf sie einstieß, die sie in seiner Fabrik in Betrieb gesehen hatte . . . Alles verwirrte sich, der Mann und die Maschine wurden ein und dasselbe, und eine derartige Kraft hatte sie noch nie zuvor erlebt. Und dann, nachdem ein Orgasmus nach dem anderen sie zu einem einzigen zitternden Flammenmund gemacht hatte und sie es nicht mehr aushalten konnte, schrie sie auf Französisch: ›Jetzt will ich deine Lust . . . schnell, bevor ich sterbe!‹ Aus der Tiefe seiner Kehle stieg ein Brüllen auf, und seine Hände spannten sich fester über ihre Brüste. Sie schrie halb auf, und ihre Hände krallten sich in die Haare auf seiner Brust. Dann schien sein ganzes Gewicht auf sie herabzustürzen, die Luft aus ihr herauszupressen und dann spürte sie, wie das heiße Pumpen seines Samens ihr Inneres in flüssige Lava verwandelte. Sie merkte, daß sie schon wieder zum Höhepunkt gekommen war.

Jeder halbwegs vernünftige Mann wird sich ausschütten, wenn er von einem »Riesengebilde aus weißglühendem Stahl . . ., das ihr Inneres durchdringt« lesen wird. Dennoch ist diese überdrehte Version einer sexuellen Glanznummer nur eine unter tausenden, bei der vielleicht auch ein durch nichts zu erschütternder Mann sich die Frage vorlegt, ob solche Bettszenen nicht die Regel sind, und warum ihm so etwas entgeht. Männer setzen sich selbst gewaltig unter Druck. Sie sind stets besorgt um die Vorstellung, die sie bieten, und insbesondere um die Vorstellung ihres Hauptakteures Penis. Wie bei Athleten und Musikern, deren Geräte und Instrumente Spitzenqualität haben müssen, stehen viele Männer unter dem Eindruck, daß auch sie das »vollkommene Instrument« benötigen, um im Liebesakt zu bestehen. Ein Sexualwissenschaftler behauptet, daß der vollkommene, mythische Machopenis 60 cm lang, hart wie Stahl und die ganze Nacht in Betrieb sein müsse. Die einschlägige Literatur schildert ihn als prall, lang, blutdurchpulst und immerwährend steif. Er wird beschrieben als Pfahl, Kolben, Maschine und Schwert, in jedem Augenblick bereit, zu pflügen, aufzuwühlen oder die Partnerin zu durchdringen.

Angesichts der geheimen Ängste von Männern, ob ihr Penis groß genug, fest genug und ausdauernd genug ist, kann es nicht verwundern, daß der Mythos vom Gargantua-Penis noch immer Einzug hält in die Kunst, in die Werbung und natürlich auch in den Witz. Das folgende ist nur eine der vielen endlosen Variationen des bekannten Mann-Pferd-Penis-Witzes:

In einer kleinen Stadt im alten Westen betritt ein Mann eine rustikal aussehende Bar. Während er sich hinsetzt, bemerkt er ein Pferd, das am Ende der Bar sitzt und vor sich einen Hut voller Geld liegen hat. Der Mann nimmt den Bartender beiseite und fragt: »Was macht das Pferd da mit dem ganzen Geld?« »Na, ja«, erklärt ihm der Bartender, »bei uns läuft gerade ein Wettbewerb. Wenn Sie das Pferd zum Lachen bringen können, gewinnen Sie das ganze Geld, das im Hut ist. Wenn Sie es nicht schaffen, müssen Sie 10 Dollar dazulegen.« »Na, das ist ja ganz einfach«, sagt der Mann, steht auf, geht hinüber zum Pferd und flüstert ihm etwas ins Ohr. Plötzlich bricht das Pferd in wieherndes Gelächter aus. Der Bartender wundert sich, aber er händigt ihm das Geld aus.

Zwei Wochen später geht derselbe Mann in dieselbe Bar und

sieht wieder genau dasselbe Pferd, das an einem Ende der Bar sitzt, und diesmal ist noch eine ganze Menge mehr Geld in seinem Hut. Der Bartender sagt dem Mann, diesmal sei es viel schwerer: »Diesmal müssen Sie das Pferd zum Weinen bringen.« »Nichts leichter als das«, sagt der Mann, geht hinüber und nimmt das Pferd beiseite. Augenblicke später kommt er mit dem Pferd zurück, aus dessen Augen die Tränen nur so strömen. Der Bartender ist fassungslos. »Wie, zum Teufel, haben Sie das denn geschafft?« fragt er. »Ganz leicht«, erwidert der Mann. »Beim ersten Mal habe ich ihm zugeflüstert, um es zum Lachen zu bringen: ›Mein Penis ist größer als deiner.‹ Und dann, um es zum Weinen zu bringen, habe ich ihn vorgeholt und ihm gezeigt.«

Während wohl kein Mann annehmen würde, daß sein Penis so lang sei wie der eines Pferdes, gibt dieser Witz doch die Botschaft wieder, die vielen Männern, die wir interviewt haben, während ihrer Kindheit vermittelt worden ist. Da die männlichen Genitalien außen liegen, gut sichtbar sind und leicht befühlt werden können, werden Jungen damit groß, ihre wachsende Männlichkeit an der Größe ihres Penis zu messen. Anders als bei Mädchen, deren Genital versteckt ist, haben die meisten Jungen von Kindheit an an ihrem Penis herumgefummelt und mit ihm experimentiert. Als Halbwüchsige belegten einige ihr Glied manchmal sogar mit einem Spitznamen und zeigten es stolz im Freundeskreis herum. Die Jungen trafen sich und führten Wettbewerbe durch, wer von ihnen am weitesten pinkeln konnte. Später bestand das Hauptziel darin, wer am schnellsten ejakulieren konnte. Einer der Männer definierte einen Macho-Mann scherzhaft als einen, der in einem Kreis von Wichsern sowohl Erster als auch Dritter wird. Ein anderer Mann erzählte uns, sein Vater hätte diese Macho-Mentalität bei ihm geschürt, indem er ihn überredete, Tomaten zu essen. Er ermunterte ihn dazu mit den Worten: »Davon wird der Schwanz hart.« Man stelle sich vor, ein Mädchen bekomme von seiner Mutter einen ähnlichen Ratschlag bezüglich ihres Genitals.

George, ein 34jähriger Baufachmann, erinnert sich, daß sein Vater ihm dieselbe Gleichung Penis = Mann aufgestellt hat:

Ich fuhr mit meinem Vater Auto und hatte eine Erektion, wie

das Jungen ja oft haben. Ich erinnere mich noch, daß ich meine Hand in die Tasche geschoben und meinen Penis runtergedrückt habe, was sich ganz angenehm anfühlte. Als er es bemerkte, sagte er etwas wie: »Aha, ich sehe, daß du langsam ein Mann wirst.« Das war's. Ein steifes Ding bedeutet, daß man zum Mann wird.

George erzählt weiter, daß er trotz allem, was er inzwischen über die Bedeutung, ein Mann zu sein, gelernt hat, er sich oft noch immer dabei ertappt, wie er sich selbst an der Funktionstüchtigkeit seines Gliedes mißt:

Wenn mir jemand erzählt hätte, daß Männlichkeit sich danach bemißt, wie jemand denkt, wie man sich verhält und benimmt, wie man mit anderen umgeht, wie verantwortlich man handelt, dann hätte ich vielleicht gedacht: wie toll, aber immer noch hätte ich behauptet: nein, man mißt sich selbst daran, wie groß der Penis ist und wieviel sexuelle Befriedigung man aus ihm herausholen kann. Ich glaube, das ist eine echte Krankheit; das heißt doch, daß man nicht nach einer Beziehung Ausschau hält, sondern bloß nach der Chance zu demonstrieren, daß man sexuell auf der Höhe ist.

Diese ersten Kindheitseindrücke haben bei allen Männern, die wir interviewt haben, zumindest einige Spuren hinterlassen. Unabhängig von Alter oder Bildungsstand betrachteten Männer ihre Virilität zum Teil gemäß der Form und Funktionsweise ihres Penis. Jede einzelne sexuelle Begegnung war für sie nur ein weiterer Test ihrer Männlichkeit. Es spielte keine Rolle mehr, was sie Großes in der Nacht vorher geleistet hatten, sie mußten die frühere Vorstellung um jeden Preis überbieten und immer, wenn sie Sex hatten, damit gleichauf sein. Der 40jährige Werner erzählt:

Wo es um Sex geht, ist der Einsatz immer hoch. Er wird zu einer der schwierigsten Sachen überhaupt, wo er doch die leichteste und angenehmste sein sollte. Mein Gott, unsere ganze Würde, unser Selbstwertgefühl, unser Realitätssinn, buchstäblich alles wird danach bemessen.

Männer, die dieser Philosophie huldigten, gingen so weit, die Leistungsfähigkeit zu ihrem Hauptanliegen zu machen. Nathan, 40 Jahre alt und Vater einer dreijährigen Tochter, erinnert sich:

Ich mußte ständig mit meinem Steifen renommieren. Wissen

Sie, ich mußte der Frau, mit der ich jeweils zusammen war, beweisen, daß ich sie jede Nacht öfter bumsen, als sie selbst gegenhalten konnte. Ich mußte sie buchstäblich an die Wand bumsen.

In dieses Macho-Szenario, bei dem Sex der höchste Beweis für Männlichkeit ist, lassen sich Frauen primär nur als Objekte einbeziehen. Und dieser Objektstatus wird direkt wiedergegeben mit jenen rüden Worten, die zur Beschreibung von Frauen verwendet werden, wie etwa »Stück«, »Pussy« oder »Fotze«. Der 34jährige Ned erinnert sich an Streifzüge mit seinem Vater aus seiner Pubertät. Sobald sie einer Frau in einem engen Kleid ansichtig wurden, sagte sein Vater unweigerlich: »Wie wär's mit einem Stück von der da?« Ned erklärt, daß er, obwohl er einige Zeit brauchte, bis er herausfand, was mit Stück gemeint war, regelmäßig geantwortet hat: »Ja, das wär' stark.«

Diese Mentalität ermutigt Männer dazu, sexuellen Umgang mit Frauen als Eroberungen zu sehen, durch die sich nicht nur ihre Männlichkeit beweist, sondern die ihnen unter ihren Geschlechtsgenossen auch Status verleiht. Der 85jährige Emmitt räumt ein, daß genau dies seine Einstellung zum Sex gewesen sei. Er berichtet: Es war immer wieder das altvertraute »Rein – raus, dank dir, Maus«. Ich dachte dabei immer: Bring's hinter dich, zieh ihn raus und nimm dir die nächste vor. Es war ähnlich, als würde man den nächsten Ziernagel in seinem Gürtel einschlagen.

Bei einem Mann dieser Denkungsart kann Sex zu etwas so Unpersönlichem werden, daß darauf die folgende Beschreibung eines Mannes zutrifft: es ist, als benutze man ein Loch zum masturbieren. Der Mensch wird so entpersönlicht, daß Sex buchstäblich nichts anderes ist als Masturbation.

Einige der Männer, die wir interviewten, waren in dem Glauben aufgewachsen, daß Frauen tatsächlich diese Art einer Einweg-Erfahrung bevorzugten. Sie erfuhren, daß Frauen beim Geschlechtsakt nur wenig Vergnügen empfinden. Sie waren überzeugt, daß die einzige Quelle, aus der sie ihre Lust beziehen, in der Befriedigung des unstillbaren Dranges der Männer besteht. Gary, 31 Jahre alt, Psychologe und Schriftsteller, erzählt:

Noch als ich ganz jung war, belehrte man mich, daß eine Frau dadurch in Fahrt gerät, daß sie einen Mann in Fahrt bringt.

Ich dachte, daß das, was einer Frau am meisten gefällt, beim Sex eben das ist, daß sie Zeugin deines welterschütternden Orgasmus wird. Ich weiß zwar jetzt, daß das nicht wahr ist, doch ich bin damit erzogen worden. Natürlich hat mir so niemand beibringen können, wie man einer Frau Lust verschafft.

Männer mit dieser Einstellung zur Sexualität sahen sich einem offensichtlichen Widerspruch gegenüber: man erwartete von ihnen »zu bumsen«, aber mit wem? Die Frauen, die sie später heiraten sollten, mußten dem traditionellen Ethos entsprechend keusch sein. Doch wer waren dann die Objekte ihrer sexuellen Wünsche? Die Art, in der diese Männer den offenkundigen Widerspruch lösten, bestand darin, Frauen in zwei Gruppen einzuteilen: »die Guten« (anständig, nett, moralisch und sexuell unwissend) und »die Schlechten« (leichtsinnig, unanständig, amoralisch und ständig die Partner wechselnd).

Anständige Frauen heben sich den Sex für die Ehe auf, und wenn sie sich dann darauf einlassen, dann nur, um ihre Pflicht als gute Ehefrau zu erfüllen – ihre Männer zu befriedigen und Kinder auszutragen. Vor der Ehe sind diese keuschen Frauen potentielle Eroberungen, und ein Mann, dem es gelingt, eine von ihnen zu verführen, fühlt sich, als hätte er 6 Richtige. Anders ist es mit den »leichtsinnigen Frauen«, die keine Gewissensbisse haben, es vor der Ehe »zu treiben« und im Gegensatz zu ihren anständigen Schwestern oftmals auch noch Spaß am Sex haben. Diese Frauen stellen für sie keine Herausforderung dar.

Obwohl solche stereotypen Kategorien vielen modernen Männern von heute absurd und antiquiert klingen mögen, bleiben sie doch oftmals noch unbewußt wirksam. Und für einige Männer wie Dan, einen 31jährigen Arzt, können sie dauerhafte emotionale Konflikte hervorrufen:

Meine Mutter und mein Vater schärften mir ein, daß man nie mit jemand anderem Sex haben dürfte als mit der eigenen Frau, und daß man nur eine Jungfrau heiraten dürfte, was ich dann auch tat. Eine Redewendung, die ich noch immer im Ohr habe, ist: Wenn sie es einmal getan hat, wird sie es wieder tun. Meine Eltern wußten es nicht besser, aber ich bin mit diesen sehr chauvinistischen und konservativen Einstellungen aufgewachsen. Als ich dann ein Heranwachsender war, wurden meine Eltern etwas gemäßigter und liberaler. Doch ich steckte immer noch tief drin in diesen sexuellen Grundanschauungen, deren Fundament viel früher gelegt worden war.

Diejenigen, deren sexuelle Einstellungen von der Frauenbewegung mitgeprägt worden sind (mit dem inzwischen weitgehend akzeptierten Zugeständnis, daß sogar anständige Frauen Spaß am Sex empfinden), sind jenen alten Stereotypen weniger verhaftet. Allerdings hat in gewisser Weise dieser Wandel in der weiblichen Sexualität dazu beigetragen, noch mehr Druck auf den Mann auszuüben. Sie haben immer noch den Eindruck, daß sie sexuell die Lehrer, Initiatoren und Arrangeure sein müssen. Im Zusammensein mit modernen Frauen, die es erwarten, befriedigt zu werden, und die auch schon andere Partner gehabt haben, die ihnen Vergleiche gestatten, haben sich sogar die Anforderungen verdoppelt. In der Vergangenheit mußte ein Mann nur eine Erektion bekommen und beim Verkehr lange genug durchhalten, um als erfolgreich zu gelten. Heute aber glaubt er, falls er ihr nicht »ihren Orgasmus« gegeben hat, ganz gleich, wie sehr er sich ins Zeug legte, daß er versagt hätte und nun befürchten muß, daß sie sich anderweitig umsieht. Und so kommt es, daß Männer oftmals im Erleben der Sexualität emotional unbeteiligt bleiben und ihre Partnerinnen beobachten, ob sie auch ein Zeichen von Lust zeigen. Hat sie gestöhnt, gekeucht, gezuckt, ist ihr Gesicht rosig geworden? Sie fragen sich dann, »habe ich es geschafft, daß es ihr gekommen ist«?

Die sexuelle Darbietung hat sich auf einen größeren Schauplatz mit komplizierteren, manchmal quälenderen Handlungsmustern verlagert, und Männer wie Jason, ein 36jähriger Firmenberater, haben erklärt, daß sie schwierige Zeiten durchgemacht hätten. »Als Folge der Frauenbewegung und der wachsenden Betonung weiblicher Sexualität habe ich mich sehr unzulänglich gefühlt«, sagt er. Mit einem Mal bekam ich von Frauen zu hören: »He, du gibst mir nicht genug. Du mußt mich mehr stimulieren«; oder: »Du drehst dich im Bett einfach auf die Seite und läßt mich hängen.« Also dachte ich, ich müßte mehr bringen, mehr zeigen.

Indem jene alten Macho-Erwartungen gegen neue, aber ähnlich verrücktmachende Belastungen ausgewechselt werden, fühlen sich viele Männer auch weiterhin ihren Partnerinnen emotional entfremdet. Weil diese Männer nicht voll am sexuellen Erleben teilhaben können, empfinden sie keine emotionale Nähe zu ihren Partnerinnen. Ihr Bedürfnis, beim Sex ihre Virilität unter Beweis zu stellen, läßt sie oftmals zu Sex-Maschinen verkümmern und macht ihre Frauen zu Objekten. Indem sie sich so intensiv darauf konzentrieren, Erektionen zu bekommen und nicht abzuschlaffen und ihren Partnerinnen Vergnügen zu verschaffen, führen solche Männer oftmals ein Geschlechtsleben, dem es an Intimität fehlt. Das ist ziemlich deprimierend, da Sexualität eine der wenigen gesellschaftlich akzeptierten Formen ist, in der Männer sich gestreichelt und umsorgt fühlen dürfen.

Unsere Gesellschaft verbietet es praktisch den Männern, sich körperlich in anderer Weise auszudrücken als im Geschlechtsakt. Von Männern wird erwartet, daß sie stets logisch, stets beherrscht sind, niemals eine Umarmung brauchen oder eine Schulter, an der sie sich ausweinen können. Ihr Training ist von Anfang an darauf ausgerichtet, ihre sanftere, emotionale Seite zu unterdrücken. Entsprechende Untersuchungen haben gezeigt, daß männliche Babys seltener berührt, angesprochen und in ihren körperlichen Bedürfnissen versorgt werden als weibliche Babys. Wenn ein Junge hinfällt, ist es nicht ungewöhnlich zu hören: Heul nicht, sei ein Mann. Der 52jährige Brad lernte von klein auf von seinem Vater, seine Gefühle zurückzustellen und sich stets zu beherrschen, wenn es um Sex ging:

> Mein Vater hat sich nie mit irgend etwas emotional auseinandergesetzt, das mit gefühlsmäßigen Dingen zu tun hatte, insbesondere nicht mit Sex. Mehr noch hat er mich dazu gebracht, in der Überzeugung zu leben, daß man kein fühlendes Wesen sein dürfe. Seine Botschaft an mich lautete: Sei stets beherrscht, mein Sohn.

Männer, die streng an der Macho-Ethik festhalten – mit der Betonung auf Beherrschung und Leistung –, erleben immer wieder, daß sie einen hohen Preis für ihre Abstraktionen bezahlen müssen.

Neue Ansprüche

Die erfreuliche Nachricht ist, daß Männer sich verändern. Die Männer, die wir interviewten, beginnen zu erkennen, daß die Rollenanweisungen für den Macho nicht heilig sind und daß jegliche Abweichung davon nicht unbedingt die Grundlagen ihrer Männlichkeit erschüttert. Es ist aber auch nicht so, daß Männer ihre Superman-Kostüme abgelegt hätten, um von nun an ihre sanftmütigen Seiten zu zeigen. Vielmehr überlegen sie sich die verschiedenen Möglichkeiten: etwa die, bei bestimmten Gelegenheiten auch passiv zu sein, umsorgt zu werden, oder aber den Aggressor zu spielen, sich ausschließlich auf die eigene sexuelle Befriedigung oder auf die ihrer Partnerinnen zu konzentrieren. Sie möchten sich frei und ungehindert fühlen, um die ganze Mannigfaltigkeit von Gefühlen für sich zu erkunden und zum Ausdruck zu bringen, in diesem Lernprozeß zwischen den verschiedenartigen Dimensionen ihrer Persönlichkeit zu wählen und engere, intimere Beziehungen zu Frauen aufzunehmen.

Wer sind denn diese fabelhaften Männer, könnte man fragen. Selbst die, die wir interviewt haben, könnten hier nachdenklich werden und sich fragen, in welcher Weise sie von uns dargestellt worden sind. Tatsache ist nämlich, daß nur sehr wenige der Männer, die zum Interview bereit waren, jene überkommenen Einstellungen vollständig überwunden haben. Aber fast jeder Mann hat im Laufe seiner Lebensgeschichte Stück um Stück Veränderungen in dieser Richtung vollzogen. Diese aufgeklärteren Einstellungen fanden sich überwiegend bei jüngeren Männern zwischen 20 und 30, die nicht mit der »Trophäenmentalität« aufgewachsen waren, nach der Frauen Eroberungen sind, denen man nachjagen muß. Die Frauenbewegung und die sexuelle Revolution haben hier doch deutliche Spuren hinterlassen. Seitdem im Zusammenhang mit der Verbreitung der Pille, die das Schwangerschaftsrisiko verringert hat, auch Frauen zunehmend ihre Sexualität als lustvoll empfinden, sind sie zugleich auch nicht mehr so unerreichbar. Mit dieser leichteren Zugänglichkeit von Frauen hat das »Nummernmachen« kaum noch etwas Imponierendes, und auch die Männer sind imstande, sich die Partnerinnen, mit denen sie Sex haben wollen, genauer anzusehen.

Der Sexualtherapeut und Autor von »Male Sexuality« bemerkt dazu:

> Männergespräche, zumal unter jüngeren Männern, haben heutzutage einen anderen Charakter. Es ist nicht mehr so wie zu meiner Zeit auf der High School, wenn Gruppen zusammenkamen und Äußerungen fielen wie: Mann, wir sollten mal eine aufreißen, oder: Letzte Nacht habe ich ein paar reingeschoben. Heute reden sie über Beziehungen und darüber, daß wechselseitige Zuwendung ganz zuoberst steht. Vieles davon ist natürlich nur Gerede, aber ich glaube schon, daß es auch etwas mehr sein kann. Ich denke doch, daß es heute mehr auf Wechselseitigkeit ankommt und die Nummernmacher auf dem Rückzug sind.

Allerdings sind es auch Männer über Dreißig, die ihre Vorstellung davon, was es heißt, ein männliches Geschlechtswesen zu sein, überdenken. Vielfach wurde solche Neubesinnung durch Scheidungen oder gescheiterte Beziehungen veranlaßt. Bei diesen Männern war die Sexualideologie des Machismo – mit der Überbetonung von Beherrschung und Leistung und der Geringschätzung von Intimität – oftmals der auslösende Faktor für den Bruch. Einige der älteren Männer erklärten, der Wechsel ihrer Einstellung gegenüber dem Machismo wäre durch persönliche Enttäuschung zustande gekommen. Die Zwangsjacke des Superman Kostüms verursachte ihnen ein Gefühl emotionaler Leere. Sie waren unausgefüllt, isoliert und sexuell unbefriedigt. Das alles sind Gründe dafür, warum der Mann von heute zunehmend vom Macho-Modell Abschied nimmt und bestrebt ist, es durch eines zu ersetzen, in dem er sich wiedererkennen und akzeptieren kann.

Nirgendwo ist diese Hinwendung zum Sich-Akzeptieren-Können willkommener, als in der Arena der sexuellen Leistungsschau. Der Zwang zur sexuellen Glanzdarbietung ist eine der schwerwiegendsten Forderungen des Machismo. Fast alle Männer sprachen in den Interviews von den Ängsten und Zwängen der männlichen Rolle. Mit den Worten des 40jährigen Werner:

> Vermutlich können einige Männer ihre Ängste ganz ausschalten, sobald es zum Sex kommt; dann steht er ihnen groß und stramm. Aber alle Männer, die ich kenne, sind Opfer eines stummen Terrors, der sich lähmend in ihren Köpfen festsetzt

– ähnlich dem Terror eines Menschen, der ein Fagott im Wert von 16 000 Dollar besitzt und am Abend, an dem das Konzert stattfinden soll, feststellen muß, daß die Klappen verstopft sind.

Überall auf der Welt gibt es Männer, die sich vor, während und nach dem Sex fürchten. Wir müssen den Sex wegbekommen vom Kampfplatz und vom Vorführring und ihn dort ansiedeln, wo es um menschliche Würde und Werte geht und ihn zu dem machen, was er sein soll – nämlich zu einer der subtilsten und lustvollsten Erfahrungen, die es gibt.

Männer, die früher vom Nummernmachen besessen waren, faßten die Geschichte ihres Sexuallebens für uns zusammen und gelangten zu dem Schluß, daß eine derartige Einstellung zu Unbefriedigung und Enthumanisierung führt. Der 31jährige Gary schaut zurück:

Als ich 19 war, hatte ich ein paar Mal im Jahr Sex. Mit 20 dann mehrmals die Woche; mit 21 war es dann schon mehrmals täglich. Aber ich habe keinen richtigen Spaß daran gehabt. Ich hatte bis dahin lediglich das Gefühl, daß ich etwas bringen müßte. Ich mußte eben jemanden auf den Rücken legen. Ich fühlte mich als Mann danach beurteilt, wie oft ich sie auf den Rücken legte, oder danach, wie viele Frauen ich verführen konnte. Aber im Innern fühlte ich mich wie eine Prostituierte, weil mir das, was ich tat, keine Erfüllung verschaffte. Manchmal glaubte ich sogar, ich wäre schwul.

Gary erkannte dann schließlich, wie viele andere mit ihm, daß das Gegenmittel zu seiner Unzufriedenheit nur echte Intimität sein konnte. Er erklärt: Alles änderte sich plötzlich, als ich einer Frau begegnete, in die ich mich richtig verliebte. Von da an wurde alles ganz anders.

Andere stellten fest, daß ihre sexuelle Befriedigung zunahm, sobald sie nicht mehr darauf aus waren, eine Starvorstellung zu liefern, und sich statt dessen mehr darauf konzentrierten, für sich Lust aus dieser Erfahrung zu ziehen. Als sie ihr Ziel änderten, nicht mehr den welterschütternden Orgasmus im Kopf hatten, sondern einfach Freude am Sex empfinden wollten, stellte sich auch leichter die Befriedigung ein.

Der 23jährige Wayne vergleicht seine neugewonnene Einstellung

gegenüber spielerischem Sex mit seiner Lieblingssportart Basket-
ball. Will man immer der Beste sein, so sagt er, wird es zum
Konkurrenzkampf und nicht zu einem lustvollen Spiel:

Ich stelle das immer wieder beim Basketballspielen fest:
wenn es nur um Wettkampf geht, wenn ich nur darauf aus bin,
jemandem eine schwere Niederlage beizubringen, dann ist
das alles kein Spaß. Ich konzentriere mich nur auf mein
Dribbling und darauf, den Ball in den Korb zu bekommen.
Aber wenn ich einfach aus Spaß spiele, dann entspanne ich
mich und bin viel offener. Genauso ist es mit dem Sex.

Wayne meint, wenn er es gar nicht erst versucht, der Beste zu sein,
kommt er ganz zwanglos weg von jenem vorgefaßten Programm,
alles auf Geschlechtsverkehr anzulegen. Heute sagt er:

Ich sehe Sex nicht mehr so eng. Einmal bin ich sogar so weit
gegangen, jemanden zwischen den Zehen zu lecken; oder
wenn ich oralen Sex habe, stecke ich ihr auch noch den Finger
hinein. Wenn ich daran als Sache denke, die Spaß macht, und
nicht an Konkurrenz, bin ich viel besser imstande, mir neue
Wege auszudenken, sie zu befriedigen . . . oder mich selbst.

Männer, die in dieser Weise ihren Schwerpunkt woanders setzten,
gelangten auch zu der Erkenntnis, daß ihre maskuline Identität
von mehr abhängt als nur ihrem Penis und seiner Fähigkeit zu
funktionieren. Sie erkannten, daß ein Penis nicht den ganzen
Mann ausmacht und begannen zu begreifen, daß ihre Sexualität
ihr ganzes Sein umfaßt. Viele, wie der 34jährige Dean, gelangten
zu der Einsicht, daß jedes Teil ihrer selbst – Körper, Verstand und
Seele – zusammenwirkt, und dieses Zusammenwirken darüber
entscheidet, ob eine sexuelle Beziehung gut oder schlecht ist.

Was ich mir immer wieder in Erinnerung rufen muß, ist, daß
das, was an mir als Mann sexy ist, mein Verstand, meine
Persönlichkeit, kurzum alles das ist, was ich bin. Das wichtigste Geschlechtsorgan habe ich zwischen meinen Ohren. Es
sind meine Persönlichkeit und das Gespräch mit ihr, wovon
sie angeregt wird und was mich zu einem guten Liebhaber
macht – nicht nur mein Schwanz.

Männer, die sich selbst von ihrem eigenen sexuellen Potential
abtrennen, indem sie darauf beharren, daß der Penis das einzig
wichtige Geschlechtsorgan ist, legen viel zu viel Nachdruck auf

seine Funktionstüchtigkeit. Infolgedessen ist es für sie ein schlimmeres Schicksal als sogar der Tod, wenn ihrem Penis irgend etwas zustößt. Blake, 38 Jahre alt und körperbehindert infolge eines Verkehrsunfalles, ist von der Hüfte abwärts gelähmt. Er hat weder Erektionen noch Ejakulationen. Doch sein Geschlechtsleben wurde dadurch nicht beendet. Ganz persönlich hat er sich selbst bewiesen, daß der ganze Körper des Mannes erogen ist und sexuell reagiert. Er hat sich soweit trainiert, daß er durch Stimulation anderer Partien seines Körpers sinnliche und sexuelle Lust erlangen kann und wieder orgasmusfähig ist.

> Vor meiner Verletzung dauerte die sexuelle Spannung, wenn es mir kam, 20 oder 30 Sekunden, doch jetzt kann ein Orgasmus fast solange dauern, wie ich es will, das heißt solange, wie ich imstande bin, die Intensität zu ertragen, und es ist viel besser als alles, was ich je vorher erlebt habe. Meine Verletzung hat mich zu der Einsicht geführt, daß die Besessenheit von jenem Organ, dem Penis, absurd ist. Ich bin schließlich aus meinem Schneckenhaus hervorgekommen und habe erkannt, daß die Tatsache, daß ich seitlich einen künstlichen Ureter habe und mein Penis nicht mehr hart wird, ohne Wichtigkeit ist. Schließlich ging mir auf, daß Menschen nicht deswegen mit mir zusammen sind, weil ich ein 25 cm langes Ding habe oder gut aussehe – sondern weil ich der bin, der ich bin.

Die genitale Fixierung der meisten Männer hindert sie gewöhnlich an der Entfaltung der Fähigkeit, rundum sinnliche Lust zu empfinden und andere erogene Zonen zu entdecken. Und diese genitale Orientierung, verbunden mit der Rollenanweisung für den Macho, die besagt, daß Männer die Führung übernehmen und ihre Partnerinnen befriedigen müssen, bedeutet oft, daß sie nicht imstande sind, sich zu entspannen und ihren Liebesgespielinnen zu gestatten, ihre Körper zu erforschen und ihnen zu einem vollen Lustgefühl zu verhelfen. Die Führung übernehmen und Verantwortung dafür tragen müssen, eine Partnerin zu befriedigen, schuf eine Art Leistungsdruck, der von der eigenen sexuellen Lust ablenkte. Der 37jährige Bernd hat uns geschildert, wie er versucht hat, die neueste Spielart des Machismo zu überwinden.

Heutzutage sagen Frauen, daß sie ein Recht auf sexuelle Lust haben und fordern Befriedigung. Und wenn sie sagen: »He, du bist großartig«, spornt es mich in meinen Leistungen noch mehr an. Ich muß es dann nämlich auch weiter so gut machen wie jetzt oder sogar noch besser als vorher. Und am Ende habe ich dann das Gefühl, tolle Arbeit geleistet zu haben, aber mir selbst hat es eigentlich nichts gebracht. Ich glaube nicht, daß der Wunsch, berührt zu werden, jemandem nahe zu sein, den Sex zu genießen, ein wichtiger Teil dessen ist, was in dieser Gesellschaft für maskulin angesehen wird. Der Druck geht eben in die Richtung, leistungsstark zu sein, jemanden zu befriedigen – selbst nicht zu wissen, was man will oder wie man empfindet. Also ich versuche mich jetzt zurückzulehnen und nicht daran zu denken, daß ich eine Show abziehen muß und achte bewußt darauf, was ich fühle, was nach meiner Meinung genau so wichtig ist.

Jene von uns interviewten Männer, die nach einer Phase anfänglichen Unbehagens dabei blieben, mit der passiven Rolle zu experimentieren, stellten fest, daß es ihnen Vergnügen machte, die Nehmenden zu sein. Ein Mann erzählte uns, daß immer dann, wenn er und seine Freundin die Rollen tauschten, wenn sie die Führung übernahm und ihm Lust verschaffte, er ein Gefühl »sinnlichen Erwachens« erlebte. Er hatte nie vorher feststellen können, über wieviel andere erogene Zonen als seinen Penis er noch verfügte.

Die Macho-Ethik indessen verbietet geradezu ein solches sexuelles Erwachen. Jede Erfahrung, zu der eine Partnerin und ein Orgasmus gehören, soll in sich schon die ganze Erfüllung sein. Ein wahrhafter Mann braucht keinerlei Vorbedingungen, um Sex zu genießen. Allerdings waren viele Männer, die wir interviewt haben, in der Lage zuzugeben, daß es bestimmte Bedingungen gab, die den Sex lustvoller für sie machten. Diese Männer wollten sowohl geistig als auch emotional und körperlich die Sexualität vollständiger und umfassender erleben. Und um das zu erreichen, brauchten sie während des Liebesaktes mehr sinnliche und erotische Stimulation. Doch da die meisten Frauen sich der Wünsche ihrer Partner, vielseitiger erregt zu werden, nicht bewußt sind, müssen Männer, die für sich mehr wollen, bereit sein, vom festgelegten Schema abzugehen, das es ihnen verbietet, um etwas zu bitten. Roger, der seit 3 Jahren verheiratet ist, findet es immer noch schwer, sich ohne Verlegenheit oder Scham zu öffnen und um das zu bitten, was ihm Lust verschafft.

Weil Männer dazu erzogen werden, in einer ganz mechanischen Weise beim Sex ziemlich egoistisch zu sein – ihn hochbekommen, rammeln, kommen und einschlafen –, mußte ich mich meiner Partnerin schon sehr nahe fühlen, um wirklich freimütig genug zu sein, zu tun und zu verlangen, wonach mir gerade war.

Eine weitere Veränderung im männlichen Rollenskript ist eine Teilung der Verantwortung dafür, den sexuellen Akt zu inszenieren. Als Folge davon wußten die meisten Männer sehr zu schätzen, wenn Partnerinnen entsprechende Korrekturen an ihrem Rollenverhalten vornahmen. Der 70jährige Hartmut hat entdeckt, daß die Partnerschaft mit jemandem, der am Liebesspiel gleichbeteiligt ist, sowohl zu größerer Intimität führt, als auch die Bandbreite des sinnlichen und sexuellen Erlebens vergrößert:

Ich wünschte mir, eine Menge mehr Männer wüßten auch von einigen der Dinge, die ich während der letzten 8 oder 9 Jahre gelernt habe. Als ich jünger war, habe ich es nach echter Männerart gemacht und war dabei wohl auch ganz gut. Aber so schön war es nun eigentlich auch wieder nicht. Ich hatte immer das Kommando. Es war von vornherein ausgemacht, daß ich die Stabführung übernehme und dafür sorgte, daß meine Frau jedesmal einen Orgasmus hatte. Wenn ich müde oder gelangweilt war, mußte ich vor mich hinphantasieren und an andere Leute oder andere Orte denken, um mich über eine höllisch lange Zeit vom Ejakulieren zurückzuhalten – und in ihrem Fall dauerte das wirklich ewig. Das Wohltuende, das es hat, beide Seiten der Sexualität zu erleben, das Geben und das Nehmen, war mir damals noch nicht aufgegangen. Ich habe es nicht sehen können, bis ich aufhörte, unbedingt der Macho sein zu wollen und stets die Führung zu übernehmen. Also habe ich meine Partnerin dazu ermutigt, sich sexuell ganz frei zu geben und dabei festgestellt, wie großartig das ist. Das hat unser Geschlechtsleben gewaltig bereichert. Früher war es immer so gewesen, daß ich eine Hälfte der ganzen Angelegenheit nie abbekam, und dasselbe galt auch für sie. Jetzt erleben wir gemeinsam das ganze Spektrum der Sexualität. Wir übernehmen beide die Initiative und sind beide abwechselnd die Nehmenden, und ich muß sagen, daß diese Gleichheit den Grad an Intimität gesteigert hat.

Einen aktiven Partner zu akzeptieren, ist oftmals gleichbedeutend damit, in seinen Auffassungen darüber umzulernen, wie eine Frau sich sexuell verhalten sollte. Dazu äußert sich der 54jährige Leo: Irgendwie bekam ich mit, daß es ganz in Ordnung wäre, es mit bestimmten Mädchen zu treiben, jedoch keinesfalls mit anderen. Zum Beispiel gab es immer einige Mädchen, mit denen man Spaß haben oder sogar schlafen konnte. Aber die anderen waren eben die netten Mädchen. Also durfte man das mit ihnen nicht machen. Und auf gar keinen Fall schlief man mit jemandem, den man später heiraten wollte. Und mit einem Mal änderte sich das alles, und ich mußte lernen, daß es gut und richtig ist und es eigentlich auch mehr Spaß machte, mit jemandem zu schlafen, den man liebte, und daß es sogar ganz natürlich war, wenn man diejenige dann heiratete.

Der 37 Jahre alte Vince erzählt, daß er sich nicht einmal bewußt gewesen sei, wie sehr Frauen für ihn bloß Objekte waren, bis eine unerfreuliche Affäre für eine Nacht ihn dahin brachte, seine Einstellung zu überdenken. Als Vince 21 war, besuchte er zwei Frauen, die in einer Gemeinschaftswohnung lebten. Die eine war sehr gutaussehend, die andere ziemlich unattraktiv. Während er sich den ganzen Abend lang mit beiden unterhielt, machte er insgeheim schon Pläne, wie er die hübsche zu sich mit nach Hause nehmen könnte. Später am Abend kam jedoch deren Freund, um sie abzuholen, und Vince wurde mit der »Verliererin« allein gelassen. Obwohl er sich die hübsche Frau in den Kopf gesetzt hatte, begann mit einem Mal nach etlichen Drinks auch die andere für ihn ganz reizvoll auszusehen. Er wußte zwar ihren Namen nicht, fand jedoch, daß sie mit allem Erforderlichen ausgestattet war, und dachte: warum gehen wir nicht ins Bett? Aber als er sich am nächsten Morgen im Bett umdrehte und die namenlose Frau neben sich sah, empfand Vince alles andere als Stolz über seine Eroberung. Schluß mit diesen leeren Sex-Episoden, entschied er bei sich. Seither war ihm mehr nach einer tieferen Bindung mit Frauen zumute.

Dieser Wunsch nach größerer Intimität war kennzeichnend für die Männer, die wir interviewt haben. Ihnen ging es um Zärtlichkeit, Zuwendung und das Gefühl der Nähe zu einer Frau. Manchmal war das bloße Erlebnis solcher Gefühle schon Erfüllung genug und machte sogar die körperliche sexuelle Erfahrung überflüssig. Als Alan, 38 Jahre alt und geschieden, zum ersten Mal mit einer Frau schlief, ohne daß es zum Sex kam, wollte keiner seiner Freunde ihm glauben:

> Als ich jünger war, war Sex einfach alles. Ganz gleich, wo ich war, was ich gerade tat – ich wollte es unbedingt treiben. Wann immer ich mit einer Frau ausging, machte ich Pläne. Doch das änderte sich während der letzten neun Monate, denn seither habe ich totales Verliebtsein mit Frauen erfahren, ohne daß ich mit ihnen Sex haben mußte. Also, ich kann nur sagen, das ist etwas ganz anderes, und es sind so ziemlich die schönsten Erfahrungen, die ich je gehabt habe. Das erste Mal war es so, daß diese Frau und ich miteinander schliefen, nackt, aber sonst machten wir weiter nichts, wie wir es vereinbart hatten. Und ich wurde dabei mächtig erregt. Ich hatte einfach Spaß daran, ihn hart werden zu fühlen. Und wissen Sie, was dann passiert ist: er wurde mir wieder weich, und das war völlig in Ordnung. Es machte gar nichts. Und etwas später stand er mir dann wieder. Und es war einfach großartig, daß ich dabei nichts tun mußte. Es gab keinen Zwang. Es war einer der erfreulichsten Abende, die ich je erlebt habe, obwohl wir nicht einmal miteinander gebumst haben.

Als Folge eines solchen Niederreißens sexueller Barrieren im Umgang mit Frauen haben einige Männer entdeckt, daß sie auch zu ihren Freunden unbefangener und offener waren. Sie konnten mit anderen Männern auch Themen behandeln, die ihnen früher unbehaglich waren. Das Ergebnis ist, daß sie jetzt mehr Zuwendung erleben und emotional weniger isoliert sind. Art, 34 Jahre alt, meint, der Vorteil enger Männerfreundschaften sei der, daß

> es gut ist, jemanden zum Reden zu haben, jemanden, dem man etwas mitteilen kann, einen, mit dem man gemeinsam jammern und stöhnen kann, oder von dem man lernt, indem

man zuhört, was ihm im Leben so alles geholfen hat. »Die Fähigkeit, etwas sprachlich auszudrücken, scheint mir dabei zu helfen, die Dinge im richtigen Licht zu sehen.«

Spike, 31 Jahre alt, sagt uns, daß er und sein bester Freund in Gesprächen über sexuelle Probleme imstande gewesen seien, einander über kritische Zeiten hinwegzuhelfen:

Dillon hatte seine erste sexuelle Störung in diesem Jahr. Er bekam ihn nicht hoch. Er war entsetzt, wirklich echt entsetzt. Und es bedeutete ihm viel, daß ich einfach zu ihm sagen konnte: »Willkommen in unserem Verein. Wo hast du denn während der letzten 10 Jahre gesteckt?« Ich riet ihm, die Sache ganz ruhig anzugehen. Daß es nun eben mal kommt und geht und daß er sich darüber nicht grämen sollte, daß das schon wiederkommen würde. Und das half dann auch.

Obwohl Männer uns erklärt haben, daß sie das traditionelle Superman-Rollenschema durchaus in Frage gestellt hätten, war es doch offensichtlich, daß sie es durchaus nicht voll und ganz gegen das Verhaltensrepertoire eines Clark Kent ausgetauscht hatten. Statt dessen durchlebten sie einen Entwicklungsprozeß, in dessen Verlauf sie Eigenschaften ausbildeten, die irgendwie zwischen beiden Extremen lagen. Es ging ihnen darum, wählen zu können, ob sie sich sinnlich verspielt, verletzlich, passiv oder unsicher geben konnten, ohne das Gefühl haben zu müssen, daß dies unzulässige oder sogar feminine Attribute wären, die man unterdrücken müßte. Doch ebensosehr wollten sie sich die kraftvollen, aktiven, sogar gewaltsamen Eigenschaften des Machismo erhalten, wann immer sie ihnen angezeigt schienen. Beides hatte schließlich etwas für sich, und einige Männer neigten ihrer Natur nach mehr zu diesen Eigenschaften als zu jenen. Erwünscht war mithin die Freiheit, jene Gefühle auszudrücken, die einem bestimmten Männertyp am besten entsprechen und den jeweiligen Umständen angepaßt sind.

Sich so zu verändern, ist nicht leicht. Nach Auffassung von Clark Clipson, dessen Dissertation sich auf die Entwicklung des Rollenverständnisses von Männern bezieht, benutzen diese einen der drei Wege, sich selbst psychologisch die Möglichkeit einzuräumen, solche verschiedenen Seiten ihrer Persönlichkeit zum Ausdruck zu bringen: erstens definieren sie vielleicht den Begriff

»maskulin« für sich ganz neu, und zwar derart, daß er sämtliche Aspekte ihrer Persönlichkeit einschließt, selbst jene, denen sie vormals automatisch das Etikett »unpassend« oder »feminin« aufgeklebt hatten. Die zweite Art, in der manche Männer in der Lage sein können, solche »unmännlichen« Aspekte von sich selbst zu akzeptieren, ist die Anerkennung der Tatsache, daß Männer sowohl feminine als auch maskuline Züge in ihrer Persönlichkeit tragen, die man beide durchaus zulassen kann. Andere schließlich können ganz darauf verzichten, Verhaltensweisen überhaupt unter eine bestimmte Rubrik einzuordnen. Sie betrachten ihre Haltungen und Handlungen als verschiedene Seiten des menschlichen Wesens.

Das Ergebnis dieses Entwicklungsprozesses ist keineswegs wieder ein neuer Comic-Heft-Typ. Vielmehr zeigt sich ein sehr vielschichtiges Bild von Männern, da die Botschaft vom echten Mann tiefere Schichten anspricht und ständig auf Ebenen bestätigt wird, die uns gar nicht bewußt werden. Deshalb sind solche Veränderungen oftmals nicht gerade leicht. Trotzdem hatten diese Männer durchaus ein gutes Gefühl im Rückblick auf das, was sie geleistet hatten und im Hinblick auf die Richtung, in die sie sich entwickelten. Als Menschen fühlten sie sich weniger verkürzt und vollständiger, da ihnen der erreichte Grad emotionaler und sexueller Intimität mehr Erfüllung brachte.

Wie man lernt,
ein guter Liebhaber zu sein

Wie Superman, der mit übermenschlichen Kräften geboren wurde, wird von Männern unserer Gesellschaft erwartet, daß sie auf wunderbare Weise auf diesem Planeten landen und sogleich vollkommene Liebhaber sind. Kein Wunder also, daß das Schlimmste, das ein Mann dem anderen antun kann, die Bestreitung seiner Könnerschaft beim Liebesakt ist. Das ist der Schlag unter die Gürtellinie, der den Mann zutiefst in seiner Männlichkeit trifft. Als Vince, ein 37jähriger Therapeut, als Jugendlicher mit einem Bautrupp arbeitete, da machten sich, wie er sich noch gut erinnern konnte, die Männer regelmäßig übereinander lustig, indem sie ihre sexuelle Leistungsfähigkeit anzweifelten. Der Polier, so sagt er, habe immer herumgebrüllt: Wenn ihr so lausig bumst, wie ihr fegt, wird keine Frau euch um sich haben wollen.

In den Worten des Poliers deutet sich an, was die interviewten Männer ständig zum Ausdruck brachten: der Prüfstein für Männlichkeit – ob nun daran gemessen, wieviel Nummern jemand machen konnte, oder wie gut jemand seine Frau zu befriedigen verstand – ließ sich nur durch sexuelle Leistungsfähigkeit beweisen. Und die Macho-Mythe, die dieser Annahme zugrunde liegt, besagt, daß Männer von Anbeginn rundum erfahrene Liebhaber sind. Doch nach Aussage der von uns interviewten 120 Männer war es in Wirklichkeit so, daß es jahrelanger Erfahrungen mit Frauen bedurfte, bis sie es in der Liebe zu etwas brachten.

In seinem Buch »The Regular Way« erinnert sich der Humorist Bill Cosby an seine erste Gelegenheit, bei der allseits beliebten und kundigen Rosemary »dranzukommen«, als er gerade 13 Jahre alt war. Wie das gehen sollte, wußte Cosby nicht so recht. Doch schon in diesem zarten Alter glaubte er fest, ein echter Mann zu sein, was natürlich auch bedeutete, daß er unmöglich jemanden danach fragen konnte, wie es denn beim Sex rein mechanisch zugeht. Jeder ging davon aus, daß er das alles bereits wußte, obwohl die einzige Kunde, die er vom Sex hatte, in dem einen Wort »p-u-s-s-y« bestand, das andere so freizügig auf Wände und Bürgersteige geschmiert hatten. Als er Rosemary zu seiner ersten Verabredung von zu Hause abholte, versuchte er, sich vorzustellen, wie es wohl sein mag, wenn man »es« macht:

Ich habe die ganze Woche über diese p-u-s-s-y nachgegrübelt, und ich versuche ständig, den Leuten Fragen zu stellen, wie sie an solche p-u-s-s-y herangekommen sind. Ich wollte vermeiden, daß die Burschen dahinterkamen, daß ich absolut nichts darüber wußte. Aber wie sollte ich herausfinden, wie man es machen muß, ohne mich dabei zu verplappern?

Ich treffe also einen Knaben und sage zu ihm: Sag mal, hast du schon einmal eine p-u-s-s-y gehabt? Und der Knabe antwortet: Yeah! Worauf ich sage: Also Mann, wie stellst du es denn an, dir eine zu beschaffen? Darauf er: Na ja, weißt du, eben auf die altbekannte Art. Und ich sage: Yeah, gute altbekannte Art . . . Die gute altbekannte Art, sich diese p-u-s-s-y zu schnappen. Na ja, ich treibe mich noch immer herum und versuche mir vorzustellen, wie ich es machen muß. Und als ich dann schließlich hinkomme, ist die Sache, die mich am meisten durcheinanderbringt, die, daß ich meine Hosen ausziehen muß. Mir nichts, dir nichts, bin ich plötzlich splitternackt . . . Splitternackt stehe ich vor diesem Mädchen, und was passiert dann? Kann man sich . . . kann man sich das einfach . . . Ich weiß doch nicht einmal, was ich machen soll . . . Ich stehe eben einfach so da, und da sagt sie doch zu mir: So, du weißt also nicht, wie man es machen muß? Und da sage ich zu ihr: Doch schon, aber ich habe es vergessen. Mir ist nicht im Traum eingefallen, sie zu bitten, es mir zu zeigen, weil ich eben ein Mann bin und auf gar keinen Fall will, daß sie es mir zeigt – nein, ich will nicht, daß mir's einer zeigt, aber ich wünsche mir schon, daß mir jemand einen Zettel rüberschiebt.

Schon in diesem Alter also streifte Cosby in seinem Superman-Kostüm umher, überzeugt davon, daß ein Bursche wie er bereits wissen müsse, »wie man's macht«. Viele der interviewten Männer empfanden genauso. In den meisten Fällen war ihr Erstes Mal ein ebenso unbeholfener und unbehaglicher Einführungsritus wie bei

Cosby. Sie waren nicht nur ängstlich und eingeschüchtert, sondern sexuell auch völlige Novizen. Und alle sahen sich demselben Dilemma gegenüber: wegen des gewaltigen Drucks, den der Machismo-Mythos auf sie ausübte, meinten diese Männer, sie müßten schon beim allerersten Mal, wenn sie mit einer Frau ins Bett gingen, ausgekochte Experten in Sachen Sexualität sein.

Der 29jährige Bernard erinnert sich:

> Ich habe mir nicht eben die Beine ausgerissen, es Mädchen wissen zu lassen, daß ich noch ein echtes Schaf war. Wissen Sie, in meiner Nachbarschaft war die Macho-Ethik einfach Gesetz, und Männer durften nicht zugeben, daß sie noch völlig ahnungslos waren. Das wäre so gewesen, als hätte man zugegeben, ein Softie zu sein und kein richtiger Mann. Man muß sich immer als erfahrenen Weltmann ausgeben.

Wie eigentlich soll ein sexuell unerfahrener Jugendlicher genug über Sex wissen, um sich im Bett als erfahrener Liebhaber zu beweisen? Die meisten Frauen gehen davon aus, genau wie wir auch, daß Männer über einen privilegierten Zugang zu sexuellen Kenntnissen verfügen. Immerhin gibt es doch jene traditionellen Wege zur Erkenntnis, wie die sagenhaften Vater-Sohn-Gespräche, Gruppendiskussionen unter Altersgenossen, entsprechende Kurse in der Schule und Bücher über Sex. Doch wir fragten uns, wie nützlich solche Quellen eigentlich wären. Wie hilfreich waren die Informationen, die sie vermittelten? Viel war es nicht, wie uns unsere meisten Männer aufklären konnten, deren Erstes Mal insofern mit den Erfahrungen Cosbys übereinstimmten, als sie in totaler Unwissenheit hineintappten. Was die angeblich privilegierten sexuellen Erkenntnisquellen angeht, äußern sich im Folgenden die Männer unserer Interviewreihe darüber, wie es wirklich war, und was sie tatsächlich gelernt hatten.

Vater weiß alles am besten – wirklich?

Dem Männlichkeitsmythos zufolge vermitteln Väter ihren Söhnen Spezialkenntnisse über Sexualität aus ihrem reichen Erfahrungsschatz. In Robert Youngs Buch »Father Knows Best« wird jener wohlmeinende und feinfühlige Vatertyp dargestellt, von dem man erwartet, daß er seinen Sohn beiseite nimmt und mit ihm vertrauensvoll über Sexualität redet. Er erklärt nicht nur, wie es die Schmetterlinge machen, sondern gibt neben den mechanischen Abläufen beim Geschlechtsverkehr auch seine sexuellen Erfahrungen als Liebhaber weiter. Diese Vorstellung ist nicht mehr als ein kultureller Mythos.

Tatsächlich wachsen die meisten Männer in Familien auf, in denen über Sexualität kaum gesprochen wird. Niemand nimmt sie beiseite und hilft ihnen, sich auf ihre Rolle als kundige Liebhaber vorzubereiten. Die meisten von uns interviewten Männer beantworteten unsere diesbezügliche Frage mit nein. Billy, ein 31jähriger Akademiker, erzählt uns:

> Daß du uns bloß nicht in Schwierigkeiten gerätst, war alles, was meine Eltern dazu gesagt haben. Ich erinnere mich noch, wie meine Mutter einmal zu meinem Vater gesagt hat: Marvin, irgendwann mal wirst du mit dem Jungen sprechen müssen. Aber mein Vater war viel zu verklemmt.

Falls dann das Thema Sex doch irgendwann zwischen Vater und Sohn aufkam, wurde allenfalls mal verschämt ein Buch weitergereicht. Raimond, 27 Jahre alt, erinnert sich noch:

> Als ich etwa 10 Jahre alt war, kam mein Vater zu mir ins Zimmer und legte ein Exemplar von »For Boys only« auf mein Bett. Und das war es dann auch schon. Und als ich ihn dann ein andermal fragte: Wie stelle ich eigentlich fest, wann bei mir Sperma kommt, erwiderte er darauf nur: Wenn du ein Mädchen geschwängert hast.

Die Situation ist nicht ohne Ironie. Männern wird in Sachen Sexualität Autorität unterstellt, und man erwartet von ihnen, daß sie Frauen sexuell »erwecken«. Doch ist die Unterweisung, die Eltern ihren Söhnen erteilen, nicht viel aufschlußreicher als bei Töchtern, von denen erwartet wird, daß sie sexuell naiv sind. Selbst wenn Männer mit ihren Eltern über Sexualität reden, bekommen sie nur ganz karge Auskünfte – nämlich, daß der Mann in die Vagina der Frau ejakuliert. Gewöhnlich sind solche Auskünfte rein technisch und werden ohne gefühlsmäßige Beteiligung gegeben. Selten wird über Orgasmus gesprochen, über die Wichtigkeit des Vorspiels, und schon gar nicht werden die emotionalen oder psychologischen Aspekte der Intimität besprochen. Solche Gespräche vermitteln keine wirklich nützliche Information über Sexualität und tragen nicht dazu bei, später einen guten Liebhaber abzugeben.

Adam hatte im Alter von 10 Jahren ein derartiges Gespräch mit seinem Vater. Das ging so:

> Ich erinnere mich noch, wie mein Vater mit mir das große Gespräch über Sexualität führte. Ich wußte zwar schon, daß der Mann irgendwie seinen Penis in die Frau einführt, aber ich dachte, das Sexuelle daran bestehe darin, daß er in sie hineinpinkelt. Ich wußte ja nicht, daß der Penis auch etwas anderes kann als pinkeln. Ich wußte nicht einmal, daß man eine Erektion haben mußte. Kurzum, die Aufklärung lief darauf hinaus: der Mann führt seinen Penis in die Vagina der Frau ein, ejakuliert Sperma und befruchtet das Ei. Dann wird die Frau schwanger, das Ei entwickelt sich zu einem Baby, und das Baby wird geboren. Über das Pinkeln hinaus erfuhr ich schon einiges mehr über den Penis, aber Gefühle sind überhaupt nicht angesprochen worden.

Um fair gegenüber den Vätern zu sein: einige von ihnen waren vielleicht durchaus gewillt, das Thema gründlicher abzuhandeln, doch waren ihre heranwachsenden Söhne oftmals verklemmter als sie selbst. Scott, ein 27 Jahre alter Lehrer, dessen Eltern aus Rußland gekommen sind, erklärte uns, warum er mit seinem Vater nicht über Sex sprechen konnte, obwohl er sehr begierig war, etwas darüber zu erfahren:

> Als ich etwa 12 oder 13 Jahre alt war, erzählte mir ein Junge aus der Nachbarschaft, wie man »sich einen abreißen« kann. Also ging ich nach Hause und versuchte es einmal und dachte wirklich, ich bekäme einen Herzanfall. Mein Körper geriet mir völlig außer Kontrolle. Es war furchterregend. Ich lief sofort hinaus auf die Veranda, wo mein Vater es sich bequem gemacht hatte, und sagte: Papa, ich habe masturbiert, und er schaute nur hoch und fragte: Hat es dir denn gefallen? Und ich erwiderte ihm: Nein, es gefiel mir überhaupt nicht. Er sagte nur okay und äußerte sonst nichts weiter. Nun ja, am folgenden Tag brachte er eine unauffällige braune Tüte mit nach Hause, in der 4 Bücher aus der Bibliothek über Pubertät und Sexualität hatte. Er sagte: Ich möchte, daß du das hier liest. Falls du irgendwelche Fragen haben solltest, laß

uns darüber reden. Die Bücher waren ziemlich eindeutig. Die physische Seite des Sex wurde trocken erklärt, aber Fragen, wie ich sie hatte, wurden nicht abgehandelt. So etwa die: Wie bekommt man ein Mädchen rum? Wie macht man es, daß Masturbation Spaß macht? Das waren Punkte, die ich mit meinem Vater nicht erörtern wollte. Ich war viel zu verlegen. Ich wünschte mir mehr Kenntnisse über die emotionale Seite der Sexualität, doch mein Vater war eben nicht mein Freund; er war mein Vater, und ich konnte einfach nicht mit ihm darüber reden.

Sie hätten schon erwogen, sagten uns die Männer, mit der Mutter über Sexualität zu reden, doch waren es dann nur wenige Männer, die sich mit ihren Müttern über Sex unterhielten. Besonders während der Pubertät gibt es oft ein feines Bewußtsein für die sexuellen Unterströmungen in den meisten Mutter-Sohn-Beziehungen. Ödipale Gefühle kommen ganz natürlich auf, sobald die Hormone im Körper eines Jungen sich bemerkbar machen. Anstatt zu riskieren, sie im direkten Gespräch über Sexualität offenzulegen, ziehen sie es vor, das Thema ganz fallen zu lassen.

Trotz all dieser Komplikationen ist es einigen Eltern dennoch gelungen, eine Einstellung zur Sexualität zu vermitteln, die den Männern später geholfen hat, liebevolle Partner zu sein. Barry, ein 67jähriger Professor, erzählte uns, er hätte nicht im direkten Gespräch mit seinen Eltern gelernt, ein guter Liebhaber zu sein, sondern dadurch, daß sie sich über die Jahre hinweg offen ihre Gefühle zeigten und zärtlich zueinander waren:

Ich hatte Glück. Obwohl meine Eltern schon irgendwie viktorianische Vorstellungen über Sexualität hatten, war es doch so, daß sie im Kern ihres Wesens warmherzige, zärtliche, liebevolle Menschen gewesen sind. Ich habe das erkannt und nachgelebt. Wie anders soll man denn lernen, in der Sexualität Liebe auszudrücken?

Eltern wie die von Barry waren Vorbilder für ihre Söhne und zeigten ihnen durch ihr Beispiel, daß Sexualität eng verbunden ist mit Zuneigung, Zärtlichkeit und Liebe. Diese wichtige Einsicht allein ist dennoch nicht ausreichend, um die Männer auf ihre ersten sexuellen Erfahrungen vorzubereiten.

Sexualkundeunterricht

Wenn Männer schon keine genauen und eingehenden Kenntnisse über Sexualität vermittelt bekamen, was brachte man ihnen dann im Sexualkundeunterricht bei? Ließ sich die Vorbereitung auf die Rolle eines Liebhabers durch Schulvorträge erfolgreich durchführen? Die meisten Männer hatten das Gefühl, daß das nicht der Fall gewesen ist, und sie erzählten uns lustige Anekdoten über die Unzulänglichkeit der Sexualkunde. Edgar, 27 Jahre alt, erinnert sich:

> Ich war in der 6. Klasse einer katholischen Schule, als uns der Lehrer ankündigte, daß er sich als nächstes vorgenommen hätte, uns etwas über die »Vögel und die Bienen« zu erzählen. Man führte alle Jungen in das eine und alle Mädchen in ein anderes Klassenzimmer. Sie machten sich die Mühe, uns einen Film vorzuführen, der uns alles über die Dinge des Lebens enthüllen sollte. Danach gab es ein lebhaftes Frage- und Antwortspiel, und die Experten, die sich uns vorstellten, waren ein Pater und ein Lehrer. Was für ein Riesenspaß! Natürlich klärte uns der Film nicht auf, wie das Sperma des Mannes in die Vagina der Frau gelangt. Also fragte einer von uns Burschen danach. So ein Getue, wie es dann gab, haben Sie noch nicht erlebt. Die Frage wurde natürlich nie beantwortet. Das war es dann.

Die Qualität solcher Sexualkunde wurde nicht besser, wenn sie erst in späterem Alter erteilt wurde. Chris, ein Berufsoffizier mit 2 erwachsenen Kindern, mußte lachen, als er sich an den Film zur Sexualerziehung erinnerte, der ihm beim Militär vorgeführt worden war:

> Meine Abzeichen und meine Ernennung bekam ich im Juni 1954. Und im Dezember 1955 heiratete ich. Sexualkundeunterricht hatte ich nur beim Militär. Sie zeigten jenen klassischen Film, in dem ein Kadett »einen draufmacht« und sich prompt eine Geschlechtskrankheit holt. Daraufhin bricht er natürlich zusammen, und das bringt ihn fast um. Das war alles, was man uns über Sex beibrachte.

Viele der Männer stellten fest, daß ihnen ein gründliches Wissen über menschliche Sexualität fehlte, bis sie dann später Kurse darüber am College belegten, nachdem sie bereits selbst sexuell aktiv geworden waren. Einer der Männer drückte das so aus: Jeder schnappte auf der Straße irgendwelches Zeug auf, aber was es damit nun wirklich auf sich hatte, erfuhr ich erst, als ich mich im College mit Anatomie und Physiologie beschäftigte. Aber da war alles schon zu spät.

Straßenaufklärung

Eine weitere wichtige Quelle sexueller Erkenntnisse ist die Art von Informationen, die auf der Straße aufgeschnappt werden. Kenneth, ein 30jähriger Verkaufsleiter, erzählte uns, daß seine Eltern nie mit ihm über Sex gesprochen hätten und daß sie auch, soweit er sich erinnern konnte, miteinander nie darüber geredet hätten. Über Sexualität erfuhr er durch seine Fahrten im Schulbus, Gespräche auf dem Spielplatz mit anderen Kindern, auf den Straßen und in der Gosse.

Je gründlicher wir indessen die Quelle dieser Form der Sexualerziehung erforschten, um so offenkundiger wurde, daß Gespräche auf der Straße in kaum mehr bestanden, als aufgeblasenen Berichten über sexuelle Eroberungen oder in bodenloser Angeberei. »Die bescheidene Wahrheit in all diesen Kumpelgesprächen«, sagte uns der 27jährige Raymond, »beschränkte sich darauf, daß jeder damit angab, mit wieviel Frauen er schon geschlafen hatte, obwohl es noch keiner von uns gemacht hatte«.

Spike, 31 Jahre alt und bei einer Investmentbank beschäftigt, erinnert sich daran, daß es »eigentlich nur darum ging, eine große Show abzuziehen«. »Dann machte ich das mit ihr, und Mann, ich sag dir, war das großartig. Und dann habe ich ihn ihr wieder reingesteckt.« Immer war es eben solches Zeug. Das war nicht gerade sehr lehrreich. Und obwohl jeder mit Begeisterung dabei war, warfen Erfahrungen wie diese nur wenig brauchbare Erkenntnisse ab. Falls überhaupt etwas gelernt wurde, dann das, wie man am besten die eigene Unwissenheit verschleiert. Obwohl zum Beispiel Spike nicht die leiseste Ahnung hatte, worüber seine Freunde überhaupt sprachen, meinte er: Aber ich nickte natürlich zu allem bedächtig, so, als wüßte ich sehr wohl, wo es langgeht.

Die Jungen gaben vor, alles zu wissen, auch wenn sie völlig ahnungslos waren. Zum Beispiel hat es auch Cosby nie mit Rosemary getrieben. Er schaffte es, sich um den Sex zu drücken, indem er ihr auseinandersetzte, daß seine Mutter ihn um 12 Uhr zu Hause erwartete und sie nicht genügend Zeit haben würden, weil, wann immer er »es« machte, er unentwegt drei oder vier Stunden bei der Sache sei. Auf dem Heimweg dann begegnete Cosby seinem Freund Rufus und prahlte mit dem guten Sex, den er gehabt hätte. Als Rufus ihn fragte, wie er es denn gemacht hätte, sagte Cosby zuerst nur: Wenn du es selbst nicht weißt, werde ich dir auch nichts erzählen, um dann weltmännisch hinzuzufügen: Du weißt schon, auf die übliche Art.

Wie im Falle von Rufus und Cosby stimmten die von uns interviewten Männer darin überein, daß allein schon der Anschein genügte, sexuelle Erfahrungen gesammelt zu haben, um den Status eines Jungen automatisch über den seiner Geschlechtsgenossen zu erheben. Selbst wenn die angeblichen Erfolgsberichte nur so von groben Fehlinformationen wimmelten oder sogar deftige Lügen aufgetischt wurden.

Obwohl den meisten dieser Sexgespräche mit Altersgenossen die lebendigen Details abgingen, die die Jungen zum Bestandteil ihrer späteren Lebenserfahrungen machen könnten, lag darin doch für die meisten ein gewisser Gewinn. Der 37 Jahre alte John, der sich der Grenzen solcher Pubertätsgespräche durchaus bewußt war, fand sie dennoch wichtig:

> Die einschlägigen Gespräche aus meiner Jugendzeit waren keine klaren, ausführlichen Beschreibungen von Techniken, etwa in der Art, »ich streichelte sie ganz sanft«, oder »wir küßten uns 1½ Stunden lang«. Ganz allgemein wurde darüber geredet, was vorgefallen war. Es ging um oralen Sex, um Erzählungen darüber, was man gemacht hatte und wo man gewesen war. Irgendwie bekam ich dadurch neue Anregungen, was ich alles noch tun könnte – alles Sachen, die ich vielleicht nie kennengelernt hätte, wären da nicht früher solche Gespräche gelaufen.

Dann kommt auch noch hinzu, daß solche Unterhaltungen Freundschaften ganz bestimmter Art begründeten, in der der erfahrenere, oftmals ältere Junge zum Mentor des jüngeren wird. Es sieht so aus, als hätten die meisten Männer als Heranwachsende mindestens einen Mentor in Sachen Sexualität gehabt, mit dem sich für sie ganz lebhafte Erinnerungen verbanden. Oft war es so, daß einer unserer Interviewten einen ganz verklärten Blick bekam, sobald er sich gerührt an den »guten alten XY« erinnerte:

Burt Harris, Gott war das ein verrückter Typ. Der fuhr voll auf oralen Sex ab, und ich erinnere mich noch, wie die Jungs darüber geredet haben und davon schwärmten, wie sie Frauen ausschleckten. Ich fand das schon eine etwas seltsame Sache, vielleicht sogar ein bißchen widerlich, doch Burt meinte, das sei es ganz und gar nicht. Er verglich es immer damit, gegrillte Hähnchen zu essen – ein bißchen fettig zwar, aber sonst köstlich. Ich nahm mir vor, es auch mal auszuprobieren, so daß ich guten Gewissens behaupten könnte, alles schon einmal mitgemacht zu haben. Natürlich wußte ich damals noch nicht, daß es noch viele andere Sachen gibt, die man tun kann.

Die Geschichten, die sie uns auftischten, wurden so oftmals zu einer Quelle dankbarer Erinnerungen. Harry, 34 Jahre alt, mußte lachen, als er sich an Schmuddelgeschichten seiner Kindheit erinnerte, die ihm sein Vertrauter Frankie erzählt hatte:

Meine Eltern haben mit mir nie über Sex gesprochen. Meine erste Unterweisung erhielt ich von meinem Freund Frankie, der schon in der fünften Klasse war, als ich noch in die dritte ging. Wir stromerten durch die Wälder, und er erzählte mir alles über Ficken und wie man seinen Schwanz in eine Möse steckt, und die Anleitung, die ich so bekam, war wirklich umwerfend. Er brachte mir sogar bei, wie man Streichhölzer anzündet.

Rückblickend räumte Harry ein, daß das Wunderbare daran nicht eben die gezielte Information gewesen wäre, sondern das Gefühl der Kameraderie, das in solchen gemeinsamen Erlebnissen aufkam. Vielleicht noch wichtiger war wohl das stillschweigende Versprechen, daß sexueller Verkehr ein großartiges Abenteuer wäre, das sie als erwachsene Männer erwartete. Dieses Versprechen unterschied sich erheblich von dem, das Mädchen und jungen Frauen einst gegeben wurde und besagte, daß Sex nur im Zusammenhang einer ehelichen Gemeinschaft »wunderbar« wäre und nur dem einen Zweck diente, Babys zu machen. Auch wiederum im direkten Gegensatz zu Erfahrungen, die die Mehrzahl der Mädchen gemacht haben, reden Jungen gewöhnlich über Masturbation, geben einander Anleitung und masturbieren sogar gemeinsam im Verlaufe ihrer sexuellen Nachforschungen. Auf diese Weise tragen Spielgefährten und Schulfreunde dazu bei, sich gegenseitig darüber aufzuklären, wie ihre Genitalien physisch funktionieren, bevor sie in der Lage sind, auch jene emotionale Beziehung zu erleben, die sich aus der Bindung an eine Frau entwickelt.

Viele Männer erinnern sich an das gemeinsame Masturbieren in den Pausen während des Fußballtrainings:

Auf der High School war Masturbieren gemeinsam mit den anderen Jungs durchaus verbreitet und ein großer Spaß. Ich erinnere mich noch an eine Zeit im Herbst, als wir ein intensives Footballtraining aufnahmen. Ein Trainingsabschnitt fand zwischen 15 und 17 Uhr nachmittags statt, und danach hatten wir eine Pause von etwa einer Stunde, und nach etwas Gymnastik und Lauftraining oder so ging es dann mit dem zweiten Spielabschnitt von 19–21 Uhr weiter. Zwischen den einzelnen Trainingseinheiten ging dann gewöhnlich die Hälfte von uns zu einer Kiesgrube in der Nähe, und dort badeten wir nackt und holten uns geschlossen »einen runter«. Irgendeiner von uns erzählte eine wilde Phantasiegeschichte, während zwei oder drei andere sich »einen runterholten«, wobei es darum ging, wer am schnellsten käme. Sich »einen abreißen« war etwas, das zu den großen Späßen auf der High School gehörte, doch irgendwann im Laufe der Zeit mußte ich dann erfahren, daß das etwas ganz »Schlechtes« wäre, daß man sich dabei nicht erwischen lassen dürfte, weil man sich sonst den Spötteleien und dem Gelächter der anderen aussetzte.

David war 13 Jahre alt, als er von seinem Zimmergenossen dazu veranlaßt wurde, in dessen Mund zu ejakulieren. David erzählt:

Beim ersten Mal wußte ich überhaupt nicht, was vor sich geht. Ich wußte nicht, warum er ihn im Mund behielt, weil ich dachte, daß ich gleich pinkeln würde oder so, aber das Gefühl war toll. Und dann wollte er unbedingt, daß wir es während der nächsten 6 Monate ein- oder zweimal am Tag machten.

58

Noch etwa zwei Jahre nach diesem ersten Erlebnis mit meinem Zimmergenossen hatte ich nicht gelernt zu masturbieren, ich weiß auch nicht mehr so genau, warum. Später dann hatte ich Freundinnen, und wir spielten aneinander herum und rieben uns gegenseitig ordentlich was ab. Es kann sein, daß ich sogar ein- oder zweimal gekommen bin, als ich auf einem der Mädchen lag, aber ich wußte immer noch nicht, daß man es sich auch selbst machen kann.

Während sich die Mehrzahl der Männer an diese ersten frühen sexuellen Erlebnisse mit anderen Jungen ohne Schuldgefühle oder große Besorgnisse erinnert, hegten einige heterosexuelle Männer die Befürchtung, daß derartige Erfahrungen ein Hinweis auf latente homosexuelle Tendenzen sein könnten. Der 68jährige Ron gestand uns, daß er bis weit ins Erwachsenenalter mit Selbstzweifeln hinsichtlich seiner Männlichkeit geschlagen war, weil er niemandem die Gefühle anvertrauen konnte, die das folgende Erlebnis in ihm ausgelöst hatte:

Einmal, als ich 17 Jahre alt war, hatte ich übermäßig getrunken und ließ mich auf einer Party mit einem schwulen Jungen ein, hatte ein homosexuelles Erlebnis. Fast 10 Jahre lang habe ich es als Trauma mit mir herumgeschleppt. Niemand hatte je mit mir über solche Sachen geredet, und es stand außer Frage, daß ich mit meinen Eltern nicht darüber reden konnte. Für meinen älteren Bruder war ich eben noch ein Kind, und es gab kaum eine Verständigungsbasis zwischen uns. Zumindest hat sich in dieser Hinsicht die Welt ja ein bißchen verändert. Heutzutage kann man sich immerhin über solche Sachen unterhalten und muß sich mit seinen Gefühlen nicht so herumquälen, wie es mir ergangen ist.

Bücher

Während heutzutage überall in den Medien das Thema Sexualität breit abgehandelt wird – in Büchern, Zeitschriften, Fernsehen und Film –, erinnern sich die von uns interviewten Männer, die heute 30 Jahre oder älter sind, daß ihnen solches Material kaum zur Verfügung stand, als sie noch Jugendliche gewesen waren. Rückblickend auf das berühmte Vater-Sohn-Gespräch, das damals selten aufschlußreich gewesen war, oder auf Gruppensitzungen mit Altersgenossen, die auf merkwürdige Rekorde aus waren, erklärten viele Männer, daß für sie die ergiebigsten Quellen für einigermaßen genaue sexuelle Erkenntnisse in Büchern enthalten gewesen wären, die sie irgendwo ergattert hatten.

Einige erwähnten, wie sie herumgewühlt und diese wohlverwahrten Bücher aus ihren Verstecken hervorgezogen hätten, aus Vaters Nachttischschublade und unter dem Elternbett. Zum Beispiel erzählte uns Dean, ein 34jähriger Psychologe, daß die Entdeckung der väterlichen Sammlung von Sexbüchern unter Bergen von Socken für ihn zu einem segensreichen Fund geworden wäre:

> Ich glaube, er wußte, daß ich es tat, doch er erwähnte es nie. Er hatte Sachen wie »Lolita« und Bücher von Henry Miller und sogar einige der altmodischen Bücher. Die Lektüre dieser Bücher hatte einen sehr positiven Einfluß auf mich, da sie mir zeigten, daß es doch sehr verschiedenartige sexuelle Möglichkeiten gibt. Nachdem ich dann als Jugendlicher zum ersten Mal mit einer Frau schlief, wurde mir bewußt, daß man auf vielfältige Weise einander Vergnügen bereiten kann. Die Bücher waren nicht nur Anlaß zu Masturbationsphantasien, sondern gaben mir auch den Anstoß dazu, eine lebenslange Partnerschaft einzugehen, in der ich dann vieles ausprobieren konnte.

Waren solche Bücher daheim nicht verfügbar, ließen sich einige Jungen nicht davon abhalten, anderweitig nach Sexbüchern auf die Jagd zu gehen. Jonathan, 37 Jahre alt, verschlug diese unablässige Suche nach sexueller Erkenntnis sogar in die öffentliche Bibliothek.

> »Als ich 11 oder 12 Jahre alt war«, erinnert er sich, »versuchte ich, das Buch ›How to Teach Your Daughter About Sex‹ aus der Bücherei auszuleihen, doch die Bibliothekarin schob dem einen Riegel vor. Das machte allerdings gar nichts aus, weil Kindern jede Abteilung der Bibliothek zugänglich war, so daß ich mich einfach hinsetzen und es dort lesen konnte. So verschaffte ich mir meine Grundkenntnisse über Sexualität.«

Die Lektüre von Büchern auf der Suche nach sexuellen Kenntnissen beschränkt sich nicht nur auf Heranwachsende. Männer, die sich schwertun zuzugeben, daß sie sexuell unerfahren sind, können Informationen aus Büchern beziehen, ohne daß sie gleich jedem eingestehen müssen, daß sie längst nicht über alle Erkenntnisse auf diesem Gebiet verfügen. Einer der Männer drückte das so aus:

> Meine Kenntnisse auf sexuellem Gebiet oder deren Fehlen geht niemanden etwas an. Man hat immer die Angst, jemand könnte herausfinden, daß man wenig weiß, sexuell gewissermaßen im Dunkeln tappt. Für mich war es also am besten, die Bücher von Leuten zu lesen, die über umfassende Kenntnisse verfügten. Ich fing an mit Masters und Johnson und las dann später »The Joy of Sex« von Comfort.

Sogar Männer mit ausgeprägtem Geschlechtsleben bezogen hin und wieder Tips aus Büchern, um ihre Liebestechnik zu verbessern. Seth, ein 36jähriger Anwalt, erzählt uns, daß er erst als sexuell sehr aktiver 25jähriger Mann der Lektüre von Büchern entnommen hätte, daß klitoritale Stimulation zum Orgasmus der Frau beiträgt.

Als diese neuen Bücher über Sexualität damals auf dem Markt erschienen, wurden ältere Männer wie Chris, der sich im Alter von 50 Jahren hatte scheiden lassen, vertraut gemacht mit einer Fülle von Dingen, die man unter die Rubrik »Techniken« bringen könnte. Chris räumt ein:

> Es mag komisch klingen, doch ich war in Sachen Sex wirklich höllisch naiv, als ich geschieden wurde. Ich glaube, ich habe nach meiner Scheidung mehr über Sex gelernt, als ich in meinem ganzen vorherigen Leben gewußt hatte. Eines der ersten Mädchen, mit dem ich ging, nachdem meine Ehe in die Brüche gegangen war, hatte ein Buch mit dem Titel »The Sensuous Man«, das ich mir eines Tages durchlas, als ich bei ihr in der Wohnung war. Dieses Buch hat mir eigentlich erst die Augen geöffnet. Ich habe wirklich viel daraus gelernt. Es war für mich immer selbstverständlich, daß Sex auch mit Zuneigung und Zärtlichkeit verbunden ist, doch das Buch beschrieb auch eine Menge Techniken, von denen ich vorher nichts wußte.

Clarence, ein 67jähriger Collegelehrer, hatte keine Bedenken, die

Maske harter Männlichkeit abzulegen und zuzugeben, daß er auf sexuellem Gebiet eigentlich ein Neuling war. Er und seine Verlobte lasen Ehehandbücher, um sich gemeinsam auf ihre Hochzeitsnacht vorzubereiten:

Ich heiratete im Alter von 24 Jahren, und da ich ein Mensch bin, der ungern bei irgend etwas versagt, wollte ich auch nicht, daß in meiner Ehe gleich zu Anfang etwas schiefgeht. Also lasen Carlene und ich gemeinsam sehr viel. Wir lasen zur Vorbereitung auf unsere Ehe Bücher wie »Married Love« von Helena Wright und dann noch eins von Mrs. Exner. Wir haben den Sex eben in der Theorie diskutiert, anstatt einfach draufloszumachen, wie das heutzutage bei den jungen Leuten gang und gäbe ist. Die meisten meiner Freunde zeigten sich sehr erstaunt und meinten, sie würden niemals wagen, das mit ihren Verlobten zu diskutieren.

Das erste Mal

Da die Mehrzahl der Männer die Kenntnisse, die zu einem kundigen Liebhaber gehören, gewöhnlich erst erworben haben, *nachdem* sie sexuell aktiv geworden waren, war der erste sexuelle Verkehr oft mit widersprüchlichen Empfindungen belastet. Doch das erste unbeholfene Erlebnis führte zumindest dazu, es endlich hinter sich gebracht zu haben, denn für einen Mann scheint Unberührtheit fast dasselbe zu bedeuten, wie mit irgendeiner Krankheit behaftet zu sein. Deshalb der Wunsch, sich so früh wie möglich von diesem Zustand zu befreien. Unerfahrenheit gilt als Zeichen von Unzulänglichkeit. Ein echter Mann, so besagt der Mythos, ist ein erfahrener Liebhaber; auf jeden Fall aber ist er nie unberührt.

So durchlebten viele Männer ihre erste sexuelle Erfahrung, indem sie vorgaben, Geschlechtsverkehr sei für sie bereits ein uralter Hut. Der 27 Jahre alte Scott berichtete uns:

Das erste Mal hatte ich Sex, als ich 17jährig ans College kam. Das Mädchen, mit dem ich ging, war eine umwerfend attraktive Person mit hohen slawischen Jochbeinen. Sie war superelegant, fast wie ein Mannequin. Ich weiß noch, ich ging zu ihr in die Wohnung und wir fingen an zu trinken. Schließlich stiegen wir irgendwann beide ins Bett. Ich wollte mich gefühlsmäßig nicht an sie binden. Mir lag nur daran, den Sex hinter mich zu bringen – damit ich jemandem davon *berichten* konnte. Ich wollte losrennen und in die Welt hinausposaunen, daß der kleine Scott Stevens aus Atlanta, Georgia, endlich seine Jungfernschaft verloren hätte. Auf diese Weise hätten dann all die Lügen, die ich vorher in die Welt gesetzt hatte, nachträglich einen gewissen Schein von Wahrhaftigkeit bekommen.

Fast jeder junge Mann ist dem Druck, diese erste Erfahrung endlich hinter sich zu bringen, ausgesetzt. Das war für Spike gewissermaßen ein Meilenstein, als ihm am Tag vor seinem 20. Geburtstag ein Freund erklärte: Du mußt mindestens einmal eine Frau aufs Kreuz gelegt haben, solange du noch ein Teenager bist; falls du das nicht schaffst, kannst du kein richtiger Amerikaner sein. Um Spikes streng katholische Erziehung zu überwinden, arrangierte der Freund für ihn ein Rendezvous mit der Mitbewohnerin seiner Freundin. Rückblickend sagt Spike:

> Sie war nicht gerade die schönste Frau der Welt, auch nicht die attraktivste und auch nicht unvergleichlich sexy, doch ich werde sie nie vergessen. Ich war erlöst und dankbar dafür, daß sie es mit meiner Unerfahrenheit aufgenommen hatte.

Gelegentlich war es auch von Nutzen, andere Freunde bei diesem Ereignis dabeizuhaben, damit sie es allen anderen gegenüber als Zeugen bestätigen konnte. Bei Dean war es beim ersten Mal ziemlich ungewöhnlich. Er verlor seine Unschuld in einem Hotelzimmer, in dem auch seine Freunde darauf warteten, bei der 20jährigen Monika an die Reihe zu kommen. Die ganze Geschichte war verrückt, erinnert sich Dean:

> Sie hatte ein pathologisches Bedürfnis, sich von sovielen Männern wie möglich bumsen zu lassen. Sie traf sich mit einigen meiner Freunde und sagte, sie würde es mit soviel Kerlen aufnehmen, wie sie nur anschleppen könnten. Sie war echt scharf auf die Unschuldigen unter ihnen. Für mich dauerte die ganze Geschichte nur ungefähr eine Minute. Ich stieg zu ihr ins Bett, und es waren noch etwa drei andere Burschen im Zimmer, die auch an die Reihe kommen wollten oder sich

noch vom letzten Mal erholten. Es ging nicht gerade sehr zärtlich zu. Andererseits war es aber auch unglaublich aufregend. Es war mein erstes sexuelles Erlebnis – die erste echte Sache. Ich sollte meine Unschuld verlieren. Das Gefühl, daß ich hier einen Durchbruch erlebte, war überwältigend, und die Kumpel alle um mich herum zu haben, steigerte alles noch in gewisser Weise. Und falls irgend jemand Zweifel äußerte, konnte er ja Allan fragen, der dabeigewesen war.

Auch zum ersten Mal zu einer Prostituierten zu gehen, bringt diesen Beigeschmack männlicher Kameraderie und gegenseitiger Bestätigung. Richard, inzwischen 53 Jahre alt, erinnert sich an sein erstes sexuelles Erlebnis, das in einem Puff stattfand, was er irgendwie als abstoßend empfand; doch er war 18 Jahre alt, gerade zur Marine eingezogen, und er und seine beiden Kumpel wollten »einen Saufen gehen und bumsen«. Richard erinnert sich noch:

Der Schuppen war echt vergammelt. Eine Hütte zu ebener Erde. Auch an das Mädchen erinnere ich mich. Sie hatte rötliches Haar und wäre eine sehr hübsche Frau gewesen, nur daß sie halt ziemlich verbraucht war und harte, scharfe Gesichtszüge hatte. Ich weiß noch genau, wie sie sagte: Nun mach schon, beeil dich, draußen wartet schon der nächste Kunde. Es war Geschäft, knallhartes Geschäft. Sie machte bestimmte Bewegungen, als wollte sie sagen, wie ich das jetzt machen sollte. Es war gräßlich, öde! Ich meine, sie machte sich überhaupt keine Mühe, auch nur vorzugeben, daß sie irgend etwas dabei empfand.

Aber trotzdem, fand Richard, war es doch eine gute Erfahrung, weil ich am Ende sagen konnte, daß ich mit ihr im Bett gewesen war, und der Abend mit meinen Kumpels war einfach das Größte.

Auch aus anderen Gründen hatten manche Männer, die wir interviewten, ein gutes Gefühl dabei, wenn sie von einer Prostituierten in die Männerwelt eingeführt wurden. Einer der Gründe war, daß vor Beginn der 60er Jahre Frauen für Heranwachsende nahezu unerreichbar waren. Die »braven Mädchen«, mit denen sie Verabredungen hatten, waren sexuell tabu, so daß der Besuch bei einer Prostituierten als gesellschaftlich akzeptierte Form galt, seine Unschuld zu verlieren. Im übrigen war der Sex anonym, und die

Männer mußten sich keiner Beurteilung stellen – jedenfalls urteilte niemand über sie, deren Meinung ihnen wichtig war. Entscheidend jedoch war vielleicht, daß sie sich keine Sorgen darüber machen mußten, wie sie es anstellten. Das war schließlich die Aufgabe einer Professionellen. Falls die Sache sich nicht glatt anließ, dann war es halt ihr Fehler, und sie machte ihre Arbeit nicht richtig. Der 40jährige Werner erklärte uns:

Wenn man mit einer Prostituierten Sex hat, dann liegt es an ihr, sich zu beweisen, indem sie mich erregt. Schafft sie das nicht, dann hat sie versagt, nicht ich. Man kann folglich einfach hergehen und sagen: Also los, dann bring mich mal in Fahrt. Tut sie das nicht, ist sie eben keine gute Nutte – auf diese Weise schafft man sich Probleme vom Hals.

Manche Männer fanden, daß solchen Begegnungen zwar Zärtlichkeit und Sinnlichkeit fehlen und daß sie nur allzu schnell vorüber sind, doch hätten sie zumindest dadurch gelernt, wie man es macht. »Mein erstes und einziges Mal mit einer Prostituierten«, erinnert sich der 67 Jahre alte Barry, »war schon eine recht ekelhafte Angelegenheit – ein Schaufensterbummel in einem Puff. Die Madame ließ alle verfügbaren jungen Frauen aufmarschieren, und man konnte sie sich ansehen und auswählen.« Damit wolle er nicht sagen, daß diese erste sexuelle Erfahrung negativ gewesen wäre. »Die Frau, die ich mir aussuchte, war ziemlich nachsichtig mit mir; ich wußte schließlich nicht, wie das mit dem Sex geht, und sie zeigte es mir.«

Neben der Aufregung, endlich ihre Unschuld zu verlieren, erinnerten sich die Männer, daß der eigentliche sexuelle Showdown, ob mit einer Professionellen oder einer Freundin, oft ein echter Reinfall gewesen ist. Sie ahnten, daß sie auch danach nichts weiter als blutige Anfänger waren – nicht die erfahrenen Liebhaber, wie es der Macho-Mythos von ihnen verlangte. Einer schilderte uns, wie emotional belastend seine Reifeprüfung gewesen war:

Einerseits hatte mir nie jemand etwas über Sex erzählt, das von Belang war. Andererseits tönten alle laut, daß Sex die wundervollste Erfahrung im Leben wäre. Und obendrein gab es diesen unglaublichen Druck, es jetzt unbedingt zu tun – es hinter sich zu bringen und dadurch zu beweisen, daß man ein echter, heißblütiger Mann war. Man war besessen, veräng-stigt und in einem Zustand gehobener Erwartung, und das alles gleichzeitig.

Spontaneität und Selbstvertrauen, wie sie nur Erfahrung verleihen können, fehlten offenbar ganz bei diesem ersten Mal, und folglich erinnert sich die Mehrzahl der Männer an ihr erstes Erlebnis als an eine Komödie der Irrungen. Der Sex war meistens ungeschickt, verbunden mit fieberhafter Selbstbeobachtung, und der Versuch, dabei ein Kondom zu benutzen, war oftmals voller Komik.

Der 19jährige Tom hatte vor etlichen Jahren sein erstes Liebeserlebnis, doch erzählte er uns, daß er in Vorbereitung auf diesen Augenblick schon seit 8 Jahren ein zusammengefaltetes Päckchen in seiner Brieftasche aufbewahrt hätte. Als das Mädchen, mit dem er schon seit einigen Monaten ging, dem frustrierten Novizen Andeutungen machte, daß sie jetzt ganz gern Liebe mit ihm machen würde, fischte Tom sein Kondom heraus, doch zu seinem Kummer mußte er feststellen, daß er »das verdammte Ding nicht aufgerollt bekam, weil er solange darauf gesessen hatte«.

Der 29jährige Bernhard erinnert sich ebenfalls an seine Unbeholfenheit als gerade Vierzehnjähriger, als er – was gar nicht so leicht gewesen war – eine frühreife, gleichaltrige Freundin ins Wohnzimmer des elterlichen Hauses eingeladen hatte. »Mein erstes Erlebnis war wirklich komisch«, erinnert er sich, »und Gott, war ich ungeschickt . . .«

Ich erinnere mich an alles Komische beim ersten Mal, wie etwa, daß ich meine Socken anbehielt und eines meiner Beine noch immer in meinem Hosenbein steckte. Ich wußte nicht einmal, daß die Leute sich dabei vollständig ausziehen. Außerdem war ich tief besorgt, daß mein Vater aufwachen und herunterkommen könnte, und wollte mich deshalb nicht ganz ausziehen. Das Mädchen war wirklich sehr lieb und tat so, als hätte sie meine Tappsigkeit gar nicht bemerkt. Ich kann mich noch dunkel erinnern, wie ich an ihren Sachen gezerrt und gerissen habe bei dem Versuch, die richtigen Stellen zu finden; in meiner Blödheit und Ungeschicklichkeit bin ich nur so durch die Gegend gestolpert. Irgendwie gelang es mir dann auch, in sie hineinzukommen, und dann ging bei mir alles ziemlich schnell. Aber es war ein herrliches Gefühl, und Gott sei Dank tat sie so, als hätte es auch ihr Spaß gemacht.

Mit nur ganz ungenauen, bruchstückhaften Kenntnissen und einer Menge religiöser und von den Eltern geschürter Schuldgefühle waren einige Männer, die die Aussicht auf Sex wahnsinnig aufgeregt hatte, zugleich auch furchtbar ängstlich – besonders dann, wenn sie ihre Partnerinnen nicht sehr gut kannten. Hank war mit 17 besonders beunruhigt darüber, daß er sich nach seiner ersten sexuellen Begegnung eine bösartige Krankheit zugezogen haben könnte. Während er anfangs noch sehr dankbar war, daß die junge Frau, die er gerade kennengelernt hatte, ihn vor allen Leuten in einem Restaurant an ihren Brüsten spielen ließ, hegte er später tiefe Besorgnis, als es dann zum Sex zwischen ihnen kam. Als es dann soweit war, konnte er nur noch denken:

Himmel, meine Gebete sind endlich erhört worden. Seit der dritten Klasse schon habe ich es mir immer herbeigewünscht. O Gott, ich danke dir! Sie war ein attraktives Mädchen mit kurzem, krausem Blondhaar, und sie schien auch ziemlich reinlich, soweit ich das beurteilen konnte. Am stärksten erinnere ich mich noch daran, wie meine Knie zitterten und meine Zähne klapperten. Es war wohl einfach die Neuartigkeit dieser Erfahrung, und daß ich eigentlich nicht wußte, was von mir erwartet wurde. Mir fällt ein, daß ich immer wieder denken mußte: Scheiße, werde ich denn wohl überhaupt dazu in der Lage sein? Wird es mir überhaupt Spaß machen? Werden meine Gedärme vielleicht so außer Kontrolle sein, daß ich uns beide vollscheiße? Aber ich bekam ihn rein und hatte gerade dreimal zugestoßen, als ich auch schon einen Orgasmus hatte – worüber ich wahnsinnig überrascht war.

Ich erinnere mich noch, wie ich nach Hause kam, gleich all meine Sachen auszog und sie in den Wäschekorb warf. Ich nahm ein Bad und schrubbte mich ab und schrubbte vor allem ganz gründlich mein Glied, um sicherzugehen, daß ich mir nicht irgendeine Krankheit geholt hatte. Wenn ich jetzt so daran denke, bin ich froh, daß sich Jahre später bei mir keine Blindheit eingestellt hat und sich an meinem Körper nicht irgendwelche schrecklichen Spuren zeigten.

Trotzdem haben einige Männer die zärtlichsten Erinnerungen an ihr erstes sexuelles Erlebnis. Bei Peter war es eine Frau gewesen, die er immer aus der Ferne geliebt hatte. »Es war einzigartig romantisch, denn es passierte genau mit der Frau, mit der ich jetzt verheiratet bin.« Peter erzählt:

Ich weiß noch, sie war erkältet, sie hatte eine richtig dicke Erkältung, und sie rief mich an, daß ich zu ihr kommen sollte. Es war der 27. Dezember, und es regnete. Ich kaufte eine Flasche Wein und fuhr zu ihrem Haus. Sie hatte mir am Telefon den Weg beschrieben, aber ich verfranste mich gründlich. Ich fuhr im Kreis herum, die ganze Zeit regnete es. Es war schon eine komische Situation. Schließlich fand ich das Haus, ging die Treppen hinunter in ihr Schlafzimmer. Da war ein großes Messingbett mit Bettzeug aus Satin, und sie saß in einem langen Nachthemd mittendrin und hatte den Fernseher an. Sie war wirklich schlimm krank. Auf dem Tisch neben ihr stand eine Flasche mit Chloraseptic. Ich kam also ins Zimmer und stellte die Flasche Wein ab und holte uns Gläser. Warum eigentlich sollte jemand Wein trinken wollen, der mit einer Grippe im Bett liegt? Nun ja, wir tranken jedenfalls ein bißchen Wein. Dann nahm ich all meinen Mut zusammen, beugte mich über sie und küßte sie, und sie sagte: Warum ziehst du nicht einfach deine Sachen aus? Das tat ich dann auch, und zum ersten Mal liebten wir uns – zweimal, um genau zu sein. Es war für mich das allererste Mal. Es war phantastisch. Ich war so harmlos, so unglaublich unbedarft. Ich wußte gar nicht so recht, was ich tat. Ich bin sicher, daß ich unvorstellbar plump gewesen bin. Und sie war so krank. Aber es war wirklich herrlich, weil es von Anfang an so romantisch war und natürlich auch, weil es meine erste sexuelle Erfahrung gewesen ist. Wenn ich heute irgendwo eine Flasche Chloraseptic sehe, fällt mir immer wieder diese Nacht ein.

Von Frauen lernen

Vor ihrer ersten sexuellen Begegnung konnten Männer lediglich auf Informationen aus zweiter Hand in Sachen Sex zurückgreifen. Doch sobald sie erst einmal ihre Unschuld verloren hatten, verhalfen ihnen zunehmend Frauen zu erweiterten Kenntnissen. Ihre Fähigkeit im Liebesspiel entwickelte sich durch Versuche und auch Irrtümer. Jede einzelne Erfahrung stärkte ihr sexuelles Selbstbewußtsein, doch bevor sie dieses Selbstvertrauen erwarben, waren viele von ihnen nicht bereit, hinter der Fassade vorgeblicher Männlichkeit ihren Partnerinnen einzugestehen, daß sie alles andere als kundige Liebhaber waren. Einige Männer waren sehr erfindungsreich darin, ihre Unwissenheit zu verstecken und sich vor der Frau als erotische Lehrmeister aufzuspielen. Edward zum Beispiel, der seine Unschuld im reifen Alter von 20 Jahren verlor, meint:

> Die ersten Male wußte ich beim Sex so gut wie nichts darüber, was ich tun mußte. Trotzdem gab ich vor, über alles Bescheid zu wissen, schob dann aber immer irgendwelche Unpäßlichkeiten vor, so daß man also von mir nicht allzu viel erwarten konnte. Ich behauptete, eine Muskelzerrung oder einen schlimmen Rücken zu haben, so daß die Frau die Initiative ergreifen mußte und ich dann von ihr lernen konnte. Erst als älteres Semester hatte ich dann richtig schöne sexuelle Erlebnisse.

Der Umgang mit einer älteren Frau erleichterte es Männern, die konventionelle Rolle des Sex-Experten fallenzulassen, sich mehr zu entspannen und empfänglicher zu sein. Die meisten Männer, die von einer älteren und erfahreneren Frau in die Sexualität eingeführt wurden, sind in der Erinnerung an eine derartige Beziehung meist von großer Dankbarkeit erfüllt. Meistens waren diese Frauen feinfühlige Lehrerinnen, die ihrem jungen Liebhaber sicheres Geleit auf einem Gelände boten, auf dem sie sonst sicher einige Male gestolpert und auch gefallen wären.

Der 27jährige Raimond erinnert sich voll Dankbarkeit an die unschätzbaren Lehren, die ihm als unerfahrenem 15jährigen Jungen von einer älteren, sexuell erfahrenen Frau von 28 Jahren zuteil wurden:

Ich spielte damals in einem Nachtclub in Santa Fé, New Mexico, in einer Rock-and-Roll-Band. Eine Frau, die unter den Tanzenden war, ließ auf meinem Klavier einen Zettel mit der Nachricht liegen: »Ich möchte, daß du mit mir kommst und die Nacht mit mir verbringst.« Ich wußte gar nicht, was los war, doch alle anderen in der Band, die viel älter waren als ich, fanden das einfach toll. Der gute Junge sollte also seine Einführung bekommen.

Nachdem unsere Band spätabends Schluß gemacht hatte, fuhren wir in ihre Wohnung. Sie hatte noch eine Freundin mitgebracht. Einer aus unserer Band war dabei. Wir saßen zu viert da und schwatzten. Irgendwie kam heraus, daß ich erst 15 wäre, und das hat sie fast umgehauen. Sie zog mich damit auf, daß ich für einen 15jährigen sehr viel Haare auf der Brust hätte, und wieviel Frauen ich deswegen sicher schon gehabt hätte. Mir ging auf, daß ich in diesem Punkt auf gar keinen Fall lügen durfte, da ich ja später doch dabei ertappt werden würde. Also sagte ich ihr die Wahrheit. Sie war einfach wunderbar. Ich wußte überhaupt nicht, was ich tun sollte, und sie übernahm einfach die Führung. Sie klärte mich über Sex auf und darüber, was Frauen gern mögen. Sie erklärte mir die Anatomie der Frau und wie das alles so funktioniert, und daß das hier ihr Kitzler wäre und daß man ihn zu Anfang ganz sacht irgendwie streicheln müßte. Sie ging buchstäblich alles mit mir durch. Das war für mich unheimlich anziehend und nett. Die Frauen, mit denen ich dann später zusammen war, haben mir immer wieder gesagt, daß ich viel feinfühliger wäre bei dem, was ich mache, als die meisten Männer. Ich glaube, das habe ich ihr zu verdanken.

Von der Verantwortung entlastet, auf sexuellem Gebiet stets alles unter Kontrolle haben zu müssen, fühlten sich Männer, die eine sexuelle Beziehung zu einer älteren Frau hatten, auch eher bereit, Neues zu lernen und auch einen Aspekt der Sexualität zu schätzen, der gemeinhin für Männer ein Tabu darstellt – die Lust daran, passiv zu sein. Der 34 Jahre alte Dean fand, daß seine Beziehung zu einer älteren Frau vor 15 Jahren für ihn ein positiver Präzedenzfall gewesen wäre, der es ihm möglich machte, einige der mit seiner Geschlechtsrolle verknüpften Erwartungen entspannter zu sehen und sich selbst und seiner Partnerin zuzugestehen, daß Initiative und Passivität im Miteinander sich unverkrampft verteilen. Er erinnert sich: .

Ich hatte ein sehr erfreuliches Verhältnis, als ich 18 war. Carol war 21. Wir gingen etwa ein Jahr miteinander, und es war meine erste sexuelle Beziehung. Sie war viel erfahrener als ich. Ich war im Grunde noch völlig unerfahren. Daß ich so früh eine sexuelle Beziehung mit einer Frau hatte, die älter als ich war und auch erfahrener, half mir über viele meiner Ängste hinweg. Das brachte mich auch von dem konventionellen Rollenverständnis ab, daß ein Mann stets die Führung haben und den Ablauf bestimmen müsse. Unsere Beziehung war mehr ein Geben und Nehmen. Ich lernte, der Frau die Initiative zu überlassen, wenn ihr danach war.

Der 66jährige Jean fand, daß die Erfahrung, die er einst mit einer älteren Frau gemacht hätte, sein sexuelles Repertoire erweitert und ihm dabei geholfen habe, eine offene und von Schuldgefühlen freie Einstellung gegenüber dem Sex einzunehmen:

Bevor ich meiner ersten Frau begegnete, hatte ich mit einer anderen Frau zusammengelebt. Ich war damals 27, und sie war 53. Sie war erfahren, brillant und in dem Milieu, in dem sie lebte, keine Unbekannte. Sie hatte viele Jahre in Europa verbracht, war zweimal verheiratet gewesen, hatte so manche Affäre hinter sich und war von kultivierter Raffinesse. Man kann durchaus sagen, daß sie mir ungeheuer viel beigebracht hat. Offengestanden war sexuelle Genußfähigkeit nicht gerade das, worin ich mich auskannte – eben die kleinen Raffinessen über die Missionarsstellung hinaus. Mit ihr entdeckte ich, daß es auch andere aufregende Formen gibt, die Liebe zu genießen. Ich lernte das Vorspiel, das kleine Nebenher, unterschiedliche Stellungen, oralen Sex, alles – alles. Sie nahm mir das Gefühl, daß das, was wir taten, etwa bizarr oder verkehrt sein könnte, weil sie ganz frei über ihren Körper verfügte.

Sexuelle Offenheit, unabhängig vom Alter, wurde von den meisten Männern als wichtigste Eigenschaft bei einer Partnerin angesehen. Besonders dankbar waren sie jenen Frauen, die aus ihren sexuellen Kenntnissen keinen Hehl machten und einfühlsam genug waren, daß der Mann sich nie unzulänglich oder übergangen fühlen mußte. Der 31jährige Spike erzählt, daß die Beziehung, die er vor wenigen Jahren mit so einer selbstbewußten Frau gehabt hätte, ihm wertvolle Aufschlüsse auf dem Gebiet der Sexualität vermittelt hätte, die ihm bei späteren Liebesverhältnissen sehr geholfen hätten. Er erinnert sich:

Diese Frau war eine Gefährtin, die auf mich einging, die mich zurückhielt, mir sagte, was sie gern mochte, mich fragte, was ich gern hatte. Und sie sprach immer alles offen aus. Beim Liebesspiel führte sie mich behutsam, indem sie Sachen sagte wie: Leg deine Hand da hin, berühr mich dort mit der Zunge, küß mich hier und saug mich da; fühlt sich das gut an, tut das weh? Sie hat mich nicht zurechtgewiesen durch Äußerungen wie: »Das machst du ganz falsch, das mußt du so machen.« Alles sagte sie sanft und liebevoll. Sexuell gesehen, war das nicht nur sehr aufregend, sondern auch vergnüglich und fröhlich; und auch später noch, sogar nachdem die Gefühle irgendwie ein bißchen verbraucht waren und nicht mehr so leidenschaftlich, war mir diese Beziehung noch sehr lieb, weil ich so viel aus ihr gelernt hatte.

Auf verschiedenen Wegen waren die Männer, die wir interviewt hatten, alle dann an dem Punkt angelangt, an dem sie sich für selbstbewußte, kundige, mit sich zufriedene Liebhaber hielten. Jeder hatte genügend Erfahrung und Kenntnisse erworben, um über die bloßen Mechanismen beim Liebesspiel hinaus zu sein. Die meisten Männer führten diesen Entwicklungsprozeß auf Beziehungen zu Frauen zurück, von denen und mit denen sie etwas gemeinsam lernen konnten. Doch um diesen Punkt zu erreichen, hatten sie auch bereit sein müssen, sich von jener lächerlichen Macho-Ethik zu distanzieren, die voraussetzt, daß sie bereits alles über Sex wissen und in der Ausführung im Bett stets vollkommen sind. Um gute Liebhaber zu werden, mußten sie in der Lage sein, lernbereit und flexibel in eine sexuelle Partnerschaft hineinzuwachsen, ohne daß sie dies als Bedrohung ihrer Männlichkeit ansehen mußten. Der 27jährige Raimond vertrat folgenden Standpunkt: »Ich habe es Frauen immer zugestanden, mir in sexuellen Dingen Neues beizubringen, und ich bin nach wie vor davon überzeugt, daß dies gut so gewesen ist.« In dieser Haltung gegenüber der traditionellen Männerrolle hat er allerdings anderen Männern einiges voraus. »Das ist der Vorteil, den ich den meisten meiner Freunde gegenüber habe, die so verbiestert glauben, etwas beweisen zu müssen, daß sie gar nicht mehr so ganz sicher sind, was sie überhaupt beweisen wollen«, sagt er. Ich frage meine Partnerin, was und wie sie es möchte. So lief alles besser.

Das Abrücken von der Rolle des sexuellen Experten war für fast alle Männer, mit denen wir gesprochen haben, eine Erleichterung. Und sogar diejenigen, die sich oft selbst dabei ertappten, wie sie ganz automatisch reagierten, wenn sie sexuell wieder die Führung übernahmen, waren sich bewußt, daß der Liebesakt lustvoller ist, wenn sie sich entspannen und genießen können, anstatt Hochleistungen zu bringen. Da dieser Aspekt der sexuellen Identität sich bei vielen Männern inzwischen verändert hat, legten wir uns die Frage vor, ob das, was sie im Bett bevorzugten, sich auch verändert hatte. Um die Männer dabei zu unterstützen, sich auf dieses Thema zu konzentrieren, haben wir sie aufgefordert, sich an ihre angenehmsten sexuellen Erfahrungen zu erinnern und jene Faktoren herauszustellen, die sie für die wichtigsten beim Liebesspiel halten. Wir wollten herausfinden, welche Eigenschaften beim Entstehen besonders lustvoller sexueller Erfahrungen für wesentlich gehalten werden.

Was macht »guten Sex« aus?

Wo es um Sex geht, bedeuten Gefühle alles. Es gibt kein schöneres Gefühl als das Verbundensein mit der Person, mit der man ins Bett geht. Sind diese Empfindungen vorhanden, wird es einfach märchenhaft sein – ganz gleich, ob man die Missionarsstellung einnimmt oder Stellung Nr. 400 aus dem Kamasutra erprobt. Man weiß einfach, daß es überwältigend wird. Nicht umsonst spricht man vom »Liebe machen«.

Das war auch die Antwort, die der 31jährige Spike uns gab, als wir ihn fragten, welche Faktoren eine gewöhnliche sexuelle Erfahrung zu etwas Außergewöhnlichem machten. Als die anderen Interviewten noch einmal ihre schönsten sexuellen Erfahrungen aufzählten und begründeten, warum sie gerade diese und keine anderen als unvergeßlich ausgewählt hatten, waren ihre Antworten ähnlich. Die Mehrzahl der Männer war davon überzeugt, daß ihre emotionale Bindung an die Frau, mit der sie schliefen, den alles entscheidenden Unterschied ausmachte. Sie hoben die Bedeutung von Beziehungen hervor, die von Liebe, Zärtlichkeit, Teilnahme und Wärme geprägt waren. Obgleich ihnen auch der physische Aspekt des Liebesaktes wichtig war, galt er ihnen eigentlich nur als ein Vehikel dazu, Liebe und Zuneigung zueinander zum Ausdruck zu bringen.

Der 27jährige Scott beschrieb dieses besondere Wesensmerkmal im Liebesakt als intimes Miteinander:

> Das Geben und Empfangen von Lust ist eine größere Gabe und dauerhafter und wahrhaftiger, als das bloß körperliche Vergnügen.

Und der 53jährige Richard sagt:

> Man kann seine Formel für alles haben – sämtliche erogenen Punkte kennen, die man berührt – doch wenn kein Gefühl dahinter ist, ist es nicht wirklich erregend.

Wir waren überrascht. Vor allem Anderen hatten wir erwartet, daß Männer die physischen Aspekte des Liebesspiels überbetonen würden. Unsere Vorstellung war, daß Männer, die mit den traditionellen männlichen Rollenerwartungen aufgewachsen sind, endlos Geschichten von Durchhalte-Liebesnächten, welterschütternden Orgasmen und einer nicht abreißenden Folge neuer und aufregender Partnerinnen erzählen würden. Doch eben das taten sie nicht. Nur sehr wenige brachten rein körperliche sexuelle Erlebnisse unter die Kategorie der außergewöhnlichen Erfahrungen. Das waren dann zumeist Schilderungen von Begegnungen von der Art, daß ein Traum Wirklichkeit wurde.

Franklin zum Beispiel erinnerte sich an die »enggebaute, gut bestückte Carolynn«, ein Mädchen wie aus den Traumbildern eines einsamen Soldaten:

In meinem zweiten Trainingsabschnitt für die Army war ich in South Carolina stationiert. Ich hatte schon seit längerer Zeit keine »Torte« mehr gehabt und drehte langsam durch. Also ging ich in den NCO-Club und Carolynn gabelte mich dort auf. Sie war hübsch, 19 Jahre alt, mit einem prachtvollen Gestell und viel Holz vor der Hütte. Oh, Carolynn, ich war völlig pleite. Hier war ich also auf meinem zweiten Lehrgang, hatte Ausgang und war absolut blank. An der Bar trank ich Wasser, Carolynn kam zu mir an die Bar und sagte: »Na Soldat, willst du einen Drink?« »Na, und ob, was denkst du denn«, antwortete ich. Und da saßen wir und schwatzten, und sie sagte. »Du siehst ja richtig gut aus«, und ich sagte: »Und du, Baby, siehst auch nicht gerade schlecht aus.« Von hier an ging es dann immer so weiter. Sie hatte einen Wagen dabei und nahm mich mit nach außerhalb in ein Motel. Ich verbrachte die ganze Nacht mit Carolynn. Mein Gott, hatte die eine Ausdauer! Solange ich es ihr besorgen konnte, besorgte sie mir es zurück. Ihr Hunger war so groß wie mein eigener. Das war wechselseitig – wir waren beide wie elektrisiert. Wir hatten Sex und nochmal Sex und wieder Sex. Ich kam und kam, und Carolynn spielte mit mir herum, bis ich wieder hart wurde. Dann kam Carolynn. So ging das bei uns hin und her, die ganze Nacht. Es war die heißeste Zeit, die ich je gehabt habe.

Doch sobald wir bei Männern wie Franklin noch einmal nachhakten und sie fragten, ob sie dieses Erlebnis wohl über alle anderen stellen würden, sagten sie nein; am besten wäre es immer mit Partnerinnen gewesen, für die sie echte Zuneigung empfanden. Wichtiger als zahllose Partnerinnen und Marathonsex, so sagte uns Franklin, wäre, »mit einer Frau zusammenzusein, die mich wirklich liebt, dann ist es nämlich nicht so einseitig. Am besten ist es, wenn ich maßlos verknallt bin, weil der Sex dann warm, zärtlich, verhalten und auch viel befriedigender ist. Die Explosion dann am Ende ist kaum noch auszuhalten.«

Eine ähnliche Meinung vertraten auch andere Männer, die wir interviewt haben. Obwohl auch für sie Erinnerungen an wollüstige Erlebnisse denkwürdig und kostbar waren, hielten sie sie dennoch nicht für ihre schönsten. Als wir sie aufforderten, genau zu prüfen, welche Eigenschaften eine sexuelle Erfahrung phantastisch machten, waren es durchaus nicht Marathon-Stoßverkehr oder Figuren mit prachtvollem Gestell und viel Holz vor der Hütte, die sie uns beschrieben. Ebensowenig wünschten sie sich unschuldige, keusche, unterwürfige Partnerinnen, die sich solange sträubten und zierten, bis sie schließlich den Kräften des Mannes unterlagen.

Im Mittelpunkt standen ganz eindeutige Gefühle. Sie sprachen eingehend darüber – über Zuwendung und Geliebtwerden, über die Bande zärtlicher Intimität mit ihren Partnerinnen. Schließlich waren die emotionalen Aspekte der sexuellen Erfahrung dasjenige, was die anfangs nur als »angenehme Zeit« bewerteten Begegnungen in den Rang des »Schönsten und Besten«, das sie erlebt hätten, erhoben.

Die Beziehung

Männer jeglichen Alters mit unterschiedlichsten Lebensstilen und Einstellungen gegenüber der Sexualität fanden, daß die Liebe mit Partnerinnen, bei denen Intimität auch auf anderen Erfahrungsebenen vorhanden war und wo es im Miteinander Vertrauen, ruhige Sicherheit und ein starkes emotionales Band gab, eine sexuelle Erfahrung von grundlegend höherer Qualität schaffe. Der 61jährige Mark drückte das so aus:

Sexualität als Selbstzweck wird für mich zunehmend belangloser. Techniken und dergleichen kommen mir entsetzlich trivial vor. Die Qualität einer Beziehung, die Art, wie wir uns aufeinander beziehen, das ist viel, viel wichtiger. So wie sich die Qualität einer Beziehung verbessert, verbessert sich auch das, was wir sexuell miteinander erleben.

Schon mit 19 Jahren glaubte Tom, daß seine schönsten sexuellen Erfahrungen viel mehr das Ergebnis emotionaler Wärme und Nähe in einer Beziehung gewesen wäre als die bloße körperliche Anziehung:

Ein rein sexuell ausgerichtetes Erlebnis verschafft mir einfach keine echte emotionale Befriedigung. Das Wichtigste ist die Nähe. Ich muß auf allen Ebenen dem anderen gegenüber offen sein. Tatsächlich war es so, daß ich das erfreulichste Erlebnis mit einer Frau hatte, die auf mich gar keine große sexuelle Anziehungskraft ausübte. Ich fühlte mich einfach richtig wohl, mit ihr zusammen zu sein, sie festzuhalten und zu berühren. Alles andere also als das, was man normalerweise als sexuelle Empfindungen bezeichnen würde. Ich fühlte mich ihr sehr nahe, und es lag mir wirklich sehr viel an ihr. Es gab viel gegenseitige Wärme und Liebe in dieser Beziehung.

Dazu meint der 31jährige Billy:

Ich vermute, daß ist wie in jeder anderen Beziehung auch: je mehr dir an der Person gelegen ist, desto attraktiver wird sie auch für dich. Die körperlichen Empfindungen verstärken sich im Laufe der Zeit und durch gegenseitige Zuneigung. Das Sexuelle wird besser, je besser die Beziehung wird. Die Grenzen verwischen sich immer mehr, und man tauscht sich immer mehr aus. Man wird von den Armen des anderen gehalten, und dieses Gehaltenwerden ist ein echt schönes Gefühl.

Einer der Gründe dafür, daß die Sexualität in einer emotional engeren Beziehung als besser und befriedigender erlebt wird, ist vielleicht darauf zurückzuführen, daß Zuwendung und Zufriedenheit eine Ebene der Kommunikation ermöglichen, die auch der körperlichen Erfahrung zugute kommen. Mit der Zeit stellte sich ein Gefühl der Geborgenheit und Sicherheit ein, das es den Part-

nern leichter macht, spezifische sexuelle Kenntnisse miteinander
auszutauschen.

Alle Männer, die das Glück hatten, eine wahrhaft liebevolle Be-
ziehung zu erleben, stimmten darin überein, daß dann, wenn
Freundschaft und emotionale Zuwendung sich zu einer reifen
Liebesbeziehung vertieften, das Liebesspiel unübertroffen sei.
Der 50jährige Nicholas drückte das einmal so aus: »Liebe ist
wirklich das beste Aphrodisiakum.«

Spike, ein 31jähriger Junggeselle, beschreibt das als etwas, bei
dem »Bomben hochgehen und Glocken läuten«:

> Sex ist stets Spaß, insbesondere beim ersten Mal, das man ihn
> mit jemandem erlebt, aber Glücksgefühl und Lust erhöhen
> sich in dem Maße, wie sich das Miteinander emotional ver-
> tieft. Die sexuellen Erfahrungen, die ich mit Frauen hatte, in
> die ich wirklich verliebt gewesen bin, waren in jeder Hinsicht
> unglaublich. Wo es Gefühle gibt und Verliebtheit, ist es nicht
> bloß Ficken oder irgendeine Abart von Masturbation. Es ist
> dann wirklich ein Liebe-Machen. Auch der Orgasmus ist viel
> schöner. Er stellt sich häufiger ein. Es ist leichter, erregt zu
> sein, sogar noch nach einem Höhepunkt. Dieses Gefühl,
> diese emotionale Zuwendung und physische Verbundenheit
> sind so herrlich, daß alles irgendwie dagegen verblaßt. Ich
> habe einen Touchdown-Wurf in einem Football-Stadion er-
> lebt, den 20 000 Menschen mitverfolgten. Das war schon
> großartig. Genauso ist es mit einer üppigen Mahlzeit, hervor-
> ragendem Pot und einem Weihnachtsessen daheim. Das sind
> schon Hochgefühle, aber sie sind nichts im Vergleich zum Sex
> mit jemandem, den man liebt. Das ist dann richtiges Glok-
> kenläuten, ein fröhliches Pfeifkonzert, rundum Gefühl, die
> Empfindung, daß man niemals aufhören möchte. Man möch-
> te sich diesen Augenblick bewahren, und es ist ein Augen-
> blick, den man nie vergißt.

Für einige Männer war Liebe gleichbedeutend mit Verpflichtung,
und aus dieser bedingungslosen Verpflichtung, allen Stürmen des
Alltagslebens gemeinsam zu begegnen, erwuchs jene Intimität,
die sexuelle Routine in denkwürdige erotische Erfahrungen verwandelte. Justin, ein 43jähriger Prediger, der seit 23 Jahren verheiratet ist, erklärte uns:

Ich bin ein monogamer Mensch. Ich bin mit der Frau verheiratet, die ich wirklich liebe, und wenn ich »Liebe mache«, muß ich an die Erfahrungen zurückdenken, die meine Frau und ich miteinander gemacht haben. Die Krisen, die Krankheiten, Schwangerschaften, Probleme zuhause, Wut, Frustrationen – was uns einander nähergebracht hat und füreinander feinfühliger machte. Jede dieser Erfahrungen hat uns enger aneinander gebunden und mehr Barrieren zwischen uns niedergerissen, so daß wir heute viel mehr bereit sind, alles miteinander zu teilen. Keiner hält vor dem anderen etwas zurück, und das gilt auch für unseren Sex. All die Erfahrungen, die wir über Jahre miteinander durchlebt haben, kommen dabei zusammen, wachsen zusammen und machen daraus ein Erlebnis.

Nach 23 Ehejahren sind Justin und seine Frau in der Lage, aus den Jahren liebevoller Gemeinsamkeit sexuelle Gefühle füreinander zu entwickeln, als wären sie noch in den Flitterwochen:

Ich versuche, jedes Jahr eine Reise mit dem Auto zur Westküste zu machen, damit meine Frau und ich zusammen sein können, und es ergab sich einmal so, daß wir in Little America, Arizona, Zwischenstation machen mußten, um dort zu übernachten. Wir betraten das Foyer und die Dame, die hinter dem Rezeptionstresen saß, sagte zu uns: »Sie sind in den Flitterwochen, nicht wahr?« und ich erwiderte: »Erraten, das sind wir.« Sie fragte uns also, ob wir die Suite für Jungvermählte haben wollten, und ich antwortete: »Ja, wenn der Preis stimmt.« Meine Frau meinte darauf nüchtern: Wir sind nicht in den Flitterwochen, wir sind seit 23 Jahren verheiratet. Doch die Dame meinte unbeirrt, wir sähen aus wie ein junges Paar in den Flitterwochen. Ich konnte ihr nur zustimmen. »Wenn Sie mich fragen, ist das meine Braut«, sagte ich. »Na ja, wenn das so ist, gebe ich Ihnen die Flitterwochensuite für 20 Dollar«, erwiderte sie. Also gingen wir in die Suite für Jungvermählte, nahmen dort das Abendessen ein, gingen unter die Dusche und hüpften in die Falle. Da lagen wir nun, dachten zurück an die Strecke, die wir gefahren waren, machten uns Sorgen über zu Hause und plötzlich lagen wir einander in den Armen. Ich sagte zu ihr: »Mädchen, ich habe dich wirklich unheimlich gern«, und dann schwatzte ich so weiter, erzählte ihr, wie sehr ich sie liebte, wie glücklich ich wäre, mit ihr zusammenzusein. Das Schöne an meiner Frau ist, daß ich wirklich glaube, daß Gott sie mir gewissermaßen zugeschneidert hat. Na ja, ich will nur sagen, obwohl wir an diesem Tag 900 km gefahren waren, verbrachten wir eine phantastische Nacht.

Geistiges

Es war zwar etwas abseits der Norm, aber einige Männer gebrauchten tatsächlich das Wort »geistig«, um damit einen Wesenszug der Sexualität zu umschreiben, der ihnen überaus wichtig erschien. Diese Männer empfanden, daß die körperliche sexuelle Erfahrung oftmals nur ein Vehikel für die Erfahrung von etwas ist, das weitaus tiefer reicht. Es handelte sich für sie anscheinend um eine Dimension der Sexualität, die über den rein physischen sexuellen Akt und das Emotionale gegenseitiger Zuwendung hinausging. Um zu erklären, was sie mit Geistigkeit meinten, gebrauchten Männer Begriffe wie Energie, Innigkeit und Einheit.

Einige beschrieben diesen Zustand als eine bewußte Entscheidung, sich selber schrankenlos verfügbar für den anderen Menschen zu machen – Körper, Verstand und Geist. Diese Entscheidung führte oft zu einem ganz besonderen Gefühl großer Einigkeit. Der 20jährige Peter, der seit 6 Monaten verheiratet ist, erlebte diesen anderen Zustand der Verschmelzung oder Vereinigung in seiner Hochzeitsnacht folgendermaßen:

In der Vereinigung zweier Körper stellt sich ein Gefühl der Einheit her. Man hört auf, zwei getrennte Wesen zu sein und wird zu einem einzigen Einen. Vielleicht ist es ein Klischee, aber ich glaube, es ist genau das, was geschieht. Das ist mir so genau in meiner Hochzeitsnacht passiert, und wahrscheinlich war dies auch die intensivste sexuelle Erfahrung, die ich jemals gehabt hatte. Unabweisbar gibt es das Gefühl der Verschmelzung, und manchmal ist es so, als wäre man in etwas eingehüllt, und dann wieder ist es so, als würde man gemeinsam verschmelzen. Manchmal gibt es im Sex einen unfaßbaren Austausch von Lustgefühlen und Empfindungen, so als würden sich 2 Organismen zu einem verbinden, weil diese ganze Energie, die zwischen zwei Menschen ist, von einem zum anderen hinströmt.

Einige Männer glauben, ihnen sei das Herz aufgegangen. Mark, ein 61jähriger praktizierender Therapeut, sagte folgendes:

Für mich ist am wichtigsten, daß bei all solchen Erfahrungen das Herz die Hauptrolle spielt. Erst dann erlebe ich wirkliche Zärtlichkeit und ein Gefühl der Verschmelzung mit meiner Partnerin. Ich habe dann vielleicht das Gefühl, daß ich sie ganz in mir aufnehme, auch wenn sie mir vielleicht noch ganz fern ist. Ich spüre eine Verbindung von Herz zu Herz, das geht ganz tief, dabei verändert sich die Ebene der Bewußtheit; das ist so wesentlich, daß ich im Augenblick dafür keine Worte finde.

Für einige Männer wie den 72jährigen Alvin ist das geistige Element wichtig, da es »ohne dieses Eine auch keinen Sex geben kann. Für mich ist Sex nicht nur eine körperliche Erfahrung. Für mich wird eine gute sexuelle Erfahrung nur dann richtig erlebt, wenn meine Partnerin und ich diesen geistigen Aspekt beim Liebesakt voll erleben können.«

Eigenschaften, die der Partner haben sollte

Neben der emotionalen Bindung aus Zuwendung und Liebe, in die sogar etwas Spirituelles eingehen kann, war der zweitwichtigste Faktor die sexuelle Übereinstimmung. Nach Meinung vieler Männer sind das die Eigenschaften, über die ihre Partnerinnen verfügen sollten. Daneben waren Attribute wie physische Anziehungskraft, sexuelles Aufeinander-Eingehen, Kenntnisse auf dem Gebiet der Sexualität und Findigkeit überaus wichtig, um sexuelle Erfahrungen als schön und befriedigend zu erleben.

Körperliche Eigenschaften

Keiner der Männer, die wir interviewt haben, wollte leugnen, daß gewisse körperliche Eigenschaften eine wichtige Rolle im äußeren

Erscheinungsbild ihrer Partnerinnen darstellten, doch nur wenige waren imstande, ganz wesentliche Eigenheiten herauszustellen. Der 67jährige Barry erklärt:

> Es gibt so ein Etwas an den Frauen, wobei mir heiß und kalt wird und was ich nicht erklären kann. Es ist so, als wollte man einen bestimmten Geschmack beschreiben – man spürt ihn oder man spürt ihn nicht.

Ein anderer Mann gestand uns:

> Ich kann das einfach nicht erklären, warum mich einige Menschen anziehen und andere nicht. Wahrscheinlich hängt das von der Chemie oder der Körpertemperatur ab. Da gibt es Körper, die mich unweigerlich anziehen, und bei anderen ist da überhaupt nichts.

Gegenseitiges Interesse und Wechselspiel

Gewiß kann ein Mann körperlich Befriedigung empfinden, solange eine Frau für ihn sexuell reizvoll ist. Abgesehen von ihren körperlichen Vorzügen bestimmen jedoch meist die Persönlichkeit der Frau und ihre Einstellung zum Sex, ob eine Liebesbeziehung von Männern als außergewöhnlich empfunden wurde. Sie wünschten sich eine Frau, die sich beim Sex rundum wohlfühlte, die unverklemmt war und sexuell sicher und erfahren. Anstatt schüchterner und passiver Frauen, die vom Mann verlangten, voll und ganz die Rolle des aktiven und interessierten Eroberers zu übernehmen, waren Männern ganz eindeutig Partnerinnen lieber, die auch im Bett wußten, was sie wollten, und von der Lust auch ihren Anteil beanspruchen.

Männer, die sich eine derartige Partnerin wünschten, wiederholten immer wieder, daß sie es leid wären, die ganze Bürde des Sexuellen immer selbst zu tragen. Sie wollten eine Abkehr von der traditionellen Macho-Rolle und hatten angefangen, sich im Liebesakt an eine mehr aufnehmende Rolle zu gewöhnen. Eric, 44 Jahre alt und geschieden, erklärte uns, warum er Wechselseitigkeit so wichtig findet:

> Da kommt mir die Wendung »wechselseitiges Teilhaben« in den Sinn. Damit meine ich, daß ich nicht die ganze Arbeit leisten muß, und umgekehrt auch sie nicht die ganze Arbeit

tut. Jeder übernimmt die Hälfte. In meiner Ehe mußte ich für alles aufkommen. Ich glaubte immer, ich müßte mir selbst etwas beweisen. Ich versuchte stets, meine Frau in die richtige Stimmung zu bringen. Das hat nicht funktioniert. Also laß ich das jetzt sein. Wenn meine Partnerin nicht bereit ist, sich zu bemühen, dann bin ich es auch nicht. Dann kann ich genau so gut nach Hause gehen und ein gutes Buch lesen.

Seine Affäre mit einer sexuell sehr eigenständigen Frau markierte einen Wendepunkt in Alex' Selbstvertrauen. »Meine Frau und ich hatten sexuell keine gute Beziehung«, sagt Alex. »Das Ergebnis war, daß ich mich extrem unsicher fühlte, mich in der Liebe kaum auskannte und ein ganz jämmerliches sexuelles Selbstbild hatte.«

Dann traf er Peggy:

Das war die erste Frau, die sich offenbar genauso wie ich wünschte, mit mir Liebe zu machen. Ich spürte während der ganzen Dauer unserer Beziehung, daß sie das, was wir machten, so genoß wie ich. Ich mußte gar nichts dazu tun, ihr Lust zu verschaffen; ich gab mich so, wie ich bin. Und ihr gefiel das. Das war ein überwältigendes Erlebnis. Sie war sexuell ungemein selbstsicher. Sie wußte, was sie wollte, und sie brauchte nicht meine Erlaubnis, es sich zu nehmen. Ich hatte nie den Eindruck, daß sie darauf wartete, daß ich etwas tun würde. Wenn ihr meine Sachen im Weg waren, dann zog sie sie mir einfach aus. Abwechselnd streichelten wir einander und gingen beim anderen auf Entdeckungsreise. Ich hatte einfach das Gefühl, mit einer echten Partnerin im Bett zu sein. Sie war nicht passiv und nur empfangend, als wäre ich die Maschine, die sie erst in Fahrt bringen mußte. Diese Frau hatte ihren Spaß mit mir, und ich verlor buchstäblich den Kopf.

Partnerinnen, die im selben Maße am Sex interessiert waren wie sie selbst, befreiten die Männer zudem von dem Gefühl, ihnen gegen ihren Willen etwas aufzuzwingen. Einer der Männer drückte das so aus: Ich möchte niemanden neben mir im Bett haben, der sich nicht frei dafür entschieden hat, mit mir drinzuliegen.

Viele Männer waren empfänglich für die feministische Kampfparole, die sagt, daß Frauen über Jahrhunderte sexuell von Männern ausgebeutet worden sind. Um das Gegenteil zu beweisen, zogen sie Frauen vor, die selber unbefangen reagieren. Der 19jährige Tom gestand uns:

> Es macht mir echt Freude, meiner Partnerin zu gefallen. Für mich ist das Gefühl sehr wichtig, daß sie in der Liebe Befriedigung empfindet, sonst käme ich mir vor, als würde ich sie ausbeuten. Die Erfahrung wäre dann für mich unbefriedigend, denn damit etwas wirklich rund und vollständig ist, muß man es mit dem anderen teilen.

Die Motive einiger Männer waren da schon egoistischer. Sie wünschten sich eine aktive, eigenständige Partnerin, da sie den Eindruck hatten, daß, wenn sie erregt war, auch ihre eigene Erregung beträchtlich gesteigert wurde. Paxton, 43 Jahre alt und seit 11 Jahren verheiratet, beschreibt das sehr hübsch:

> Mir macht es Spaß, so zu sehen, wie Candy sich bewegt. Ich finde das sehr aufregend. Dann gefällt mir auch die Art, wie sie an ihren eigenen Brüsten Gefallen findet. Ich finde es toll zu erleben, wie sie erregt wird, wenn ich ihre Brüste streichele, küsse oder daran sauge. Das stimuliert mich gewaltig.

Während das Feuchtwerden der Scheide, das Hartwerden der Brustwarzen, Liebes- und Lustgestöhn und erotisch aufreizende Bewegungen während des Liebesaktes fast einhellig sehr geschätzt waren, versprachen sich einige Männer eine aktive Partnerin als Gradmesser ihrer eigenen sexuellen Könnerschaft. Der 31jährige Billy sagt dazu:

> Wenn die Frau einen Orgasmus hat, dann ist das fast so, als hätte ich eine Offenbarung erlebt. Ich habe etwas Gutes zustande gebracht. Ich habe jemandem etwas gegeben, und daß ich das getan habe, vermittelt mir ein gutes Gefühl.

Einige Männer gaben ein bißchen verschämt zu, daß das Wissen darum, ihre Partnerin zum Höhepunkt gebracht zu haben, ihrem Ego mächtig Auftrieb gibt. Der 42jährige Paul erzählt die folgende Geschichte:

> Ich war so um die 33 und lebte zu der Zeit gerade in England, als diese Frau herüberkam, die ich noch aus den Staaten kannte. Sie war eine Schwarze, sah exotisch aus und sehr sexy. Ich holte sie vom Flughafen ab, wir gingen in meine Wohnung und verbrachten das ganze Wochenende im Bett. Es war ein Wochenende mit unersättlichem Sex, und ohne

daß einer vom anderen etwas forderte. Es war unheimlich sinnlich. Intellektuelle Gespräche haben wir nicht groß geführt, einfach weil wir so mit den sexuellen Bedürfnissen des anderen beschäftigt waren. Sie war sexuell genauso aktiv wie ich. Sie hatte keine Hemmungen, und wir stellten einfach alles an. Ich glaube, der Grund, warum dies für mich eine so bleibende Erinnerung ist, ist der, daß sie so befriedigt war. Ich brauchte sie gar nicht zu fragen, ob es für sie genau so schön war wie für mich; das ging einfach eindeutig aus dem hervor, was sie sagte. Es war ein einmaliges Fest, und nachdem es vorüber war, war mein Ego stolzgeschwellt.

Eine Frau sollte nach den Wünschen der Männer auf den Mann eingehen, selbstsicher und ohne Hemmungen sein und sich auf sexuellem Gebiet auskennen; also im Grunde all das, was einem netten Mädchen von klein auf ausgetrieben wird. Der 52jährige Bruce meint:

Ich mag Freizügigkeit, das Fehlen von Hemmungen, die Flexibilität, sexuell in verschiedenartigster Weise auf den anderen einzugehen. Ich genieße das Zusammensein mit einer Partnerin, die ungehemmt und locker ist und sich selbst von all dem verklemmten Kram befreit hat, den man ihr früher mal eingepflanzt hat.

Ungehemmtheit, verbunden mit Selbstsicherheit, wird als ein echtes Plus empfunden. Billy stellt fest:

Es ist eine Erleichterung, mit jemandem zusammen zu sein, der auch die Initiative ergreift. Es ist nett, jemanden zu haben, der auf Erkundungsreise geht, der erfinderisch ist und der sagen kann: »Los komm, wir machen es jetzt, solange ich noch ein bißchen schwankend bin.«

Das war nicht nur eine willkommene Abwechslung, sondern für viele Männer macht es den Sex einfach aufregender. Wie Jim, ein 27jähriger Junggeselle, sich ausdrückte:

Ich muß sagen, eigentlich bin ich es meistens, der zum Sex anstiftet. Aber wenn meine Partnerin die aktive Rolle übernimmt, dann fahre ich wirklich ab. Das finde ich ganz besonders erregend.

Eine Frau, die selbstsicher mit ihrer Sexualität umgeht und genügend Selbstvertrauen hat, ihre Fähigkeiten in der Liebe voll auszuspielen, galt als Wunschpartnerin auch für Bernhard, der 29 Jahre alt ist und allein lebt:

Ich bin gern mit Frauen zusammen, die in der Liebe echt gut sind. Sie wissen genau, wie sie mir dazu verhelfen können, mich zu entspannen, wenn wir etwa zusammen in die Badewanne gehen, uns gegenseitig waschen, uns sanft gegenseitig einreiben, uns massieren, verbunden mit sanften Küssen überall, angefangen zwischen den Zehen bis hinauf zu den Ohren und zartem Lecken der Augenlider. Ich genieße oralen Sex und eine Frau, die was davon versteht, ist wirklich etwas ganz Besonderes.

Der Wunsch nach einer kundigen, aktiven, ungehemmten und reaktionsbereiten Partnerin führte bei vielen Männern dazu, sich eine ältere Frau zur Geliebten zu nehmen. Der Grund, so erklärte uns Joshua, ein 28jähriger graduierter Student, sei der, »daß ältere Frauen weniger Theater spielen«. Sie sind weniger verklemmt, und meistens haben sie auch viel mehr Selbstvertrauen. Deswegen sind sie auch bessere Geliebte. Basil, ein 21jähriger Student, meinte dazu folgendes:

Meine besten sexuellen Erfahrungen machte ich mit älteren Frauen. Ich hatte nie Interesse daran, jemanden anleiten zu müssen, der 18 Jahre alt ist und noch nicht trocken hinter den Ohren. Das ist einfach nicht mein Bier.

Wayne, ein 23jähriger Student, hatte Spaß daran, bei einer älteren, erfahreneren Frau in die Lehre zu gehen. Der Rollentausch, so fand er, sei nicht nur in höchstem Maße erotisch, sondern komme auch der Erweiterung des sexuellen Repertoirs zugute:

Ältere Frauen sind um einiges erfahrener, und sie neigen dazu, verrückte Sachen zu machen. Sie bringen mir etwas bei, und dann gehe ich los und versuche es gleich bei anderen Frauen. So war das auch mit dem oralen Sex. Sie sagen mir, wie schnell oder langsam ich meine Zunge bewegen soll. Oder sie sagen: »Wo das Feuer am heißesten brennt, da mußt du löschen.« Oder sie zeigen mir, wie ich ihre Klitoris berühren soll, oder wie ich ganz zart mit der Zunge über ihre Brüste gehen darf.

Die Vorliebe für ältere Frauen beschränkt sich nicht nur auf Männer zwischen 20 und 30, sondern gilt auch für manchen älteren

Mann. Als wir die Männer fragten, worauf sie es denn zurückführten, daß Frauen im Laufe der Zeit bessere Liebhaberinnen würden, stellte der 50jährige Chris die Hypothese auf, daß ältere Frauen sexuell mit sich zufriedener und gelassener seien, weil sie Zeit genug hatten, die zahlreichen Hemmungen abzubauen, mit denen sie aufgewachsen sind:

Sobald die Sexualität für eine Frau keinen Konflikt mehr darstellt, ist sie emotional befreit und kennt wahrscheinlich auch ihre entsprechenden Bedürfnisse besser. Ich finde, daß eine Frau erst ab Mitte 40 gelassener und mit sich selbst einig ist. Sie geht entspannter mit sich selbst um, und auch beim Sex zeigt sie eine ruhige Sicherheit.

Der 24jährige Ron meint:

Davor nämlich ist Sex nur eines der Dinge, die sie tun, um einem männlichen Wesen nahe zu sein. Es ist eben etwas, das von ihnen in einer Beziehung erwartet wird. Ich will damit nicht sagen, daß Frauen es nicht genießen können. In gewissem Maße tun sie das wohl. Doch ganz gewiß scheinen sie nicht den Appetit zu haben, der sich entwickelt, wenn sie älter werden.

Männer, die als Partnerinnen beim Sex jüngere Frauen bevorzugten, erlebten die Rolle des sexuellen Lehrmeisters als einen Kitzel ihres Ego. Sie mochten es, wenn Frauen zu ihnen als dem Stärkeren, Erfahreneren aufblickten. Dazu kam noch, daß jüngere Frauen manchen Männern dazu verhalfen, sich selbst jugendfrischer und sexuell anziehend zu fühlen. Das galt auch für den 52jährigen Bruce, der seine schönsten sexuellen Erfahrungen mit jüngeren Frauen gemacht hat:

Mit wenigen Ausnahmen scheint es mir so, daß Frauen, die so etwa in meinem Alter sind, schneller alt werden als ich. Und die Dinge, die mich reizen und anregen, finde ich nicht so sehr bei einer älteren Frau, sondern eher bei jüngeren. Natürlich brauche ich einen jüngeren Menschen, der schon einige Reife hat, schnell lernt und mit mir Schritt hält. Mir begegnen immer wieder solche Frauen. Dann gefällt mir auch, eine Kombination aus Liebhaber, großem Bruder und Vater zu sein. Ich mag es, auf die Bedürfnisse von Frauen einzugehen, die die Gesellschaft eines reiferen Mannes genießen.

Der 34jährige Dean bekannte ebenfalls, Affären mit jüngeren Frauen zu bevorzugen, obwohl ihm dabei nicht ganz wohl ist:

Ich fliege auf die jungen Hasen. Erst kürzlich hatte ich eine Freundin, die 10 Jahre jünger war als ich, und mir ist schon bewußt, daß der Reiz, den sie für mich hat, hauptsächlich in ihrer Jugend besteht. Sie schaut sehr zu mir auf, und ich bin für sie der dominante, ältere Mann. Dieser Trip ist für mich schon sehr spannend und aufregend, aber irgendwie beunruhigt mich das auch, weil es eigentlich nicht mit meinen Wertvorstellungen zusammenstimmt.

Die Erfahrung der Körperlichkeit

Für ganz wenige Männer – jedenfalls weitaus weniger als wir erwartet hatten – waren weder die emotionale Beziehung noch besondere Eigenschaften einer Partnerin die Hauptsache, ob sie eine gute sexuelle Erfahrung gemacht haben. Für sie war die rein physische Befriedigung der wichtigste Faktor. Das galt auch für den 45jährigen Charles:

Zugegeben, es gibt wichtigere Dinge zwischen zwei Menschen als einen Orgasmus, aber ich glaube schon, wenn zwei Partner so richtig vögeln, sollten sie auch einmal darüber nachdenken. Ich würde das körperliche Befriedigung nennen und bin der Ansicht, daß Menschen in der Lage sind, sich in solchem Abenteuer völlig selbst zu verlieren.

Ben, ein 35jähriger Berater in einem Rehabilitationsprogramm, lieferte uns ein Beispiel für jene sexuelle Selbstvergessenheit:

Irgendwann einen »Quicky« abzuziehen, nur um in Verbindung zu bleiben und zu beweisen, daß einem an der anderen Person noch gelegen ist, macht nicht soviel Spaß wie sich im Sex völlig fallenzulassen. Ich liebe es, wenn wir uns herumrollen, und wenn ich dann, nachdem wir fertig geworden sind, meinen Kopf am Fußende des Bettes wiederfinde, die Bettdecken alle auf dem Fußboden sind und ein Bein vom Rand herunterhängt und ich mich frage, wie zum Teufel ich in diese Lage gekommen bin. Das ist dann der Moment, der mir am meisten Spaß macht.

Manchmal müssen schon einige Vorbedingungen erfüllt sein, damit ein Mann diesen Zustand völligen Sich-Fallen-Lassens erreichen kann. Der 45jährige Clint, ein Management-Berater, sagte uns, daß er sich entspannt und frei von Streß fühlen müsse:

Was den Sex für mich gegenwärtig so wohltuend macht, ist meine Fähigkeit, mich zu entspannen, mich gehenzulassen. Wenn ich dazu imstande bin, wird jede Einzelheit in meinem Geschlechtsakt einfach bedeutungsvoller, größer. Mein Orgasmus hält länger an und ist stärker. Manchmal habe ich sogar körperlich das Gefühl, als würde ich abheben, wenn ich komme.

Aber damit ich mich entspannt fühlen und in der Lage sein kann, mich gehenzulassen, darf es zwischen uns kein Hick-Hack geben. Wenn irgend etwas unerledigt liegengeblieben ist oder ich unbedingt mit meiner Frau noch was besprechen muß, was ich mir nicht vom Hals schaffen kann, dann bin ich beim Sex abgelenkt.

Manchmal war es für das Paar notwendig, einige Zeit gemeinsam zu verbringen, um den Alltagsstreß zu überwinden und ein Klima der Vertrautheit herzustellen, bevor es miteinander ins Bett gehen konnte. Clint erzählt weiter:

Um die richtige Wellenlänge herzustellen, brauche ich Zeit, um mich zu entspannen und Kontakt zu Esther zu bekommen. Das bedeutet dann meistens, daß wir ein bißchen schwatzen, uns in den Armen halten, berühren und Augenkontakt haben. Ich kann nicht einfach ins Haus stürzen und zu bumsen anfangen. Das hat es früher wohl mal gegeben, doch ich bin immer mehr überzeugt, daß es uns mehr bringt, erst einmal Kontakt zueinander aufzunehmen.

Paxton, 33 Jahre alt und seit 11 Jahren verheiratet, beschreibt dies als ein Wiederherstellen der Gemeinsamkeit mit seiner Frau:

Den schönsten Sex erlebe ich, wenn ich das Gefühl bekomme, daß sich mir meine Partnerin wirklich zuwendet. Das braucht oft Zeit, und diese guten Zeiten stellen sich manchmal nach einer Periode ein, in der es zwischen uns nicht so gut gelaufen ist, wo es kaum Verständigung zwischen uns gab und sich unbemerkt Unterströmungen entwickelt haben. Die engsten und schönsten sexuellen Momente zwischen uns ergeben sich gewöhnlich dann, wenn einer von uns bemerkt, daß die Dinge aus dem Lot sind und den Entschluß faßt, wieder Harmonie zwischen uns zu schaffen.

Auch der Zeitpunkt, um Liebe zu machen, spielt für den Mann eine wichtige Rolle. Der 42jährige Albert meinte, die beste Zeit zum Sex sei für ihn der Nachmittag:

> Nachts bin ich sexuell nicht auf der Höhe, aber Liebe am Nachmittag finde ich unheimlich schön. Ich kann es schon fast vorhersagen, daß ich ein gutes sexuelles Erlebnis habe, wenn es am Nachmittag stattfindet. Dann komme ich so richtig in Schwung.

Im Gegensatz zur Tageszeit spielte für einige Männer auch die Menge an verfügbarer Zeit eine große Rolle. Sie hätten gern reichlich Zeit zur Verfügung, um durch ein verlängertes Vorspiel ihren Partnerinnen Freude zu bereiten. Einer der Männer sagte:

> Ich glaube, guter Sex ist etwas, das man aufbauen muß. Er muß zärtlich sein. Ich mag es, berührt zu werden, und ich liebe es auch, selbst zu berühren und zu halten und zu knuddeln und zu kuscheln. All das passiert nicht so schnell, das braucht Zeit und Vorbereitung.

Außergewöhnlich schöne sexuelle Erlebnisse klingen in den Erinnerungen der Männer noch immer nach.

Der 58jährige Emmitt erzählte:

> Ich werde jetzt einmal ein bißchen angeben. Als ich 28 Jahre alt war, hatte ich dieses Erlebnis, das ich niemals vergessen werde. Ich war in einem von allem abgeschnittenen Gebiet in Japan stationiert. Und dann bin ich eines Nachts mit dieser Frau ausgegangen. Es war unglaublich. Ich machte es in dieser Nacht insgesamt fünfmal, von 6 Uhr abends bis 6 Uhr morgens. Das hatte ich vorher nie geschafft und werde es auch danach nicht mehr schaffen. Ich habe es versucht, aber es klappt nie. Einen so phantastischen Abend habe ich noch nie erlebt.

Für den 44 Jahre alten Eric gibt es einen Zustand voller Freude und Intensität, der in seinen Erinnerungen an die besten sexuellen Erlebnisse herausragt. Die körperliche Intensität, die er hier beschreibt, empfand er gemeinsam mit einer alten Bekannten im Rahmen einer Konferenz:

Nachdem wir getanzt hatten, gingen meine Partnerin und ich zurück auf mein Zimmer, zündeten Kerzen an und legten Musik auf. Für mich ist ein bißchen romantische Atmosphäre wichtig. Der Sex ging ganz langsam an, mit Küssen, Streicheln, Berühren und Reden. Irgendwie verloren wir jedes Gefühl für Zeit, als wir uns so wechselseitig in Erregung versetzten. Wir verbrachten viel Zeit damit. Sie hatte einen Orgasmus, und dann ging es weiter mit oralem Sex, bei dem sie wieder einen Orgasmus hatte. Schließlich drang ich dann in sie ein. Und wieder war es ganz spielerisch mit unterschiedlichem Rhythmus, weiterem Streicheln und vielen Zärtlichkeiten. Ich zog ihn dann kurze Zeit zurück und wir streichelten uns wieder. Vermutlich hatte sie noch einen weiteren Orgasmus, und endlich, nach langer Zeit, hatte ich auch einen. Und dann, nachdem wir uns geliebkost, geküßt, zurückgelegt und noch weiteren Spaß miteinander gehabt hatten, fing das Ganze wieder von vorne an.

Genau das sind meine schönsten sexuellen Erlebnisse. Das ist ein Zustand der Lust und Intensität, der wirklich herausragt. Mag sein, daß es im Leben viele schöne Tage gibt, aber einige darunter sind etwas Besonderes. An solchen Tagen ist der Himmel wirklich blau.

Verspieltheit

Während »Spaßhaben« beim Sex nicht eben ganz zum Bild des männlichen Mannes paßt, führten eine ganze Anzahl von Männern, die wir interviewten, Verspieltheit und Spontaneität als wichtige Eigenschaften bei der Liebe an. Diese Männer hatten ähnliche Vorstellungen wie der 67jährige Dennis:

Sex kann und sollte ein teuflisch lustiger Spaß sein. Es muß doch dabei nicht immer kompliziert zugehen.

Als die Männer diese Eigenschaft näher zu beschreiben versuchten, schien es, daß sie damit mehr Verspieltheit meinten als die Fähigkeit, so spontan und ungehemmt zu sein, wie dies bei Kindern der Fall ist. Larry, 38 Jahre alt und seit 15 Jahren verheiratet, sagte:

Etliche Male sind in jüngster Zeit unsere sexuellen Erlebnisse unglaublich spaßig und verspielt gewesen; wie bei Fünfjährigen, die im Sandkasten herumrennen, ohne daß überall die Erwachsenen herumstehen.

Eric meinte:

Sinn für Humor ist wirklich wesentlich, da Sex eigentlich ein wechselseitiges Spielen ist. Manchmal ertappe ich mich dabei, daß ich lache und an den verspielten Aspekten des Sex einfach einen Riesenspaß habe. Hinterher erlebt man die gleiche Freude und Befriedigung, als wenn man einen Sport gekonnt ausgeübt hat. Tatsache ist, daß ich bei der Liebe dasselbe Hochgefühl wie beim Laufen habe. Es ist ein Gefühl hemmungsloser Verausgabung. Ein Erlebnis, das mir ganz besondere Freude bereitet hat, war der Augenblick, als meine Frau im Bett aufgestanden ist und nach dem Sex applaudiert hat; das war ein echtes Hoch, und ich habe gelacht und gelacht.

Der 52 Jahre alte Jim kann dem nur zustimmen:

Ich glaube, die schönsten sexuellen Erlebnisse sind die gewesen, die auch lustig und komisch waren. An eine Situation erinnere ich mich noch ganz besonders. Das war gerade, als wir kurz davor standen, den Höhepunkt zu erreichen, als sie ganz plötzlich diese Bemerkung herausbrachte: »Sag mal, hast du schon jemals vorher ein Mädchen gevögelt, das einen Doktor in Publizistik hatte?« Ich mußte wie wild lachen und sagte dann zu ihr: »Nein, und wenn du jetzt nicht die Klappe hältst, glaube ich auch nicht, daß ich die Sache hier über die Runden bringen kann.« Über uns selbst und über das, was wir gerade machten, zu lachen, war für uns ein großes zusätzliches Vergnügen. Ich weiß, daß manche Leute meinen, man sollte beim Sex möglichst ernst sein, doch ich finde, daß man ihn mehr genießt, wenn man fröhlich und unbeschwert ist.

Für einige Männer war die gefühlsmäßige Sicherheit in ihrer intimen Beziehung der Schlüssel dazu, den Sex in kindlicher Verspieltheit zu genießen. Gary, 31 Jahre alt und seit 1 Jahr verheiratet, sagte:

Eine tiefe Verbundenheit mit der Frau, mit der ich zusammenlebe, macht es mir leicht, viel gelöster zu lachen und nicht immer das Gefühl zu haben, daß ich auf der Bühne bin. Der Umstand, daß Vertrautheit da ist, Behagen und Zuwendung, bedeutet, daß ich nicht in einem Drehbuch stecke, in dem alles wie am Schnürchen abläuft. Ich könnte mittendrin glatt aufhören, rausgehen und Eiscreme holen, falls ich das möchte, und mich dabei ganz toll fühlen. Besser jedenfalls als das Gefühl, jetzt unbedingt etwas bringen zu müssen.

Billy, 31 Jahre alt und alleinstehend, sagte ergänzend:

Bei jemandem, zu dem ich Zuneigung gefaßt habe, gibt es auch meistens etwas Komik und Spaß. Da wird gespielt und herumgealbert, geneckt, gekitzelt, eben die ganzen Sachen, die nicht passieren, wenn man einen Menschen nicht so gut kennt. Ich glaube, diese Sicherheit gestattet es mir, ein bißchen verrückt zu sein.

Scott, ein 27jähriger Lehrer, erzählt, wie er und seine Frau Verspieltheit in ihren Liebesakt einbringen:

Manchmal verleiten wir uns gegenseitig zum Sex durch eine Art Schauspielerei. Zum Beispiel trägt dann meine Frau irgendwann plötzlich ein Nachthemd oder durchsichtige Unterwäsche, oder wir legen irgendeine verschrobene Musik auf und tanzen. Wir benutzen das mehr als Eisbrecher als aus irgendwelchen sexuellen oder sinnlich-erotischen Gründen. Anders wäre uns Sex zu stur und eben kein Spaß. Das Spaß-Element sollte Bestandteil bei jedem guten Sex sein, besonders bei einem alten Ehepaar wie uns beiden, die wir jetzt schon 2 Jahre verheiratet sind. Wenn Sex aufhört, Spaß zu sein, und immer nur schwerfällig und verbiestert ist, dann kann das geradezu tödlich werden.

Abwechslung

Wir hatten erwartet, daß Abwechslung und neue Partnerinnen eine große Rolle beim Zustandekommen von erregendem Sex spielen würden. Wir überschätzten das vom »Playboy« suggerierte Bild, wonach Männer das Neue in einer sexuellen Beziehung für das Höchste halten. Wenn Abwechslung die Würze des Lebens sein soll, müßte man meinen, daß das Gleiche auch für einen

Partnerwechsel gelte. Doch dieser Auffassung waren weitaus weniger Männer, als wir gedacht hatten. Diejenigen, die der Abwechslung auf sexuellem Gebiet hohen Wert beimaßen, meinten, daß Monogamie in Monotonie umschlagen würde und daß sie sehr bald gelangweilt wären, Tag für Tag und Jahr um Jahr aufzuwachen und dasselbe Gesicht vor sich zu sehen. Bruce z. B., 52 Jahre alt und geschieden, war der Meinung, daß sein Hunger nach Abwechslung es ihm schwer mache, in einer langfristigen monogamen Beziehung zu leben:

> Eine dauerhaftere Form der Beziehung wäre mir schon willkommen, doch nur, wenn sich das mildern ließe durch den Reiz, der erst durch die Vielzahl verschiedener Partnerinnen erzeugt wird. Ich empfinde das so stark, daß ich mir die Sache mit der Monogamie noch einmal ganz neu durchdenken muß. Aber ich frage mich, wie man es macht, 365 Tage im Jahr mit der gleichen Frau ins Bett zu gehen und aufzuwachen? Kann denn eine Bindung andauern, wenn sich der Reiz des Neuen verbraucht hat?

»Ein rauschhaftes körperliches Erlebnis ohne emotionale Bindung hat für mich etwas sehr Erregendes«, meinte ein 40jähriger alleinstehender Mann und fügte erklärend hinzu:

> Solange beide Partner die Absichten des anderen verstehen, können sie eine schöne Zeit miteinander durchleben, und niemand wird verletzt.

Eine ganze Anzahl von Männern berichtete von Episoden, bei denen sie »die Sau rauslassen« konnten und schnellen Gelegenheitssex genießen. Einer beschrieb uns die Begegnung mit einer außergewöhnlich ungehemmten Frau, die er auf einer Party getroffen hat:

> Offensichtlich fühlte sie sich von mir angezogen. Wir tanzten, und vermutlich waren wir beide ziemlich ausgelassen und ziemlich verrückt. Na ja, das endete für uns jedenfalls im Badezimmer, wo sie wie verrückt über mich herfiel. Ich fand das unheimlich aufregend.

Doch die meisten Männer waren an einer fortdauernden intimen Beziehung interessiert. Um ihre Ehe aufrechtzuerhalten, unterdrückten sie bewußt gewisse Bedürfnisse. Der 33jährige Gus erklärte dazu:

Ich glaube, daß eine einzelne Person niemals dazu imstande ist, alle unsere sexuellen, physischen oder gefühlsmäßigen Bedürfnisse zu befriedigen. Emotionale Beziehungen ergeben sich relativ leicht. Man kommt bei der Arbeit mit Leuten zusammen, hat seine Freundschaften, teilt seine Interessen mit anderen. Das bedeutet aber noch lange nicht, daß ein anderer Mensch auch unsere sexuellen Bedürfnisse ausgleicht. Ich muß das als Ehemann wohl oder übel akzeptieren und mich entsprechend verhalten. Ich bin mir gewiß, daß ich wohl immer meine Phantasien haben werde, aber ich muß mir selbst Grenzen setzen und darf mich nicht in Depressionen stürzen oder einen Groll entwickeln, wenn ich etwas nicht bekommen kann. Es ist also notwendig zu akzeptieren, was ich eben nicht haben kann.

Allerdings waren einige der von uns interviewten Männer nicht so bereit wie Gus, die Beschränkungen, die sich durch eine Ehe ergeben, einfach hinzunehmen. Ihr Problem löste sich durch das Eingehen einer »sicheren Affäre«. Das waren entweder verstohlene Geschichten nur für eine Nacht oder kurzlebige sexuelle Beziehungen, die die Sicherheit ihrer Ehen nicht bedrohten. Manche Männer beschränkten solche Erlebnisse auf Zeiten, zu denen sie auf Geschäftsreise waren, andere machten »Überstunden« im Büro. Diese Affären boten ihnen die sexuelle Abwechslung und Aufregung, die sie brauchten. Eine neue Partnerin war nicht nur als Eroberung interessant, sondern weil sie oft auch bereit war, sexuelle Praktiken auszuprobieren, die in der Ehe tabu waren. Einer der Männer erklärte dazu:

Ich liebe meine Frau, doch sie empfindet Abscheu gegenüber allen sexuellen Praktiken außer der Missionarsstellung. Ich will keine Scheidung, weil ich unser Zusammenleben schön finde, doch ich würde verrückt werden, wenn ich mir vorstellen sollte, daß sich mein Sexualleben auf weitere 20 Jahre nur so und nicht anders abspielen soll. Eine gelegentliche Affäre ist ein Ausweg, bei dem jeder zufrieden ist.

Natürlich sind solche Situationen nicht immer fröhlich und unbeschwert. Gelegentlich hatten sie auch eine Bumerangwirkung und riefen in den Primärbeziehungen Probleme hervor. Charles machte durch seine Treulosigkeit eine sehr schmerzliche Erfahrung:

Ich ließ mich mit einer anderen Frau ein. Sie war mit uns befreundet, was das Ganze noch schwerer machte. Wir waren zu viert und alle miteinander befreundet, und mich quälte die Tatsache, daß ihr Mann mich noch immer gern mochte. Wir standen einander so nahe, daß es für mich wirklich schrecklich war. Ich bin überzeugt, daß ich nie wieder zulassen würde, daß so etwas noch einmal passiert.

Auch der 42jährige Albert machte seine bittere Erfahrung:

Ich halte mich selbst für monogam, aber ich habe in den Jahren meiner Ehe überall herumgevögelt. Das fraß meine ganze Zeit und Energie, und ich würde mich nicht noch einmal dazu entschließen. Lieber würde ich vor meine Frau hintreten und sagen: »Ich fühle mich unwiderstehlich von einer anderen angezogen, und ich möchte mir ihr ins Bett gehen.« Ich würde es offen austragen, anstatt es mit mir herumzutragen, bis der Punkt erreicht ist, an dem mir alles außer Kontrolle gerät. Das Jonglieren mit Terminkalendern, mit dem eigenen Leben und dem anderer laugt einen völlig aus.

Zwei der von uns interviewten Männer hatten genau das getan, was Albert sich überlegt hatte. Sie machten die Abwechslung zu einer festen Einrichtung in ihren Ehen, indem sie in offenen Beziehungen lebten. Das schien eine gute Lösung zu sein, wenn beide Partner übereinstimmten. Dennis und seine Frau, die seit 43 Jahren verheiratet sind und drei Kinder haben sowie zahlreiche Enkel, stellten fest, daß Sex in solchen Außenbezirken die sexuelle Aktivität auch daheim anrege:

Einer der Gründe dafür, warum unser Geschlechtsleben nie zur Routine geworden ist, ist der, daß wir während der letzten 35 Jahre eine sehr offene Ehe geführt haben. So hatte jeder für sich andere sexuelle Begegnungen, und das wirkte sich stets positiv auf den Sex aus, den wir miteinander hatten. Es gibt uns immer einen richtigen Schub, wenn einer von uns oder beide eine Affäre haben. Es macht mir Freude zu wissen, daß meine Frau mit anderen ihre Freuden erlebt, und das wiederum steigert meine Lust. Ich fühle mich dann auch weniger schuldig, wenn ich eine andere Partnerin habe, und bei ihr ist es genauso.

Allerdings erforderte eine solche offene Beziehung viel Aufwand und Feingefühl. Die beiden, denen es gelungen war, sie erfolgreich zu gestalten, räumten ihrer Ehe stets den Vorrang ein. Dennis fährt fort:

> Wir sind beide keine eifersüchtigen Menschen, und es hat nie die geringste Eifersucht zwischen uns gegeben. Doch wir halten uns an bestimmte Grundregeln. Erstens möchte Ellen nicht, daß ich irgend jemanden mit nach Hause bringe, während sie da ist, und zweitens steht für uns beide fest, daß unsere Beziehung Vorrang hat. Wenn ich also ausgehen möchte, vergewissere ich mich vorher, ob ich sie damit vielleicht enttäuschen könnte; nicht, weil ich mit einer anderen Sex haben will, sondern weil sie vielleicht auch gerne ausgehen möchte. Und falls ich irgendwie das Gefühl habe, daß ich sie kränken könnte, würde ich es bleibenlassen. Es gab vor ungefähr sieben Jahren eine Zeit, als ich mir wirklich Sorgen darüber machte, ob meine sexuellen Abenteuer Ellen nicht doch belasten. Obwohl sie immer wieder betonte, daß dies nicht der Fall sei, hatte ich das Gefühl, das es doch so war. Also hatte ich etwa vier Monate lang kein Verhältnis mit einer anderen. Bis sie dann schließlich sagte: »Du mußt total verrückt sein, daß du es nicht tust.« Also fing ich damit wieder an. Daß ich dies tat, war für sie die Bestätigung, daß ich unserer Ehe dadurch neue Impulse geben würde.

Dean, 34 Jahre alt, seit 9 Jahren verheiratet, ein Kind, stellte fest, daß es nicht immer ganz leicht gewesen ist, eine offene Beziehung aufrechtzuerhalten:

> In einer offenen Beziehung zu leben, führte während der 8 oder 9 Jahre, seit wir uns dazu entschlossen hatten, zu einer Menge Hochs und Tiefs. Daß es dennoch funktioniert, liegt, glaube ich, daran, daß wir aufeinander eingehen und Rücksichtnahme üben. Ich überlege zum Beispiel gerade, ob ich das Wochenende mit einer anderen verbringen soll oder eine Nacht irgendwoanders. Ich würde nicht im Traum daran denken, dieses Thema auch nur zur Sprache zu bringen, wenn Bess krank wäre oder mein Sohn, oder wenn ihre Eltern uns besuchen wollen. Das sind heikle Punkte. Ich stelle mir vor, ich käme hereinspaziert und sagte: »Mary hat gerade angeru-

fen und möchte mich sehen«, dann würde sie wahrscheinlich sagen: »Verdammt nochmal, alles, woran du denken kannst, ist, in irgendwelchen Betten herumzubumsen, während ich krank bin«, und ich würde ihr genauso antworten. Also muß man da schon sehr feinfühlig sein, wenn man solche Dinge zur Sprache bringt.

Die Mehrheit der von uns interviewten Männer lebte jedoch in monogamen Beziehungen und gab dem auch den Vorzug. Riley, 70 Jahre alt, lebt sein 30 Jahren monogam und sagte dazu:

Auf eine neue Partnerin richtig abzufahren, ist sehr aufregend wegen all der Entdeckungen, die man beim anderen machen kann. Aber ich habe für mich herausgefunden, daß ich mich monogam am wohlsten fühle. Ich bin kein guter Lügner und habe für diese Art Geschichten nicht genug Energie. Wenn ich die Frau, mit der ich zusammen bin, wirklich mag oder liebe, dann stimmt auch der Sex. Für mich wäre das nicht sehr sinnvoll, irgendwelche beiläufigen sexuellen Begegnungen zu haben.

Scott drückt seine Gefühle über seine zwei gemeinsamen Ehejahre folgendermaßen aus:

Als ich heiratete, fand ich es aufregend, mein Leben ganz meiner Partnerin zu widmen. Ich wußte, daß die Beschränkung, monogam zu leben, einen schon von anderen Möglichkeiten abschneidet. Aber gleichzeitig hatte ich ein unglaubliches Gefühl von Abenteuer und Neugier, als ich mir dieser Verpflichtung bewußt wurde. Denn durch Herumflipperei würde ich den Teil meines Lebens opfern, der mich glücklich macht: den emotionalen Rückhalt, den Wunsch nach einer Familie. Und ich meine damit nicht, daß Treulosigkeit tatsächlich mit dem Verzicht auf all das, was ich habe, verbunden wäre. Aber nach meinem Empfinden wäre das so, weil ich ihr weniger zu geben hätte; ich möchte ihr doch möglichst viel geben. Das ist es doch, was eine Ehe bewirkt.

Diese Männer, die zwar die Abwechslung suchten, es aber vorzogen, monogam zu bleiben, fanden Mittel und Wege, Neues und Aufregendes in ihr Geschlechtsleben mit ihren festen Freundinnen oder Ehefrauen einzubringen. Es gab da eine Vielzahl von Vorschlägen, wie das zu erreichen wäre. Jim schlug vor:

Man sollte Liebe nicht immer an einem festen Ort machen, sondern sich auch einmal ein anderes Zimmer im Haus suchen, in ein Motel gehen oder irgendwo Camping im Freien machen. Alles Dinge, die neue Reize hinzufügen. Und dann ist es auch beim Sex wichtig, mit verschiedenen Techniken zu experimentieren.

Mit verschiedenen Techniken experimentieren, bedeutete für Joseph nicht, daß man sich hauptsächlich auf den Geschlechtsverkehr konzentriert:

Es ist schon ganz nett, Abwechslung zu haben. Manchmal masturbiere ich einfach beim Zusammensein mit Paula, oder ich lecke sie oder reibe mich an ihrem Hintern und an ihren Brüsten. Aber es muß nicht immer unbedingt genitaler Sex sein.

Manchmal haben wir absichtlich etwas Neues oder Überraschendes in unser Liebesspiel eingebaut, und das kann viel Spaß machen. Ein andermal wiederum lassen wir uns überhaupt nichts Neues einfallen, und trotzdem ist der Sex dann aufregend. Es ist manchmal einfach die Art, wie meine Partnerin und ich uns einander empfinden, was auf uns elektrisierend wirkt.

Manche Männer fanden, daß Spontaneität in der Liebe Abwechslung in ihr Geschlechtsleben brachte. Gary, 31 Jahre alt, seit 1 Jahr verheiratet, sagte uns:

Heute morgen zum Beispiel hatte ich eine ganz spontane sexuelle Begegnung. Das war wirklich schön, weil ich selbst davon überrascht worden bin. Plötzlich war ich mitten im Liebesakt mit meiner Frau, und es war wunderschön. An den meisten Abenden sinken wir erschöpft ins Bett, weil wir so ausgelastet sind mit Arbeit und einer Menge anderer Dinge, daß wir einfach nicht die Zeit für entspannten Sex am Abend aufbringen. Was es diesmal so schön machte war, daß ich ganz locker gewesen bin. Ich fühlte mich kuschelig, warm und frisch und hatte keinen Moment das Gefühl, daß ich es schnell hinter mich bringen müsse, um danach in Ruhe einzuschlafen, wie es mir sonst manchmal geht.

Der 34jährige Joseph hat festgestellt, daß das Liebesspiel jedesmal anders sein könnte, wenn man sich eine gewisse Spontaneität erhält, die eine wichtige Rolle in der Beziehung zu seiner Freundin spielt, die mit ihm zusammenlebt:

> Wenn wir uns lieben, ist da immer ein Gefühl der Spontaneität. Manchmal ist es eine Mischung aus Laune und Gefühl, aber jedesmal ist es zwischen uns anders. Manchmal ist der Sex außerordentlich liebevoll und zärtlich und sanft; dann wieder leidenschaftlich und lustvoll und ein andermal passiv und fast meditativ. Niemals ist es platt und langweilig. Jedesmal lassen wir uns von einer ganz bestimmten Energie leiten.

Riskanter Sex

Ein weiterer Faktor kann dem Sex etwas besonders Erregendes beimischen, wenn nämlich bei einem Liebesgeplänkel die Gefahr bestand, erwischt zu werden. Die Gleichartigkeit der Reaktion und die Häufigkeit, mit der sie uns bestätigt wurde, machten uns neugierig, so daß wir der Sache nachgingen. Die Mehrzahl der Männer gab darauf zur Antwort, daß der Reiz des Verbotenen, verbunden mit dem Gefühl eines gemeinschaftlich erlebten Abenteuers, die größte Anziehungskraft beim »Risikosex« für sie ausmachten. Der 47jährige Edmond gestand uns:

> Ich glaube, es gibt ein Gefühl der Intimität, das daher rührt, daß man gemeinsam ein Risiko eingeht. Am Verbotenen gibt es etwas, das auch reiner Spaß sein kann. Zwei Menschen tun zusammen etwas, und niemand sonst weiß davon. Das erfordert wirklich gegenseitiges Vertrauen, wenn man sich selbst so angreifbar macht.

Der 40jährige Werner erinnert sich an ein einzigartiges Erlebnis, das eine langweilige Dinnerparty in ein verboten-reizvolles Ereignis verwandelte:

> Ich glaube, daß Routine langsam dazu führen kann, erregende Gefühle abstumpfen zu lassen, so daß also die Gefahr, erwischt zu werden oder die Möglichkeit der Entdeckung etwas ganz besonders Aufregendes sein können. Ich bin eigentlich sehr schüchtern, also habe ich eine Unmenge solcher Erfahrungen ausgelassen und nur in ganz wenigen Fällen darauf reagiert. Die aufregendste Sache passierte auf dem

Höhepunkt meiner spontanen Herumtändeleien, als ich mit einem bunten Grüppchen von Leuten in ein teures Restaurant ging. Auf dem Weg ins Restaurant wandte sich meine Begleiterin zu mir um und sagte: »Komm mit mir mit.« Und sie nahm mich mit auf die Damentoilette, während alle anderen am Tisch Platz nahmen. Ich war ihr gerade erst kürzlich begegnet, und da bumsten wir doch tatsächlich auf der Damentoilette. Es war phantastisch. Dann kehrten wir guter Dinge an den Tisch zurück und ließen uns zu einem sehr förmlichen Geschäftsessen nieder. Das machte alles nur noch erregender.

Der 21jährige Dusty hatte ausgesprochen erotische Erinnerungen an seinen Abschlußball am College:

Wir waren schon reichlich zu, total besoffen und machten uns auf zum Washington Monument. Von einer bestimmten Uhrzeit an ist der Fahrstuhl dort außer Betrieb. Ich erzählte dem Wächter, daß wir gerade unseren Abschlußball gefeiert hätten und vorhätten, schon bald zu heiraten. Nun ja, so führte er uns hinauf, und wir vögelten im Stehen auf dem ganzen Weg nach oben. Meine Freundin stand zwischen mir und dem Wächter, und ich hob einfach ihr Kleid an und führte ihn ihr von hinten ein. Dem Wärter schien das nichts auszumachen; er hat sich nicht einmal umgedreht.

Ein anderer Mann erinnert sich an seine Zeit auf der Highschool, als für ihn der Sex dadurch besonders spannend wurde, weil immer die Angst dabei war, erwischt zu werden:

Wir waren oben auf ihrem Zimmer, saßen da und lernten. Die Eltern meiner Freundin waren unten. Wir machten ein bißchen Petting und spielten herum und wurden dabei ganz schön angetörnt. Wir wollten unbedingt vermeiden, daß ihr Vater oder ihre Mutter ins Zimmer hereinplatzten und uns erwischten, also stiegen wir in den Wandschrank und schlossen die Tür hinter uns. Ich hob sie hoch und legte ihre Beine um meine Hüften und hielt ihr Hinterteil fest und kam dann gut zum Ziel. Es war wunderbar. Die Furcht, ertappt zu werden, machte es nur noch aufregender.

Jacques, der 43jährige Präsident eines Unternehmens, der seit 3 Jahren getrennt lebt, gab ganz offen zu, daß er Sexspiele besonders genießt, wenn die echte Möglichkeit besteht, erwischt zu werden. Er sagte: »Ich erinnere mich noch, wie ich einmal in einem Cocktailsalon voller Menschen unter den Tisch kroch und mich über eine bestimmte Lady hermachte. Ich zog ihr die Höschen aus und leckte an ihr.«

Auch Jacques erinnerte sich an die Begegnung mit einer Frau in einer überfüllten Tanzbar:

> Ein weiblicher Körperteil, der mich wirklich wild macht, ist der Rückenansatz, und beim Tanzen kommt man schön in Schwung, wenn man dorthin faßt. Ich fuhr ihren Rücken hinauf und hinunter und schob dann meine Hand zwischen ihre Bluse und den Rock und hinein in ihr Höschen und fing dann an, ihr Hinterteil zu befummeln. Ich wurde dabei immer hitziger und machte immer weiter. Wir wurden dabei so erregt, daß ihr Rock schließlich ganz nach oben geschoben war und mein Schlitz offenstand. Wir haben es nicht geschafft zu bumsen, doch ich brachte sie höllisch in Fahrt, und das Ganze war richtig aufregend.

Der 59jährige Mel, der seit 34 Jahren verheiratet ist, erinnert sich an einen Zwischenfall, der ihm als eine der erregendsten sexuellen Erfahrungen seines Ehelebens noch gut in Erinnerung geblieben ist:

> Das wahrscheinlich erregendste sexuelle Erlebnis, das mir in den Sinn kommt, ereignete sich, als meine Frau und ich uns gemeinsam mit unseren Kindern ein Sommerhäuschen mieteten. Wir hatten es uns in jenen Tagen angewöhnt, immer sehr üppig zu Mittag zu essen. Nachdem wir eines Tages in dieser herrlichen Landschaft über dem Pazifik ein opulentes Mahl eingenommen hatten und viel Wein dazu getrunken hatten, fühlten meine Frau und ich uns plötzlich ganz geil. Wir machten einen kleinen Spaziergang und legten uns ins Gras, und dann sagte meine Frau mit einemmal: »Na los, steck ihn rein.« Und ich sagte: »Das können wir doch nicht tun, jemand könnte uns dabei sehen.« Und sie sagte: »Mach schon, oder was ist los mit dir, hast du denn kein bißchen Mumm?« Also tat ich es, und es war eines der aufregendsten Erlebnisse meines ganzen Lebens. Ob wir beobachtet wurden, weiß ich nicht, aber gerade das machte es ja so erregend.

Jack, ein 38jähriger Ingenieur, der seit 15 Jahren verheiratet ist, erinnerte sich an einen Ausflug mit seiner Frau. Sie liebten sich an einem ziemlich verlassen wirkenden Strand und waren plötzlich die Hauptattraktion für zwei Army-Hubschrauber, die über ihnen kreisten:

Wir waren erst seit 3 oder 4 Jahren verheiratet und damals für eine Woche an den Golf gefahren. Eines Nachmittags fuhren wir im Auto zum Strand hinunter und suchten uns ein einsames Plätzchen. Ich erinnerte mich, daß wir unsere Sachen auszogen und nackt am Strand entlangliefen. Zuerst kam noch ein anderes Paar auf uns zu, also rannten wir hinaus ins Wasser und blieben dort, bis es vorbeigegangen war. Dann stiegen wir aus dem Wasser, und an dem Saum, wo Wellen und Sand sich treffen, fingen wir beide an zu bumsen. Ich kann mich noch ganz lebhaft erinnern, daß ganz kurz, bevor ich zum Höhepunkt kam, zwei Hubschrauber der Armee direkt über uns hinwegflogen. Ich weiß nicht mehr ganz genau, ob ich gewinkt habe oder meine Frau, aber ich erinnere mich noch, daß sie über uns kreisten. Die Spontaneität, mit der das alles passierte, gibt dem Geschlechtsleben doch eine Menge Würze – und wenn es sich so trifft, daß jemand dabei zuschaut, na ja, ich vermute, das gehört dann auch dazu.

Bei einigen Männern war das Empfinden für das Unschickliche etwas subtiler, aber trotzdem verlieh es ihrem Liebesspiel einigen Reiz. Ein 40jähriger Mann berichtete:

Es kommt mir so vor, als ob ich ein gesteigertes Interesse daran habe, daß jemand anderer zufällig zuhören könnte oder mich gar dabei ertappt, während ich Geschlechtsverkehr ausübe. Wenn wir mit einem anderen Paar in die Ferien fahren und vielleicht die Möglichkeit besteht, daß sie uns vom Wohnzimmer her hören können, bin ich ordentlich angetörnt. Mir ist aufgefallen, daß bei Besuchen unserer Schwiegereltern oder anderer Verwandten mein sexuelles Interesse an meiner Frau dramatisch zunimmt. Ein quietschendes Bett oder dergleichen hätte nicht diese Wirkung, aber zu wissen, daß noch irgendeine andere Person im Hause ist und uns belauschen könnte, regt mich mächtig an.

Selbstgefühl

Aus allen Gesprächen über Gefühlsbeziehungen ging hervor, daß
außergewöhnliche sexuelle Erlebnisse ein gewisses Selbstwertgefühl und Kondition voraussetzen. Männer, die sich nicht wohlfühlten, sich nicht begehrenswert fanden, oder die einen unerfreuli-
chen Arbeitstag hinter sich hatten, meinten, daß solche Gefühle
auf ihr Geschlechtsleben wie ein Dämpfer wirkten. Sie gaben zu,
daß es ihnen dann schwerfallen würde, sich von einem Augenblick
auf den anderen auf Sex einzulassen. Erst wenn sie mit sich selbst
eins waren, konnten sie Freude am Sex haben. Das Gefühl der
Entspanntheit, körperliche Fitness, Sauberkeit und Selbstvertrau-
en seien einige der notwendigen Erfordernisse, um intensive Augenblicke körperlicher Intimität mit einer Partnerin erleben zu
können. Kenneth, 30 Jahre alt und seit 5 Jahren verheiratet,
empfahl folgendes:

> Manchmal reicht es mir schon, loszugehen und mir die Haare
> schneiden zu lassen, ob das nun notwendig ist oder nicht.
> Oder ich tue etwas, bei dem ich mich selbst gut fühle, und das
> hilft mir dann stets, mich jemand anderem mit freundlichen
> Gefühlen zuzuwenden. Das kann auch ein bißchen körperli-
> ches Training sein, persönliche Hygiene, vielleicht eine Du-
> sche oder eine Rasur. All diese kleinen Dinge helfen mir,
> mich zufriedener und wohler zu fühlen, und das trägt auch zu
> einem besseren Sex bei.

Der 40jährige Werner gab freimütig zu, daß sein Selbstwertgefühl
sehr stark seine sexuellen Erfahrungen präge. Wenn er seine Arbeit selbstbewußt und sicher ausführt, empfindet er auch Selbstvertrauen im Bett:

> Sex ist wirklich eng mit dem Selbstgefühl verknüpft. Sehr
> erregender Sex widerfährt mir nur dann, wenn ich mich mit
> mir selbst wohl und einig fühle. Bin ich aber unsicher oder
> meine Arbeit macht mir keinen Spaß, ist Sex mehr eine Plage
> als ein Vergnügen. Ich kann mir nicht vorstellen, daß mich
> jemand verführen kann, wenn ich mit mir selbst uneins bin
> oder wenn meine Arbeit nicht gut läuft. Dann läuft einfach
> nichts. Sex macht mich dann geradezu ängstlich. Ich bin mir
> dessen auch sehr bewußt.

Wenn Männer mit sich selbst zerstritten waren und kein Interesse an Liebesspielen hatten, oder wenn sie nicht in eine Beziehung eingebunden waren, die ihnen echte Erfüllung brachte, dann gab es für sie die Möglichkeit, sich durch Solosex oder Masturbation Erleichterung zu verschaffen, wie uns eine ganze Anzahl von Männern, die wir interviewt haben, eingestand. Es mußte nicht einmal eine hastige physische Erleichterung auf die Schnelle sein. Wenn ihnen danach war und wenn sie es so wollten, konnte sie ihre einsame Liebe durchaus befriedigen.

Solosex

Masturbation praktizieren die meisten Männer, und die wenigsten geben es zu. Sie wird erst in jüngster Zeit als nützliche und wichtige sexuelle Betätigung akzeptiert.

Heranwachsende Jungen, die sich verschämt hinter verschlossenen Bade- oder Schlafzimmertüren selbst erregt haben, immer in Angst, bei dieser »abscheulichen« Handlung ertappt zu werden, sind zwangsläufig mit negativen Einstellungen zur Masturbation groß geworden. Jetzt gibt es Anzeichen für ein Umdenken. Alex, ein 33jähriger Verwaltungsangestellter, meint dazu:

> Wann immer ich früher sexuell erregt war und Erleichterung brauchte, habe ich masturbiert. Jetzt aber, seit meiner Trennung, habe ich festgestellt, daß es mehr ein Mittel ist, mir selbst Freude und Lust zu verschaffen.

Auch Alex war der weitverbreiteten traditionellen Auffassung gewesen, daß Masturbation eben nur eine schnelle Patentlösung wäre, um sexuelle oder anderweitige Spannungen abzubauen. Masturbation wird in unserer Gesellschaft gemeinhin als eine minderwertige Aktivität angesehen. »Verglichen mit der echten Sache, ist das etwas unglaublich Ödes«, sagt Bred, ein 52jähriger Psychotherapeut, und manch Anderer stuft sie ein als eine Praktik, der sich nur die ewigen Verlierer verschreiben. »Das ist etwas, das man nur macht, wenn man keine Frau bekommen kann«, sagt Paul, ein 62jähriger Börsenmakler.

Bei unseren Interviews konnten wir feststellen, daß sich die Einstellung vieler Männer inzwischen geändert hat. Sie haben erkannt, daß Masturbation mehr sein kann als eine Notlösung oder armseliger Ersatz für Partnersex.

Durch Masturbation lernen zunehmend mehr Männer, ihre eigene Sexualität zu genießen. Diese Tatsache war für die meisten Männer, die wir interviewten, neu, mußten sie doch erst das soziale

Vorurteil überwinden, daß Masturbation so etwas wie ein schicksalhafter Zwang sei.

Der Konflikt zwischen der Peinlichkeit und der tatsächlichen Lust, die sie dabei empfinden, ist das Hauptthema in Daniel Rudmans Stück »Hold Me Until Morning«. In den folgenden Auszügen führen die Hauptdarsteller, ein Mann und sein Penis, einen Dialog, in dem die Wurzeln des Zwiespalts von Männern bei der Masturbation aufgedeckt werden.

PENIS: Als du 9 oder 10 Jahre alt warst und dir zum ersten Mal aufgegangen ist, daß ich mehr, als dir nur zum Pissen zu verhelfen ... Erinnerst du dich? ... Du erinnerst dich noch?

ICH: 9 oder 10 ... (tut angestrengt so, als müsse er sich erinnern)

PENIS: Du hast mich damals geliebt.

ICH: Gott, das ist doch schon lange her ...

PENIS: Das ändert doch aber nichts daran, daß ich dich ordentlich scharf gemacht habe.

ICH: Vor langer, langer Zeit ... bevor ich überhaupt eine Vagina zu Gesicht bekommen hatte ... Vor langer, langer Zeit ... Gott, du warst für mich doch wie irgendein anderes Spielzeug ... Du hast nur mir allein gehört, ein geheimes, magisches Spielzeug. Je mehr ich dich berührt habe, desto größer und härter und heißer bist du geworden.

PENIS: Dann änderte sich mit einemmal alles. Du hast mich dann offenbar mit ganz anderen Augen gesehen.

ICH: (In die Enge getrieben, ausweichend) Na ja, vermutlich passiert das eben, wenn man anfängt, sich für Mädchen zu interessieren.

PENIS: Nein, das passierte schon lange vorher, lange bevor du angefangen hast, dich für Mädchen zu interessieren. Du hast angefangen, dich schuldig zu fühlen ... Du fingst mit einemmal an, Schuldgefühle zu haben, wenn du mit mir herumgespielt hast ... Erinnerst du dich?

ICH: Na ja ...

PENIS: Kannst du dich nicht an die schrecklichen Phantasien erinnern, die du damals gehabt hast? Wenn du die nächsten fünf Nächte noch mit mir herumspieltest, würdest du Krebs bekommen ... Und nach den nächsten hundert Malen würdest du morgens entdecken, daß ich mich in zwei Penisse geteilt habe, wie die

Gabeln eines Katapults, und du wärest den Rest deines Lebens ein
Krüppel ... Erinnerst du dich?

ICH: Jaaaaaa ... Jaaaa (jetzt leicht verstört) Jaaaaa ...

PENIS: Du hast dich danach ganz anders zu mir verhalten.

ICH: Ja doch ... Klar, ich erinnere mich. Aber das spielt jetzt doch
keine Rolle mehr ... Das ist doch ein für allemal erledigt.

PENIS: Aber mir macht das was aus.

ICH: Nein, worauf es jetzt ankommt ist, daß mich jetzt Frauen
antörnen ... Frauen, hörst du, nicht du, du Schwanz. Nicht du.

PENIS: Aber wie ich dich früher scharf machen konnte, so kann ich
das auch jetzt jederzeit wieder.

Eben. Jetzt konnten die Männer, die wir interviewt hatten, über
die Absurdität solcher Kindheitsängste lachen, doch damals war
das für sie alles andere als lächerlich. Farnsworth, ein 46jähriger
Postbeamter, erinnert sich an seine damaligen Angstvorstellungen:

> O Gott, wenn mein Vater gewußt hätte, was ich machte ...
> Er hätte mir erklärt, wie schlecht das für mich sei; daß es mein
> Wachstum beenden würde und daß kleine rote Härchen in
> meiner Innenhand sprießen würden. Ich erinnere mich, daß
> mich diese Ängste verfolgten. Ich nehme an, das hing damit
> zusammen, daß ich nicht imstande war, mich zu akzeptieren
> und das, was ich tat. Doch im Laufe der Zeit begann ich mich
> zu ändern. Ich kam weitaus besser mit dem klar, was ich tat
> und akzeptierte auch die Masturbation.

Mütter drohten ihren Söhnen an, sie würden von Masturbation
schwachsinnig werden. Der 50jährige Nicholas erinnert sich:

> Irgendwann einmal entdeckte meine Mutter Flecken auf mei
> nem Laken und meinte, ich würde wahnsinnig werden, wenn
> ich mit mir herumspielte. Aber ich glaubte ihr nicht. Ich
> empfand zwar kleine Gewissensbisse, doch ich gab nicht all
> zuviel auf das, was meine Mutter sagte. Also machte es mir
> wohl nicht allzuviel aus.

Einige mütterliche Ermahnungen allerdings hatten schlimme Auswirkungen auf ihre Söhne. Lannys Mutter pflanzte ihm derartige
Ängste ein, daß er sich über Jahre nicht zu berühren wagte:

> Meine Mutter sagte immer wieder, es wäre etwas sehr
> Schlechtes, wenn man an sich selbst herumspielte. Einmal

erzählte sie mir, sie kenne einen Mann, der sich tagaus, tagein befummelt hätte, und sein Penis wäre daraufhin so groß geworden, daß er damit nicht mehr durch die Eingangstür gekommen sei. Etwa 5 Jahre lang habe ich nicht gewagt, mich selbst zu berühren und Hand an mich zu legen. Aber als ich dann entdeckte, daß man mit seinen Händen erotische Gefühle erzeugen konnte, fing ich dann richtig damit an. Und ich glaube, sie hat sich Sorgen gemacht, weil ich soviel Zeit damit verbrachte.

Diese lächerlichen Androhungen – blind zu werden, langsprießende Härchen in der Innenhand zu bekommen oder ein Glied, das so riesig ist, daß man es auf einem Handkarren vor sich herschieben muß – ließen sich als Schauergeschichten aus der Kindheit abtun. Doch Verbote aus religiösen Gründen ließen sich für einige Männer nicht achselzuckend abtun. Viele Religionen verbieten die Masturbation. Interviewten wir Männer, die im römisch-katholischen Glauben aufgewachsen waren, zeigte sich, daß sie oft eine besonders schwere Last mit sich herumgetragen hatten. Der Katholizismus reiht Masturbation unter die Todsünden ein, und vielen katholischen Jungen wurde ewige Verdammnis angedroht, falls sie sich dieser Sünde hingäben. Der 31jährige Hank erinnert sich an die abenteuerlichsten Vorsichtsmaßnahmen, um seine Hände davon abzuhalten, herumzuwandern:

Bis ich 18 war, habe ich nie masturbiert, weil ich überzeugt war, ich käme in die Hölle. Also mußte ich allerlei Tricks anwenden. Ich habe meine Hände sogar mit Rosenkränzen umwickelt, damit ich nachts nicht mit mir herumspielte.

Gary, ein 31jähriger Schriftsteller, entkam schließlich diesem Dilemma durch die Erleuchtung, daß Masturbation eigentlich ein »gottgegebenes Geschenk« sei:

Das erste Mal, als ich masturbierte, war ich 13 oder 14. Ich konnte an diesem Abend nicht einschlafen, also ging ich unter die Dusche. Während ich duschte, spielte ich mit mir und hatte eine Ejakulation. Ich fühlte mich schrecklich. Ich fühlte mich buchstäblich, als hätte ich mitten in Gottes Antlitz gespritzt. Die Schuldgefühle waren so schlimm, daß ich weinte. Damals war ich Katholik, also ging ich am nächsten Tag zur Beichte. Der Priester sagte mir, ich hätte etwas Fürchterliches getan und müßte jetzt 3 Rosenkränze beten und dürfe es danach nie wieder tun. Aber natürlich habe ich es dann ein paar Tage später doch wieder getan. Jedesmal habe ich es getreulich gebeichtet, und jedesmal habe ich gehorsam 3 Rosenkränze aufgesagt. Ein paar Jahre später fing ich an, mir vorzustellen, daß wahrscheinlich auch Gott selbst seinen Spaß daran hat, weil er wußte, daß es sich um eine tolle Sache handelte. Mit einemmal war mir wohl bei den schönen Gefühlen, die sich einstellten, und ich hörte auf, Schuldgefühle zu haben.

Larry, ein 38jähriger Prediger, kam nach eigener Aussage zu diesem Schluß:

Unsere Leiber sind für sexuelle Freuden geschaffen. Gott hat uns das alles nicht gegeben, damit wir davon keinen Gebrauch machen. Er hat nicht gesagt: »Du kannst es zwar haben, aber du darfst es nicht anfassen.« Und als ich feststellte, daß meine Arme lang genug waren, um bis dort hinunterzureichen, dachte ich mir, daß das wohl etwas zu bedeuten hätte.

Scham und Entsetzen begleiten fast immer die Angst, in der Kindheit beim Masturbieren erwischt zu werden. Gilbert, ein 42jähriger Lehrer an einer Public School, erinnert sich an die schreckliche Demütigung, als seine Sammlung zerknüllter alter Kleenex-Tücher entdeckt wurde:

Als ich klein war, hatte ich stets Angst, daß ich beim Masturbieren erwischt würde. So habe ich mir immer ganz schnell »einen abgerissen« und das Kleenex in einen Hohlraum unter der Matratze der oberen Hälfte meines Etagenbettes geschoben. Dieses Loch wurde absolut zugestopft mit zerknüllten, alten Kleenex-Tüchern. Über einen Zeitraum von Jahren müssen sich dort hunderte angesammelt haben. Dann kam ich eines Tages nach Hause und stellte fest, daß meine Mutter und meine Schwester mein Zimmer saubergemacht und das ganze Zeug weggeschafft hatten. Sie haben nie ein Wort zu mir gesagt, doch mir war klar, daß sie Bescheid wußten.

Als die Jungen dann älter wurden, traten Befürchtungen anderer Natur an die Stelle ihrer Kindheitsängste. Einige dieser Befürchtungen waren reiner Aberglaube, während andere ein Körnchen

Wahrheit enthalten mochten. Wayne, ein 23jähriger Baseballspieler, glaubte, daß Masturbation oder Geschlechtsverkehr am Abend vor einem großen Spiel ihm seine Kraft raubten:

> Am Tag eines Spiels oder kurz davor lasse ich mich auf nichts ein. Ich würde meine Grundschnelligkeit, meine Ausdauer verlieren, und bei meinen Mitspielern ist es genauso. Frauen, mit denen ich gesprochen habe, sagten immer, das gäbe ihnen neue Energie. Meine Freunde sagen, sie würde ihnen dadurch genommen. Wenn wir zum Beispiel heute spielen, könnte ich jemandem auf den Kopf zusagen, ob er es getrieben hat oder nicht. Weil nämlich die, die es nicht gemacht haben, nur so über das ganze Spielfeld jagen, die sind voll drauf. Aber die, die es gemacht haben, sind langsam und haben mit Sicherheit einen Durchhänger. Die Energie ist einfach futsch. Dasselbe passiert mir, wenn ich regelmäßig mit einer Frau Sex habe. Ich fühle mich dann saft- und kraftlos.

»Alle Säfte herausziehen« bedeutet, ähnlich wie im Mythos von Samson und Dalilah, daß die Kraft eines Mannes verlorengeht, wenn sein Samen aufgebraucht ist. Was Wayne höchstwahrscheinlich bei seinen Mitspielern beobachtet hat, war eher Erschöpfung als Folge seiner schlaflos verbrachten Nacht, denn Masturbation oder Geschlechtsverkehr. Eine andere Befürchtung ist die, daß durch Masturbation das Interesse am Partnersex abgetötet wird. Die meisten Männer allerdings fanden, daß Masturbation ihrem Interesse am Liebesspiel nicht abträglich sei, sondern eher ihre sexuelle Gier ein wenig dämpfe. Sie meinten, daß sie dadurch ihr sexuelles Interesse dem ihrer Partnerinnen besser anpassen konnten. Einige Männer allerdings, wie der 34jährige Joseph, hatten das Empfinden, daß Masturbation ihrem Spaß am Sex abkömmlich sei.

Viele Männer wiederum hatten die Befürchtung, daß Solosex sie mehr befriedigen könne als die sexuelle Beziehung zu einer Frau. Masturbation gilt auch bei vielen Fachleuten noch als narzißtische, unreife Handlung, die sich mit der Sexualität Erwachsener nicht vertrage.

»Ich glaube, eine der verhängnisvollsten Sachen, die ich je gelesen habe«, sagte der 54jährige Leo, war der Satz in einer vorgeblich sachkundigen Abhandlung über menschliche Sexualität, der besagte, daß Masturbation zwar harmlos, aber eine unreife Handlung sei. Das ist schon ein sehr negatives Urteil, denn schließlich möchte keiner als unreif gelten. Ich fühlte mich zwar nicht angesprochen, denn ich finde, wenn ich das Bedürfnis nach Entspannung habe und nicht dem richtigen Partner begegne, bin ich doch nicht unreif, wenn ich dieses Bedürfnis an mir selbst befriedige.

Wenn behauptet wird, daß Masturbation Zweifel an der Fähigkeit eines Mannes aufkommen lasse, für Frauen attraktiv zu sein, so sind das Macho-Phantasien. »Ein echter Mann muß nicht masturbieren; er findet unweigerlich eine Partnerin zur Befriedigung seiner Sexualität, wann immer er will.«

Solche Bemerkungen scheinen genau in die Richtung dieses traditionellen Vorurteils zu gehen: »Wenn ich einen Monat oder länger ohne Partnerin wäre, mit der ich Sex habe, würden mir schon Bedenken hinsichtlich der Masturbation kommen,« sagt Don, ein 68jähriger Flugpilot im Ruhestand. »Aber ich habe vermutlich Glück. Ich habe keinerlei Schwierigkeiten, Partnerinnen zu finden. Und ich kann mich an keine Periode meines Lebens erinnern – außer an die Zeit der Pickel und des Stimmbruchs – in der ich jemals solche Probleme gehabt hätte.

Ein 52 Jahre alter Psychotherapeut beschreibt die Bedeutung der Masturbation in seinem Leben:

Ich habe hinreichend Möglichkeiten, meine Sexualität zu befriedigen und habe nur dann masturbiert, wenn ich ohne Frau gewesen und buchstäblich die Wände hochgegangen bin. Masturbation war für mich nie ein Ausweg, um mich selbst zu lieben, niemals. Ich kann mir Sexualität ohne eine Frau gar nicht vorstellen.

In gewissem Maße hat sich jeder Mann mit solchen negativen Vorstellungen über die Masturbation auseinandersetzen müssen. In der Tat hat sich auch erst innerhalb des letzten Jahrzehnts die gesellschaftliche Einstellung gegenüber der Masturbation gewandelt; sie wird nicht mehr als schädlich und pervers angesehen, sondern, weil weithin praktiziert, anerkannt und positiv angesehen. Die derzeit vorherrschende Auffassung, die von der Mehrzahl der Sexualkundler vertreten wird, ist die, daß Masturbation ein gesunder Teil menschlicher Sexualität ist. Sexualtherapeuten und Berater empfehlen oft Masturbation als Mittel, um die Sexualität eines Klienten zu stärken oder dabei zu helfen, eine sexuelle Störung zu beheben. Dieser dramatische Wandel in der Einstellung hat verständlicherweise viele Leute verwirrt, insbesondere Männer, die ihren Macho-Vorbehalt gegenüber der Masturbation noch nicht abgelegt haben. Wie sollen denn auch Männer, die gelernt haben, Masturbation als ein Anzeichen für Unzulänglichkeit und einen Ersatz für die »echte Sache« anzusehen, auf einmal ihre Wahrnehmung ändern und darin eine liebevolle Handlung erkennen? Es ist nicht leicht, Einstellungen umzukehren. Doch ist es ein Schritt, den mancher Mann inzwischen vollzogen hat.

Eine Erleichterung

Männer, die bei der Masturbation ein gutes Gefühl haben, betrachten sie dennoch nicht als Ausdruck von Selbstliebe, denn sie bringt ihnen Entlastung vom angesammelten Streß des Alltagslebens oder auch von sexueller Frustration.

»Wenn ich einen Tag gehabt habe, an dem nichts geklappt hat«, sagte ein gepeinigter junger Geschäftsmann, »dann möchte ich einfach nach Hause kommen und mir ›einen abreißen‹.«

Riley, ein 70jähriger Journalist, teilt diesen Standpunkt:

> Manchmal, wenn ich mir Sorgen machen muß, masturbiere ich. Es ist ein gutes Mittel, um einzuschlafen. Das Masturbieren hat dann für mich mehr eine beruhigende und entlastende Funktion als eine sexuelle.

Howard, ein 35jähriger Planer für Bauerschließungsgebiete, sagt:

> Masturbation ist eine Art Überdruckventil, wenn ich vermeiden will, daß ich den ganzen Tag geil und angespannt herumlaufe.

Eine Alternative

Heutzutage beginnen die Männer zu erkennen, daß eine Vielzahl persönlicher und zwischenmenschlicher Bedürfnisse in der Lust am eigenen Körper Erfüllung finden kann. Das widerspricht der veralteten Auffassung, die die meisten Männer gegenüber der

Masturbation hegen nach dem Motto: »Mach's dir dann, wenn du keine Frau bekommen kannst.« Einige gaben ihr sogar gegenüber unbefriedigendem Partnersex den Vorzug. Dustin, ein 21jähriger Student, sagte:

> Solange ich nicht jemanden gefunden habe, mit dem ich mich richtig wohlfühle, den ich respektiere, eine Frau eben, die sich mit ihrer eigenen Sexualität auskennt, werde ich weiter masturbieren und mich den Freuden meiner eigenen kleinen Welt hingeben.

Andere Männer, wie etwa der 35 Jahre alte geschiedene College-professor Eduard, dachten ähnlich:

> Manchmal masturbiere ich, weil ich keine Frau kenne, mit der ich mich gerne treffen würde, und ich möchte keine Zeit für irgendeine Frau opfern, nur um einmal einen Orgasmus zu haben.

Einige Männer, die bereits in festen Beziehungen lebten, fanden, daß Masturbation ein ganz natürliches Mittel sei, ihrem sexuellen Drang nachzugehen, solange ihre Partnerinnen entweder nicht mit ihnen zusammen oder nicht am Sex interessiert seien. Eduard fügt hinzu, daß er sogar in einer Beziehung »urplötzlich das Gefühl haben kann, daß ich kommen will, und dann ist meine Geliebte entweder nicht da oder nicht am Sex interessiert. Ich finde es gut, wenn man sich frei genug fühlt, eben dann und in solchen Augen-blicken zu masturbieren.«

Es gab auch Männer, die in engen Beziehungen lebten und deren Partnerinnen in der Nähe waren, die aber trotzdem Masturbation dem Partnersex vorzogen, weil ihnen zwar nach körperlicher Ent-spannung war, sie jedoch auch das Bedürfnis spürten, allein zu sein und es sich ganz bewußt lieber selbst zu machen. Für einige war das mit Gewissensbissen verbunden, da sie in dem Glauben lebten, Masturbation in der Ehe wäre etwas Abnormes.

Die Vorstellung, daß ein in einer festen Beziehung lebender Mann nicht masturbieren solle, ist wieder eine Variante des alten Macho-Themas, daß Masturbation lediglich ein zweitrangiger Ersatz, ver-glichen mit der »eigentlichen Sache«, wäre. In unserer Untersu-chung begannen jedoch einige Männer zu erkennen, daß Selbstbe-friedigung Intimität nicht ausschließt, sondern oft sogar die Vor-aussetzung zu noch größerer Intimität schaffen kann. Wenn gewisse seelische Zustände sie hinderten, sich mit einer Partnerin auf Liebesspiele einzulassen, war für sie die Masturbation ein Ersatz.

Jerry, ein 32jähriger Wissenschaftler, der seit 3 Jahren mit seiner Freundin zusammenlebt, bemerkt:

> Manchmal bin ich in einer derart lausigen Stimmung, daß ich keine anderen Menschen um mich herum haben kann, und ganz gewiß bin ich dann nicht gerade auf Sex aus. Aber wenn ich dann masturbiere, kann ich mich einfach gehen lassen und alles um mich herum vergessen. Psychologisch gesehen, kann das eine richtige Befreiung sein und mir das Gefühl geben, daß ich jetzt wieder in der Lage bin, mit anderen Menschen zusammen zu sein.

Es scheint, daß zuweilen Romantik, liebevolle Worte und sanfte Zärtlichkeiten mehr Anstrengung erfordern, als Männer eigentlich aufbringen mochten. Einer der Männer meint: »Gelegentlich ist mir einfach nicht danach, mich auf wilden Sex mit meiner Partnerin einzulassen. Selbst wenn ich mich scharf fühle, bin ich gefühlsmäßig einfach nicht bereit, die ganze Sache von vorn bis hinten durchzuziehen.«

In den meisten langfristigen Beziehungen gibt es Phasen, in denen es gefühlsmäßig nicht so klappt. Keiner der beiden Partner hat große Lust, dem anderen vorzumachen, daß ihm an sexueller Intimität gelegen sei. Im Solosex sehen viele Männer eine Möglichkeit, eine gefühlsmäßig gespannte Beziehung nicht noch weiter zu belasten. Durch Masturbation wird Spannung abgebaut und einem Paar die Zeit gegeben, sein Verhältnis in Ruhe zu klären. Noch aus einem anderen Grund wurde Masturbation von einigen Männern, die in engen Beziehungen lebten, als nützlich angesehen. »Obwohl ich meine Frau liebe«, sagte der 35jährige John, »regen mich auch immer noch andere Frauen auf. Aber ich bin nicht bereit, mich darauf voll einzulassen, weil das meine Ehe ernsthaft gefährden könnte. In derartigen Situationen gebe ich mich meinen Phantasien hin und masturbiere.

Edmund, ein 47jähriger Prediger, ist zu derselben Schlußfolgerung gelangt. Er meint, daß er sich mit seinen Masturbationsphantasien zwar ganz wohl fühle, er sich jedoch über deren Grenzen durchaus im klaren wäre:

Meine Lieblingsphantasie ist, daß eine ungewöhnlich schöne Frau – gewöhnlich jemand, den ich kenne – mit mir Sex haben möchte. Würde jene Frau mich tatsächlich anrufen und sagen: »He, komm doch mal zu mir!« würde mich das wahrscheinlich zu Tode erschrecken, weil ich nicht meine Ehe in Unordnung bringen will. Ich bin mit meiner Frau glücklich, doch das hält mich nicht davon ab, gelegentlich Phantasien zu haben. Das ist das Angenehme an Phantasie und Masturbation. Man kann sich seinen Gefühlen hingeben, ohne irgend etwas zu gefährden.

Ein Lehrmeister

Obwohl viele Männer eine Erektion haben und ohne Schwierigkeit ejakulieren können, sind ihnen oftmals nicht die Reize bekannt, die einen gewöhnlichen Orgasmus in einen großartigen verwandeln können. Sie haben den Macho-Glauben übernommen, daß es bei Männern keiner besonderen Voraussetzungen bedarf, um befriedigenden Sex zu erleben. Sex ist für sie oft genital bestimmt, genau wie ihre Masturbation.

Doch einige der interviewten Männer berichteten, daß sie gelegentlich Solosex auch in anderer Weise praktizierten, um die Feinheiten ihrer sexuellen Reaktionen zu entdecken und zu lernen, ihre Ejakulation zu kontrollieren, ihren Körper besser kennenzulernen und ihre sexuellen Reaktionen ohne Ablenkung durch eine Partnerin zu ergründen.

Der 34jährige Drew drückt das so aus:

Ich habe Masturbation praktiziert, um meine körperlichen Reaktionen besser zu verstehen. Wenn man masturbiert, gibt es nicht die vielfältigen Aspekte, die beim Sex mit einer Frau hinzukommen. Und wenn man sich nicht damit auseinandersetzen muß, lernt man zu verstehen, wie man gern körperlich erregt werden will und was die großartigste, physische Reaktion hervorruft. Das erst einmal für sich selbst zu praktizieren und dabei zu lernen, wie man berührt sein möchte, macht es auch leichter, jemanden anzuleiten, wie er es am besten machen soll.

Masturbation war für die Männer auch ein Mittel, um ihre Ejakulation zu kontrollieren. Während der Kindheit hatte sie als Handlung gegolten, die von Schuldgefühlen umgeben war, und die Angst, dabei erwischt zu werden, ließ die meisten Jungen auf die Schnelle masturbieren. Da diese kindlichen Masturbationserfahrungen die Tendenz hatten, flüchtig, hastig und angsterfüllt zu sein, übertrugen erwachsene Männer das früh Gelernte auf ihre Partnerbeziehungen und bildeten sich ein, beim Geschlechtsverkehr zu schnell zu ejakulieren. Durch Masturbation könnten Männer sich darin trainieren, ihre Ejakulation zu kontrollieren.

Voraussetzung wäre, Masturbation als etwas anzusehen, das eigenständig Lust verschafft und nicht nur eine Methode ist, um sich flüchtig selbst zu erleichtern. Das bedeutet gleichzeitig, den Schwerpunkt von einer genitalen Orientierung auf den gesamten Körper zu verlagern. Diese sexuelle Selbsterforschung könnte bewirken, Bereiche physischer Sensitivität zu entdecken, die früher nicht als erogen erlebt werden konnten.

Einer der Männer teilte uns mit, wie er durch Masturbation das erotische Potential seines Körpers erkundet hatte:

Meine ganze Umgebung muß für mich etwas Erotisierendes haben. Ich verteile einige Kerzen in meinem Schlafzimmer, und lasse im Hintergrund sinnliche Musik spielen. Damit mich niemand stören kann, versperre ich meine Tür. Dann lege ich mich auf mein Bett, ziehe meine Sachen aus und verteile auf verschiedene Stellen meines Körpers Massageöl. Manchmal stelle ich mir vor, daß eine wunderschöne Frau jeden Teil meines Körpers streichelt, bis ich in einen fieberhaften Zustand der Erregung gerate. Ein andermal konzentriere ich mich ausschließlich auf die Gefühle, die ich in meinem Körper hervorrufen kann, indem ich ihn überall sanft berühre oder bestimmte Regionen mit mehr Nachdruck streichele. Dadurch habe ich Körperzonen entdeckt, die hochgradig sensitiv sind. Wenn ich mich zum Beispiel ganz sanft unter den Armen streichele, breitet sich ein prickelndes Gefühl von oben nach unten über meinen ganzen Körper aus. Dasselbe geschieht, wenn ich leicht die Innenseiten meiner Schenkel streichele und die gesamte Beckenregion. Ich war auch ganz überrascht, als ich feststellte, daß schon eine leichte Berührung meiner Brustwarzen mich echt in Erregung versetzte.

Sobald ein Mann gelernt hat, sich mit seinem Körper eins zu fühlen und ein sinnliches Element in seine sexuelle Betätigung zu bringen, kann er seine Aufmerksamkeit wieder seinen Genitalien zuwenden und durch die Stop/Start-Technik Kontrolle über sein ejakulatorisches Timing erlangen. Diese Technik beruht auf demselben Prinzip wie ein Wasserhahn. Genauso, wie sich der Wasserdruck steigern oder vermindern läßt, können Männer ihre Hand gebrauchen, um den Strom sexueller Erregung zu vermindern oder zu erhöhen und dadurch lernen, ausdauernder zu sein. Das braucht allerdings Geduld und Übung. Die erste wichtige Voraussetzung ist, den »Punkt ohne Wiederkehr« rechtzeitig zu erkennen. Das ist der Augenblick, in dem sich die Samenflüssigkeit in den Harnleiter ergießt. Sekunden später drücken wellenartige Kontraktionen der Beckenmuskulatur den Samen aus dem Penis heraus.

Die Männer, die es verstanden, ihre Ejakulation zu kontrollieren, waren mit den Empfindungen und Gefühlen vertraut, die dem »Punkt ohne Wiederkehr«, wenn die Ejakulation unvermeidlich wurde, voraufgingen. Sobald sich diese Empfindungen einstellten, brachen sie die direkte Stimulierung ihres Gliedes ab. Einige Männer hielten in ihren Handbewegungen inne und hielten ihr Glied einfach fest, während andere damit begannen, andere Partien ihres Körpers zu streicheln. Indem sie ihre Aufmerksamkeit auch ihrem übrigen Körper zuwandten, konnten sie die Zeitspanne bis zum Einsetzen des Orgasmus verlängern. Jedesmal, wenn sie gewissermaßen »den Hahn zudrehten«, löste sich die aufgebaute sexuelle Spannung auf und verzögerte daher die Ejakulation. Das bedeutet nicht, daß ihre sexuelle Spannung vom Höhepunkt bis auf den Nullpunkt abfiel. Sie erreichten, den heftigen Spannungsdruck zu dämpfen, den Fluß zu verlangsamen. Sobald sie dann ihr Glied wieder zu streicheln begannen, konnten sie sogar noch einen höheren Grad sexueller Erregung aufbauen.

Üben Sie die Stop/Start-Technik, bis Sie die Masturbation auf 15 Minuten ausdehnen können bei höchstens 2 oder 3 Stops vor Einsetzen der Ejakulation. Sobald Sie mühelos dazu in der Lage sind, sollten Sie den ganzen Vorgang wiederholen, indem Sie die Hand mit einem Gleitmittel einreiben, damit die Empfindungen denen beim Geschlechtsverkehr nahekommen. Wenn Sie imstande sind, 15 Minuten lang bei 2 oder 3 Stops mit einem Gleitmittel zu masturbieren, sollten Sie es noch einmal wiederholen und sich jetzt vorstellen, daß Sie mit einer Partnerin zusammenliegen und Geschlechtsverkehr haben. Wenn Sie das alles beherrschen und sich dabei wohlfühlen, haben Sie nun vielleicht den Wunsch, die Stop/Start-Technik auch in den Liebesakt mit Ihrer Partnerin einzubeziehen.

Falls Sie bereit sind, die Stop/Start-Technik mit einer Partnerin auszuprobieren, erklären Sie ihr zuerst das Vorgehen. Die meisten Frauen verstehen sehr gut, bei sexuellen Erregungszuständen Ebbe und Flut mitzuerleben: sie finden Gefallen daran, mittendrin innezuhalten, zu kuscheln, zu küssen und mit anderen Körperteilen als dem Penis zu spielen. Die beste Stellung beim Geschlechtsverkehr ist anfangs die, bei der die Frau oben ist, da hierbei muskuläre Spannungen nicht so schnell auftreten. Sobald Sie dann sehr stark erregt sind, geben Sie ihrer Partnerin ein Zeichen. In diesem Augenblick kann sie helfen, indem sie ihre Bewegungen verlangsamt oder sie ganz einstellt. Falls sie die Reizung steigern will, da sie selbst kurz vor dem Orgasmus steht, würde ein Nichtabbremsen lediglich zu wechselseitiger Entspannung führen.

Die Freuden der Masturbation

Einige Männer, über ihre Meinung zur Masturbation befragt, sahen in ihr neben der Möglichkeit, mehr Fähigkeiten als Liebhaber zu entwickeln, auch eine Alternative für den abwesenden Partner oder für unbefriedigenden Sex. Sie gingen noch einen Schritt weiter und entdeckten, daß Masturbation eine erregende, lustvolle Erfahrung ist, die für sich selbst steht. Sie fanden es schön, freie Hand zu haben, um ihr eigenes orgasmisches Potential zu erleben und zu erforschen. Einer der Männer beschreibt das so:

Man muß sich auf niemand anderen als sich selbst konzentrieren. Man hat die Freiheit, alle Aufmerksamkeit dem zuzuwenden, was man sich als Mittel zur Eigenstimulation gewählt hat. Bei der Masturbation ist man selbst der Filmregisseur und kann tun, was man will. Das ist großartig. Man verfaßt das Script selbst, führt Regie bei den Einstellungen und spielt obendrein noch die Hauptrolle. Jeder ist sich selbst der Nächste und weiß ganz genau, wie man es am besten macht.

Dusty, ein 21jähriger Student, sagt:

Ich bin mit meinen eigenen Gefühlen im Einklang. Ich weiß, wobei ich mich gut fühle, kenne die kleinen Überempfindlichkeiten meines Körpers und das, was mich antörnt. Und es verhilft zu einem großartigen Orgasmus.

Das Gefühl, bei seinen autoerotischen Handlungen ganz für sich zu sein, gab Dew, einem 34jährigen Beamten, die Freiheit, ohne Hemmungen oder Angst vor Kritik das zu tun, wonach ihm gerade war:

Manchmal ist Masturbation einfach die Form, sein gewohntes konservatives Selbst in die Wüste zu schicken. In der Abgeschlossenheit des eigenen Zimmers, wenn man sich dort seinen Phantasien und Körpergefühlen überläßt, kann man fast all die schockierenden Dinge tun, die einem Gefallen; Dinge, die man in anderen Lebensbereichen nie tun würde. Ich glaube, daran könnte es auch liegen, daß ich jetzt gewisse Schwierigkeiten habe, Ihnen alles zu erzählen. Einiges davon scheint mir doch zu privat, wie etwa, wenn man mit einer Erektion im Zimmer herumläuft und sein Glied in alles Mögliche hineinsteckt. Man kann komische Dinge tun oder alles, was man gerade will, weil man eben ganz für sich und nur mit seinem Körper allein ist. Obwohl ich nicht glaube, daß ich beim Liebesakt verklemmt bin, bin ich es wahrscheinlich allein noch weniger.

Der Orgasmus, der autoerotisch erreicht wurde, wurde von manchen als so großartig beschrieben, daß er in nichts dem nachstand, was man mit einer Partnerin erlebt.

Spike, ein 31jähriger Investmentberater, hebt hervor:

Ich komme beim Masturbieren zu überwältigenden Höhepunkten. Manche sind tatsächlich so toll wie die besten beim heterosexuellen Sex.

Dann gab es auch andere wie den 45jährigen Collegeprofessor Charles, der behauptet, daß die Intensität, die er während des Masturbierens erreiche, sogar alles übersteige, was er beim Geschlechtsverkehr erlebe. Das soll nicht heißen, daß sich Männer wie Charles ausschließlich für Solosex stark machten. Ihre Masturbationserlebnisse vermittelten ihnen ein neues Körpergefühl und wiesen einen Weg, Sexualität auf andere Weise auszudrücken.

Wenn Männer die Scham- und Schuldgefühle hinter sich gelassen hatten, die sich im allgemeinen mit der Masturbation verbinden, gelang es ihnen auch, die Bereitschaft ihres Körpers zur Lust richtig zu würdigen und eine ausgeglichene Beziehung zu sich selbst wiederherzustellen. Einer der Männer sah Masturbation als ein Mittel, sich seiner Virilität zu vergewissern. Gemeinsam aber war all diesen Männern ein ganz neues, positives Verhältnis zu ihrem Körper. Das zu erreichen, ergab sich daraus, daß die meisten Männer in einer Umwelt aufgewachsen waren, in der es nicht akzeptiert wurde, seinen Körper zu lieben. »Wie den meisten Männern wurde auch mir nie beigebracht, mich selbst zu lieben«, sagte Scott. »Zähigkeit und Körperkraft ja; also konzentrierte ich mich auf die Entwicklung meiner physischen Stärke.«

Eric, ein 44jähriger Verwaltungsangestellter, entdeckte, wie wunderbar Masturbation sein kann, als eine Frau ihn zärtlich bis zum Orgasmus streichelte. Hinterher ging ihm auf, daß das etwas war, was er auch allein tun konnte:

> Als ich verheiratet war, wollte ich nicht, daß meine Frau von meiner Masturbation erfuhr, also erledigte ich das immer sehr schnell; und wenn ich genau daran zurückdenke, auch etwas gewaltsam. Doch nachdem ich mit einer Partnerin zusammen gewesen war, die mich auf besonders liebevolle Weise stimulierte, erkannte ich, daß das einfach umwerfend war, und mir wurde bewußt, daß ich es ja auch selbst mit mir tun konnte. Jetzt gehe ich viel liebevoller mit mir um, und Masturbation ist seitdem lustvoller und vergnüglicher.

Die meisten Männer gelangten zu dieser Einschätzung der Masturbation in einem Zeitraum von mehreren Jahren, und nachdem sie die unterschiedlichsten Erfahrungen gemacht hatten. Diejenigen, die eine unbefangene Einstellung gegenüber Solosex hatten, erklärten, er bereichere ihre Sexualität und steigere ihr Selbstwertgefühl.

Abgesehen davon, daß Masturbation ihnen wie eine Feier mit sich selbst vorkam, wurden viele Männer auch an die unbefangenen Spiele ihrer Kindheit erinnert. Sie betrachteten Masturbation als eine lustvolle und lohnenswerte Form der Entspannung, die nicht eigens einer Rechtfertigung bedarf. Einigen Männern machte es Schwierigkeiten, sich das einzugestehen, ohne sich gleich als Mann minderwertiger zu fühlen. Andere indessen hatten die besten Erinnerungen daran, wie sie, nachdem sie erst einmal ihre Hemmungen und Ängste überwunden hatten, imstande waren, ihren Körper und ihren Orgasmus lustvoll zu erleben, wenn sie beim Masturbieren ihrem Spieltrieb freien Lauf ließen. Das war auch die Erfahrung von Eduard, einem 35jährigen Collegeprofessor:

> Manchmal bereitet es mir großes Vergnügen, mich wie ein Kind zu benehmen und mir dabei zuzusehen, wie es mir kommt, oder etwas aufs Korn zu nehmen, das ich mit meinem Glied attackieren kann.

Der 38jährige Gary, Prediger und Psychologe, erzählte bereitwillig von seinen Masturbationserfahrungen während der Kindheit und sagte uns auch, wie es ihm gelungen wäre, dieselbe spielerische Haltung auch als Erwachsener beizubehalten:

> Ich habe es nie so recht in Worte fassen können, aber einige meiner schönsten Kindheitserlebnisse hatte ich an den Tagen, wenn ich krank zuhause im Bett lag. Wenn ich mal eine kleine Erkältung hatte, also nicht richtig krank war, breitete ich meine kleine Welt vor mir auf meinem Bett aus – Soldaten, Autos, Lastwagen, Kissen. Meine Mutter machte sich nicht ständig in meinem Zimmer zu schaffen; ich war also viel allein, und es gab nichts Anderes zu tun, als nach Herzenslust im Bett zu spielen.
>
> Ich glaube, einige meiner besten Masturbationserfahrungen sind von derselben Art. Ich bin allein. Es gibt nichts, was ich tun muß oder tun will, außer gewissermaßen all mein Spielzeug auf meinem Bett auszubreiten. Ich stelle meinen Videorecorder an und mache es mir in der nächsten Stunde warm und gemütlich. Ich halten den Orgasmus zurück, mache immer kurz vorher Schluß und lasse die Spannung abebben. Dann suche ich mir einen anderen Film aus oder wiederhole eine bestimmte Stelle auf dem Videoband und beginne dann alles noch einmal von vorn.

Hilfsmittel

Viele von denen, die Masturbation als Erwachsenenspiel betreiben, benutzen Hilfsmittel, um ihre sexuellen Empfindungen zu steigern. Sie experimentierten ganz ungehemmt mit solchen Mitteln, frei von Besorgnis, sich unmännlich zu benehmen. Einige der von uns interviewten Männer beschrieben uns die von ihnen benutzten Hilfsmittel, wenn sie allein mit sich selbst spielten.

Gleitmittel

Lotions, Cremes und Hautöle wurden als die gängigsten Hilfsmittel genannt, die beim Liebesspiel Verwendung finden. Die Entscheidung, ein Gleitmittel zu verwenden, hängt von der jeweiligen Einstellung des einzelnen ab. Manch einer mag keine Gleitmittel, weil zuviel Umstände damit verbunden sind. »Mit Creme komme ich nicht zurecht«, sagte einer der Männer, »meine Hände werden zu schlüpfrig.« Andere benutzten mit Vergnügen Gleitmittel, da dadurch Empfindungen wie bei der Penetration erzeugt werden. Die Männer benutzten Babyöl, Vaseline, Intensive Care Lotion oder natürliche Öle wie etwa Mandel-, Kokos- oder Olivenöl. Ein weiteres Vergnügen bereitete einigen Männern das Masturbieren mit Seife unter der Dusche. Der 29jährige Troy meinte:

> Das Wasser gibt einem rundherum das Gefühl körperlicher Wärme. Unmittelbar nach der Ejakulation ist die Spitze meines Penis sehr empfindlich, und das fließende warme Wasser erzeugt einen Kitzel und verlängert die Wirkung noch um einiges.

Erotika

Andere verbreitete Reizmittel in Solosex-Erfahrungen sind visueller Art. Erotika in Form von Magazinen, Bildern und Filmen waren für viele starke sexuelle Stimulantien, aus denen sich lustvolle Phantasien ableiten ließen.

Einige Männer sammelten Photos von schönen Frauen. Andere verfügten über ganze Sammlungen, angefangen mit Soft-Pornos wie dem »Playboy« bis hin zu heißestem pornographischen Material. In seiner Junggesellenzeit hatte Natan, ein 40jähriger Verwaltungsangestellter, von Frauen, mit denen er zusammengewesen war, Nacktfotos gemacht:

> Im Laufe der Jahre habe ich mir eine ganze Galerie von Bildern mit Mädchen zugelegt, mit denen ich zusammengewesen bin. Es war für mich immer ein Bestandteil meines Liebeswerbens, Nacktaufnahmen von ihnen zu machen. Wenn es zwischen uns heiß zu werden begann, waren die Bilder nicht mehr ganz so zurückhaltend. Im Alter von 30 Jahren hatte ich eine ziemlich große Sammlung von Mädchen zusammen, denen ich im Laufe der Zeit begegnet war, und wenn ich mir die Bilder noch einmal ansah, konnte ich weiter zurückliegende Geschlechtsakte noch einmal nachvollziehen.

Die moderne Technologie hat eine neue Art unterstützender Mittel hervorgebracht. Eine ganze Anzahl von Männern verfügt über Video-Systeme oder Projektoren für 8-mm-Filme und hielt sich einen verschwenderischen Vorrat an pornographischen Filmen, die sie sich vor und während ihrer Masturbationsspiele vorführen. Einer der Männer hatte sogar klassische Pornofilme gesammelt. Begeisterte Kinogänger erzählten, daß sich Lieblingsszenen aus Filmen tief in ihr Gedächtnis eingegraben hätten. Während des Masturbierens ließen sie derartige Szenen noch einmal vor ihrem inneren Auge abrollen, wobei sie in der Phantasie selbst die Starrolle übernahmen.

Die Macht des geschriebenen Wortes war ein starker sexueller Katalysator für diejenigen Männer, die es vorzogen, durch die Lektüre von Erotika ihre eigene Phantasiewelt zu erweitern. Bevorzugt wurden von einigen die Leserbriefe im »Playboy« oder in anderen Magazinen. Der 62jährige Lee erläuterte das:

> Ich finde Zeitschriften wie »Penthouse« sehr anregend; nicht allein wegen der Bilder, sondern wegen der Leserbriefe und der Erfahrungen, von denen Menschen darin berichten. Die Bilder sind nicht gerade sehr aufregend. Mir sind sie viel zu deutlich. Mir ist meine eigene Phantasie sehr lieb, und wenn ich die Leserbriefspalten lese, kann ich sie erst so richtig schweifen lassen.

Andere wiederum sprachen auch von ihrer Vorliebe für alte Pornoklassiker wie das anonym verfaßte »The Pearl« oder »My Life and Loves« von Frank Harris. Und wieder andere erklärten, sie fänden Bücher erregend, die eigentlich nicht pornographisch seien, sondern gut geschriebene erotische Szenen enthalten.

Spiegel

Von anfänglicher Neugier geleitet, entdeckten viele Männer, daß Spiegel bei der Masturbation eine große Bereicherung sein können. Zum Beispiel sagte uns Larry, er hätte großen Spaß daran, zuzusehen, wie er beim Masturbieren aussähe:

> Ich wußte nie, wie ich dabei eigentlich aussehe und musterte mich eingehend vor dem Spiegel und bekam dabei eine Erektion. Ich »riß mir einen ab«, und es lief nur so an mir herunter, und als ich mir zuguckte, war es einfach überwältigend. Über sechs oder sieben Monate war das eins meiner Lieblingsspiele. Ich fand es einfach toll.

Joseph, ein 34jähriger Sozialarbeiter, fand es ebenfalls erregend, sich selbst beim Masturbieren zuzuschauen:

> Manchmal benutze ich einen großen Ankleidespiegel, setze mich davor und masturbiere. Mir gefallen meine Erektionen. Die törnen mich so sehr an, daß ich mich aus verschiedenen Blickwinkeln beobachte. Ich mag es, wie sich mein Körper bewegt und achte darauf, was ich tue, wenn ich einen Orgasmus habe. Das ist fast so, als würde man jemand anderem beim Masturbieren zusehen. Manchmal tanze ich auch vor dem Spiegel. Ich liebe es, meinen Schwanz hin und her zu schwenken und habe dabei die Phantasie, daß ich vor einer Gruppe Frauen herumtanze. Ich fahre wirklich gewaltig darauf ab.

Kleidung

Nur wenige Männer sprachen darüber, daß ihnen Kleidung bei der Masturbation als Requisit diente. Zwei der Männer, bei denen das der Fall war, hatten interessante Möglichkeiten entdeckt, Stoffe in ihre Spiele einzubeziehen. Ein Mann erklärte uns, er wickele eine Seidenkrawatte um seinen Penis und seine Hoden und masturbiere dann. Eduard, ein 38jähriger geschiedener College-Professor, benutzte beim Masturbieren die feine Unterwäsche seiner Frau:

> Manchmal habe ich auch Frauenkleider getragen, wie etwa Nachthemden, um das zarte Material ganz intensiv zu spüren. Als ich noch verheiratet war, habe ich manchmal in ihrer Abwesenheit beim Masturbieren ihr Nachthemd angehabt und nahm dabei ihren Geruch in mich auf und hatte das Gefühl, sie wäre ganz in meiner Nähe.

Behälter

Noch weitaus beliebter als Kleidung war für viele Männer das erregende Gefühl, in die unterschiedlichsten Behälter zu ejakulieren. Einige der Männer, die zum ersten Mal, auf ihrem Kopfkissen liegend, als Kinder masturbiert hatten, fanden Vergnügen daran, als Erwachsene dieses wonnevolle Kindergefühl noch einmal zu erleben. Andere suchten sich Waschlappen, Tücher und sogar Kondome als Objekte, in die sie ejakulieren konnten. Für den 38jährigen Larry ist ein Kondom ein Spielzeug:

> Ich ejakuliere gern in irgend etwas aus Gummi. Die Empfindung von Gummi an der Haut ist wirklich das Tollste, was ich kenne.

Mel, ein 59jähriger Verkaufsleiter, mag Gummiwaren vor allem deshalb, weil sie so wirksam sind:

> Ich masturbiere gern in irgend etwas hinein. Ich kann mir das Kondom überziehen, und schon sind die Empfindungen ganz andere. Und dann muß man sich auch nicht darum kümmern, hinterher die verdammte Schweinerei noch sauber zu machen.

Leo, ein 54jähriger Leitender Angestellter, ist bei seiner Masturbation mit irgendwelchen Gegenständen sehr erfindungsreich. Besonders gern mag er Bananenschalen, weil sich mit ihnen die Empfindung simulieren läßt, das Glied in einer Scheide zu haben:

> Ich glaube, daß Leute, die wirklichen Spaß am Masturbieren haben, alle möglichen Hilfsmittel finden können. Es hängt einfach davon ab, wie einfallsreich jemand ist. Ich zum Bei-

spiel habe beim Masturbieren Bananenschalen benutzt. Natürlich löse ich die Frucht heraus, wickele dann die Bananenschale um meinen Penis und schließe dann meine Hand darüber. Innerhalb der Bananenschale gibt es Sekrete, und sie fühlt sich feucht an. Ich mag es deswegen so gern, weil ich dabei mit meinem ganzen Körper stoße und nicht nur meine Hand vor und zurück bewege. Dabei habe ich dann die Phantasie, daß ich in einer Vagina oder in einem Hintern bin.

Vibratoren

Während Leo der einzige Mann war, der Bananenschalen als Sexspielzeug erwähnte, erklärte eine große Anzahl von Männern, ihre explosivsten Orgasmen hätten sie dann, wenn sie an der Spitze oder der Unterseite ihres Gliedes einen Vibrator ansetzten. Wir waren überrascht von der großen Zahl der Männer, die die Verwendung von Vibratoren bei der Masturbation erwähnten, da die meisten Leute davon ausgehen, sie seien vor allem Frauen vorbehalten. Tatsächlich war es auch oftmals eine Frau, die den Mann mit den Wonnen der Stimulation durch einen Vibrator bekannt machte. Der 34jährige Joseph lernte von seiner Freundin:

In die Benutzung des Vibrators wurde ich von einer Freundin eingeführt, und als ich es zum ersten Mal versuchte, wäre ich fast ausgeflippt. Es war einfach zuviel für mich, und ich wurde mit der Intensität der Empfindungen nicht fertig. Doch als ich ihn dann allein benutzte, wurde ich langsam besser damit vertraut, und nach einigen weiteren Versuchen begann mir das Ganze zu gefallen.

Ich nehme den Vibrator und setze ihn am Kopf meines Gliedes an, und sein Oberteil deckt genau die Spitze. Wenn ich ihn am Schaft oder an der Seite ansetze, funktioniert es nicht. Es gibt nicht genügend Stimulation oder vielmehr nicht die richtige Art Stimulation, die man für einen Orgasmus braucht. Aber sobald ich ihn über den Kopf meines Gliedes gleiten lasse und es dabei ganz leicht streichele, ist die Reizung nicht so übergroß. Ich halte den Vibrator in einer Hand, während ich mit der anderen ganz leicht masturbiere, mit

Auf- und Abwärtsbewegungen, wobei ich ganz sacht die Vorhaut vor- und zurückschiebe. Ich mache dabei keine schnellen Bewegungen, jedenfalls nicht die typischen Masturbationsbewegungen. Ich halte mein Glied zwar fest im Griff, aber ich mache es langsam. Und dann, sobald es zu intensiv zu werden droht, halte ich an und erhole mich einige Sekunden. Manchmal kommt mir dabei dann eine Phantasievorstellung, und ich fange wieder von vorne an. Das mache ich solange, bis ich zum Orgasmus komme.

Der 38jährige Allen kaufte einen Vibrator für seine Frau und entdeckte dabei, daß es ein Zubehörteil hatte, das genau über seinen Penis paßte:

Vor 3 oder 4 Jahren kaufte ich für meine Frau einen Vibrator und erprobte ihn eines Tages aus purer Neugier an mir selbst, und es war einfach phantastisch. Es war ein Zubehörteil dabei, das genau über die Spitze meines Gliedes paßte, und ich fand es unheimlich stimulierend. Ich hatte ganz schnell eine Erektion. Bei meinem ersten Versuch stellte ich die Geschwindigkeit ganz hoch ein, und das war ein bißchen heftig. Ich habe mich zwar inzwischen auch an diese Intensität gewöhnt, aber es macht mir auch Spaß, die Geschwindigkeit zu variieren. Im großen und ganzen benutze ich ihn an meiner Eichel oder an deren Unterseite, obwohl ich damit manchmal auch den Schaft entlanggehe.

»Wenn schon *einer* gut ist«, sagte ein anderer Mann, »sind zwei allemal noch besser:«

Mit Vorliebe benutze ich zwei Vibratoren. Ich verwende sie nicht immer gleichzeitig, aber wenn ich es mache, macht es mir ein Riesenvergnügen, mir einen kleineren in den Hintern zu stecken und dabei gleichzeitig mit dem anderen über meinen Schwanz zu gehen. Meistens drücke ich meinen Schwanz flach an den Bauch und fahre mit dem Vibrator an der Unterseite auf und ab und direkt an diesem Häutchen an der Spitze. Das ist ein überwältigendes Gefühl, und auch der, den ich im Hintern habe, gibt ein tolles Gefühl. Meine Partnerinnen hatten immer Spaß daran, wenn ich es bei ihnen mit zwei Vibratoren machte, aber ich entdeckte, daß es mir mindestens genau so viel Vergnügen bereitete.

Clint, ein 45jähriger Managementberater, hat einen Vibrator mit dem Namen »Zauberstab«. Das Magische für ihn dabei war, daß er ganze Ströme von Orgasmen hatte, ohne auch nur ein einziges Mal zu ejakulieren:

Ich kaufte einen »Zauberstab« – Vibrator für Nataly, aber ich glaube, inzwischen benutze ich ihn fast häufiger als sie. Der Stab ist etwa 30 cm lang und hat zwei Geschwindigkeiten. Das vibrierende Oberteil ist etwas kleiner als ein Tennisball. Ich benutze es an der Unterseite meines Penis und besonders oben, unterhalb der Eichelspitze. Ich verwende dabei Öl, weil der Vibrator an meiner Haut sonst eine schreckliche Reizung hervorruft. Sobald ich das Gefühl bekomme, daß ich kurz vor dem Orgasmus stehe, nehme ich den Vibrator weg und berühre mich dann in kurzen Intervallen ganz leicht damit, bis ich dann zum Orgasmus komme. Es ist schon verblüffend: Ich habe Muskelkontraktionen, rundum ein angenehmes, berauschendes Gefühl. Es ist, als hätte man multiple Orgasmen ohne Ejakulation. Wenn ich den Vibrator im allerletzten Moment absetze, kann ich tatsächlich innerhalb von 5 Minuten 10 Orgasmen erleben. Wenn ich es aber auf kürzestem Weg bis zur Ejakulation kommen lasse, ist schnell alles vorüber.

Phantasien

Fast sämtliche Männer, mit denen wir gesprochen haben, überließen sich während der Masturbation ihren Phantasien. Eine seltene Ausnahme stellten jene Männer dar, die sich allein auf die Körperempfindungen konzentrierten, die sie dabei erlebten. Einige Männer begannen mit ihren Phantasievorstellungen und konzentrierten sich dann, als ihre Erregung immer mehr anstieg, auf ihre körperlichen Empfindungen.

Die bildlichen Vorstellungen sind vielfältig. Bei manchen Männern stellt sich ganz kurz ein Phantasiebild ein, das während der Masturbation ganz kurz erscheint:

Gewöhnlich sind es schwingende Hinterteile von Frauen, die mir während des Tages aufgefallen sind, oder vielleicht das Vorquellen ihrer Brüste, wenn sie sich vorbeugen.

Andere wieder komponieren vollständige Szenen:

Manchmal erfinde ich ganze Geschichten über eine Frau, der ich auf der Straße begegnet bin. Ich stelle mir vor, daß sie zu mir herüberkommt und wir zusammen Sex machen. Das macht alles etwas realistischer und für mich weitaus aufregender.

Manche Männer beziehen nur ihre Ehefrauen in ihre Phantasien ein:

»Jedesmal wenn ich beim Masturbieren phantasiere«, erzählt Roger, ein 38jähriger Rechtsanwalt, »muß ich mir dabei vorstellen, daß Alicia und ich es machen. Es ist wie ein heißer Wunsch. Ich spiele mir vor, daß ich es mit ihr mache.«

»Ich male mir immer aus, daß meine Frau mit all ihrer Spitzenunterwäsche, die so sexy ist, direkt auf meinem Gesicht sitzt«, sagt Gary, 31 Jahre alt.

Andere, wie der 33jährige Paxton, erklärten uns, daß sie über jene Variante sexueller Spiele phantasierten, die nicht Teil ihres gewöhnlichen Repertoirs beim Geschlechtsverkehr sind:

Ich denke oft an solche Dinge, die ich gern einmal ausprobieren würde, die für Candy und mich aber nicht Teil unserer üblichen sexuellen Praktiken sind, wie zum Beispiel analer Sex. Daran zu denken, macht mich an.

Eine andere Spielart sind Phantasien vom Zusammensein mit einer bestimmten Partnerin, mit der sich besonders heiße Gefühle verbinden:

Ich denke immer an Jemanden, der mir große sexuelle Lust verschafft hat. Ich versuche, mir ein Bild von seinem Aussehen zu machen, und manchmal gelingt es mir, das Bild von uns beiden vor Augen, wie wir uns früher einmal dem Liebesspiel hingegeben haben.

Doch nicht nur die gegenwärtige Bettgefährtin oder eine Partnerin aus der Vergangenheit kommen Männern in den Sinn, während sie masturbieren. Manche denken auch an ein vertrautes Gesicht in der Untergrundbahn oder an Jemanden, mit dem sie gerade ganz beiläufig gesprochen haben. Für einen der Männer ist es »die Frau im Buchladen oder eine andere, deren Körper mich reizt, oder eine zufällige Bekanntschaft – eben jemand, der mich richtig antörnt. Während ich masturbiere, beschwöre ich dann ihr Bild in mir herauf.«

»Je realistischer die Möglichkeiten«, erklärt uns der 40jährige Nathan, »desto besser läßt sich die Phantasie entwickeln. Ich glaube nicht, daß ich zu einer bekannten Filmschauspielerin beim Masturbieren besonders aufregende Phantasiebilder haben würde, aber es gelingt mir durchaus, wenn ich an meine Sekretärin denke oder an die Frau von nebenan oder an das Mädchen im Getränkeladen.«

Rob, ein 34jähriger Zeitungsredakteur, bevorzugt in seinen Phantasien anonyme Figuren:

> Wenn ich allein bin, masturbiere ich häufiger, manchmal etliche Male am Tag. Meine Freundin ist Firmenberaterin, und sie ist die Woche über immer unterwegs, so daß wir uns also nicht sehr oft sehen können. Es ist für mich immer mächtig aufregend, meine Phantasien um erfundene Gestalten zu gruppieren: vom 12jährigen Mädchen im Gymnastikkurs, das vom Arzt untersucht wird, bis hin zu den Playboy-Bunnies in voll ausgespielten Szenen mit allem Drumherum, mit Drogen, Spielen in der Badewanne, im Dampfbad, mit anschließender Massage. Manchmal spielen mehrere Frauen dabei mit, ein andermal nur eine einzige Frau. Ich finde derartig kreative Phantasien weitaus anregender und lustvoller als Erinnerungen aus dem wirklichen Leben. Ich schließe die Augen und verliere mich ganz in einer Bilderwelt, die für mich genauso wirklich ist wie das, was um mich herum vorgeht.

Andere Männer gingen in ihrer Phantasie Themen nach, die für sie unter gewöhnlichen Umständen tabu wären. Ein Mann erzählte uns:

> Meine Lieblingsphantasie ist die, daß ich mit zwei Frauen zusammen bin, die es miteinander treiben. Die Domina unterjocht und verführt die andere Frau, eine unschuldige und liebliche Frau, die schließlich genauso heiß darauf aus ist, mit der dominanten Frau wollüstige Spiele zu treiben. Ich habe Angst, das offen auszusprechen, aber die »strenge Zucht«

meiner Domina grenzt schon ein wenig an Sadomasochismus.

Etliche heterosexuelle Männer erklärten auch, daß ihre lebhaftesten Phantasien darauf gerichtet seien, sich mit anderen Männern sexuell einzulassen:

> Ich habe noch nie eine homosexuelle Erfahrung gehabt, doch habe ich eine Menge schwuler Freunde. Und eine ganze Menge von ihnen haben es schon einmal bei mir versucht. Gelegentlich stelle ich mir also schon einmal vor, wie es mit einigen dieser Knaben sein könnte. Es sind aber immer Leute, die ich kenne.

Ob ein Mann sich vorstellte, von einem anderen Mann geliebt zu werden, oder ob er mit Sextoys herumspielte: der Einsatz der Phantasie und die Verwendung unterstützender Mittel während des Sex lenkten die Energien der Männer während der Masturbation stets zu dem Punkt, körperliche Empfindungen und körperliche Lust in vollem Umfang zu erleben. Die Hilfsmittel beim Liebesakt steigerten die Erlebnisfähigkeit und ließen sie völlig in ihrem Spiel aufgehen.

Zum Beispiel kann Leo sich in jede beliebige prickelnde Situation versetzen, wann immer er den Wunsch hat, die Stärke seines Erlebnisses zu intensivieren:

> Beim Masturbieren berühre ich mich und stelle mir vor, ich läge irgendwo an einem warmen Strand, manchmal allein, aber gewöhnlich mit einer Frau. Meine Phantasie kann sich um etwas ranken, was mir gerade vor ein paar Tagen selbst passiert ist, oder sie kann von einer Erinnerung aus der Vergangenheit ausgehen, etwa an eine wirklich wundervolle Zeit, die ich mit einer Geliebten erlebt habe. Manchmal wird meine Phantasie durch Bilder oder Geräusche angeregt. Bilder überwiegen, aber ich habe mich auch schon in Phantasien gleiten lassen, indem ich im Liegen Musik gehört habe und mich einfach meinen Gefühlen überließ. Manchmal hört die Phantasie plötzlich auf, und alles in mir ist nur noch Gefühl. Ich verliere mich dann völlig im Sex, mein gesamter Körper wird zu einem Geschlechtsapparat, und ich genieße jede Berührung und richte all meine Sinne nur noch auf jene großartigen Gefühle.

Sogar so unbefangene und freimütige Männer wie der glücklich verheiratete Leo – Männer also, die sich selbst ein wunderbares, aufregendes und intensives sexuelles Intermezzo verschaffen können, ziehen im allgemeinen Masturbation nicht dem Partnersex vor. An erster Stelle kommt gewöhnlich die intime sexuelle Beziehung zu einer Frau. Weil dies so ist, müssen die meisten Männer an irgendeinem Punkt ihres Lebens lernen, wie sie Beziehungen zu Frauen anbahnen und wie sie damit umgehen.

Erste Begegnungen intimer Art

Männer sind im Spiel mit der Liebe oft lustlose Mitspieler. Manche möchten ohne Anstrengung zum Ziel kommen. Aber sehr viele fürchten Zurückweisung und begegnen ihr mit Schrecken. Einige verweigern sich dem Spiel ganz. Meistens ist es den Männern bewußt, daß sie, um eine potentielle Gefährtin kennenzulernen, die ersten einleitenden Schritte tun müssen. Die Art und Weise seines Liebeswerbens ist oft bestimmend dafür, wie er seine erste Begegnung anbahnt und wie erfolgreich er damit ist. Hier die Einstellung der von uns interviewten Männer zu jenem unumgänglichen ersten Schritt:

Ich genieße die Aufregung, einem gut aussehenden Mädchen auf einer Party nachzustellen und mit ihr am Arm wegzugehen. Ich richte gern alles so ein, daß ich in einer solchen offenen Konkurrenz der Mann ihrer Wahl bin.

Jedesmal, wenn ich auf einer Party auf eine neue Frau zugegangen bin, mit der ich tanzen wollte, mußte ich mir innerlich selbst gut zureden. Man braucht eine Menge Mut dazu, doch ein Mann muß das tun, wenn er nicht im Abseits stehen will.

Ich habe immer mit Frauen zu tun gehabt, die von mir erwarten, daß ich jeden einzelnen Zug mache. Manchmal wünsche ich mir eine Frau, die sich direkt als erste an mich heranmacht. Das wäre für mich schmeichelhaft und auch eine Erleichterung.

Es berührt mich nicht, wenn ich mal ein paar Gelegenheiten auslasse. Mir ist lieber, wenn eine Beziehung sich auf ganz natürliche Weise entwickelt. Ich reagiere lieber aufgrund meiner Gefühle als deswegen, weil das alles angeblich zu einem breit angelegten Verführungsplan gehört.

Welche Rolle auch immer ein Mann zu Anfang einer Beziehung spielen mag, er will gewinnen. Und gewinnen bedeutet nach Auskunft der Männer, die wir interviewt haben, nicht unbedingt, eine Frau sexuell zu verführen, sondern eher, eine emotional und sexuell befriedigende Beziehung herzustellen. Nach traditioneller Auffassung ist der Mann Sieger, der in der Rolle des Erfahrenen seine zugleich lockende und spröde Heldin verführt. Aber heutzutage kehren sich zunehmend mehr Männer von dieser Form der Annäherung ab und entwickeln alternative Verführungsstrategien. Manche finden es einfach lästig, ihre Konkurrenz aus dem Feld schlagen zu müssen und erfolgreich eine unerreichbar erscheinende Frau zu sich ins Bett zu ziehen. Andere wiederum übernehmen alternative Methoden bei der Anbahnung von Beziehungen, weil sie die traditionellen Annäherungsversuche als überholt empfinden. Den Männern, die wir interviewt haben, war bewußt, daß sie sich in der Macho-Rolle auch ständig der Möglichkeit aussetzen mußten, zurückgewiesen zu werden.

Es wird vom Mann allgemein erwartet, daß er den ersten Schritt beim Entstehen einer Beziehung tut und für ihren Fortbestand die nötigen Energiereserven mobilisiert. Das entspricht den traditionellen Vorstellungen. Einer der von uns interviewten Männer genoß die Rolle des Initiators. Er empfand sie nicht als Last, sondern als »eine Herausforderung, um das zu bekommen, was man haben will«. Andere wiederum haßten den Druck, unbedingt den ersten Schritt tun zu müssen und dabei ständig zu riskieren, abgewiesen zu werden. So sagte uns ein Mann: »Ich habe stets das Gefühl, daß ich mich emotional auf einen großen Reinfall vorbereite.« Ein anderer meinte: »Ein Mann muß auf die eine oder andere Weise bei jedem Schritt einen Test bestehen.« So fragt man sich ständig: »Soll ich ihr die Tür aufhalten? Habe ich den richtigen Wein ausgewählt? Sitze ich zu dicht neben ihr? Wird sie mich wohl hereinbitten?«

Wie also werden Männer mit den Ego-abträglichen Nachwirkungen einer Zurückweisung fertig? In dem folgenden Auszug erinnert sich Dan Greenburg, der Autor von »Scoring: A Sexual Memoir«, seiner Jugendjahre und wie er lernte, die Möglichkeit zu akzeptieren, abgewiesen zu werden:

> Ich muß nun einmal zwanghaft Verzeichnisse anlegen. Ich
> führe nicht nur Listen mit den Namen der Menschen, die ich
> anrufen, denen ich schreiben oder die ich aufsuchen muß,

sondern ich führe auch Listen, die 20 Jahre oder länger zurückreichen ... von jedem Mädchen, mit dem ich je gegangen bin ... dem ich einen Gute-Nacht-Kuß gegeben habe ... mit dem ich herumgeschmust oder das ich oberhalb der Taille durch die Kleidung hindurch abgetastet habe ... mit dem ich bis an den kritischen Punkt gelangt bin und mit dem ich gebumst habe.

Der Grund, warum ich diese Listen angefertigt habe, war zunächst der, daß ich mich auf einen Blick vergewissern wollte, daß ich bei Frauen doch viel erfolgreicher sein kann, als es vielleicht gerade zur Zeit der Fall ist. Wenn ich ganz deprimiert über mein Unvermögen war, eine Verabredung mit einem Mädchen zustande zu bringen; wenn ich einen Abend gründlich dadurch vermasselt habe, daß ich einen bemerkenswert ungeschickten und tölpelhaften Annäherungsversuch gemacht habe; oder wenn ich mit größter Umsicht ein umfassendes Szenarium für eine Verführung inszeniert habe und dann noch nicht einmal imstande war, aus purer Feigheit, den ersten Schritt zu tun – dann brauchte ich mich nur meiner geheimen Liste zuzuwenden und nachzulesen, daß es mir immerhin gelungen war, meine Lippen insgesamt 458 Male erfolgreich auf die einer weiblichen Person zu legen; oder daß ich insgesamt 113mal meine hohle Hand um die mit einem Cashmere-Pullover bedeckte Frauenbrust schließen konnte; oder daß es mir bei 5 voneinander unabhängigen Gelegenheiten gelungen war, meine höchsteigenen Finger unter einen Rock zu stehlen und in eine echte, warme, schlüpfrige, weißbehoste Spalte zu stecken – nun, wenn ich mir das schwarz auf weiß vergegenwärtigte, konnte ich erleichtert aufatmen.

Auch die von uns interviewten Männer wußten Geschichten darüber zu erzählen, wie sie es vermeiden konnten, völlig am Boden zerstört zu sein, nachdem sie von Frauen abgewiesen worden waren. Schon als Jugendlicher stellte der jetzt 37 Jahre alte Jonathan statistische Berechnungen auf, um sein Selbstvertrauen aufzubauen und sich selbst davon zu überzeugen, daß auch er später einmal gute Karten in der Hand halten würde:

Ich teilte die Welt zunächst numerisch in zwei Gruppen – männliche und weibliche. Die Anzahl der Frauen macht 50 %

der Bevölkerung aus, und von diesen wiederum stehen etwa 10% zur Auswahl und von diesen wiederum sagen wahrscheinlich 99% aus den verschiedensten Gründen unumwunden »Nein«. Also beschloß ich, mich ganz diesem restlichen einen Prozent zuzuwenden. Ich setzte mich dann tatsächlich mit einem Weltatlas hin und ermittelte die Gesamtzahl. Damals war ich etwa 15 Jahre alt. Obwohl ich zwischen 15 und 17 so manches »Nein« zu hören bekam, wußte ich doch, dank meiner Berechnungen, daß früher oder später die Chancen für mich besser stehen würden.

Eine Lektion, die viele Männer gelernt haben und mit der selbstbewußtere Frauen sich gerade auseinanderzusetzen beginnen, ist die, eine Absage von einer persönlichen Zurückweisung zu unterscheiden. Es galt, die Vorstellungen hinsichtlich der eigenen Attraktivität und der Fähigkeit zu gefallen, von der positiven oder negativen Reaktion einer Partnerin zu trennen.

»Man muß sich einfach psychisch darauf vorbereiten, die Tatsache zu akzeptieren, daß man irgendwann einmal abgewiesen wird«, sagte Jack, ein 38jähriger Ingenieur. »Kein Mann vermag alles für eine einzige Frau zu sein. Nicht jede Frau will mit jedem beliebigen Kerl ins Bett steigen und umgekehrt. Da muß man schon mit einigen Zurückweisungen rechnen, die sich mit Sicherheit auch einstellen werden.«

Der 63jährige Frank, ein Prediger, der nach 35jähriger Ehe von seiner Frau getrennt lebt, erzählte uns, wie er mit ablehnenden Reaktionen fertig wird:

Noch vor Jahren habe ich alles mitgemacht, was so dazu gehört – eine Frau zum Essen ausgeführt, ihr Geschenke gemacht und so weiter –, und war dann enttäuscht, wenn sie nicht wollte, daß ich mit zu ihr nach Hause ging. Jetzt rücke ich gleich damit heraus und frage einfach: »Ist es dir recht, wenn ich über Nacht bleibe?« Falls sie »Nein« sagt, sage ich einfach »Okay«. Ich fühle mich nicht abgewiesen und muß sie auch nicht nach dem Grund fragen. Es ist nun einmal so.

Wie ein Mann mit der Erwartung klarkommt, die Initiative ergreifen zu müssen und sich dabei auch eine Abweisung einhandeln kann, wird den Stil oder die Strategie seiner Werbung bestimmen. Die Männer in unseren Interviewgesprächen beschrieben uns ihre

Verführungstaktiken. Obwohl jeder Einzelne seinen unverwechselbaren Stil hatte, gelang es uns, vier allgemeine Varianten zu unterscheiden, die Aufschluß gaben, inwieweit die Macho-Philosophie akzeptiert wurde.

Ein Mann, der sich mit der Macho-Rolle identifiziert und sich darin gefällt, sexuell der Verführer zu sein, entwickelt das, was wir die traditionelle Strategie genannt haben. Sie wird von Männern eingesetzt, die Gefallen daran fanden, den Gang der Ereignisse von Anfang bis Ende zu steuern - von der ersten Bekanntschaft bis zum Geschlechtsverkehr. Dazu gehört, daß die ganze Skala der Verführung ablief, ohne daß der Mann jemals offen seine Absichten zu erkennen gab. Eine abgewandelte traditionelle Strategie wurde von Männern angewendet, die zwar in sexueller Hinsicht initiativ waren, ihre Absichten aber offener erkennen ließen. Erst mit Zustimmung ihrer Partnerinnen wurden sie sexuell aktiv. Männer, die nicht den Eroberer spielen wollten, ordneten wir unter die Rubrik »Rollenverkehrung« ein, weil sie eine passive Haltung einnahmen, die dazu diente, Frauen zu ermuntern, nun ihrerseits sie zu verführen. Männer, die mehr an Intimität als an Sex interessiert waren und beschlossen hatten, eine sexuelle Beziehung sich behutsam und natürlich entwickeln zu lassen, gehörten für uns zu der Gruppe »Vorgehen ohne Rollenfestlegung«.

Die altmodische Verführung

Das Vorgehen nach der traditionellen Strategie bedeutete für Conrad, einen 57 Jahre alten Witwer, »die Ausarbeitung einer gut organisierten, systematischen Kampagne, die dazu führen soll, mit der Frau ins Bett zu gehen, die ich mit aller Entschlossenheit haben will«. Anders gesagt, betrachtet ein Mann, der dieses Vorgehen wählt, eine begehrenswerte Frau als Zielobjekt. Das Ziel besteht darin, ihr nachzustellen und von der ersten Phase (dem Kuß) zum Finale (dem Bett) zu gelangen, ohne sie dabei in die Absichten einzuweihen, die er verfolgt. Er geht davon aus, daß er sie aus dem Gleichgewicht bringen muß, um ihre natürlichen weiblichen Widerstände zu überwinden, um sein Ziel zu erreichen. Er wendet also List an, Schmeichelei, Geld oder was immer ihm zur Verfügung steht, um sie in sein sorgfältig gesponnenes Spinnennetz hineinzuziehen. Conrad gibt zu:

Ich nutze alle Vorteile, die ich habe, um eine Frau zu beeindrucken; und da ich es mir auch leisten kann, sie vornehm, erlesen und teuer auszuführen, versuche ich, so schnell wie möglich herauszufinden, was ihr gefällt. Wenn es ein Sinfoniekonzert ist, sorge ich dafür, daß wir Logenplätze bekommen; möchte sie gern tanzen gehen, führe ich sie ins schickste Lokal der Stadt. Alles soll sie beeindrucken. Wenn sie mir eröffnet, daß sie eine ganz bestimmte Blumenart besonders liebt, dann schicke ich ihr welche. Ich versuche herauszufinden, was sie in der Literatur gern mag und hänge mich da in gewisser Weise an, indem ich sie zum Beispiel in einen Film mitnehme, der auf einer bestimmten literarischen Vorlage beruht, die sie kennt und schätzt. Ich mache also ganz überlegte Anstrengungen, um zu erkunden, was sie mag und was sie nicht mag in der Absicht, großen Eindruck auf sie zu machen.

Eine Nummer machen wollen, wobei man sich der traditionellen Methode bedient, erfordert absolutes Selbstvertrauen. Und selbst wenn ein Mann nicht besonders selbstsicher ist, muß er einer Frau zumindest diesen Eindruck vermitteln. Jung, ein 34jähriger Medizinstudent, sagte uns, er hätte seine Schüchternheit dadurch überwunden, daß er es einem Freund gleichtat, der ein sehr selbstsicheres Macho-Image herauszukehren verstand:

Als ich 15 war, reiste ich nach Frankreich, wo ich diesen ungefähr gleichaltrigen Amerikaner traf, für den es die leichteste Sache der Welt war, Frauenbekanntschaften zu machen. Am meisten fiel mir auf, daß er sehr aggressiv vorging. Der Schlüssel zu seinen Erfolgen war offenbar, daß er immer wieder Blickkontakt suchte – bis zu dem Punkt, an dem Frauen manchmal vor Verlegenheit wegsehen müssen. Ich merkte, daß Frauen sich aus irgendeinem Grund von dieser Macho-Attitüde sehr stark angezogen fühlen. Ich habe das dann imitiert und habe mir auch von ihm Tips geben lassen. Ich erkannte, daß es am allerwichtigsten ist, Selbstvertrauen zu zeigen und war damit sofort erfolgreich. Später dann, auf dem College, hatte ich einen Zimmergenossen, der sehr hübsch aussah und wirklich ein netter Bursche war. Ich konnte einfach nicht begreifen, warum die Frauen nicht in Scharen hinter ihm herliefen. Doch ihm fehlte einfach Selbstvertrauen und Initiative zum Handeln. Er vermittelte das Bild eines Jungen, der nicht wußte, was er eigentlich tat und wollte. Und Frauen lieben es nun einmal, wenn ein Mann weiß, was er tut.

Jonathan, ein 37jähriger Geschichtsprofessor, hatte keine Schwierigkeiten, sich Frauen zu nähern, da er immer über ein starkes Selbstbewußtsein verfügte:

> Ich bin immer einfach hingegangen und habe mit einer Frau ein Gespräch angefangen über alles Mögliche, absolut über alles. Ich bin nicht immer mit vielen anderen Typen im Schlepptau herumgezogen, also hatte ich auch nicht all die dummen Sprüche drauf wie die anderen. Ich war halt sehr offen und ehrlich. Wenn ich mich dann ein Weilchen mit einer Frau unterhalten hatte, fragte ich sie – vorausgesetzt, sie schien interessiert – nach ihrer Telefonnummer und Adresse, trug sie in mein schwarzes Notizbuch ein und rief sie dann später an.

Doch die meisten Männer mußten sich diese Gelassenheit, einen Annäherungsversuch zu wagen, hart erarbeiten. Der 34jährige Andrew brauchte nach der Trennung von seiner Frau eine ganze Zeit, bis er dazu imstande war, Unterhaltungen mit Frauen anzufangen, die er gern wiedertreffen wollte. Was seine Haltung dann schließlich änderte, sagte er, sei die Erkenntnis gewesen, daß eine Frau 99 % der Zeit geschmeichelt sein will, sobald ein Mann, der einigermaßen anständig aussieht, auftaucht und zu ihr sagt: »Du scheinst nett zu sein« oder »Du siehst nett aus«, oder »Ich möchte dich mal treffen«. Und Frauen reagieren nie mit Ablehnung, wenn sie geschmeichelt sind.

Hier sind einige Techniken, die Harry verwendet hat, um sich mit Frauen zu verabreden:

> Einer der wichtigsten Orte, an denen ich mit Frauen zusammentreffe, ist der Bus, mit dem ich zu meiner Arbeitsstelle und zurück fahre. Und inzwischen habe ich schon einige Routine. Es gab drei Frauen im Bus, mit denen ich mich gern verabredet hätte. Eines Tages beschloß ich dann einfach, im

Bus sitzen zu bleiben und mit einer der Frauen an ihrer gewohnten Haltestelle auszusteigen. Ich ließ also meine Haltestelle einfach aus, stieg mit ihr gemeinsam aus und sagte: »Entschuldigen Sie, ich habe Sie im Bus gesehen und möchte mich mit Ihnen verabreden.« Ich war selbst ein bißchen verlegen dabei, aber sie sagte darauf nur: »Hy, ich heiße soundso. Es ist sehr schmeichelhaft, daß Sie mich gefragt haben.«
Die nächste Frau traf ich eines Tages auf meinem Heimweg, als der Bus zufällig ziemlich leer war. Ich setzte mich einfach auf einen Platz hinter ihr und sagte ein bißchen scherzhaft zu ihr: »Ich sehe Sie ja gar nicht mehr jeden Morgen im M 17.« Und sie erwiderte: »Nein, ich muß einen früheren nehmen.« Und dann machte ich irgendeine blöde Bemerkung, wie: »Ah, ja, jeder Mann im Bus hat sich schon nach Ihnen erkundigt, und ich habe versprochen, ausführlich Bericht zu erstatten, sobald ich herausgefunden habe, was aus Ihnen geworden ist.« Auf dieser Grundlage haben wir dann ein Gespräch angefangen. Die dritte Frau, mit der ich mich verabreden wollte, stieg gewöhnlich immer schon vor mir in den Bus, so daß es immer darauf hinauslief, daß sie vorn einen Sitzplatz hatte, während ich ganz hinten stand, was es mir unmöglich machte, eine Unterhaltung anzufangen. Also schrieb ich ihr einen Zettel. Und als ich dann eines Morgens aus dem Bus stieg, gab ich ihn ihr. Ich hatte darauf geschrieben: »Ich möchte Ihre Bekanntschaft machen, aber mir fällt keine raffinierte Methode ein, wie ich das anstellen soll. Würden Sie mich vielleicht in meinem Büro anrufen, so daß wir uns verabreden und irgendwo anders treffen können als immer nur im Bus.« Und dann hat sie mich angerufen, und wir sind zum Lunch ausgegangen.
Karten und Briefe wurden nach der ersten Begegnung mit einer Frau oft verschickt. Conrad, ein Regierungsangestellter, beschreibt seine Methode:
Ich bin ziemlich gut im Briefeschreiben. Um eine Frau kennenzulernen, auf die mich ein Freund aufmerksam gemacht hatte, nahm ich erst einmal telefonischen Kontakt zu ihr auf. Dann schrieb ich ihr und legte ein Foto bei. Mein Brief muß sie sehr beeindruckt haben, denn sie sagte mir, daß sie ihn

zusammen mit meinem Foto immer in ihrer Handtasche mit sich herumträgt. In dem Brief habe ich ihr von all den Sachen erzählt, die wir gemeinsam tun könnten, wenn sie auch hier lebte, und um wieviel mehr ich sie genießen würde, wenn ich diese Erlebnisse mit ihr teilen könnte. Ich ließ es so klingen, als würde mein Leben reicher und erfüllter sein, wenn sie hier mit mir zusammen wäre. Und so hat es sie denn gepackt. Seither telefonieren wir ständig miteinander, und wenn wir uns treffen, wähle ich dafür einen angenehmen, neutralen Ort, weil von vornherein feststeht, daß es ein rauschhaftes Liebesfest geben wird. Es ist immer wunderschön.

Ganz anders als Conrad waren sich einige Männer ihrer Verführungsstrategien gar nicht bewußt. Der 42jährige Paul sagt, es hätte etlicher Jahre Therapie gebraucht, um das ihm nicht bewußte Verführungsschema aufzudecken, das er in den Jahren vor seiner Ehe entwickelt hatte. Er entdeckte, daß er der typische Macho gewesen sei:

> Bevor ich heiratete, bestand meine Strategie darin, mir Frauen zu suchen, die irgendeine Schwäche hatten. Das kann ein Lebensproblem gewesen sein, berufliche Unsicherheit oder irgendein anderer Grund, weswegen sie von mir abhängig wurden. Ich arbeitete damals in der Personalabteilung einer großen internationalen Firma, die junge, attraktive Frauen aus aller Welt einstellte. Einige fühlten sich in Chicago völlig verloren und wandten sich an mich mit der Bitte um Hilfe und Unterstützung. Es fiel mir auch nicht schwer, mich bei einer Frau unentbehrlich zu machen, die erst kürzlich eine Beziehung abgebrochen hatte. Ich bot ihr selbstverständlich meine Hilfe an, und wir verbrachten viel Zeit miteinander. Der Sex stellte sich dann ganz natürlich ein.

An »Pygmalion« erinnerte uns die Geschichte des Mannes, der die Rolle des erfahrenen Weltmannes spielte, um ein unschuldiges, naives, junges Mädchen zu verführen. Nathan, jetzt 40 Jahre alt und verheiratet, erinnert sich:

> Diese Verführung nahm etliche Monate der Planung in Anspruch, bevor die Eroberung schließlich gelang. Ich war damals etwa 26 und sie gerade Anfang 20 und sehr wenig selbstsicher. Ich habe ihr Selbstbewußtsein gestützt, indem ich ihr

sagte, wie hübsch sie aussähe und zusammen mit ihr sogar Sachen zum Anziehen gekauft. Schließlich hatte sich ihr ganzes Äußeres auffallend verändert: aus einer adretten grauen Maus wurde eine sehr sexy aussehende junge Dame.

Dann kam dieser mühevolle Prozeß, ihre Widerstände zu überwinden, ohne sie zu etwas zu zwingen, was sie nicht tun wollte. Sie war gläubige Katholikin und hatte eine Vielzahl religiös motivierter Einwände gegen vorehelichen Sex. Wir hatten Monate mit dem Vorspiel verbracht. Als es dann schließlich zum Liebesakt kam, war er das Ergebnis endloser Stunden gegenseitigen Anstachelns und Aufreizens und zahlreicher Diskussionen über die relativen Vorzüge und Nachteile des Geschlechtsverkehrs.

Männer, die auf Beischlaf aus sind, müssen das Drumherum so gestalten, daß eine Frau vor Leidenschaft so schwindelig wird, daß ihr Widerstand überwunden wird. Glaubt man Warren Farrell, dem Autor von »The Liberated Man« und dem Mitbegründer der National Organization for Men, dann braucht ein Mann mindestens 85 verschiedene Einzelschritte dazu – angefangen mit dem Berühren einer weiblichen Hand und endend mit einer zügigen Entkleidung – bis sie nachgibt und bereitwillig ist. Und jeder einzelne Schritt ist belastet mit der Möglichkeit einer Zurückweisung.

Um diesem zu entgehen, müssen Männer, die ihre Partnerinnen »rumkriegen« wollen, sorgfältig ihre einzelnen Schachzüge kalkulieren und die Reaktionen der Frau richtig deuten, damit sie positiv reagiert. Der 19jährige Tom sagt:

Wie eine Frau auf meine Körpersprache reagiert, verrät mir, ob sie an engerem physischen Kontakt interessiert ist oder nicht. Genauso ist es mit ihrer gesamten Haltung und dem Feeling zwischen uns.

Der 45jährige Charles erzählt uns, daß er mit kleinen, fast unmerklichen Berührungen den Anfang macht:

Ein unverfängliches Streicheln der Wangen, sanftes Streicheln über ihr Haar, ein flüchtiges Streifen ihrer Arme oder Beine – und das den ganzen Abend hindurch, bis alles dann auf eine andere Ebene gerät und die sexuellen Absichten eindeutig zu erkennen gegeben werden.

Jack, 43 Jahre alt und drei Jahre von seiner Frau getrennt lebend, erinnert sich, daß eines seiner ungewöhnlichsten sexuellen Erlebnisse mit einer Fußmassage angefangen hatte:

> Das passierte, als einer meiner Freunde Damenbesuch bekam. Wir verabredeten uns und gingen gemeinsam zum Dinner aus. Wir schwatzten und verbrachten angenehme Stunden miteinander, und hinterher gingen wir in seine Wohnung und rauchten ein bißchen Gras. Ich erinnere mich, daß ich auf dem Fußboden lag, und sie saß vor mir auf einem Stuhl, und es war eigentlich überhaupt nichts Erotisches dabei. Wir unterhielten uns einfach, und ich fing an, ihr den Fuß zu massieren. Dann massierte ich sie überall, und damit fing dann alles an.

Den ersten Kuß hielten die meisten Männer für das Allerschwierigste, weil dabei immer die Gefahr besteht, abgewiesen zu werden. Der 24jährige Jung beschreibt ihn als die Schwelle vom Nicht-Sex zum Sex:

> Der erste Kuß ist immer ein ganz bestimmter Augenblick, weil man sich dann ganz bewußt entscheidet, eine Grenze zu überschreiten. Ich bin mir selbst nicht ganz sicher, wie es passiert. Ich glaube, es ist einfach ein ganz langsamer Prozeß. Man rückt sich näher und näher, bis dann das, worüber man redet, eigentlich keine Rolle mehr spielt.

Der 31jährige Spike findet, daß es wirklich schwer ist, zu diesem ersten Kuß zu kommen:

> Es ist sogar schwerer, als ihr unter den Rock zu fassen. Ich versuche immer, lustig zu sein, damit sie ruhig und gelöst ist. Ich bin nicht der Typ, der einfach sagt: »Hey, Baby, was würdest du dazu sagen, wenn wir jetzt beide ins Bett gehen!« Das kann ich einfach nicht. Ich versuche also, witzig und humorvoll zu sein. Das ist zwar ein bißchen hinterhältig, wenn ich dann zu ihr sage. »Du hast da was auf deiner Wange« und so tue, als würde ich es ihr wegwischen, ist es ganz leicht, sie zu küssen. Wenn sie dann darauf nicht sonderlich reagiert, halte ich mich bedeckt, springe auf und hole ein Papiertaschentuch.

Obwohl Spike es heftig ableugnen würde, laufen seine Annäherungsversuche nach der traditionellen Vorgehensweise ab:

144

Zuerst gibt es ein großes Abendessen. Danach versuche ich, sie zu mir in die Wohnung mitzunehmen, es ihr gemütlich zu machen und eine entspannte Atmosphäre herzustellen. Die Scheite im Kamin sind schon aufgeschichtet, um ein stimmungsvolles Feuer anmachen zu können. Im Hintergrund läuft Musik, eine Flasche Wein liegt schon kalt. Und dann ist da meine Couch. Sie ist 2 m lang und sehr bequem. Wenn man sich hineinsetzt, liegt man schon halb. Dann unterhält man sich, ich umarme sie vielleicht, küsse sie, streichele sie. Dann rutsche ich näher zu ihr heran und beuge mich über sie, und schon ist man in der Horizontalen. Man muß dann nicht erst ins Schlafzimmer gehen und damit die ganze Stimmung verderben. Wir können uns dann gleich auf der Couch lieben.

Die altmodische Art – leicht abgewandelt

»Ich will nicht, daß man von mir erwartet, die Rock-Hudson-Rolle mit allem Drumherum zu spielen«, sagt der 39jährige Alex. »Ich will kein solches Theater, als hätte ich Doris Day vor mir, der ich so imponiere, daß sie mit mir ins Bett geht.« Alex ist ein eher konventioneller Typ, der im Zusammensein mit Frauen mehr die abgewandelte Form der traditionellen Annäherung bevorzugt. Auch er inszeniert das Ganze, doch er will wissen, ob seine Partnerin bereit ist, mit ihm ins Bett zu gehen. Alex, der nach 10 Jahren Ehe von seiner Frau getrennt lebt, ist mit seiner Inszenierung zufrieden:

An irgendeinem Punkt unserer Beziehung mache ich den Versuch, eine Frau nach ihren sexuellen Wertvorstellungen auszuhorchen, um mir eine ziemlich genaue Vorstellung davon machen zu können, ob es Übereinstimmung zwischen uns gibt. Ist das der Fall, frage ich sie einfach ganz direkt, ob sie mit mir ins Bett gehen will. Von diesem entscheidenden Punkt an spiele ich kein Theater mehr. Wenn ihr eine derart unverblümte Aufforderung nicht paßt, dann ist das ihr Problem. Falls sie aus irgendwelchen Gründen nein sagt, ist das Thema eben abgeschlossen. Ich will sie nicht drängen oder zwingen oder ihr etwa zu verstehen geben, daß sie einen Fehler macht. Schließlich versäumt sie etwas und nicht ich.

Ein anderer Mann, der zwar verheiratet ist, jedoch nebenher seine Affären hat, sagt:

> Irgendwann im Laufe des Abends muß man die Karten auf den Tisch legen. Man muß der Frau offen sagen: »Ich fühle mich zu dir hingezogen, und ich glaube, daß auch du mich anziehend findest. Wir haben zusammen einen sehr harmonischen Abend verbracht und kennen uns schon eine ganze Weile. Offen gesagt, hätte ich jetzt schon den Wunsch, daß es nun etwas heißer und aufregender wird.«

Die direkte Form der Annäherung war für Männer wie Gilbert, einen geschiedenen 34jährigen Firmenberater, der nach einem Autounfall an den Rollstuhl gefesselt ist, eine von den Umständen erzwungene Notwendigkeit:

> Ich bin jetzt zwar an einen Rollstuhl gefesselt, doch ich fühle mich nicht als Behinderter. Ich würde alles dafür geben, aus diesem Ding herauszukommen, doch andererseits beeinträchtigt er nicht meine Beziehungen zu Frauen. Meinen Erfolg bei Frauen führe ich darauf zurück, daß sie das Gefühl haben, mit mir über alles sprechen zu können. Wenn eine Beziehung dann intimer wird, wie bei einem normalen Paar, dann muß ich aufrichtig sein und sagen: »Ich möchte mehr als wir gerade jetzt miteinander tun, aber ich weiß nicht, wie es dir dabei geht, also möchte ich es gern herausfinden.«

Seine offen geäußerten sexuellen Absichten erfüllten sich für Bird, einen geschiedenen Strafverteidiger, als er eigentlich nichts anderes wollte als eine flüchtige Affäre für eine Nacht:

> Es gibt Zeiten, da treffe ich mich mit einer Frau und bin an nichts weiter interessiert als am Sex. Auf einer Party traf ich eine toll aussehende Frau, und irgendwann legte sie mir einfach den Arm auf die Schulter, und ich fragte sie ganz direkt: »Warum nimmst du mich nicht mit zu dir nach Hause?« Und sie erwiderte darauf: »Oh, das könnte mir schon gefallen.« Also gingen wir.

Einige der von uns interviewten Männer waren an monogamen Beziehungen nicht interessiert, weil sie erst seit kurzem getrennt lebten und ihr einziges Interesse an Frauen sich auf Sex beschränkte. Oder es waren Männer wie Wayne, ein 23jähriger Student, der sich noch nicht reif genug fühlte, sich ausschließlich an eine Frau zu binden und erst sexuelle Erfahrungen sammeln wollte. Diese Männer fanden es wichtig, ihre Absichten direkt zu äußern. Wayne sagt, sobald er mit einer Frau an einen Punkt gelangt, an dem das Sexuelle wichtig zu werden scheine, dann rücke er ganz offen damit heraus, was er will und wie weit er gehen will.

Andere Männer meinen, daß direktes Fragen, ob eine Frau mit ihnen ins Bett gehen wolle, sie verletzen könnte. Als Ausweg gaben sie den Ratschlag, einen indirekten Annäherungsversuch zu machen, den man vielleicht als sexuelles Angebot deuten könnte, der wegen seiner Zweideutigkeit jedoch der Frau immer noch gestattet, das Thema zu wechseln, ohne ein direktes Nein aussprechen zu müssen. Einige Männer setzen ihr ganzes Können ein, um taktvoll ihr Interesse zu bekunden und doch gleichzeitig der Frau die Entscheidung zu überlassen. Der 68jährige Jonathan gab uns ein Beispiel:

> Eine Frau hatte in geschäftlichen Angelegenheiten mit mir zu tun, und ich bot ihr an, sie könne in meiner Wohnung übernachten, obwohl ihre Firma ja für alle Auslagen aufkäme. Sie hielt das für einen guten Einfall. Wir verbrachten den ganzen Tag bei der Arbeit zusammen, und ich glaube schon, daß wir beide an Sex gedacht haben. Als wir dann fertig waren und nach Hause gehen wollten, sagte ich: »Ich habe zwei Gästezimmer. In dem einen bin ich, du hast die Wahl.«

Rollentausch

Die zwei bisher beschriebenen Spielarten legen die Initiative zur Eroberung ganz in die Hände der Männer. Sie sind die Verfolger, nicht die Verfolgten. Dennoch gaben viele zu, daß sie zeitweilig auch Spaß daran hätten, die umgekehrte Rolle zu spielen. Sie wollten die Freiheit haben, sich passiv oder aktiv zu verhalten, eine Frau zu verführen oder sich von ihr verführen zu lassen.

Nach den Gründen für diesen Rollentausch befragt, meinten einige, sie hätten den Krampf satt, immer alles selbst anbahnen und die Einsätze geben zu müssen. Andere, wie der 54jährige Leo, wollten Gelegenheit bekommen, auch einmal ihre sanfteren Seiten zu ergründen:

> Es mag ja ganz nett sein, die Initiative zu ergreifen, weil es Männern Gelegenheit gibt, selbstbewußt und aggressiv mit ihrer Sexualität umzugehen. Man bekommt das, was man haben will, wenn einem danach ist. Aber wenn man keine Lust dazu hat, aktiv zu sein – wenn man passiv gestimmt ist, zärtlich, empfänglich und bedürftig nach Zuwendung – dann ist man von einem Teil seiner eigenen Sexualität wie abgeschnitten. Manchmal möchte ich, daß man mir nachstellt, daß ich total passiv sein kann und für die sexuelle Lust empfänglich sein kann.

Wieder andere Männer wünschen sich die Verführerin, die gewillt ist, den ersten Schritt zu tun – und den letzten. Sie wollten *es gemacht* bekommen. Sie fanden, ihr sexuelles Empfinden sei intensiver, wenn sie wüßten, daß die Frau ein ganz starkes Interesse an ihnen hat. Hinzu kommt, daß diese Form der Verführung die Möglichkeit einer Zurückweisung ausschließt.

Solche Männer wünschten sich Frauen, die ihre sexuellen Wünsche direkt aussprechen. Vielen Frauen in unserer Gesellschaft fällt das schwer. Sie fürchten noch mehr als die meisten Männer, abgewiesen zu werden. Zudem sind sie meistens in dem Glauben aufgewachsen, so etwas sei für ein braves Mädchen nicht schicklich, könne ihnen schaden und ihre Partner verschrecken.

Einer dieser Männer meinte, daß weder er noch seine Freunde vor Frauen Reißaus nehmen würden, die die Initiative ergreifen. »Wo sind sie denn, diese Frauen?« fragte er im Hinblick auf jenen resoluten Frauentyp, der so häufig in Frauenzeitschriften beschrieben wird. »Ich hätte schon große Lust, einmal einer zu begegnen.« Er vertrat die Meinung, daß eine selbstbewußte Frau von einem Mann vielleicht nicht deswegen zurückgewiesen werde, weil sie den ersten Schritt tut, sondern eher deswegen, weil er sie nicht attraktiv genug findet oder gerade keine Lust auf Sex hat. Das wurde uns auch von anderen Männern bestätigt.

So sagte etwa Basil, ein 24jähriger Student: »Ich habe es wirklich gern, wenn eine Frau die Erobernde ist. Es klappt dann besser mit dem Sex, weil du ganz sicher sein kannst, daß die Frau auch wirklich interessiert ist.« »Und nebenbei«, so fügte er hinzu, »es ist einfach himmlich, verführt zu werden.« Ein Grund für sein schönstes sexuelles Erlebnis mit einer Frau sei der gewesen, daß sie ihn von Schuldgefühl und Verantwortung entlastet hätte, sagte der 47jährige George. Er mußte sich nicht andauernd fragen: »Soll ich sie drängen, will sie es denn auch? Wie weit läßt sie mich wohl gehen?« »Frauen, die offen ihr sexuelles Interesse bekunden«, so George, »machen es mir leichter, mich sexuell ganz unbefangen zu verhalten.« »In manchen Fällen, in denen ich die Initiative ergriff«, sagt er ergänzend, »habe ich mich schuldig gefühlt. Und bei einer Gelegenheit war ich nicht zu einer Erektion fähig, weil ich mir nicht sicher war, daß sie es genauso stark wollte wie ich. Ich mag es eben gern, wenn eine Frau die Einleitung übernimmt, dann weiß ich am besten, woran ich mit ihr bin.«

Doch wenn Frauen es nicht gewohnt sind, selbst diese traditionelle Männerrolle zu übernehmen, wie kann dann ein Mann eine Frau dazu ermutigen, zupackender zu sein?

Eine Möglichkeit, die uns der 42jährige Valiant genannt hat, ist die, das Abwartespiel zu spielen. »Als Eroberer bin ich die größte Niete der Welt«, sagt Valiant, »denn wenn eine Frau nicht selbst unbedingt will, warte ich lieber, bis sie auf mich zukommt. Frauen sind es gewohnt, in die Defensive gedrängt zu werden; jetzt biete ich ihnen manchmal an, in die Offensive zu gehen. Ich drehe die Sache einfach um und lege mich auf den Rücken, bis sie bereit ist.«

Auch Jerry, ein 32jähriger Naturwissenschaftler, liebt das Abwartespiel. »Mir liegt die Rolle des Initiators nicht«, sagt er, »die Belastung ist für einen Mann einfach zu groß. Ich finde es gut, diese Last auch mal der Frau aufzubürden, also gehe ich ganz behutsam vor, bis meine Partnerin dann den ersten Schritt tut. Da gibt es die nichtverbalen kleinen Winke, eine sanfte Körpersprache und sinnliche oder romantische Gespräche. Und dann warte ich einfach ab.«

John, ein Firmenberater, erzählt uns, wie es ihm gelungen sei, durch Umkehrung der Erwartungshaltung eine Frau auf sich aufmerksam zu machen:

Ich habe es nicht nötig, gleich mit einer Frau ins Bett zu steigen. Heutzutage scheinen die meisten Frauen von den Männern zu erwarten, von Anfang an sexuell angemacht zu werden. Da geraten sie aus dem Gleichgewicht, daß ich, wenn ich mit ihnen ausgehe und wir angenehme Stunden verbringen, nicht gleich beim ersten Mal versuche, ihnen an die Wäsche zu gehen. Dann sind sie nicht mehr so auf der Hut und finden mich bemerkenswert. Spätestens an diesem Punkt habe ich sie dann am Haken, und sie kommen auf mich zu.

Billy, ein 31jähriger Akademiker, erzählt:

Das funktioniert erstaunlich gut. Ich habe sogar schon einige Frauen richtiggehend verblüfft, indem ich gesagt habe: »Ich möchte dich wirklich kennenlernen, aber mein Problem ist, daß Frauen nach einigen gemeinsam verbrachten netten Abenden anscheinend von mir erwarten, daß es zum Sex kommt. Wenn da nichts läuft, sind sie meistens enttäuscht und brechen die Beziehung ab. Ich fühle mich dabei echt unbehaglich, weil ich dann glauben muß, daß sie an mir als Person nicht wirklich interessiert sind.« Ich bin mir sowieso ziemlich sicher, daß es wahrscheinlich zum Sex kommt. Also macht es nichts, wenn ich ihr zu Anfang ein bißchen was vormache. Es macht mir Spaß und es funktioniert.

Conrad, ein Witwer in mittleren Jahren, ist von dem forschen Stil der von ihm so genannten »Neuen Frau« sowohl fasziniert als auch leicht schockiert. Er war geschmeichelt von der Aufmerksamkeit einer dieser Frauen, die, wie er sagt, »mich eindeutig haben wollte. Das gefiel mir, und ich wollte die Sache auch weiterverfolgen, aber irgendwie bereitete es mir auch Unbehagen.« Er beschreibt ihr drittes Rendezvous folgendermaßen:

Ich fuhr sie nach dem Abendessen nach Hause, sie lehnte sich an mich und knöpfte mir das Hemd auf. Wir hatten beide ein bißchen getrunken, und sie war in zärtlicher Stimmung. Dann machte sie mir den Reißverschluß an der Hose auf, zog mein Glied heraus und begann es zu streicheln. Während unserer ersten beiden Verabredungen war ich nicht gerade feurig gewesen; ich hatte ihr allerdings deutlich zu verstehen gegeben, daß ich sie attraktiv fände. Das gehörte zu meinem Belagerungsfeldzug, der hoffentlich mit einer Verführung enden würde. Aber ich hatte doch gedacht, daß es ein längeres Vorgeplänkel geben würde. Diese Frau war schon beim dritten Rendezvous so aggressiv bei der Sache, daß ich es nicht mochte. Ich war über meine Reaktion erstaunt, weil ich mir in meiner Phantasie ausgemalt hatte, daß es einfach köstlich werden würde.«

Eine ähnliche Reaktion brachte Charles, ein 45jähriger Collegeprofessor, zum Ausdruck, nachdem eine ihm ganz fremde Frau seine Bekanntschaft suchte und ihm offen nachstellte. Charles erinnert sich, daß sie ihn eines Abends anrief und sagte: »Ich bin schon etliche Male an deinem Büro vorbeigekommen und habe dich drinnen gesehen, und ich möchte mich gern mit dir treffen.« Sie erwähnte ihm gegenüber den Namen eines Kollegen. Nach dessen Aussage war sie eine außergewöhnliche Frau – sehr klug, attraktiv und nett. Also ließ Charles sich auf die Sache ein:

Ich rief sie an um zu sagen, daß ich zu ihr kommen würde, falls es ihr recht sei. Ich ging dann abends zu ihr. Sie war eine sehr schöne Frau. Wir tranken etwas Wein zusammen und hatten ein richtig anregendes Gespräch. Als ich aufstand, um zu gehen, kam sie mir bis zur Tür nach. Sie drängte sich an mich, drückte die Tür mit der Hand zu und ließ mich nicht weg. Dann legte sie ihre Arme um mich und versuchte, mich zu küssen. Etwas in mir sträubte sich dagegen, denn obwohl ich sie sehr anziehend fand, dachte ich bei mir: »Jetzt lerne ich dich kennen, so eine bist du also!« Jedenfalls endete das ganze dann im Bett.

Der 52jährige Bruce meint:

Es muß ein gewisses Gleichgewicht vorhanden sein. Ich mag weder eine überwältigend selbstbewußte Person noch jemanden, der immer nur spröde und zaghaft ist und den man zu etwas zwingen muß. Es gibt für alles den geeigneten Zeitpunkt und den richtigen Ort. Wenn es nicht der richtige Zeitpunkt ist, kann das sehr störend sein, doch wenn alles zusammenstimmt, ist es großartig. Ich mag eine Frau, die den richtigen Zeitpunkt und die richtige Situation abpaßt, sich selbstsicher zu geben und ihre sexuellen Wünsche zum Ausdruck zu bringen. Es ist wichtig, daß ein Gleichgewicht gewahrt bleibt und daß man das Interesse so durchblicken läßt, daß es den Anderen nicht erschlägt und daß beide genügend Spielraum haben, auf den Anderen einzugehen.

Annäherung ohne Rollenverhalten

»Es ist in unserer Gesellschaft unmöglich, sich nicht bis zu einem gewissen Grad auf Spiele einzulassen«, sagte einer unserer Interviewten. »Dennoch versuche ich, es zu vermeiden, weil keine falschen Töne und Gesten zwischen mir und der Frau stehen sollten, der ich mich nahe fühle.« Gleich ihm erklärten uns auch viele andere, sie zögen es vor, eine Frau zuerst richtig kennenzulernen und abzuwarten, bis sich das Sexuelle ganz natürlich von selbst entwickelt. Diese Männer wollten bei der Anbahnung einer sexuellen Affäre keine festgelegte Rolle übernehmen, vielmehr wollten sie sich ganz nach ihren Gefühlen richten.

Die Freiheit, sich in kein starres Rollenschema pressen zu lassen, ist offensichtlich das Resultat der sexuellen Revolution. Seit auch Frauen von dem ihnen zugewiesenen Rollenschema abgekommen sind und schon in jüngerem Alter sexuell aktiv werden, muß der Mann eine Frau nicht mehr oder weniger gewaltsam ins Bett ziehen. Der Buchautor und Sextherapeut Bernie Zilbergeld meint dazu:

> Obwohl noch immer einige Leute von Eroberung sprechen, muß ich mich doch fragen, wer denn eigentlich erobert wird. Ich meine, nicht jeder möchte es gerade mit dir machen, aber bestimmt gibt es irgendwo in deinem Wohnblock jemanden, der es sich wünschte: in diesem Sinne kann man schon von befreitem Sex sprechen.

Ein anderer Autor, Warren Farrell, beschreibt die Szene in der Terminologie von sexuellem Angebot und sexueller Nachfrage. Er sagt:

> Eines der erfreulichen Dinge in der Entwicklung der letzten 10 Jahre ist, daß das sexuelle Angebot im Verhältnis zur Nachfrage gestiegen ist und die Kluft sich fast geschlossen hat. Früher, als es fast überhaupt kein Angebot gegeben hat, mußten die Männer herumlaufen und nachfragen, nachfragen, nachfragen. Erst seit den letzten 3 oder 4 Jahren bin ich als Mann imstande, ganz konsequent auch sexuelle Angebote von Frauen abzulehnen. »Nein, heute abend ist mir nicht danach.« Oder: »Ich steh' nicht drauf, es mit dir zu machen.« Wenn früher eine einigermaßen attraktive und intelligente

Frau sich mir angeboten hat, wäre ich darauf sofort geflogen. Heute können sich auch Männer leisten, wählerisch zu sein. Und seit das Angebot sexuell erreichbarer Frauen fast mit der Nachfrage gleichgezogen hat, wissen Männer die Frauen auch viel mehr wegen ihres Intellekts und der Vielseitigkeit ihrer gefühlsmäßigen Qualitäten zu würdigen.

Unsere männlichen Interviewpartner stellten übereinstimmend fest, daß es ihnen weniger um Quantität als um Qualität gehe.

Der 34jährige Net erinnert sich an frühere Zeiten seines Lebens:

Ich habe überall in der Stadt herumgebumst, aber ich möchte bezweifeln, daß es mir so großen Spaß gemacht hat. Ich würde es vielmehr so charakterisieren: je mehr ich gebumst habe, desto weniger Spaß hatte ich dabei. Gelernt habe ich daraus, daß ohne eine Beziehung, ohne echtes Gefühl, ohne gegenseitige Zuwendung es vermutlich besser ist, sich einen runterzuholen, als mit jemandem ins Bett zu gehen.

Mit dieser Erkenntnis entfernen sich Männer immer weiter von den traditionellen Macho-Verführungsstrategien. Für den 36jährigen Jason hat sich dieser Wandel seiner Einstellung vor etwa 5 Jahren vollzogen:

Eines Tages ging mir auf, daß mir trotz meines guten Jobs, eines großartigen Autos, einer schönen Wohnung und meiner zahlreichen Sexabenteuer etwas Entscheidendes fehlte. Ich wußte selbst nicht genau, was es war. Also machte ich eine Therapie, in deren Verlauf ich erkannte, daß meinem Leben wirkliche Harmonie fehlte, denn während ich mich in zahlreichen flüchtigen Affären verlor, hatte ich daraus nie eine echte Befriedigung gezogen. Sobald ich eine Frau wollte, war ich hinter ihr her wie hinter einem lukrativen Geschäft.

Inzwischen verhalte ich mich anders. Zwar liegt mir an Eroberungen, aber ich überstürze nichts. Ich kann ein natürliches Auf und Ab der Beziehungen inzwischen gut ertragen. Mit größerer Gelassenheit und Spontaneität hat sich ergeben, daß ich nicht mehr so hektische Versuche machen muß, um Sex-Partnerinnen zu finden. Meine Beziehungen wurden einfach besser.

Einer der Gründe, warum der 29jährige Bernhard bei der Anbahnung sexueller Beziehungen entspannter und ruhiger sein kann als in seinen Teenagerjahren, ist der, daß sie nicht mehr von so ausschließlicher Wichtigkeit für ihn sind wie einst. Die Folge ist, daß er »die Dinge so nehmen kann, wie sie kommen«.

Ich war früher ein sehr entschlossener Stratege. Ich ging fast immer nach der gleichen Reihenfolge vor: zuerst Wein, dann gutes Essen, dann der Verführungsversuch auf der Couch, und das alles in einer Weise, die mir gestattete, das Gesicht zu wahren, falls ich abgewiesen wurde. Heute bin ich nicht mehr so zielstrebig. Je älter ich werde, desto stärker erlebe ich, daß der Sex einen ganz natürlichen Platz in meinen Beziehungen einnimmt. Wenn die andere Person dazu bereit und interessiert ist, dann ergibt sich alles andere ganz natürlich.

Der 38jährige Allen bekennt, daß auch für ihn Sex nicht mehr so dringend im Vordergrund steht:

Meine derzeitige Strategie – falls man es überhaupt eine Strategie nennen will – besteht darin, auszugehen, angenehme Stunden zu verbringen und die Gesellschaft einer Frau einfach zu genießen. Das bedeutet oft, daß wir nicht gleich Sex miteinander haben. Zuerst einmal versuche ich, sie besser kennenzulernen. Erst nach der dritten oder vierten Verabredung – vorausgesetzt, es macht bei uns »klick« – kommt es dann vielleicht auch zum Sex.

Ob sich nun Sex als natürliches Bindeglied im Laufe einer Bekanntschaft einstellt oder der gut geplante Abschluß einer ersten Begegnung war, die von uns interviewten Männer jedenfalls äußerten durchweg den Wunsch nach einer intimen Beziehung. Sobald die traditionellen Bums-Strategien zu einer Reihe oberflächlicher Affären für eine Nacht führten, begannen doch einige Männer, sich über ihre Vorgehensweise Gedanken zu machen. Letztlich wünschten auch sie sich ein Gefühl der Sicherheit, die Nähe zu einer Partnerin.

Sobald sie dies bei einer Frau gefunden hatten, vielleicht auch einen gemeinsamen Hausstand gründeten und heirateten, sahen sie sich einem anderen Problem gegenüber: wie macht man es, eine langdauernde sexuelle Beziehung lebendig und befriedigend zu erhalten. Das Erregende der Jagd oder die Ungewißheit, welche Hürden noch zu nehmen sind, das alles unterliegt einem Wandel, sobald eine Beziehung sich festigt. Das aufregend Neuar-

tige wird zu Vertrautheit, und die Paare sind bestrebt zu vermeiden, daß die Vertrautheit ihre körperliche Liebe nicht in Lange-
weile umkippt. Zunehmend entwickeln sie deshalb kreative Formen, um ihr Geschlechtsleben lebendig und abwechslungsreich zu
gestalten.

Liebe à la carte

Vor etlichen Jahren begann für den 59 Jahre alten Mel der Sex öde und langweilig zu werden. Nach 34 Ehejahren sagt er:

Alles lief bei uns mit der Routine eines Uhrwerks, und auch unser Geschlechtsleben folgte immer demselben Schema. Da meine Frau länger braucht, um zum Orgasmus zu kommen, verschaffe ich ihr zuerst ein bißchen Lust mit der Hand und mach's ihr dann mit dem Mund, bis sie kommt. Dann führe ich meinen Penis ein und etwa 20–30 Minuten nach dem Eindringen ejakuliere ich. Es läuft immer wieder nach derselben langweiligen Routine ab. So war es ja nun ganz und gar nicht, als wir noch jung verheiratet waren und die verschiedensten Stellungen ausprobiert haben.

Mels Beschwerde, daß sein Geschlechtsleben zu einer Art »Notdurft« an Samstagabenden verkümmert sei, war nicht eben ungewöhnlich. Die Liebe leidet oftmals Schaden, wenn im normalen Gang der Ereignisse Familienverpflichtungen oder Arbeitsbelastungen Zeit und Energie auffressen, die nun einmal für eine intime Beziehung notwendig sind. So stellten sich viele die Frage, ob es dann überhaupt möglich sei, die Honigmondgefühle in den langen Jahren einer Ehe zu erhalten. Die Wirklichkeit beweise doch, daß dies angesichts der raschen gesellschaftlichen Entwicklung und der hohen Scheidungsrate ein »unerreichbarer Traum« sei.

Doch andere teilten diese Auffassung nicht. Trotz schwerwiegender ehelicher Probleme oder niederdrückender äußerer Zwänge hätte die Liebe ihrer Meinung nach nichts an Lebendigkeit eingebüßt. Monogamie sei kein Zustand, der schließlich alle sexuelle Lust abtöte. Deswegen ergab sich für sie nicht der Zwang, ihre sexuellen Bedürfnisse zu unterdrücken, indem sie sich in Arbeit oder außereheliche Affären stürzten.

Laut traditionellen Vorstellungen braucht ein Mann nur im Anfangsstadium der Beziehung das ganze romantische Beiwerk in Anspruch zu nehmen. Ein wahrhaft männlicher Mann ist durch seine sexuellen Fähigkeiten in der Lage, auf Frauen anziehend zu wirken und sie zu verführen. Deshalb endet für die meisten Männer die Phase der Werbung dann, wenn für sie aus einer Beziehung eine Verpflichtung zu werden scheint. Zeit, Energie, Geld, einst dem romantischen Werben um die Frau ihrer Träume gewidmet, zählen mit einemmal nicht mehr. Sie verlieren das Interesse, sich romantischen Stimmungen hinzugeben, die zu Momenten intensiver Sinnlichkeit führen können.

Im Gegensatz zu ihren Macho-Genossen haben die erotischen Gourmets durchaus begriffen, daß es bewußter Anstrengung und Planung bedarf, um ihr Geschlechtsleben auch weiterhin erregend zu erhalten.

Ein 50jähriger berichtet:

> Ich möchte uns eine romantische Umgebung schaffen. An diesem Punkt meines Lebens ist das für mich sehr wichtig und ich mache das gern. Ich kaufe dann Blumen und stelle Kerzen auf und sorge dafür, daß das Essen und der Wein richtig aufeinander abgestimmt sind. Bevor Jenny mich zum Wochenende besuchen kam, habe ich einen vollen Tag gebraucht, um alles vorzubereiten. Es hat mir Spaß gemacht. Als ich noch ein echter Macho war, hätte ich mir das nicht im Traum einfallen lassen. So etwas tat man doch einfach nicht. Aber jetzt gefällt es mir. Ich glaube auch, daß ich es genau so gern für sie wie für mich selbst tue.

. . . und lebten glücklich und zufrieden

Zur Aufrechterhaltung einer lebendigen sexuellen Beziehung gehört neben Glück und Zufriedenheit für viele Männer die Romantik, mit der dem Partner ein Gefühl der Besonderheit vermittelt wird. Dieses Gefühl miteinander zu teilen und beständig neu zu schaffen, unterschied die Paare, die in der Liebe Gourmets geblieben waren, von denen, deren Geschlechtsleben zu Routine abgesunken war. Der 48jährige Justin, ein Prediger, seit 25 Jahren verheiratet, begann jeden Tag mit einem kurzen Morgengebet, in dem er Gott für seine glückliche Ehe dankte.

Der 36jährige Terry und seine Frau haben eine besondere Sprache der Liebe entwickelt, die ihre ursprünglichen Liebesgefühle immer wieder neu belebt:

> Wenn uns ganz erotisch zumute wird, fallen wir manchmal in die Sprache zurück, die Glenna und ich gebraucht haben, als wir miteinander gegangen sind. Es ist nicht etwa irgendeine Babysprache, sondern eine ganz persönliche Form der Verständigung, die sich bei uns in den 15 Jahren unserer Ehe herausgebildet hat.

Einige Männer, wie der 27jährige Scott, erhielten sich dieses Gefühl romantischer Intimität durch nonverbale Kommunikation:

> Manchmal ist es einfach unpassend, in der Öffentlichkeit dem anderen seine Gefühle körperlich verständlich zu machen. Aber man kann zum Beispiel viel mit den Augen machen. Man kann eine Frau mit den Augen entkleiden, und dasselbe kann sie auch mit dir machen. Du kannst von weitem anschauen und dir dabei die Lippen lecken oder kannst mit deiner Zunge spielen wie beim Cunnilingus, und niemand merkt, was da eigentlich vor sich geht. Aber deine Frau wird mit einemmal zur Königin einer Party, jedenfalls in deiner eigenen, kleinen, privaten Welt.

Ob nun verbal oder nonverbal: die Paare entwickelten oft gewisse Codes, durch die sie ihr sexuelles Interesse zum Ausdruck brachten.

Die verschlüsselten Anspielungen gingen häufig auf ein besonders lustvolles sexuelles Erlebnis zurück. Das war auch der Grund, weswegen der 27jährige Fred so oft von *Prismazeit* sprach:

> Wir lebten damals in einem winzigen Zimmer in Raleigh und hatten dieses kleine geschliffene Kristallprisma im Fenster hängen. An einem wolkenlosen Tag gegen vier Uhr nachmittags schien die Sonne herein und das Licht, das sich im Prisma brach, tanzte über die Wände. Wir nannten das unsere Prismazeit. Es war die Zeit, in der wir uns dann beide hinlegten, und oft liebten wir uns dann auch, weil uns dann niemand störte. Ich sage also jetzt noch manchmal: »Es ist Prismazeit.«

Der 29jährige Bernhard erinnert sich an ein Erlebnis, das zu einem Code führte, den sie oft benutzten, um sich ihr sexuelles Interesse zu signalisieren:

> Einmal kleckste ich in einem Augenblick spontaner Leidenschaft etwas Eiscreme in ihren Bauchnabel und leckte sie dann ab. Hin und wieder rufe ich sie jetzt an und frage: »Hättest du nicht jetzt Lust auf Eiscreme?«

Vorfreude

Ein weiteres Element zur Erhaltung der Romantik in einer sexuellen Beziehung besteht darin, durch die Planung künftiger sexueller Freuden ein Gefühl der Vorfreude zu erzeugen. Einer der Männer drückt das so aus: »Es ist wunderbar zu wissen, daß einer von uns oder wir alle beide damit beschäftigt sind, ganz besondere Augenblicke zu planen, in denen wir wieder wie Jungverliebte sind. Es macht Spaß, den Gedanken ganz auszukosten.«

Silas, ein 54jähriger Prediger, seit 30 Jahren verheiratet, erzählt:

> Ich liebe es, zu planen und mich auf unsere verliebten Spiele zu freuen. Die Vorfreude kommt der Liebe zugute, besonders wenn man sich darauf einstellt, ausgeruht zu sein. Auf diese Weise kann man einander seine ganze Kraft und sein Gefühl geben.

Einige Männer steigerten ihre sexuelle Vorfreude durch vorherige Abstinenz. Einer der Interviewten berichtet:

> Ich komme gut ein paar Tage ohne Sex aus. Das erhöht die Vorfreude. Dann masturbiere ich gern, ohne mich zum Orgasmus zu bringen, oder bin über längere Zeit sexuell aktiv, aber ohne Orgasmus. Ich zögere es einfach hinaus und lasse es anwachsen. Dadurch erzeuge ich mir großartige Höhepunkte, wenn es dann schließlich soweit ist.

In 9 Jahren Ehe haben Bowie und seine Frau entdeckt, daß sie ihre sexuelle Vorlust, deren Intensität und Romantik verlängern konnten, indem sie nach dem jüdischen Familiengesetz den Verkehr vermieden. Es gibt nach diesem Gesetz nämlich eine Zeitspanne von zwei bis zweieinhalb Wochen, beginnend mit dem Einsetzen der Periode einer Frau bis eine Woche nach Beendigung ihrer

Periode, in der jeder Sex vermieden werden soll. Wir haben erkannt, daß die Zeit der Abstinenz unsere sexuellen Gefühle steigert. Das ist wie ein Honeymoon in jedem Kalendermonat.

Inszenierung

Wenn Liebesfreuden bevorstanden, fanden es die von uns interviewten Männer wichtig, besondere Anstrengungen zu machen, die Szene in einer besonders erotischen oder sinnlichen Weise auszugestalten.

Der 31jährige Gary teilte uns seine Vorstellungen darüber mit:

> Mir liegt absolut nichts daran, ins Bett zu gehen, zu bumsen, einzuschlafen. Ich bereite unsere sexuellen Freuden vor, indem ich etwa eine gutgekühlte Flasche Champagner da habe, zum Abendessen mit ihr in ein Restaurant gehe oder einfach zu Hause ein gutes Essen vorbereite. Der Tisch ist festlich gedeckt, ich mache mich fein und bitte meine Frau, etwas anzuziehen, das sexy ist. Und dann zögern wir unser Vorspiel hinaus, machen uns an, spielen herum und sind zärtlich miteinander, jedenfalls bumsen wir nicht gleich. Ich brauche den Übergang von einem Tag voller Geschwätz zum Beisammensein in einer Atmosphäre, die ganz Berührung und Empfindung ist.

Der 34jährige Net, der seit 5 Jahren mit einer Freundin zusammenlebt, erzählte uns von einem besonderen Abend, den er für seine Geliebte arrangiert hat:

> Für romantische Sachen, die meine Freundin mag, ist mir nichts zu teuer. Sie ist ganz verrückt nach John Denver. Als der hier war, besorgte ich uns die besten Karten, habe ihr aber nichts davon erzählt. Ich habe es so arrangiert, daß wir von einer umwerfend schicken Limousine mit Chauffeur abgeholt wurden. Erst sind wir zum Dinner ausgegangen, haben uns die Show angesehen und sind dann nach Hause gegangen. Das war das Vorspiel zu einem phantastischen Abend.

Der 54jährige Leo erinnert sich an die Zeit, als er und seine künftige Frau 8 Monate lang eine geographische Trennung überwinden mußten:

Als wir uns irgendwo unterwegs trafen, reisten wir jeder für 48 Stunden per Flugzeug an. Auf meinem Terminkalender waren nur wir beide vorgemerkt. Wir nannten das die »Inselzeit«, weil wir das Gefühl hatten, allein auf einer Insel zu sein. Alles konzentrierte sich auf den anderen und darauf, wieviel Freude wir einander geben wollten. Das Gefühl wurde durch die vorausgegangene Trennung gesteigert. Also waren diese zwei Tage immer etwas ganz Besonderes. Um das heute wieder aufleben zu lassen, sind wir mindestens ein Wochenende im Monat unterwegs. Oder wir verschaffen uns die »Inselzeit« zu Hause. Im Mittelpunkt steht, wieviel Spaß wir miteinander haben werden, wieviel Lust einer dem anderen gibt. Ich glaube, man braucht solche »Inselzeit«, damit das Sexleben voll Spannung bleibt.

Während lustvolles Vorausplanen das sexuelle Erleben meist bereicherte, waren erotische Zwischenspiele, die sich ganz spontan einstellten, oft denkwürdige Meilensteine einer Beziehung. Und da man schließlich nicht alles auf Spontaneität setzen kann, plädierten die von uns interviewten Männer dafür, daß man in der richtigen Stimmung einen außergewöhnlichen Augenblick ergreifen und festhalten sollte, um dem täglichen Einerlei ein paar kostbare Augenblicke zu stehlen.

Der 67jährige Clarence tritt dafür ein, daß Sex überall und jederzeit schon für die nötige Abwechslung sorgen kann:

Warum nicht Sex nach Arbeitsschluß? Warum nicht vor Tagesanbruch? Warum nicht im Morgengrauen, wenn die Vögel zwitschern? Warum nicht auf dem Küchentisch? Warum nicht auf einer Couch? Warum nicht auf dem Fußboden? Warum nicht auf dem Teppich? Sexuelle Beziehungen sollten sich nicht nur im Bett abspielen. Als ungünstigste Zeit gilt das Ende eines langen Tages, wenn man todmüde ist. Doch für manche ist das sogar die beliebteste Zeit, da Sex schließlich eines der besten Einschlafmittel der Natur ist.

Für den 36jährigen Jason ist Sex manchmal die Folge einer ganz spontanen Geste:

Wir kommen von der Arbeit nach Hause und spielen »in den Hintern kneifen«, und dann schmeiße ich sie vielleicht einfach aufs Bett. Und während ich so mit ihr herumalbere, bemerke ich, wie ihr Rock hochfliegt und habe mit einemmal den Drang, ihr die Höschen runterzureißen.

Männer, wie der 66jährige Gene, empfanden ihre Beziehung als sexuell befriedigend, weil beide Partner ganz spontan aufeinander eingehen können:

Wenn meine Frau in der Dusche ist, gehe ich auch mit unter die Dusche; wenn ich zufällig am Wandschrank vorbeikomme, wo sie sich gerade auszieht, drücke ich sie ganz fest an mich. Manchmal lege ich meine Hand zwischen ihre Beine und sage: »Alles meins.« Und sie macht dasselbe bei mir. Wenn ich nur mit einem Handtuch bekleidet aus dem Bad komme, greift sie nach mir und befummelt mich.

Raffinierte Berührung

Ob nun der Liebesakt geplant oder spontan ist, stets hatten Männer das Gefühl, daß sie viel dazu beitragen konnten, die Erlebnisfähigkeit zu steigern. Sie fanden, daß die Art der Berührung während des Sex den Unterschied ausmache zwischen gewöhnlichem Sex und einem raffinierten, verfeinerten Liebesakt. Berührung kann eines der wichtigsten Mittel sein, sexuelles Empfinden zum Ausdruck zu bringen. Nach Meinung unserer Interviewpartner erforderten raffinierte Berührungen nicht nur gewisse technische Fertigkeiten, sondern zugleich die Fähigkeit, Liebesgefühle ganz sinnlich zu vermitteln. Der 27jährige Lanny nennt uns dafür ein Beispiel:

Hände können sehr viel mitteilen beim Liebesspiel – besonders, wenn sich die Partnerin unbehaglich fühlt oder nervös ist. Die Art, wie man jemanden berührt oder festhält, kann sehr beruhigend wirken. Wird die Frau unruhig, kann man einfach seine Hand in ihre legen und sie dadurch besänftigen. Auf diese Weise kann man zugleich zeigen, daß man an mehr denkt als nur an Sex und daran, wie man am schnellsten in ihr Höschen gelangt.

Der 61jährige Mark erklärte, was subtiles Berühren ihm bedeutet:

Aus der Art, wie Menschen ihre Hände gebrauchen und wie sie einen anderen berühren, kann man ihre Absichten und den Grad ihrer Zuneigung ersehen. Bei meiner Partnerin ist mir jeder Quadratzentimeter ihrer Haut lieb und wert, und ich kann es fühlen, wenn ihre Hände Verbindung von ihrem Herzen zu meinen Genitalien haben, allein schon durch die Art, wie sie mich anfaßt. Ich versuche, meine Partnerin mit meinen Händen, meinem Mund oder meinem Fuß in der Weise zu berühren, daß unsere Körper dabei mitspielen.

Männer, die in ihren Beziehungen ein solches Maß sinnlicher Mitteilungsfähigkeit erreicht haben, glaubten, daß sie die Körpersprache ihrer Partnerinnen geradezu lesen und sich genau darauf einstellen könnten, welche zärtliche Berührung ihre Geliebte sich von ihnen wünschte. Roger beschrieb uns, wie diese Fähigkeit ihm dazu verholfen hat, ein erotischer Gourmet zu werden:

Ich spreche von meiner Sensibilität, durch die ich genau ablesen kann, was sie möchte, was sie empfindet und auf welche Weise ich diese Zärtlichkeiten fortsetzen kann, und ich glaube, daß ich das alles nicht nur aus meiner eigenen Perspektive wahrnehme.

Der bei einer Berührung ausgeübte Druck ist ein weiterer wichtiger Bestandteil raffinierten Liebesspiels. Viele der von uns interviewten Männer waren empfänglicher für zarte, sanfte Zärtlichkeiten, während andere ein herzhafteres Zupacken bevorzugten oder Berührungen mochten, die fast an die Schmerzgrenze reichten:

Ich war früher einmal mit einer Frau zusammen, die sehr lange Fingernägel hatte und auch gern von ihnen Gebrauch machte. Sie hinterließ Striemen auf meinem Rücken, die erst nach Wochen verheilten. Aber ich muß zugeben, daß es mir gefallen hat. Es gibt da etwas auf dieser Ebene, das nicht mehr Schmerz ist, sondern Ekstase.

Massage

Viele Männer hatten bei unserer Untersuchung Spaß daran, intimes Berühren durch Massage einzuleiten. Die Massage mußte nicht unbedingt in einem Liebesakt enden, doch in den meisten Fällen war es der Fall.

Mel, ein 59jähriger Verkaufsleiter, fand heraus, daß Massage die Einleitung zu raffiniertem Liebesspiel sein kann:

Ich bekam früher Vollmassagen von einer Masseuse, doch das wurde mit der Zeit ziemlich teuer. Also kauften wir uns unseren eigenen Massagetisch, den wir direkt neben unserem Bett aufstellten, und seither massieren wir uns regelmäßig gegenseitig. Meine Frau gibt mir sehr sinnliche Massagen. Während sie dabei professionell vorgeht, spielt sie mit meinen Genitalien und erregt mich, und dann küßt sie die Spitze meines Gliedes, macht kurz darauf mit oralem Sex weiter, und dann hüpfen wir ins Bett und haben Geschlechtsverkehr.

Ein anderer Mann hatte seine spezielle Massagetechnik:

Ich mag es am liebsten, wenn wir beide nackt sind, und dann bringe ich mich über ihrem Hinterteil in Stellung, und zwar so, daß mein Glied in ihrer Furche liegt, zwischen den beiden Backen. Ich nehme Massageöl oder -creme und beginne an Hals und Schultern. Ich massiere gern am Schlüsselbein und am Hals. Ich liebe Ohren. Ich ziehe mit meiner Zunge gern den Umriß des Ohres nach und küsse seine Unterseite. Dann massiere ich an der Wirbelsäule auf und ab oder kratze ihr vielleicht ein bißchen den Rücken. Dann küsse ich am Rückgrat entlang, während ich das Hinterteil und die Pobacken bearbeite. Ich setze meine Küsse immer tiefer an, lasse sie schließlich um den Analbereich kreisen und stecke meine Zunge hinein. Am Ende hebe ich eines ihrer Beine an, dringe in ihre Scheide ein, stecke meinen Daumen in ihren Anus und dann haben wir Geschlechtsverkehr.

Viele Männer bevorzugten eine erotische Massage mit Öl oder Spezialcreme, weil deren Schlüpfrigkeit ihr taktiles Empfinden beim Liebesakt steigert. Wie einer der Männer uns erklärte: »Ich mag das schlüpfrige, seidige Gefühl, das man hat, wenn der Körper ganz eingeölt ist und man Liebe macht.« Bevorzugte Mittel dieser Art waren Feuchtigkeitscremes, natürliche Öle wie Oliven- und Mandelöl oder spezielle Produkte wie Kamasutra-Öl. Einige Männer bereiteten sich auch ihr spezielles Massageöl aus Baby- oder Olivenöl zu, dem sie konzentrierte Duftstoffe beimengten.

Liebesakt

Im Laufe der Interviews wollten wir wissen, auf welche Weise Männer während des Liebesaktes berührt werden möchten. Es war uns bekannt, was Frauen bevorzugten, und wir fragten uns, ob sich männliche und weibliche Sensibilität unterscheiden und ob bestimmte männliche Körperpartien sensitiver sind als andere.

Einige Männer konnten uns diese Frage nicht beantworten. Ein 45jähriger College-Professor sagte:

> Soweit ich das beurteilen kann, habe ich, abgesehen von meinem Penis, keine weiteren erogenen Zonen. Ich weiß nicht, ob das bei anderen Männern anders ist, ich würde es eher bezweifeln.

Männer werden traditionell immer als Spender sinnlicher und sexueller Freuden angesehen, nicht als Empfänger. Die Macho-Regeln besagen, daß der Mann sein Vergnügen aus der Verführung der Frau bezieht. Dabei konzentriert er sich ganz auf ihre Lust. Die Lust an seiner Ejakulation muß er gewissermaßen abstrakt vorwegnehmen. Infolgedessen sind viele Männer völlig ahnungslos im Hinblick auf die Lustmöglichkeiten, die andere Körperzonen außer ihren Genitalien ihnen zu bieten haben.

Durch unsere Interviews wurde ihnen dieser Umstand langsam bewußt, und sie begannen, das Lustpotential ihres gesamten Körpers zu erforschen. Obwohl die Berührung, die den einen erregen mag, für einen anderen nichts Aufregendes hat, zeichneten sich doch allgemeine Muster ab.

Zärtliches Streicheln ihres Gesichts mit den Fingerspitzen oder mit dem Mund war für die meisten Männer extrem stimulierend. Andere fanden es auch überaus angenehm, sich von einer feuchten Zunge im Ohr liebkosen zu lassen:

> Anfangs haßte ich es, wenn mir jemand ins Ohr blies, insbesondere, wenn mir danach die Zunge hineingesteckt wurde. Ich fand es einfach grauenhaft. Doch nach und nach spürte ich, wie sinnlich erregend das war. Inzwischen wirkt es alarmierend auf mich, und ich werde richtig angetörnt. Doch wenn mich eine Partnerin fragt, was mich so richtig in Fahrt bringt, fühle ich mich immer ein bißchen blöd, wenn ich sage: »Puste mir doch einfach ins Ohr.«

Wie bei den Frauen sind auch bei einigen Männern Brustwarzen und Brüste sehr empfindlich. Der 67jährige Berry, seit 16 Jahren verheiratet, sagt:

> Ich weiß nicht, wieviele Männer die Entdeckung gemacht haben, wie sensibel ihre eigenen Brustwarzen sind, doch meine Brustwarzen sind extrem empfindlich, und ich hab's gern, wenn sie gestreichelt werden oder wenn daran gesaugt wird während des Liebesakts. Ich habe das meiner Frau erzählt, die das inzwischen auch gerne tut.

Die Männer sprachen davon, wie sehr sie zärtliches Streicheln unterhalb der Brust, am Bauch, am Rückgrat, an den Innenseiten der Schenkel und in ihren Kniekehlen genießen würden. Selbst ihre Fußsohlen und ihre Zehen enthalten sehr sensitive Nervenenden, die während des Geschlechtsverkehrs stimuliert werden können. Der 27jährige Scott liebt es besonders, wenn seine Frau ihm über den Magen streicht, während er zu ejakulieren beginnt.

Einige Männer wünschten sich, daß ihre Genitalien genauso liebevoll gestreichelt würden wie ihr Gesicht, ihr Mund, die Ohren oder die Brustwarzen.

Männer beschrieben uns in allen Einzelheiten, wie sie ihre Genitalien gestreichelt haben wollten. Einige mochten es, wenn ihr Glied ganz fest gehalten oder eng umschlossen wurde, während ihre Geliebte rhythmisch den Schaft streichelte. Sobald ihr Glied stark anschwoll, bevorzugten viele Männer einen veränderten Druck. Der genaue Rhythmus war von Mann zu Mann verschieden. Viele der von uns interviewten Männer wurden verlegen, wenn sie uns eine genaue Beschreibung davon geben sollten, wie sie sich ihre Genitalien gern streicheln ließen, doch Ron, ein 24jähriger Medizinstudent, erzählte ganz unbefangen:

> Wenn eine Frau ihre Hände gekonnt zu benutzen versteht, ist das wirklich toll. Wenn sie am Schaft meines Gliedes aufwärts streicht, mag ich es nicht, wenn sie über die Wulst der Eichel hinausgeht, über den Kopf des Gliedes streichelt, weil das zur Überreizung führt. Ich mag es lieber, wenn sie unterhalb dieser Wulst bleibt. Eine Menge Frauen glauben, daß die Eichel sehr erotisch sei. Das mag ich dann ganz gern, wenn eine Frau mir die Eichel kitzelt, während sie sich auch mit dem Rest des Penis zu schaffen macht. Doch die Stimulation

der Eichel allein schafft mir noch keine Erektion oder einen Orgasmus. Viele Frauen denken auch, daß man einem Mann am besten zu einer Erektion verhilft, wenn man an seinem Glied zieht. Doch ich laß mich nicht gern am Penis ziehen. Am besten funktioniert es bei mir, wenn am unteren Gliedschaft die Gefäße zusammengedrückt werden, so daß kein Blut abfließen kann. Eine Frau sollte also mehr Druck ausüben, je weiter unten sie ihre Hand hat und nur ganz leicht drücken, wenn sie die Hand aufwärts bewegt; gerade stark genug, um das Glied in Stellung zu halten. Wenn ich zum Orgasmus gelangen will, brauche ich Stimulation unten am Schaft, und die Bewegungen müssen abwärts stärker sein als aufwärts.

Sexuelle Hilfsmittel

Eine der Fragen, die wir unseren Interviewpartnern stellten, war die, ob sie jemals sexuelle Hilfsmittel benutzt hätten. Mit anderen Worten, etwas anderes als ihre eigenen Körper, um die Intensität beim Liebesaskt zu steigern. Eine verbreitete Antwort war die, daß die Verwendung von Hilfsmitteln unnatürlich, unnötig und auch unmännlich wäre. Das brachte auch der 70jährige Riley zum Ausdruck, der der Auffasung ist, daß Männer keine Hilfsmittel benutzen sollten:

Ich habe große Abneigung gegen solche Sachen. Ich glaube, das sind bloß Krücken, und ich meine, daß jeder, der die echte Energie verspürt, auch ohne das Zeug auskommen kann. Er braucht keine Tricks, und er braucht keine Prothesen.

Die meisten Männer indessen, besonders die zwischen 20 und 40, die in einer Kultur großgeworden sind, in der sexuell viel mehr erlaubt ist, zeigten sich Experimenten gegenüber sehr aufgeschlossen. Sie hatten nicht das Empfinden, daß die Verwendung von Hilfsmitteln unnatürlich wäre. Der 27jährige Raimond brachte seine Gefühle ganz freimütig zum Ausdrück:

Man muß bereit sein, Neues zu probieren, gewiß jedoch keine Dinge, die einem gründlich Angst machen, sondern eben bereit, phantasievoll und verspielt zu sein. Wenn dir deine Geliebte etwas vorschlägt, was dich nicht gerade schockiert, wie etwa, daß sie dich anpinkeln möchte oder dergleichen, dann laß es doch einfach mal passieren und betrachte den Sex als Spiel, nicht als Mittel, dich selbst zu beweisen. Man darf darin keine harte Arbeit sehen, man muß nicht immer etwas Überwältigendes leisten, wie die Machos offenbar meinen.

Ganz im Sinne dieser Philosophie sprachen einige Männer von diesen Hilfsmitteln als ihrem Spielzeug, das über Jahre eine sexuelle Beziehung lebendig halten kann. Der 37jährige John ging sogar soweit, sein Spielzeug in einer Truhe aufzubewahren und glaubte, daß es jeder Beziehung nur zugute kommen könne.

Die Hilfsmittel, die von den Männern erwähnt wurden, reichten von Dimmern bis zu Handschellen, je nach Art der erotischen Atmosphäre, die sie erzeugen wollten. Da viele Männer durch visuelle Stimulation extrem erregt werden, wurden immer und immer wieder bestimmte Beleuchtungseffekte erwähnt, die die allseitige Betrachtung ihrer entblößten Partnerinnen zu einem lüsternen Fest machten. Das bedeutet, daß die Lichtstärke im Zimmer ein wichtiger Faktor ist.

Wie die meisten Männer, wollte auch Charles, ein 45jähriger Professor, gerade genug Licht, um seine Partnerin noch sehen zu können, und er fand, daß zuviel Licht auf ihn buchstäblich ernüchternd wirkte:

> Es gibt das alte jüdische Gebot, das Licht verbietet, und sogar D. H. Lawrence sagt, daß es nur im Dunkeln Spaß macht. Also muß ich mir wohl sagen lassen, daß ich pervers bin. Aber ich liebe Genitalien und möchte sie sehen. Ich mag sanfte Beleuchtung aus verschiedenen Winkeln mehr als grelles Licht, das mich irgendwie einschüchtert.

Sanftes Licht ergibt sich, indem man das Licht im Ankleidezimmer oder im Bad brennen läßt, oder ein schwaches Licht neben dem Bett anläßt. Einer der Männer benutzte ein kleines Nachtlicht am Fußende des Bettes. Andere bevorzugten dramatische Lichteffekte durch geschwärzte oder farbige Glühbirnen, um jene erotische Atmosphäre zu schaffen, die sie für den Liebesakt brauchten. Auch Kerzen waren eine bevorzugte, romantische Lichtquelle.

Ein weiteres bevorzugtes sexuelles Hilfsmittel, das in Verbindung mit gedämpftem Licht erwähnt wurde, waren Spiegel. Ein Mann Mitte 20 sagte uns:

> Gelegentlich habe ich Spiegel benutzt, um die verschiedensten Positionen richtig zur Geltung zu bringen. Einmal hatte ich sogar Spiegel an der Decke und an sämtlichen Wänden. Genau wie es im Playboy oder Penthouse steht, trägt der erregende Anblick der Geschlechtsorgane zu einem gesteigerten sexuellen Erlebnis bei.

Einige Männer konnten feststellen, daß neue Partnerinnen sich anfangs mit Spiegeln im Schlafzimmer unwohl fühlten, da sie so offensichtlich sexuelle Bedeutung hatten. Einer der Männer löste dieses Problem, indem er Spiegel an den Schiebetüren des Wandschranks anbrachte und abwartete, bis die Beziehung sich weit genug entwickelt hatte, um vorschlagen zu können, die Türen zu öffnen.

Kölnisch Wasser am eigenen Körper und dem ihrer Partnerinnen schien für viele eine angenehme Geruchswirkung zu haben. Einzelne Männer fanden Spaß daran, während des Vorspiels ihre Partnerinnen mit wohlriechendem Puder zu bestäuben. Einige benutzten Babypuder, andere erwähnten Kamasutra-Puder, der mit einer sinnlichen Federquaste geliefert wird.

Auch zahlreiche Nahrungsmittel dienten den Männern zur Steigerung ihrer Lust beim Liebesspiel. So wurde beispielsweise Schlagsahne von vielen Männern genannt. Der 38jährige Jack erzählt:

> Besorg dir einen großen Becher Ready-Whip und tu so viel davon, wie du willst, auf den Körper der anderen Person und auch wohin du willst, und fang einfach an zu essen und zu schlecken. Das ist sehr, sehr sinnlich und auch komisch. Einmal war es das einzige, was wir im Laden gekauft hatten, und ich merkte, wie die Kassiererin uns anzüglich anschaute, so daß sicher auch noch andere als wir auf diese glorreiche Idee gekommen sind.

Viele Männer begeisterten sich für Schlagsahne als »Abrundung« beim oralen Sex, so der 37jährige John:

> Indem man Schlagsahne auf ein steifes Glied kleckst, kann die Frau die Sahne auflecken und gleichzeitig oralen Sex praktizieren. Man kann auch die Scheide damit versehen.

Gary, 32 Jahre alt, verband seine Vorliebe für Desserts mit genießerischem Sex, indem er seine Geliebte mit Schlagsahne überhäufte und Zimt und gerapselte Schokolade darüberstreute. Andere ersetzten die Schlagsahne durch Erdbeersirup oder Schokoladensirup, obwohl hinterher die Laken gewechselt werden mußten. Und offensichtlich stimmt es tatsächlich, daß jeder »Sara Lee« liebt – jedenfalls gilt das für den 31jährigen Billy, einen unverheirateten Akademiker, der uns sagte:

Ich mag den Sara-Lee-Käsekuchen tatsächlich. Ich schmücke Brüste damit und noch ganz andere Körperteile, dann schlecke ich ihn ab und esse ihn auf.

Einige Männer wählten verschiedene Nahrungsmittel zur Steigerung ihrer sexuellen Freuden wegen des Geschmacks und der Konsistenz der Stoffe, während wieder andere zu Speiseeis rieten, wegen der Temperatur. John erklärte, daß das kühle Eis, das man auf intime Körperpartien aufbringt, erregende Empfindungen hervorruft:

Wenn man ein Glas voller kleiner Eiswürfel neben das Bett stellt, kann man mit dem Mund ein Stück in die Scheide einführen. Die Hälfte oder ein Drittel eines normalen Eiswürfels ist völlig ausreichend – man will schließlich nur die Temperatur der Scheidenwände leicht senken und der Frau keinen Kälteschock zufügen. Unmittelbar danach dringe ich in sie ein, die Scheide ist dann wegen des Eises sehr kalt, und da das Glied sehr warm ist, ist der Temperaturunterschied für beide sehr lustvoll. Die Empfindung hält nur 30 Sekunden an, doch man kann das Ganze ja im Laufe des Abends mehrmals wiederholen. Es empfiehlt sich, ein Handtuch über das Laken zu legen, damit das Bett nicht naß wird.

Ein anderer Mann schilderte uns eine sehr verwegene Nummer, deren Zeuge und Opfer er in einem Motel wurde, wo seine Partnerin Eis in einer sehr provozierenden Form verwendete:

Das erste Mal, als sie es tat, sagte sie, ich sollte nicht weggehen, da sie mir noch etwas zeigen müßte. Inzwischen zog sie ihr Kleid an und ging nach unten ins Foyer und kam mit einer großen Schachtel Eis zurück. Ich hatte nicht die geringste Vorstellung davon, was sie damit zu tun beabsichtigte, doch sie sagte nur: »Vertraue mir!« Ich glaube, auch das gehörte zu ihrem aufreizenden Spiel, denn dann durfte ich mich hinlegen und darüber nachgrübeln, was zum Teufel sie wohl mit dem Eis anstellen wollte. Dann nahm sie einen Löffel voll Eis in den Mund, und ich fragte mich, ob sie jetzt einfach dasitzen und Eis essen wollte. Doch sie behielt es eine Weile im Mund und fing dann bei mir Fellatio an. Sie nannte es »Feuer und Eis«, und das ging wirklich unheimlich ab.

Ein hoher Prozentsatz von Männern erwähnte die gelegentliche Einnahme von Drogen zur Steigerung ihrer sexuellen Empfindungen. Die verwendeten Drogen waren Alkohol, Marihuana, Kokain, LSD und Amylnitrat. Die gewohnheitsmäßige Einnahme dieser Substanzen wurde in den meisten Fällen bestritten.

Dabei erwies sich Alkohol als die am wenigsten geeignete Droge, um die sexuellen Empfindungen im Liebesakt zu steigern. Alkohol erzeugt in kleinen Mengen ein weiches, wattiges Gefühl, doch man kann sich mit seiner Wirkung doch leicht verschätzen, und wenn jemand zuviel trinkt, ergaben sich Erektionsprobleme. Marihuana war die beliebteste Droge, die von den Männern verwendet wurde, um die sexuelle Lust zu steigern.

Wie der 67jährige Barry erklärte, besteht der Hauptvorteil bei Pott darin, daß die Körperempfindungen ungemein geschärft und verstärkt werden:

Nur ganz wenig Pott hat schon eine gewaltige Wirkung. Sobald ich von Gras high bin, verstärken sich die Körperempfindungen ganz enorm.

Als der 43jährige Jacques Gras rauchte, stellte er fest, daß die sexuelle Energie zwischen ihm und seiner Partnerin unaufhaltsam zu fließen schien:

Sex in Verbindung mit Gras ist ein unglaubliches Erlebnis. An einem einzigen Tag hatte ich etwa siebenmal Geschlechtsverkehr. Ich hatte sieben Ejakulationen.

Amylnitrat oder Popper ist eigentlich ein Mittel zur Anregung der Herztätigkeit. Weil es die Kapillaren weitet, erzeugt es starken Blutandrang. Einige Männer berichteten, daß Amylnitrat am Anfang sexueller Erregungszustände eine Erektion verhindert; doch bei der Einnahme auf dem Gipfel der Erregung intensiviert der erhöhte Blutandrang das Orgasmuserlebnis. Obwohl dieses Mittel als Freizeitdroge langfristig schädlich ist, wird es von einigen Männern regelmäßig eingenommen. Jerry, 32 Jahre alt, Wissenschaftler und Junggeselle, bereitete seine Partnerin behutsam auf diese Erfahrung vor:

> Wenn wir mitten im Geschlechtsverkehr sind und es beide inhalieren, ist die körperliche Wirkung unglaublich stark. Amylnitrat intensiviert den Orgasmus um das Zehn- oder Zwanzigfache. Das Ergebnis für uns beide ist dann gewöhnlich, daß wir gleichzeitig zum Orgasmus kommen. Er scheint endlos zu dauern und gar nicht aufzuhören. Ich denke, die Partnerin muß wissen, was sie erwartet. Also halte ich es für gut, wenn sie es etliche Male vor dem Geschlechtsverkehr inhaliert, damit sie sich dann später nicht ängstigt.

Kokain erhielt gemischte Kritiken. Einige Männer stellten fest, daß es die Erektion verhinderte. Einer sagte:

> Manchmal geht das so bei mir ab, und meine Gedanken kommen in so schneller Folge, daß meine Energie sich auf dieses und jenes und alles Mögliche richtet und bevor ich es selbst noch merke, ist meine Erektion weg.

Bei einem anderen Mann bewirkte Kokain die gerade entgegengesetzte Wirkung. Er fand heraus, daß der gelegentliche Gebrauch von Kokain den Liebesakt in ein sinnliches Strömen sexueller Energie umwandelte. Das jedenfalls erlebte der 43jährige David:

> Kokain bewirkt eine Verlangsamung der Triebreaktion. Es läßt die sexuellen Gefühle als einen allgemeinen Zustand erleben, und sie sind weniger heftig und gewaltsam. Der Sex ist dann etwas Sanftes, wie ein schummriges, mildes Licht. Der Körper wird empfänglicher, und die Energie ist weniger auf ein Ziel gerichtet. Für einige Männer mag das ein Nachteil sein, die ihre Erektion ganz stark fühlen müssen, ich mag jedoch sexuelle Spiele auch unabhängig von einer Erektion. Wenn aus irgendeinem Grund die Erektion eine Weile lang schwindet, wird sie auf jeden Fall zurückkehren, wenn ich das lustvolle Spiel fortsetze. Inzwischen kann ich mein Augenmerk auf andere Körperpartien richten: den Hals eine Zeitlang streicheln, küssen. Ich habe es gern, wenn der Geschlechtsakt zwei oder drei Stunden dauert. Ich habe gern einen Orgasmus, ruhe mich dann aus und komme später ein zweites Mal. Kokain hilft dabei sehr.

Etliche Männer fanden sehr genüßliche Anwendungsformen für Kokain. Einer der Männer regte an, vor analem Sex den Anus mit Kokain zu bestreichen, und das wegen seiner betäubenden Wirkung. Kokain entweder auf die Spitze des Kitzlers der Frau zu streichen oder auf die Eichel des Mannes, wurde von anderen vorgeschlagen, wegen der prickelnden Empfindungen, die entstehen, sobald das ganze Umfeld erregt ist.

Einige Männer empfahlen einen legalen Ersatz für Kokain mit Namen *Tigerbalsam,* eine chinesische Kräutermischung, die in Reformhäusern oder auf orientalischen Märkten erhältlich ist. Genauso wie Kokain vermittelt es ein Gefühl von Kühle, Weichheit und sogar leichter Gedämpftheit, wenn das Glied damit eingerieben wird, und sein Vorzug soll darin bestehen, daß es die Festigkeit der Erektion nicht beeinträchtigt.

LSD oder Acid wurde von einer Anzahl von Männern nur zu ganz seltenen Gelegenheiten und mit dem Ziel, eine ganz außergewöhnliche Erfahrung zu machen, benutzt. Der 31jährige Billy erklärte uns:

> Je weniger Kontrolle ich habe, desto verwundbarer fühle ich mich. Je verwundbarer ich mich fühle, desto mehr bin ich darauf angewiesen, dem Menschen zu vertrauen, mit dem ich zusammen bin. Da Acid zu einem fast totalen Kontrollverlust führt, achte ich sehr darauf, mit wem ich es einnehme.

Eine sichere Umgebung mit Freunden, denen sie vertrauen konnten, war für all jene Männer entscheidend, die Acid als Potenzmittel benutzten. Da die Wirkung von LSD gewöhnlich mindestens 8 Stunden vorhält, bei sehr intensiven Halluzinationen zu Anfang, empfahlen die meisten Männer, erst dann Sex zu haben, wenn die Wirkung ihren Höhepunkt überschritten hat.

Einer der Männer beschrieb uns eine sehr intensive und lustvolle Halluzination, während er mit LSD Geschlechtsverkehr hatte:

> Es war wie in einem dieser großen Kaufhäuser, wo man vor sich einen Spiegel und einen Spiegel hinter sich hat und man zahllose Verdoppelungen seiner selbst sieht. Es war ganz, als wäre ich von einem endlosen Reigen von Mösen umgeben, die ich leckte. Es war einfach unglaublich. Ich war millionenfach da, und jeder einzelne machte sich über diesen gewaltigen Spalt her. Es war phantastisch.

Alles in allem jedoch war das gebräuchlichste sexuelle Hilfsmittel der Vibrator. Männer, die von Vibratoren Gebrauch machten, benutzten sie zumeist zum Vergnügen ihrer Frauen. Andererseits fühlten sich einige Männer bedroht von den Freuden, die die Frauen sich mit dem Vibrator verschafften. Einer erklärte uns: Man fühlt sich ja ganz so, als würde man von einer Maschine ersetzt. Doch die meisten Männer, wie John, ein geschiedener 37jähriger Agent für Schiffsfrachten, war genau entgegengesetzter Meinung:

Ich habe entdeckt, daß einige Frauen in der Lage sind, einen intensiveren Orgasmus durch Verwendung eines Vibrators zu erzielen, ob nun während der Penetration oder ohne Penetration. Der Grund dafür ist mir unklar, aber der Orgasmus scheint intensiver zu sein als bei gewöhnlichem Geschlechtsverkehr. Der Gedanke, daß eine Maschine es besser kann als sie, mag für einige Männer abschreckend sein, aber ich glaube, das ist nicht berechtigt. Die beiden Erfahrungen sind nicht dieselben; sie lassen sich nicht vergleichen. Es gibt keine persönliche Wechselbeziehung mit der Maschine. Die Frau, mit der ich gerade zusammen bin, benutzt den Vibrator bei unseren sexuellen Begegnungen ziemlich regelmäßig, entweder am Anfang oder mitten im Liebesspiel. Es gibt dann zeitweilig leichte Schwankungen, doch gewöhnlich können wir hinterher fortfahren, einander zu lieben. Und ich finde das sehr schön. Es gefällt mir, daß sie in meiner Gegenwart völlig ungehemmt ist, ihn zu benutzen, so daß ich bei ihr sein kann, wenn sie einen derart intensiven Orgasmus hat, auch ohne daß ich in sie eingedrungen bin.

Nur wenige Männer waren während des Geschlechtsaktes unbefangen genug, mit dem Vibrator zu experimentieren, um sich selbst Lust zu verschaffen. Viele Männer konnten dabei feststellen, daß sie am Ende genauso viel Spaß am Vibrator hatten wie ihre Partnerinnen. Das gilt für den 34jährigen Dean und seine Frau:

Mir macht es richtigen Spaß, den Vibrator in unser Geschlechtsleben einzubeziehen. Ich habe es nicht gern, ihn an meinen eigenen Genitalien anzusetzen, doch ich mag das Gefühl, wenn ich bei Bess drin bin, während sie damit ihre

Klitoris bearbeitet. Die Vibration überträgt sich auf mein Glied, und dann ist da noch ein ganz wunderbares Pulsieren ihrer Muskulatur. Der Vibrator ist immer in greifbarer Nähe neben dem Bett, und manchmal lange ich nur hinüber und stelle ihn an, und beim nächsten Mal macht dann Bess dasselbe. Ich glaube, wir benutzen ihn in etwa 60 oder 70 % der Fälle, wenn wir Geschlechtsverkehr haben.

Einige Männer sprachen auch über den Gebrauch von Dildos. Dildos sind steife, phallusförmige Objekte, die primär bei der vaginalen oder analen Stimulation benutzt werden. Manche Dildos sind zugleich auch Vibratoren. Es gibt sie in vielen Farben, Formen und Größen. Die passende Größe ist wichtig und muß in Erwägung gezogen werden. Einer der Männer sagte: »Ich halte nach einem Dildo Ausschau, der eine erträgliche Größe hat, so daß man ihn in den Anus einführen kann, denn viele Menschen empfinden größere Objekte im After als sehr schmerzhaft.« Ein anderer Mann, der an die Benutzung eines Dildos im Vaginalverkehr dachte, wählte ein größeres Format als ein durchschnittlicher Penis hat, weil er, wie er sagt, »glaube, daß bei Verwendung eines Dildos auch eine Menge Phantasie mit im Spiel ist«.

John benutzte Dildos im Zusammensein mit seiner Freundin auf folgende Weise:

> Dildos sind beim Vorspiel bestimmt sehr nützlich. Sie können bei der Frau benutzt werden, um oralen Sex und genitale Penetration miteinander zu verbinden. Falls eine Frau die Phantasie hat, mit zwei Männern zusammen zu sein, dann kann ich sowohl den Dildo als auch mein eigenes Glied benutzen, um ihr zu dieser Illusion zu verhelfen.

Um ihr Geschlechtsleben abwechslungsreicher zu gestalten, benutzten ganz wenige heterosexuelle Männer gelegentlich auch Penisringe. Sie sind aus verschiedenen Materialien hergestellt, und sie spannen sich so um den Schaft des Gliedes, daß in angeschwollenem Zustand das Blut gestaut wird und der Penis länger hart bleibt. Gewöhnlich wurde einem Penisring aus flexiblem Material der Vorzug gegeben, da es gefährlich werden kann, wenn der Penis zu hart zusammengedrückt wird.

Der 38jährige Gary, der seit 15 Jahren verheiratet ist, schätzte die Empfindungen, die von einem Penisring verursacht werden:

Ich liebe meinen Penisring. Es ist ein echter Spaß, sich damit einen runterzuholen, und es macht auch Spaß, damit zu vögeln. Es spannt tatsächlich die Haut meines Skrotums und macht sie hypersensibel, und wenn dann Sheela sich über mich hermacht, kann sie beide Eier gleichzeitig in ihren Mund nehmen. Und dann ist er auch noch aus Gummi, wodurch er sich etwas dehnt.

Auch Kleidung spielt eine Rolle, um sexuelle Wünsche zu wecken. Während einige Männer Nacktheit als non plus ultra ansehen, fand die Mehrheit einen teilweise bekleideten Körper weitaus erregender.

Der 40jährige Sam sagt:

Eine nackte Frau törnt mich nicht halb so stark an wie eine halbnackte. Ich finde, wenn alle Kleider ausgezogen sind, gibt es auch kein Geheimnis mehr. Teilweise Nacktheit ist für mich viel erotischer als völlige Nacktheit.

Der 27jährige Jim erklärte das Geheimnis eines nur spärlich bekleideten Körpers mit dem Begriff »Verpackungssyndrom«:

Geschenke, die verpackt sind, machen weitaus mehr Spaß als solche, die nicht eingepackt sind, selbst wenn es sich um den gleichen Inhalt handelt.

Spärliche Bekleidung bei Frauen wirkte schon immer stimulierend auf Männer. Strümpfe, Hüfthalter und hochhackige Schuhe waren besonders geschätzte Accessoires. Der 43jährige Jack erzählte:

Ich gerate bei Strapsen ohne andere Unterwäsche völlig aus dem Häuschen. Ich lege mich dann auf den Fußboden, während meine Frau den Tisch deckt und schaue ihr unter den Rock.

Andere waren von spärlicher Bekleidung erregt, weil sie es gewöhnlich als ein Zeichen für das sexuelle Interesse ihrer Partnerinnen ansahen. Der 53jährige Richard sagt:

Elegante schwarze lange Kleider lassen mich völlig kalt. Die bringen mir gar nichts. Doch wenn sie etwas ganz Kurzes, Knappes anhat und ich ihre Beine, ihre Kurven sehen kann, und wenn sie dann in dieser Aufmachung, die ganz besonders scharf und sexy sein muß, herumläuft, dann hakt es bei mir aus. Es ist nicht so sehr das, was sie macht, sondern ihre eindeutige Absicht, sexy zu wirken, was mich so antörnt.

Gary mochte erotische Reizwäsche und stattete seine Frau reichhaltig damit aus:

Ich mag es gern, wenn meine Frau Sachen aus Seide trägt. Ich habe ihr gerade ein Hemdchen und einige Unterhöschen geschenkt, die ich sehr sexy finde. Sie sind ein bißchen bauschig und locker, und man bekommt die Hände gut hinein. Und ich mag Dinge, die sich zart anfühlen, wenn man sich dagegenschmiegt. Sie hat wirklich wunderschöne lange Beine, und ich liebe es, meine Wange an ihren Beinen zu reiben und dann mit dem Kopf bis zu ihrem Schritt hochzugehen und einfach hineinzubeißen. Wissen Sie, nur ganz sanft und zum Spaß. Ja, das mag ich.

Ein weiterer Vorteil von Sexunterwäsche besteht darin, daß sie die Frau für ihren Partner leichter zugänglich macht. Die meisten Männer gerieten dabei in Erregung. Spike ging soweit, für seine jeweilige Geliebte einen seidenen chinesischen Morgenmantel bereitzuhalten:

Ich habe einmal einen chinesischen Morgenmantel für eine Freundin gekauft, mit der ich längst nicht mehr zusammen bin. Er ist sehr hübsch. Wenn mich heute eine Frau besuchen kommt und über Nacht bleibt, dann gebe ich ihn ihr, weil es hier manchmal ziemlich kühl ist. Sie muß also nicht ganz nackt durch das Haus gehen, und das Mäntelchen ist obendrein noch sehr sexy. Sie kann es einfach hochschieben und anbehalten, wärend wir uns lieben. Und da sie es vorn öffnen kann, kann ich sie küssen, wo immer ich will.

Reizhöschen vorn mit einer Öffnung erfreuten sich ebenfalls großer Beliebtheit, da sie das weibliche Genital zur Schau stellen und gleichzeitig leicht zugänglich sind. Einer der Männer erzählte uns:

Ich bin bekannt dafür, Höschen zu kaufen, die genau vorn einen Schlitz haben, und auch sie kauft für mich Unterhosen, die vorn eine Öffnung haben, so daß mein Glied heraushängt. Uns macht es Spaß, uns gegenseitig anzutörnen. Es ist schließlich nicht nur die Frau, die einen aufreizenden Körper hat. Auch der Mann hat einen.

Garry erklärte:

Ich habe einen altmodischen Badeanzug, der sehr sexy ist und den meine Frau für mich besorgt hat. Ich mag das Ding gar nicht einmal so besonders, aber sie liebt es. Also ziehe ich es an. Für sie ist das wohl mächtig aufregend, und das ist es ja, was ich auch möchte.

Gary machten aufreizende Darbietungen viel Spaß.

Als ich einmal vor ihr getanzt habe, legte ich einen wirklich heißen Striptease hin. Das gefiel ihr. Es war wunderbar für sie. Ich habe sie ja auch sehr verführerisch gereizt. Ich bin direkt zu ihr hin und habe meine Schenkel an ihrer Schulter oder an ihrem Gesicht gerieben. Sie ist davon richtig wild geworden.

Einige Männer fanden es sehr aufregend, selbst weibliche Reizwäsche zu tragen. Der 34jährige Joseph erinnert sich, welchen Spaß er dabei hatte, die Höschen seiner Frau zu tragen:

Einmal hatte ich feinste Damenslips an und sie hat sie mir ausgezogen. Das Gefühl von Satin auf der Haut war sehr, sehr angenehm. Schade, für Männer gibt es solche Sachen ja nicht. Aber ich könnte sie auch gar nicht immer tragen, wirklich, weil ich meine, dann wäre ich andauernd geil.

Einige Männer fanden konventionelle Straßenkleidung aufregender als knappe Reizwäsche.

Das gilt auch für den 48jährigen Justin:

Es gibt Zeiten, in denen mich meine Frau allein schon dadurch ganz scharf macht, daß sie angezogen ist. Etwa, wenn sie aus dem Büro kommt und ein Kostüm trägt. Sie sieht so weiblich darin aus. Ich glaube, die Qualität des Stoffes verschmilzt mit der Weichheit ihrer Formen, und das ist es, was mir unter die Haut geht. Aber es muß bei mir ein Kleid oder Rock sein – nicht Jeans oder lange Hosen –, damit mir der Sex mit ihr Spaß macht, solange sie angezogen ist. Dann kann ich einfach ihren Rock hochschieben und ihr die Höschen runterstreifen.

Der 61jährige Roy erinnert sich an sein schönstes erotisches Abenteuer:

Das Aufregendste, das ich je erlebt habe, war, als meine Exfrau und ich eines Abends eine Bar aufsuchten. Sie hatte keinen einzigen Fetzen Kleidung unter ihrem Mantel an, absolut nichts. Sie hielt das für unwiderstehlich, und ich wurde phantastisch geil.

Verführerische oder spärliche Kleidung an einer Partnerin ist eine aufregende Sache; ihr dabei zu helfen, sie auszuziehen, eine andere. So sagte es uns einer der Männer:

> Der Akt des Entkleidens macht mich ganz schwindlig. Ich weiß selbst nicht, warum. Vielleicht weil das mit einem Tabu umgeben ist oder auch, weil meine Vergewaltigungsphantasien davon angesprochen werden.

Der 88jährige Russ erinnerte sich:

> Im Wohnzimmer zu stehen und meine Frau auszuziehen, war für mich das ganz große sexuelle Erlebnis. Natürlich sind wir danach ins Bett gegangen. Wir hätten uns nie im Stehen geliebt, doch das langsame Entkleiden vor dem Liebesakt war wunderbar.

Gelegentlich begeisterten sich Männer auch daran, als Vorspiel zum Sex ihren Partnerinnen die Kleider herunterzureißen. Einer, der zwar stets diese Phantasie hatte, mochte sie nie in die Tat umsetzen: »Ich tue es nicht, weil ich zu konservativ bin. Ich muß immer an den Preis der Sachen denken.« Der 52jährige Red löste das Problem, indem er alte Kleidungsstücke aufhob oder billige T-Shirts opferte:

> Ein T-Shirt kann man leicht herunterreißen. Es hat so etwas Symbolisches. Ich glaube, die Frau muß dabei so ein Gefühl haben, daß da ein Kerl ist, dessen Leidenschaft so unkontrolliert und heftig ist, daß er ihr, bevor er sie bumst, die Kleider in Stücke reißen muß. Das ist mir einmal ganz spontan passiert, als ich wirklich völlig verrückt nach ihr war, und seitdem habe ich es dann noch öfter gemacht.

Erotika

Die von den Männern in unserer Untersuchung benutzten Erotika umfaßten Bücher, Bilder und Filme. Vielen bereitete es großes Vergnügen, Erotika als gelegentliches Stimulans vor oder während des Sex zu benutzen, und einige ihrer Partnerinnen fanden ebenfalls Gefallen daran. John machte es Spaß, wenn seine Freundin vor dem Liebesakt ein erotisches Buch las, um sich für das, was dann kam, richtig in Stimmung zu bringen.

Wenn eine meiner Partnerinnen ein pornographisches Buch lesen möchte, während sie im Bad ist und bevor sie zu Bett geht, kann dies ihr sexuelles Erleben steigern. Vielleicht hat sie sogar den Wunsch, im Rollenspiel Szenen aus dem Buch nachzustellen. Bücher sind ein gutes Hilfsmittel, wenn es einem selbst an Phantasie fehlt. Jedes richtige Sex-Buch beschreibt viele Stellungen und ungewöhnliche Dinge, die man machen kann. Wenn man es also selbst nicht schafft, sich so etwas auszudenken, muß man darauf zurückgreifen.

Der 42jährige Albert stellte fest, daß pornographische Bilder als Vorlage nicht nur seine Erregung steigerten, sondern ihm auch beim Sex zu wilden Phantasien verhalfen:

> Ich habe gern Pornomagazine griffbereit, besonders dann, wenn ich selbst nicht sonderlich scharf bin und meine Partnerin mit mir Sex machen will. Dann hilft es mir echt, wenn ich mir solche Bilder ansehe. Ich komme dann langsam in Fahrt und rege meine Phantasie an, während wir uns lieben.

Viele Männer fanden Spaß am erotischen Heimkino als Stimulans zu genießerischem Geschlechtsverkehr. Einige sahen sich auch allein oder gemeinsam mit ihrer Partnerin jugendgefährdende Filme an. Der 36jährige Jason und seine Frau fanden, daß ein erotischer Film hin und wieder sehr anregende Wirkung auf ihr Geschlechtsleben hatte:

> Wir wissen, daß wir nach einem pornographischen Film Sex haben werden. Es ist einfach unmöglich, daß man sich ein oder zwei Stunden diese Art Filme ansieht, nach Hause geht und dann einfach untätig herumsitzt.

John besaß einen eigenen Projektor und besaß eine Vielzahl von Filmen, so daß seine Liebsten sich das jeweilige Thema aussuchen konnten, das sie im Augenblick am meisten beschäftigte:

> Ich habe eine ganze Sammlung pornographischer Filme, die wir uns vor oder während des Liebesaktes anschauen können. Man kann sie in jedem Pornobuchladen kaufen – man muß nur reingehen und sie vom Regal nehmen. Ich habe sie in bunter Vielfalt: zwei Männer und ein Mann, zwei Frauen und ein Mann, zwei Männer allein, zwei Frauen allein, verschiedenrassige Paare. Die meisten meiner Partnerinnen finden schon das Richtige, was sie scharf macht.

Viele der von uns interviewten Männer ließen sich lieber von ihrer eigenen Phantasie anstatt von den vorgefertigten Bildern anderer anregen. Das geschah in drei verschiedenen Formen. Manche Männer gaben sich ihren Phantasien während oder nach dem Liebesakt hin, um ihre sexuelle Erregung und Lust zu steigern. Einige teilten ihre sexuellen Phantasievorstellungen laut ihren Freundinnen oder Ehefrauen mit, während wieder andere vorher mit ihren Partnerinnen vereinbarten, daß sie bestimmte Phantasien in die Tat umsetzen wollten.

In der Vergangenheit waren Macho-Männer der Auffassung, daß das Mitteilen oder Verwirklichen von Phantasien kindisch, unnötig und zutiefst unmännlich sei. Einige unserer Interviewpartner allerdings waren gegenteiliger Ansicht: sie fanden, daß Phantasien, die sie und ihre Partnerinnen miteinander teilten, ihnen Vergnügen, Abwechslung und Erregung bescherten und gleichzeitig geeignet waren, eine größere Intimität herzustellen. Diese Männer versetzten sich in ihre Kindheit zurück, in der sie mit Freuden ihre Phantasien und Rollenspiele genossen haben.

Bary, ein 67jähriger Professor, meint, daß das Teilen oder Umsetzen von Phantasien eine Möglichkeit darstellt, die Seiten der eigenen Persönlichkeit zu entdecken, die gewöhnlich eher zurückgedrängt werden:

> Mein Phantasieleben ist ungewöhnlich reichhaltig, abwechslungsreich, vielgestaltig, und in meinen Phantasien habe ich mich schon in vielen verschiedenen Rollen gesehen. Zum Beispiel habe ich es genossen, der strenge Herr dieser jungen Weibsperson zu sein, die meine Sklavin werden wollte. Aber ich wäre genauso glücklich in der Rolle des Sklaven gewesen und hätte sie bereitwillig als die Herrin anerkannt.
>
> Ich setze großes Vertrauen in Sie, wenn ich Ihnen das alles erzähle. Ich habe mich selbst in dominanten und in unterwürfigen Rollen gesehen. Ich habe mich als Mann zusammen mit einer Frau gesehen, aber ebenso auch zusammen mit einem Mann. Und ich habe mich sogar schon in die Rolle einer Frau versetzt, mit einem Mann oder einer anderen Frau als Partner. Sie sind alle ein Teil von mir, aber noch vor 20 Jahren

hätte ich niemals gewagt, mir das bewußt zu machen, und ich glaube, es gibt noch viele Männer und zweifellos auch Frauen, die sich solche Gedanken niemals gestatten würden.

Der 53jährige Richard hatte manchmal die Wunschvorstellung, eine Frau zu sein, während er mit seiner Frau im Bett ist:

Ich stelle mir gern vor, Brüste zu haben, und manchmal habe ich den Wunsch, eine Frau zu sein und mit einer anderen Frau durch die Betten zu gehen. Irgendwie empfinde ich das als befreiend, und ich habe dann in gewisser Weise viel mehr Antennen. In meinem Kopf hat sich die Vorstellung festgesetzt, daß der Mann immer irgendwie ganz cool ist, während die Frau die Leidenschaftliche ist. Doch wenn ich phantasiere, daß ich selbst die Frau bin, scheint es mir natürlicher, wenn ich über sie herfalle, sie heiß küsse und alles Mögliche mit ihr tue, als wenn ich ganz einfach cool bliebe und mich zurückhalten würde.

Viele Männer meinten, daß ihre Phantasien, die schließlich auch nur eine andere Form darstellen, sich auf sexuelle Empfindungen zu konzentrieren und einen Erregungszustand aufrechtzuerhalten, ganz privat und nur ihnen selbst vorbehalten seien, und sie wollten sie nicht einmal mit ihren Geliebten teilen, weil sie befürchteten, derartige Phantasien wären für sie schockierend. Einer sagte: »Meine Frau wäre am Boden zerstört, wenn sie wüßte, daß ich es manchmal in Gedanken mit einer anderen tue, obwohl diese gar nichts für mich bedeutet.«

Einige Männer versuchten, ihre sexuellen Phantasien auch ihren Partnerinnen mitzuteilen, was nicht nur sexuell stimulierend auf sie wirkt, sondern auch den Grad der Intimität in einer Beziehung erhöht. Eduard, ein 35jähriger Geschiedener, machte damit allerdings negative Erfahrungen:

Ich brauche eine Atmosphäre, in der es keine Zensur gibt; wo es gut und richtig ist, daß ich bestimmten Gedanken nachhänge, ohne befürchten zu müssen, ausgelacht zu werden. Ich habe da nämlich einmal eine ziemlich unangenehme Erfahrung gemacht. Ich bumste mit einer Frau und sagte irgend etwas Törichtes zu ihr, als sie mich plötzlich unterbrach und spöttisch sagte: »Wie romantisch.« Da war bei mir sofort alles weg.

Doch als Eduard dann eine andere Beziehung eingegangen war, war er unerschöpflich in der Produktion von Phantasiebildern:

Eine meiner Lieblingsphantasien ist das Bild einer schwebenden Frau. Ich sehe sie langsam mit gespreizten Beinen auf mich zuschweben und in dem Moment, in dem sie mir ganz nahe ist, sind mein Kopf und ihre Spalte auf einer Ebene. Ich halte sie dann eine Weile und lecke sie und gebe ihr dann einen sanften Stoß. Sie schwebt wieder weg und dann langsam zu mir zurück. Und während dieses Schwebezustands denken wir uns aus, was geschehen wird, wenn wir wieder körperlich aufeinandertreffen.

Paxton und seine Frau schaukeln sich gegenseitig hoch, indem sie haarsträubende erotische Geschichten erfinden. Candy vermischt Phantasie und Wirklichkeit, indem sie ihn durch dieselbe intime Berührung erregt, die eine der Hauptdarstellerinnen ihrer Geschichte gekonnt ausführt:

Wir erzählen uns manchmal gegenseitig Geschichten. In der, die mir Candy zum letzten Mal erzählt hat, war ich im tiefen dunklen Wald, und plötzlich begegnete mir eine atemberaubende Maid. Während Candy mich befühlt und streichelt, beschreibt sie mir lebhaft diese Jungfrau und das, was sie alles mit mir macht. Und dann verwandelt sich Candy in dieses reizende Wesen und berührt mich so, wie sie es gerade beschrieben hat.

Larry und seine Frau erinnern sich manchmal an ihr erstes Liebeserlebnis im Beisein einer dritten Person, die sie gewissermaßen erotisch angeheizt hatte:

Manchmal überlassen wir uns unseren Phantasien, um richtig abzufahren. Nach einem besonders schönen Tag, meistens gegen 3 oder 4 Uhr nachmittags, wenn wir beide furchtbar geil sind, fängt einer von uns damit an. Wir erzählen uns vom ersten Mal, als wir dem anderen unsere sexuelle Beziehung eingestanden haben. Wir durchleben es noch einmal und überlassen uns unseren Phantasien, während wir uns lieben.

Einige Männer wollten diese Phantasien noch weitertreiben und ganze Szenen noch einmal nachstellen. Sam erzählte uns:

Sobald ich spüre, daß jemand die nötige Unbefangenheit

besitzt, von sexuellen Phantasien zu sprechen, lasse ich durchblicken, daß auch ich Spaß an erotischen Phantasieabenteuern habe. Wenn die Verständigung zwischen uns klappt, kann einer von uns sagen: »Ja, ich versuche es mal mit dieser Wunschvorstellung«, oder »Nein, jetzt komme ich nicht mit.« Es braucht sich keiner von uns abgewiesen fühlen und denken, daß irgend etwas mit uns nicht stimmt, wenn die Phantasie des einen dem anderen unzugänglich ist.

Eduard ist sich sicher, daß bei einem freimütigen Austausch der Gedanken und Wünsche beide Partner auf gleicher Wellenlinie bleiben:

Falls wir gewisse Phantasien oder Rollenspiele in die Tat umsetzen wollen, entscheiden wir manchmal schon vorher, wer von uns sexuell die Initiative ergreift und wie wir das am besten in die Wege leiten. Wenn ich nicht aktiv werde, lasse ich mich einfach überraschen und anmachen. Oder wir beschließen, daß ich den Anfang mache und mich dabei grob und aggressiv gebe. Manchmal scheitern natürlich auch die schönsten Pläne und manchmal – je nachdem wie vertraut wir miteinander sind und was in unserer Beziehung abläuft – bedarf es keiner Theaterprobe, und das Ganze läuft spontan ab. Ich glaube, wenn man beim Sex wirklich erfindungsreich ist, kann man die Phantasie jederzeit in alle Richtungen schweifen lassen. Einer von uns greift etwas auf, worauf der andere scharf ist, und sie Sache läuft. Ich finde das atemberaubend und aufregend.

Die sexuellen Phantasievorstellungen, die Männer nachvollziehen, reichten von einfallslosen Szenen nach dem Muster Chef verführt Sekretärin bis zu aktionsreichen Dramen, in denen Einbrecher sich gewaltsam Einlaß verschaffen und die kleine Hausfrau vergewaltigen. Der 67jährige Clarence begann in seiner Hochzeitsnacht damit, seine Frau in überaus romantische sexuelle Phantasien einzuweihen:

Wir haben mitten in der Zeit der großen Rezession geheiratet, und unser Startkapital belief sich auf weniger als 100 $. Mein Hochzeitsgeschenk bestand aus einem Spotlight und einem großen roten Laken aus Samt, auf dem wir uns tummeln konnten. Das Spotlight benutzten wir zur Inszenierung unserer sogenannten Liebesdramen. Ich war dabei stets der aktive Teil. Sie fand Spaß daran, laut vorzulesen, und wenn wir irgendwo eine Liebesszene entdeckten – beispielsweise eine kleine Episode bei Shakespeare –, dann machten wir sie zum Bestandteil unseres Vorspiels und stellten sie nach. Ich bin in dieser Hinsicht immer heillos romantisch gewesen.

Andere Männer fanden Phantasien erregend, in denen erotische Erinnerungen aus ihrer Kindheit eine Rolle spielten. Der 27jährige Raimond hatte es gerne, wenn seine Frau für ihn den Backfisch spielte:

Eine Vielzahl meiner sexuellen Phantasien drehte sich um Mädchen im Alter von 13 und 14 Jahren. Es ist dies eine Altersgruppe, die ich schon immer aufregend gefunden habe. Vor langer Zeit habe ich auch Rhoda davon erzählt. Manchmal also spielt sie einen Backfisch von 13 Jahren und zieht sich übergroße T-Shirts an, wie sie die Halbwüchsigen tragen. Ich bin hingerissen, weil ich das unheimlich verführerisch finde.

Das gängigste Phantasiemotiv indessen dreht sich um die erste Begegnung und die anschließende Verführung. Der 34jährige Joseph fand besonderen Gefallen an diesem Spiel:

Manchmal tue ich so, als hätte sie mich gerade in einer Bar aufgerissen und würde mich überhaupt nicht kennen. Wir gehen dann gemeinsam nach Hause und spielen die ganze Szene nach. Das führt dann gewöhnlich zu lustvollem, leidenschaftlichem Sex. Wir identifizieren uns ganz mit unseren Rollen, spielen sie leidenschaftlich aus, und oftmals bin ich dabei eine ganz andere Persönlichkeit als in der Wirklichkeit.

Paul, ein 33jähriger Lehrer, versuchte herauszufinden, welches die sexuellen Lieblingsphantasien einer Frau sind und inszeniert dann das Ganze für sie:

Barbara war eine Kommilitonin an der Universität. Wir verbrachten zwei oder drei Wochen zusammen in einem Sommerkursus in Psychologie. Wir waren sehr voneinander angetan, aber unglücklicherweise war sie verlobt. Während dieses Sommerkurses gingen wir einige Male gemeinsam essen, und dabei kam ich auch hinter ihre sexuellen Wunschvorstellungen. So lud ich sie also eines Tages in mein kleines Himmelreich ein, wo ich ein nettes Picknick vorbereitet hatte, mit Champagner und raffinierten kleinen Happen, die ich hübsch auf einer Platte arrangiert hatte. Wir tranken also das köstliche Zeug, nahmen unseren Lunch unter einem Mimosenbaum, der obendrein noch seine Blüten auf uns herabregnen ließ. Wir sprachen viel über ihre Gefühle, insbesondere, weil sie für drei Uhr nachmittags eine Probe für ihre Hochzeitsfeier hatte, die am darauffolgenden Tag stattfinden sollte.

Hinterher gingen wir hinauf in meine Wohnung. Ich glaube, ich habe sie einfach gefragt: »Sag mal, möchtest du in ein Schaumbad klettern?« und sie sagte nur: »Ich laß Wasser ein.« Ihre Wunschvorstellung war nämlich die, aus einem Schaumbad herausgeholt, in ein riesiges Frotteetuch gewikkelt und ins Schlafzimmer getragen zu werden, um dann heiß von einem Mann geliebt zu werden. Dieser Mann war ich, und genau das tat ich. Dies war das erste und letzte Mal, daß wir zusammen Sex hatten, und so nahmen wir voneinander Abschied.

Allan war im höchsten Maße überrascht, als seine Frau ganz spontan seine heißgeliebte »Mrs.-Robinson-Phantasie« in die Tat umsetzte:

Wir waren zu einem romantischen Abendessen in ein totschickes Restaurant gegangen, als wir zu Besuch bei ihrer Mutter in Chicago waren. Auf der Rückfahrt schlug sie vor, an einem Motel zu halten. Wir hatten kein einziges Stück Gepäck dabei, mir war das alles irgendwie peinlich. Ich habe sogar überlegt, unter welchem Namen ich uns bei der Anmeldung eintragen sollte. Dann ließ meine Frau ihrer Phantasie freien Lauf. Sie schickte mich Eis holen, und als ich zurückkam, fingen wir sofort einen bühnenreifen Dialog an. Sie spielte die alleinstehende Frau auf Geschäftsreise und ich den jungen Collegestudenten, der halbtags als Hotelpage sein Geld verdiente. Im Laufe unserer Spielerei wurde sie ganz hitzig und verführte mich tatsächlich. Ich hatte insgeheim ja auch meine Wunschvorstellung gehabt, daß nämlich eine ältere Frau von außerhalb kommen und die Gelegenheit beim Schopf packen würde.

Ich erinnere mich noch, wie ich auf dem Bett lag und sie, ohne die Augen von mir zu wenden, einen höchst verführerischen Strip für mich aufführte. Sie zog einfach Stück um Stück ihre Kleider aus und begann dann, auch mich auszuziehen. Sie küßte mich zuerst auf den Mund, und dann wanderte ihr Mund über meinen ganzen Körper, bis sie ihr Ziel erreicht hatte und über mich herfiel. Das war absolutes Dynamit. Ich war völlig aus dem Häuschen. Wenn ich so an meine sexuellen Erlebnisse zurückdenke, ist das wirklich einer der großen Höhepunkte gewesen.

Eduard, ein Collegeprofessor, bekam per Post eine Geburtstagskarte von einer ehemaligen Studentin, die bei ihm eine Verführungsphantasie auslöste:

Die Frau schickte mir eine Geburtstagskarte, auf der stand: »Vielleicht bin ich nicht das beste Geburtstagsgeschenk der Welt, aber ich bin das, das am leichtesten auszupacken ist.« Aus der Karte hatte sie eine Art Gutschein gemacht. Darauf stand: »Phantasien ohne Beschränkung – für einen Abend gültig, an dem die Phantasie in die Tat umgesetzt wird. Dieses Angebot läuft am 21. Januar ab, also greifen Sie zu!« Ich ließ meine Phantasien Revue passieren und überlegte mir das passende Arrangement. Da ich den Eindruck hatte, daß sie an mir mehr interessiert war als ich an ihr, war ich doch etwas ausweichend und überlegte, wie ich ihr Angebot annehmen konnte, ohne sie allzu sehr zu ermuntern. Ich erklärte mich einverstanden, wenn sie das Ganze als ein Spiel betrachten würde. Das, so meinte sie, sei auch ihre Absicht, und dann machten wir es.

In meiner Phantasie wollte ich mich beherrschen lassen, denn sie war eine selbstbewußte, eigenwillige Person, der die Rolle der Domina auf den Leib geschrieben schien. Ich wollte, daß sie sich ein elegantes Kleid anzog und Stöckelschuhe trug, und dann sollte sie halt tun, was ihr richtig schien. Ich sollte jederzeit das sexuelle Geschehen unter Kontrolle behalten. Sie erwies sich als sehr einfallsreich und gab mir das Gefühl, daß ich ihr keine Anweisungen geben müßte.

Die Phantasie, beherrscht zu werden, schließt manchmal auch Fesselungen mit ein. Was uns darüber erzählt wurde, waren harmlose Spiele, bei denen sich ein Partner sexuell aufreizend gab, während der andere in hilflosem Zustand zusehen mußte. Es waren keine sado-masochistischen Situationen, in denen bewußt Schmerz zugefügt wurde. Viele Männer haben Spaß an der Rolle des sexuell Starken und Übermächtigen, der einer hilflosen Frau seine Überlegenheit zeigt. Andere Männer zogen für sich die Rolle des Hilflosen vor. Stets sollte vermieden werden, daß der gefesselte Partner sich dabei unbehaglich fühlt. John gab einige praktische Ratschläge:

Niemals jemanden verletzen, das ist ja wohl sonnenklar. Schließlich will man niemandem Angst einjagen oder ihn verunstalten. Man muß auch nicht zum Pfadfinder werden und besonders raffinierte Knoten machen. Nur ein leichtes Umwickeln ist erforderlich, damit sie hilflos scheint. Nach meinen Erfahrungen wollen die Frauen dabei ihre Hände freibehalten, damit sie sich freier bewegen und zum Orgasmus gelangen können.

Wenn zwei Menschen vertrauensvoll miteinander umgehen können, kann man so gut wie alles miteinander machen, weil keiner sich Gedanken darüber machen muß, verletzt zu werden oder zu etwas gezwungen zu werden, was er absolut nicht tun will. Wenn sie sich in ihren Fesseln nicht wohlfühlt, wird es mir auch keinen Spaß machen.

Für den 34jährigen Joseph war die Fesselung seiner Freundinnen nicht nur deswegen besonders erotisch, weil er dabei Machtgefühle auskosten konnte, sondern weil er dabei ihre Reaktionen auf seine sexuellen Machenschaften beobachten konnte:

Ich veranstaltete ein Spiel, bei dem ich der Frau die Augen verband, sie an einen Stuhl fesselte, sie vollständig entkleidete und all diese aufregenden Sachen mit ihr machte, bevor wir dann schließlich zum Liebesakt übergingen. Während wir das taten, konnte ich sie wirklich sehr gründlich beobachten, weil sie die Augen verbunden hatte.

Viele Männer fanden mindestens genausoviel Gefallen an der Rolle des gefesselten Unterwürfigen als an der des strengen Herrn und Meisters. Die Hauptattraktion schien dabei für sie das Gefühl der Hilflosigkeit zu sein – ein sexuelles Empfinden, das ihnen gewöhnlich versagt ist. Einer der Männer fand Spaß daran, gefesselt zu sein und sexuell aufgereizt zu werden. Während er seiner Freundin hilflos dabei zuschauen mußte, wie sie sich entkleidete und dann masturbierte:

Viele Phantasien hängen bei mir mit einer passiven Rolle zusammen. Ich lasse mich durch ein völlig ungehemmtes, lüsternes Aufgereiztwerden antörnen, während ich festgebunden bin. Das ist toll, wie eine Frau sich auszieht und masturbiert, während ich mich nicht bewegen und irgend etwas unternehmen kann. Beim ersten Mal fühlte ich mich richtig schmutzig und verdorben dabei, und das hat mich ganz außergewöhnlich erregt. Sie fesselte mich ans Kopfende des Hotelbetts, und auch meine Beine hatte sie fest verschnürt. Ich war nackt, und sie trug ein Kleid. Sie legte sich mit dem Kopf am Fußende neben mich und spreizte die Beine so, daß ich ihr dabei zusehen konnte, wie sie mit sich herumspielte. Für uns beide war es das erste Mal; also hatte das für uns den Reiz der Neuheit und war eine aufregende Entdeckungsreise. In gewisser Weise ist das so, als würde man zu Baskin Robbins gehen und dort sämliche Eiscremesorten probieren. Wir haben so ziemlich alles miteinander angestellt. Und da wir dabei auch ziemlich bewußt und kontrolliert blieben, waren wir unbefangen; aber als wir das dann immer häufiger machten, verschwand die Unbefangenheit, und der Reiz war hin.

Schauplätze

Der gemütlichste Ort für Sex war für die meisten Männer das eigene Zuhause. Dort konnten sie sich entspannt fühlen und so angenehme Dinge wie Musik, Essen und gedämpftes Licht waren für sie immer verfügbar. Wie Bruce erklärte:

Mit wenigen Ausnahmen fühle ich mich am wohlsten, wenn ich zu Hause Sex habe. Mein Haus eignet sich ideal dafür, denn ich verfüge über alles, vom Swimmingpool bis zur Hausbar und Musikanlage. Seit Jahren sammele ich Kunst, also umgibt mich dort eine künstlerische, gemütliche Atmosphäre, die zu meinem Wohlbefinden beiträgt.

Die meisten Männer kamen darin überein, daß das Schlafzimmer der gemütlichste Ort für Sex sei. Der 53jährige Greg erklärte uns auch, warum:

> Während der letzten Jahre habe ich feststellen können, daß ich, wenn wir uns lieben wollen, unser eigenes Bett allem anderen vorziehe. Ich will es nicht in einem Auto treiben, in der Nische irgendeiner Bar oder in einem Büro auf dem Fußboden. In meinem Alter brauche ich den Komfort eines Bettes.

Einige Männer, insbesondere die alleinstehenden, fanden es wichtig, in ihrem Schlafzimmer eine sinnliche Atmosphäre zu schaffen. Sam erreichte das mit allerfeinster Bettwäsche:

> Bestimmte Materialien finde ich sehr sinnlich und erotisch – insbesondere Seide und Satin, auf denen sich der Körper wohlig räkeln kann.

Einer der Männer ging sogar soweit, die Einrichtung seiner Junggesellenbude genüßlich um sein riesiges Bett herum zu gruppieren:

> Alles läßt sich vom Bett aus bedienen. Wenn ich Musik haben will, drücke ich nur einen Knopf. Will ich Licht haben, kann ich es von dort nach Belieben regeln. Ein Kontrollmodul steuert alles, einschließlich den Fernseher. Das Bett ist das Herzstück meiner Wohnung. Es ist riesig bequem, und drei Personen können sich darin tummeln.

Andere entwarfen oder kauften Spezialbetten, wie es nach ihrer Meinung einem erotischen Genießer ansteht. Für den 28jährigen Joshua bedeutete dies den Kauf eines Wasserbettes:

> Ich habe ein Wasserbett, und das ist viel angenehmer als ein gewöhnliches Bett. Es ist viel bequemer. Außerdem kann man sich in einem Wasserbett noch viel leichter herumwälzen und sich nirgendwo stoßen.

Fred bevorzugte beim Liebesspiel ein japanisches Futonbett, weil er es nach Belieben von Zimmer zu Zimmer schleppen konnte:

> Ich habe eine dieser japanischen Matratzen, die ich einfach zusammenrollen, aufheben und dann auch im Wohnzimmer hinschmeißen kann, vor den Kamin oder wo es mir sonst gerade gefällt.

Einige Männer brachten Abwechslung in ihr Liebesspiel, indem sie verschiedene Möbelstücke mit einbezogen. Sie liebten sich auf der Couch, auf einem Stuhl, auf dem Küchentisch und darunter. Sie hatten auch Spaß daran, Sex in den verschiedenen Räumen ihrer Wohnung zu machen. Einer der Männer war gerade dabei, sein gesamtes Haus umzubauen und sagte: »Es erfordert viel Zeit und Energie, das alles Stück für Stück fertigzustellen, doch jedesmal, wenn ein Zimmer fertig ist, feiern wir, indem wir es mit einem Liebesakt einweihen.«

Das Badezimmer wurde immer wieder als der bevorzugte Ort für Sex genannt. In der Vorstellung der meisten Männer war das Bad der geeignetste Raum für Intimitäten. So sagt einer von ihnen: »Es macht Riesenspaß, gemeinsam zu duschen. Mit jemandem duschen ist ein sexuelles Erlebnis. Oder das Gefühl, jemanden zu waschen und gewaschen zu werden, das ist etwas ganz Intimes.«

Der 27jährige Steve brachte einen Spiegel in der Dusche an und richtete eine Bar ein, so daß Sex darin zu einem wollüstigen Vergnügen wurde:

Einer meiner bevorzugten Orte für den Sex ist die Dusche. Da ich Designer bin, habe ich einen übergroßen Spiegel und eine freischwebende Bar darin installiert, an der man sich festhalten kann, damit man nicht ausrutscht.

Ein ebenso beliebter Ort für genußvolle Liebesspiele waren Motels und Hotels. Für viele Männer verbanden sich damit Erinnerungen an die Zeit ihres ersten Liebeswerbens; andere meinten, daß Sex in einem Motel oder Hotel eine Ferienatmosphäre schaffe und man aller Verpflichtungen ledig wäre. Der 35jährige Ben wählte ein Motel, das speziell für erotische Bedürfnisse eingerichtet war:

Ich erinnere mich noch, wie wir einmal herumgereist sind und nachmittags in Monterey ankamen. Wir gingen hinunter zum Strand und kauften dort Avokados und Gambas, und gegen Abend trudelten wir dann in Sacramento ein. Dort gab es ein Pornomotel. Wir waren das einzige Paar, das die ganze Nacht blieb. Das war irgend so ein Ort, der von Geschäftsleuten besucht wurde; für mich war das etwas recht Verworfenes, so umgeben von lauter Spiegeln in diesem Zimmer, dazu Avokados zu essen und Videopornos anzuschauen.

Einige Männer standen auch auf Sex im Büro oder in Ruheräumen. Einer hatte sogar Sex im Chor einer Kirche. Tom, ein 19jähriger Student, trieb es in der Dunkelkammer seines Colleges:

Eines Nachts war ich echt geil und hatte in der Dunkelkammer noch zu arbeiten. Es gab da ein Mädchen, bei dem ich an einer engeren, gefühlsmäßigen Beziehung nicht interessiert war, auf das ich aber sehr scharf war. Also rief ich sie unter dem Vorwand an, daß ich etwas von ihr ausleihen wolle. Ich bat sie, es mir herunterzubringen und lud sie ganz gezielt ein, in die Dunkelkammer zu kommen. Als sie dann ankam, spielte ich mit ihr herum und machte ihr durch Anspielungen und anzügliches Herumalbern klar, daß ich an einem bißchen Sex interessiert sei. Sie ging sofort darauf ein. Die Dunkelkammer eignet sich dafür ganz phantastisch, weil die Leute da nicht einfach hereinplatzen können. Draußen gibt es eine kleine rote Signallampe, die bedeutet: bitte nicht eintreten. Also konnten wir sicher sein, daß niemand hier hereinplatzen würde. Und die gelbe und rote Notbeleuchtung war angenehm schummrig.

Viel Spaß machte es Männern, Sex in Bussen, in der Eisenbahn, auf Segelbooten und sogar in Flugzeugen zu machen. Doch besonders das Auto gilt als das beliebteste Sex-Mobil. Einige Männer fanden, daß Sex im Auto deswegen so aufregend sei, weil das Erinnerungen an ihre Teenagerzeit wachriefe, als »Parken« die ganz große Sache und das Auto der einzig sichere Ort war, wo man ungestört Sex haben konnte. Der 37jährige John zum Beispiel liebt es sogar heute noch gelegentlich, im Auto herumzustreifen, irgendwo anzuhalten und zu bumsen.

Eine große Zahl von Männern hatte auch Gefallen daran, sich beim Autofahren sexuell erregen zu lassen. Wie uns Ron erklärte:

Eine der schönsten Sachen ist für mich, mir beim Autofahren einen blasen zu lassen. Das passierte mir sogar einmal, als wir gerade durch die Innenstadt fuhren. Ich erinnere mich noch, daß wir kurz vor einer Ampel waren und um uns herum dichter Verkehr. Als es mir dann kam, mußte ich mächtig hart auf Bremse und Kupplung treten.

Billy findet Spaß daran, seine Freundin im Auto zu begrapschen, während er als Beifahrer neben ihr sitzt:

Einmal fuhr meine Freundin Auto, und ich befummelte ihre Möse. Ich habe sie dabei einfach beobachtet, ihre Art, sich zu bewegen und das Drehen und Winden, und wie sie im Gesicht ganz rot anlief, während sie zu fahren versuchte. Das war wirklich stark.

Andere Männer fanden heraus, daß die Möglichkeit, beobachtet zu werden, die Intensität ihres sexuellen Erlebnisses steigere. Das galt etwa für John, der sich an sexuelle Spiele in einem Überlandbus erinnerte:

Ich habe es einmal in einem Bus gemacht, der nach Montana fuhr. Leicht war es nicht gerade. Es war eine lange Busfahrt, und die meiste Zeit fuhren wir nachts. Ich hatte im Bus mit einer jungen Frau angebändelt, und nachdem wir viele Stunden zusammengesessen und geschwatzt hatten, fanden wir eine Decke und legten uns auf den langen Rücksitz des Busses. Die Missionarsstellung war für uns am bequemsten, da der Sitz nicht breit genug war, hin- und herzurutschen und sich umzudrehen; schließlich wollten wir auch nicht, daß ihr Kopf rhythmisch auf- und niedertanzte.

Einige Männer waren begeistert davon, Geschlechtsverkehr im Freien zu haben und meinten, daß ein fröhliches Herumtollen inmitten all der Schönheiten der Natur vielfältige Möglichkeiten biete für genußvolle, intensive Liebeserlebnisse.

Der 30jährige Kenneth und seine Frau genossen ihr Liebesspiel in der Natur:

Sich in den Wäldern, mitten im Nirgendwo, auf einer Decke zu lieben, war wunderschön. Draußen waren nur etwa 10 Grad, und wir zogen uns nicht ganz aus. Trotzdem war uns wunderbar warm. Sich unter strahlend blauem Himmel zu lieben, wo es Vögel gibt und Bäume und keine Menschen, verleiht einem das Gefühl, daß alles um uns herum voller Leben ist. Wenn der Sex die Sinne dafür schärft, was um einen herum vorgeht, ist das ein großartiges, lustvolles Erlebnis.

Oftmals war für Männer, die einen Sport im Freien ausübten, die Landschaft Schauplatz für aufregenden Sex. Der 67jährige Clarence, ein Collegeprofessor, erinnerte sich an Liebesfreuden beim Bergsteigen mit seiner Frau:

Ich war unter anderem auch Bergsteiger, und meine Frau und ich kletterten oft gemeinsam. Um eine Bergbesteigung zu feiern, fanden wir uns auf dem Gipfel zum Liebesakt. Jeden Sommer fuhren wir in die Adironbacks, um zu klettern. Charlene und ich hatten dann mehr Zeit füreinander, und wir liebten uns dann an einem Bergbach oder irgendeinem anderen schönen Plätzchen. Wir lernten dabei, den Sex mit allem in Verbindung zu bringen, woran wir Freude hatten. Unser Geschlechtsleben fügte sich ein in die Freuden des Bergsteigens oder Campens, in unser Umherschweifen im Freien, in Musik, Farben, Tönen, Gerüchen ...

Der 20jährige Peter erzählte uns, daß er und seine künftige Frau ein geheimes Versteck mitten auf dem Land gehabt hätten, das für sie zum Schauplatz vieler romantischer Erinnerungen wurde:

Es gibt einen ganz besonders schönen Ort im Freien, den wir ganz für uns haben. Die ganze Geschichte dreht sich um dieses Plätzchen, und sie ist höllisch romantisch. Als ich gerade 18 und sie 30 Jahre alt war, hatten wir eine leidenschaftliche Liebesaffäre. Während dieser stürmischen, wundervollen Beziehung lebte sie noch mit jemand anderem zusammen, so daß wir uns nur insgeheim treffen konnten. Wir hatten dieses geheime, stille Plätzchen, zu dem wir immer gingen und das sehr schwer zu finden ist, weil es von der Straße und vom Bahndamm aus nicht zu sehen ist. Es ist ein ganz abgeschlossener, geschützter Ort, und da ist eine kleine Vertiefung in der Felswand, und davor steht ein wunderschöner großer Baum. Wir hatten uns dort schon zu bestimmten Zeiten getroffen, unsere Decke ausgebreitet, Picknick gemacht und uns geliebt. Eines Tages jedenfalls waren wir dort und lasen beide ein Buch meiner Lieblingsautorin Dorothy Sayers, die darin einen ähnlichen Ort namens »Tallboys« beschreibt. Als ich wieder in der Stadt war, besorgte ich mir ein wunderschönes kleines Messingschild und ließ das Wort »Tallboys« darauf eingravieren, dann als Datum 1978 –. Ich nahm es mit zu unserem geheimen Treffpunkt, entfernte etwas Rinde vom Baum und nagelte dann das Schildchen an. Es ist noch immer da, das kleine Messingschild mit dem Wort »Tallboys« drauf.

Einige Männer genossen die sinnlichen Freuden von Sonne, Sand und Brandung, während sie am Strand Liebe machten. Einige gingen soweit, nicht nur im Wasser, sondern sogar unter Wasser Liebesfreuden zu erleben.

Der 31jährige Bary erinnerte sich:

Ich mag ganz spontane sexuelle Erlebnisse. Ich erinnere mich, daß ich einmal Liebe mit einer Frau gemacht habe, der ich Unterricht im Tiefseetauchen gab. Wir waren also eines Tages in der Karibik, und ich griff nach ihr in 10 m Wassertiefe, und wir schauten uns an und waren plötzlich ganz wild auf Sex. Wir zogen also unsere Badeanzüge aus, behielten die Sauerstoffflaschen auf und preßten unsere Tauchermasken ganz dicht aufeinander, so daß alles stockfinster wurde. Und dann bumsten wir wie die Wahnsinnigen. Es war einzigartig und wunderbar. Dann zogen wir unsere Badesachen wieder an, lösten unsere Gesichter voneinander und schauten uns um, und da war dieser kleine Schwarm von Fischen, die uns dumm anglupschten und sich wohl fragten, was wir da machten. Ich mußte so sehr lachen, daß ich fast erstickt wäre.

Spike, ein 31jähriger alleinstehender Investment-Bankier, erinnert sich daran, wie er und seine Freundin sich einst an einem Strand liebten, den sie beide einsam und verlassen glaubten:

Wir dachten wirklich, wir wären an einem ganz einsamen Strand. Nachdem wir uns gegenseitig mit dem Mund bearbeitet und reichlich eine ¾ Stunde gevögelt hatten, schreckten wir hoch und stellten plötzlich fest, daß überall um uns herum Leute waren. Einige spielten ganz in unsere Nähe, andere führten Hunde spazieren. Ich war hell entsetzt.

Stellungen

Männer bevorzugen viele verschiedene Stellungen beim Geschlechtsverkehr. Trotz der Vielfalt der eingenommenen Positionen gaben sie einigen den Vorzug. Die herkömmliche Missionarsstellung, bei der die Frau unten liegt und er Mann oben, war bei den meisten der von uns interviewten Männer am beliebtesten.

Viele wählten diese Stellung, weil sie den engsten und intimsten Kontakt zu ihren Partnerinnen gestattete. Der 44jährige Net sagt erklärend dazu:

> Wir haben eine Menge herumexperimentiert. Manchmal warfen wir einfach das Buch »The Joy of Sex« aufs Bett und sagten: »Okay, wir machen genau das, was auf der Seite steht, auf der sich das Buch aufschlägt.« Aber die Missionarsstellung mag ich am liebsten. Es gibt dabei mehr Körperkontakt. Ich fühle ihre Brüste an meiner Brust, und ich kann die Arme ganz um sie legen.

Die Missionarsstellung hat auch noch andere Vorzüge. Einige Männer fanden, daß sie in dieser Stellung mehr Bewegungsfreiheit hätten und sie so aktiver sein konnten. Andere Männer bevorzugten diese Stellung, weil sie ein tieferes Eindringen gestattete, insbesondere wenn die Frau ein Kissen unter dem Hinterteil hatte oder sie die Beine oben gegen seine Schultern legte.

Bei anderen Spielarten dieser Stellung liegt die Frau auf der Bettkante, während der Mann neben dem Bett steht oder kniet. Einige Männer erwähnten auch, sie hätten gelegentlich die Missionarsstellung eingenommen und ihr Glied zwischen den Brüsten der Frau anstatt in ihrer Scheide gehabt. Einer der Männer schilderte eingehend, warum ihn das so erregte:

> Ich ficke eine Frau gern zwischen ihren Brüsten. Ich mag Frauen mit ziemlich ausladenden Brüsten – sie müssen so groß sein, daß es richtig Spaß macht. Indem ich ihre beiden Brüste zusammendrücke, schaffe ich mir eine schöne tiefe Kluft. Dann macht sie sich da schlüpfrig mit ihrem Speichel oder benutzt irgendein Massageöl, oder wir kommen mit dem Speichel auf meinem Schwanz aus, nachdem sie mir einen geblasen hat. Während sie dann ihre Brüste zusammendrückt, setze ich mich auf sie und schiebe ihn ihr rhythmisch dazwischen. Noch schöner ist es sogar, wenn sie ein üppiges Kissen unter ihrem Kopf hat, so daß ich ihn zwischen ihren Brüsten haben und ihn dann auch direkt in ihren Mund schieben kann.

Die zweite beliebte Stellung beim Geschlechtsverkehr ist die, bei der der Mann unten liegt. Viele Männer, wie der 34jährige Joseph, wählten diese Stellung dann, wenn sie eher passiv bleiben wollten:

Wenn ich mich passiv fühle, liege ich gern unten. Es ist ein ganz anderes Gefühl als oben zu sein. Unten liegend empfange ich vom Partner tatsächlich seine Kraft und Energie. Ich nehme sie in mir auf, und ich bin mehr in dem anderen Menschen und in seiner Energie.

Männer, die sich von ihren Macho-Vorstellungen freigemacht hatten und diese Stellung schätzten, mochten das Gefühl, daß die Frau den Akt kontrolliert. Ihnen gefielen selbstbewußte, sexuell aktive Partnerinnen. Wie einer der Männer sagte: »Ich mag es manchmal fast noch lieber, wenn sie auf mir drauf ist, weil sie dann nämlich selbst das meiste machen muß.«

Eine ganze Anzahl Männer bevorzugte die Stellung, in der sie unten liegen, wegen des Blickkontaktes, weil bei ihnen die visuelle Stimulation eine große Rolle spielt. Das galt auch für den 38jährigen Roger:

Ich mag es sehr, wenn sie auf mir drauf liegt, weil ich dann ihren ganzen Körper sehen kann und ich beobachten kann, wie sie dabei aussieht. Ich schaue ihr gern ins Gesicht. Ich liebe den Anblick ihrer Brüste, ihres Bauches, und ich umfasse sie dann gern und halte ihren Hintern fest, was in dieser Stellung sehr gut geht.

Doch der praktische Gesichtspunkt bei dieser Stellung war der, daß die Männer das Gefühl hatten, ihre Ejakulation besser kontrollieren zu können. Der 27jährige Fred erklärte:

Ich mag es gern, wenn sie oben liegt, weil ich dann beide Hände frei habe, um sie überall zu berühren. Es hilft mir, mich zu entspannen und die Erregung hinauszuzögern. Wenn ich oben bin, ist es nämlich dann innerhalb einer Minute oder noch schneller vorüber, je nachdem, wie erregt ich bin und wie lange es her ist, daß wir das letzte Mal Geschlechtsverkehr gehabt haben. Wenn sie oben ist, kann ich mir Zeit nehmen und es ein bißchen hinauszögern, was für mich viel befriedigender ist. Auch sie mag es so, weil sie auf diese Weise mehr Stimulation bekommt. Gewöhnlich kommen wir gleichzeitig zum Orgasmus, wenn wir uns genügend Zeit dabei nehmen.

Das Eindringen von hinten lag an dritter Stelle auf unserer Liste der bevorzugten Stellungen beim Geschlechtsverkehr. Bei dieser

Stellung hockt die Frau vorgebeugt auf den Knien, und der Mann
dringt von hinten in sie ein. Diese Stellung wurde aus verschiedenen Gründen geschätzt. Einige Männer mochten das Einführen
ihres Gliedes von hinten, weil sie sich in dieser Stellung mächtiger
fühlten. Dazu erklärte uns der 31jährige Gary:

> Ich mag Sex gern auf Hundeart. Das ist so wie bei unseren
> Vorfahren. Alle Hominiden machen es auf diese Weise. Ich
> glaube, daß sich bei mir damit ein Gefühl der Dominanz
> verbindet – das Gefühl, dabei die Führung zu haben.

Einige Männer hatten den Eindruck, daß bei der Penetration von
hinten ihr Glied enger umschlossen ist, was die Reizung erhöhte
oder wodurch ihr Penis auch an anderen Stellen stimuliert wurde.

»Die Reibung ist tiefer unten, der Druck liegt mehr auf der ganzen
Länge des Harnleiters, wenn ich von hinten eindringe«, sagte ein
Mann.

Andere schätzten die Penetration von hinten deswegen, weil sie
ihnen andere visuelle Eindrücke bot, die sie als ungewöhnlich
erregend empfanden. Dazu bemerkte einer der Männer: »Ich bin
jemand, der auf Ärsche steht; ich mag hübsche Hintern, und wenn
ich es ihnen von rückwärts mache, habe ich einen wunderschönen
Blick darauf.«

Der 24jährige Jan mochte diese Stellung deswegen, weil er sich in
seinen Phantasien freier fühlte, wenn er ihr Gesicht nicht sehen
konnte. Er hatte auch eine spezielle Technik, die er uns so beschrieb:

> Ich mache es gern von hinten, wenn sie auf dem Bauch liegt
> und ich hinten auf ihr drauf. Aber ich habe festgestellt, daß
> manche Frauen eben anders gebaut sind, so daß ich also
> manchmal, wenn es in dieser Stellung nicht funktioniert, ihr
> ein Kissen unter den Bauch schieben muß.

Viele Männer hatten ihre eigenen bevorzugten Abwandlungen
dieser Position. Larry, 38 Jahre und seit 15 Jahren verheiratet,
findet Gefallen daran, von hinten einzudringen, wenn er und seine
Frau einer hinter dem anderen auf der Seite liegen:

> Ich würde sagen, daß wir meistens in der Löffelstellung schla-
> fen; sie zusammengerollt auf ihrer Seite und ich zusammenge-
> rollt hinter ihr. Nun, das ist wirklich eine sehr angenehme

Stellung, sexuell miteinander etwas anzufangen, besonders wenn sie ihr kurzes Nighty anhat, das unten alles freiläßt. Es ist gar nicht so ungewöhnlich, daß ich mitten in der Nacht tierisch geil aufwache, und ich kann dann ganz leicht in sie hineinschlüpfen und sie sanft aufwecken, ganz zart und behutsam. Das ist keine rasend leidenschaftliche, wilde Bumserei.

Manche Männer bevorzugten die Seitenlage, wenn beide Partner einander ansehen. Der 37jährige John sagte:

Ich empfinde großes Vergnügen dabei, meine Partnerin anzuschauen, sie körperlich ganz vor mir zu sehen. Die beste Stellung hierfür ist gewöhnlich die Seitenlage. Wenn ich nur eine Stellung wählen dürfte, eine einzige für mein ganzes weiteres Leben, dann würde ich mich für diese entscheiden.

Eine andere Stellung, die auch häufig erwähnt wurde, war die Scherenstellung. Auch hier bestand der größte Reiz dieser Position offenbar darin, daß die Männer während des Geschlechtsaktes mehr vom Körper ihrer Partnerinnen sehen konnten:

Wenn es eine Stellung gibt, die ich allen anderen vorziehe, dann ist das die, in der wir beide auf der Seite liegen und sie ein Bein unter mir hat und das andere über mich legt, während ich im Winkel von 90 Grad zwischen ihr liege. Auf diese Weise kann ich bei der Penetration zusehen. Ich kann ihre Beine sehen, ihre Öffnung, ihre Schenkel, ihre Hüften, ihren Bauch, während wir uns lieben.

Einige Männer fanden gelegentlich auch Gefallen an Geschlechtsverkehr im Stehen. Manchmal machen es beide Partner stehend, dann wieder steht nur der Mann, während seine Partnerin auf der Bettkante sitzt. Der 34jährige David beschrieb die Vorzüge, die es für ihn hat, den Akt stehend zu vollziehen:

Ich liebe es stehend, vorausgesetzt, wir passen beide richtig zueinander. Man hat dabei mehr Beweglichkeit und kann seine Stöße dabei gut kontrollieren, und das erweist sich wirklich als sehr lustvoll.

Andere mochten es, wenn ihre Partnerinnen während des Geschlechtsaktes auf ihrem Schoß sitzen. Einer der Männer erklärte uns, welche Vorteile ihm diese Stellung bringt:

Manchmal sitze ich auf dem Bett und lasse meine Partnerin auf dem Schoß sitzen, die Beine um mich gelegt, während ich sie festhalte. Auf diese Weise behalte ich die Kontrolle und kann nicht herausrutschen. Denn wenn es bei uns nämlich richtig wild und heiß und heftig wird, kann das leicht passieren.

Das Bedürfnis nach Abwechslung in ihrem Liebesspiel brachte für viele Männer eine Erweiterung ihres Repertoires mit sich. Sie fanden, daß gelegentliche Umstellungen im Programm der von ihnen praktizierten Stellungen die Liebe frisch und interessant erhalten würden.

Selbststimulation mit einer Partnerin

Viele unserer Interviewpartner fanden es erregend, Frauen beim Stimulieren zuzusehen. Einer von ihnen erklärte uns:

Wenn ich mit jemandem im Bett bin, bin ich so versunken und selbstvergessen, besonders kurz bevor es mir kommt, daß ich irgendwie völlig weggetreten bin. Also ist es manchmal richtig schön, wenn man Gelegenheit hat, seine Partnerin zu beobachten – ihr Gesicht zu sehen, ihre Augen, ihren Körper, während sie immer erregter wird. Besonders aufregend ist es, wenn man ihnen dabei zusieht, wie sie kommen.

Der 38jährige Larry, der seit 15 Jahren verheiratet ist, war der gleichen Meinung. Er findet es überaus lustvoll, seiner Frau beim Masturbieren zuzusehen:

Manchmal liegen wir lesend im Bett oder sehen gerade die letzten Abendnachrichten, und mit einem Mal spüre ich, wie das Bett zu zittern anfängt, während sie zu ihrem ersten Orgasmus kommt – und dabei hatte ich nicht einmal gemerkt, daß sie sich selbst berührt hat. Das ist ihre eigene wunderbare Art, mir zu verstehen zu geben, daß sie ganz hitzig ist und sexuellen Kontakt mit mir will. Ich muß dann nur leicht den Kopf drehen und kann ihr dabei zuschauen. Das ist etwas, was ich wirklich sehr gern habe.

Während es für die Männer im allgemeinen eine aufregende Sache war, eine Frau beim Masturbieren zu beobachten, reagierten die meisten auf das Tabu der Selbstbefriedigung und zierten sich, sich in Gegenwart ihrer Partnerin selbst zu berühren. Diejenigen unter ihnen, die sexuell entdeckungsfreudiger waren und ihre Hemmungen ablegen konnte, fanden, daß Masturbation während des Liebesspiels eine hochbrisante Tätigkeit sei.

Für Billy war es besonders aufregend, vor den Augen seiner Partnerin zu masturbieren:

> Ich mag das Exhibitionistische daran, wenn sie mir zusieht, und es ist toll, wenn ich dann merke, wie erregt sie ist. Manchmal führe ich schmutzige Reden und erzähle, was ich gerade fühle und was ich jetzt gleich mit ihr tun möchte. Manche Frauen lesen mir aus Pornobüchern vor, während ich masturbiere. Gelegentlich passiert es auch, daß sie sieht, wie ich immer wilder und geiler werde und sich zu mir runterbeugt und an mir leckt. Manche Frauen werden beim Zusehen so angetörnt, daß sie selbst anfangen zu masturbieren.

Ein anderer Mann sagte:

> Manchmal stelle ich mir vor, ich sei eine Art Fruchtbarkeitsgott, ein richtiger Priap. Dann liegt Rhoda ausgestreckt auf dem Fußboden, während ich, über ihr stehend, masturbiere. Es macht mir Riesenspaß, mich so mächtig zu fühlen, und ihr gefällt das auch.

Einige Männer entdeckten, daß gemeinsames Masturbieren mit einer Partnerin als Alternative zum Geschlechtsverkehr Abwechslung in ihr Liebespiel brachte. So erklärte der 24jährige Dean:

> Im Laufe unserer langjährigen Ehe sind wir hinsichtlich der Masturbation ganz unbefangen geworden. Es erschließt sich einem doch noch viel Unbekanntes. Geschlechtsverkehr muß nicht immer unbedingt im Mittelpunkt stehen, obwohl es dann letztlich doch darauf rauskommt, wenn wir uns beide sexuell betätigen. Aber es gibt Zeiten, da gehen wir beide in die Badewanne und beginnen zu masturbieren. Das ist dann oft der Anfang für alle möglichen sexuellen Aktivitäten.

Selbstbefriedigung ist auch eine Form intimen Beisammenseins, wenn nur einer der beiden Partner Interesse hat. So war es für den 27jährigen Raimond, der erst vor kurzem geheiratet hat:

In ihrer Gegenwart zu masturbieren, ist wunderschön. Wenn mir nach Liebe zumute ist, ist sie für mich auch zu haben. Wenn sie aber müde ist, möchte ich sie nicht drängen und stören, und dann braucht sie einfach nur dazuliegen und kann mir zusehen. Wenn sie will, kann sie sogar einschlafen dabei. Aber das passiert glücklicherweise nicht. Es ist also echt gut so, und ich bin froh, daß ich das so unbefangen tun kann.

Der 36jährige Jason fand heraus, daß selbst bei räumlicher Trennung Masturbieren per Telefon Intimität und Vertrautheit herstellen kann:

Während meine Freundin Tausende von Meilen von mir entfernt ist, masturbieren wir beide am Telefon, was ein einzigartiges Erlebnis ist. Manchmal holen wir einander noch spät nachts ans Telefon und reden darüber, wie schön unser Sex immer ist und wieviel Spaß es macht.

Für viele Männer war Masturbation in Gegenwart einer Partnerin geradezu ein Durchbruch in ihrer Beziehung und ein Mittel, die Partnerin besser zu verstehen. Dazu erklärte uns David:

Frauen sind für mich immer sehr geheimnisvoll gewesen. So vor ungefähr zwei Jahren machte ich mit einem Mädchen Liebe, das ich mochte. Unvermittelt sagte ich zu ihr: »Weißt du, ich habe noch nie zugesehen, wenn eine Frau masturbiert.« Und darauf sie: »Weißt du, ich habe noch nie zugesehen, wenn ein Mann masturbiert.« Also schauten wir uns beide dabei zu. Die Offenheit dabei und die Tatsache, daß wir etwas geradezu Verbotenes taten, machte es für uns sehr aufregend. Es vertiefte unsere Beziehung zueinander.

Der 38jährige Allen, der seit 2 Jahren getrennt lebt, masturbierte kürzlich in Gegenwart einer Partnerin:

Ich hatte niemals den Mumm, in Gegenwart meiner Frau zu masturbieren, aber ich habe es vor ein paar Wochen bei einer anderen Frau getan. Mir war das zuerst echt unbehaglich. Dann war es auch noch das erste Mal, daß wir miteinander im Bett waren. Ich fing einfach an, mit ihr darüber zu reden, und mir ging auf, daß ich das eigentlich schon immer gewollt, aber nie den Nerv dazu hatte. Das habe ich ihr zu verstehen gegeben. Ich wußte, daß sie noch nie einen Pornofilm gesehen hatte. Also sahen wir uns einen solchen Streifen an, und ich holte meinen Vibrator und zog mich aus und tat es dann auch tatsächlich – ich masturbierte – und ich war schrecklich verlegen. Ich hatte Angst, er würde mir nicht steif werden. Das erregt sie schließlich so, daß sie auch mit sich selbst herumzuspielen begann, um sich in Fahrt zu bringen. Sie küßte mich und faßte mich an, und dann wollte ich nur noch in ihr drin sein. Ich empfand echten Stolz, daß ich meine Verlegenheit überwunden und unter den Blicken einer Frau masturbiert hatte.

Oraler Sex

Fast ausnahmslos fanden unsere Interviewpartner Gefallen an Cunnilingus und an Fellatio. Cunnilingus wurde immer wieder als Hauptattraktion eines genießerischen Liebesaktes erwähnt. Unbestritten ist der Cunnilingus für viele Frauen eines der besten Mittel, um zum Orgasmus zu kommen, deshalb wurde Könnerschaft beim Cunnilingus als eine wichtige Vorbedingung angesehen, um in der Liebe als Gourmet zu gelten. Auf diese Weise einer Frau Lust zu verschaffen, beschert ihnen selbst größere Genüsse. Der 34jährige Joseph meinte dazu:

> Ich mache mich gern unten über eine Frau her. Ich liebe das. Ich könnte das unermüdlich tun. Am liebsten würde ich ihr durch die Scheide bis in den Bauch kriechen. Wenn eine Wand da wäre, gegen die ich meine Füße stemmen könnte, dann würde ich das wahrscheinlich auch machen.

Den Männern gefiel es, das Machtgefühl auszukosten, wenn sie die Reaktionen ihrer Partnerinnen auf ihre Zärtlichkeiten mitbekamen. Der 36jährige Michael erklärte uns:

> Ich mag die Weichheit, die Wärme und die Feuchtigkeit, die eine direkte Reaktion auf das ist, was ich mit ihr mache. Die Erregung ist überwältigend. Eine Frau, die so reagiert, wenn ich ihr Geschlecht berühre – das ist für mich faszinierend und unvergleichlich.

Der 27jährige Scott neckt seine Frau damit, wie gern er ihre »orgasmischen Säfte« mag:

Sie schmeckt immer himmlisch. Sie geht nicht vorher unter die Dusche oder so; es ist einfach etwas ganz Besonderes an der Art, wie sie schmeckt und riecht. Ich liebe auch den Geschmack ihrer Feuchtigkeit beim Orgasmus. Wenn man das auf Flaschen ziehen und trinken könnte! Für mich ist das ein echtes Dessert. Wir nennen es immer »Honig aus der Spalte Gottes«, weil es so besonders und einzigartig ist.

Genauso beliebt wie Cunnilingus ist bei den Männern Fellatio. Doch hier gab es auch die meisten Klagen bei den Männern, weil ihre Partnerinnen das nicht mochten, nicht tun wollten oder nicht gekonnt genug ausführten.

Im allgemeinen fühlten sich Männer von einer Partnerin stimuliert durch die Art, wie sie mit ihrem Mund Druck auf das Glied ausübte. Lenny meinte dazu:

Irgendwann einmal wird es wichtig, mit einer Partnerin darüber zu reden, was man am oralen Sex oder auch an jeder beliebigen Art von Sex besonders mag und worauf es ankommt. Was mich angeht, will ich nicht die Zähne am Penis spüren. Die meisten Frauen merken gar nicht, daß sie dir dabei ganz gehörig weh tun können. Natürlich mögen manche Männer das. Sie finden das erotisch, und es steigert ihre Gefühle. Aber was mich angeht, mir tut es nur weh. Also sage ich einer Partnerin vorher, sie solle ihre Lippen über den Zähnen lassen. Ich finde es auch viel besser, wenn sie mit ihrer Zunge über mein Glied fährt oder wenn sie so einen Saugeffekt erzeugt, wenn also auch ihre Mundwinkel den Penis mit umschließen. Auf diese Weise ist da überall Berührung, und ihr Mund ähnelt ein bißchen der Scheide.

Andere Männer, wie der 24jährige Jan, fanden an etwas intensiverer Reizung Gefallen:

Manchmal finde ich es gut, wenn man ein bißchen grob mit mir umspringt. Es gibt da eine ganz feine Trennlinie; dann kann es auch zu grob werden und dann weh tun. Doch immer nur Sanftheit ist mir machmal einfach zu langweilig. Ich habe sogar schon mal vorgeschlagen, daß eine Frau ganz sacht ihre Zähne gebraucht, aber einige haben dann wieder Angst, sie könnten dabei zu heftig und unvorsichtig sein.

Ein Mann riet, auch die Hände beim oralen Sex zu gebrauchen:

Meine Sekretärin bat mich, ihr zu erklären, wie sie es ihrem Mann mit dem Mund machen könne. Das ganze Geheimnis dabei ist, dabei die Hand wie eine Verlängerung des eigenen Mundes zu gebrauchen. Während der Mund sich aufwärts bewegt, muß die Hand nachfolgen, und es muß alles feucht und richtig glatt sein. Das schafft dann so ein Gefühl, als würde das Glied immer im Mund bleiben; der Mund und die Hand sind zusammen wie eine große Vagina. Ich selbst mag es noch, wenn meine Partnerin mit ihrer freien Hand an meinen Eiern spielt. Dann könnte ich fast durch die Decke gehen; ich meine, dann fange ich an zu schreien und zu brüllen.

Die Mittellinie des Penis, eine Furche, die an der Unterseite des Gliedes entlangläuft und von der Eichel abwärts unten die anale Öffnung umschließt, besteht aus äußerst sensitivem Gewebe. Einer der Männer drückte das so aus: »Die Unterseite des Penis ist eindeutig die Lustseite.« Ein anderer Mann erzählte uns, er hätte es besonders gern, wenn seine Frau mit der Zunge die Mittellinie an der Unterseite des Gliedes entlangfährt, während sie den Penis im Mund hat. Ein anderer wiederum zog es vor, sich von seiner Partnerin in Wallung setzen zu lassen, indem sie den Kontakt mit ihrem Mund löste und dann leicht von der Spitze abwärts die Mittellinie hinunter bis zum Schaft leckte. Larry empfahl noch eine andere Technik, die den oralen Sex für ihn zum Fest machte:

Beim oralen Sex mag ich es am liebsten, wenn die Frau zwei Finger an den Schaft des Penis legt, den einen oben, den anderen auf die Unterseite, und wenn sie dann die Haut herunterzieht, nicht schmerzhaft fest, sondern ganz leicht. Für mich ist das Gefühl dann noch viel intensiver. Er scheint mir dann auch viel stärker anzuschwellen und größer zu werden, wenn sie das macht und ein echt erlesenes Gefühl, wenn sie etwas davon versteht.

Bernhards Freundin hatte auch eine ganz spezielle Technik:

Sie verbindet eine sehr sinnliche Art von rhythmischer Technik mit ihrem Mund, der ganz feucht und weich ist, mit einer ganz besonderen Art des Streichelns, wobei sie die Hände und ihren Körper benutzt. Sie zeichnet die Linien meines Körpers, der Seiten und des Rückens mit ihren Händen nach.

Sie benutzt dann ihre Beine oder Füße und reibt sie an meinen Schenkeln auf und ab. Sie setzt jedes Teil ihres Körpers ein, mich überall zu berühren, während wir oralen Sex haben.

Analer Sex

Den Analbereich in den Sex einzubeziehen, war für viele unserer Interviewpartner eine Delikatesse. Die Männer fanden genauso Gefallen daran, den Anus ihrer Partnerinnen im Geschlechtsverkehr zu benutzen, als auch den eigenen Anus beim Vorspiel und während des Geschlechtsaktes von einem Finger ihrer Partnerin stimulieren zu lassen. Analverkehr und anale Stimulation waren offenbar aus physischen und psychologischen Gründen lustvoll. Körperlich wurde die Analöffnung von einigen Männern als sehr reizempfindlich empfunden, genauso wie die Reizung tiefer im Inneren, bei der die Prostata massiert wird. Einer der Männer hatte das Empfinden, daß die anale Stimulation ihm bewußter machte, was sich in ihm abspielte – er meinte damit wohl die Kontraktion der Prostata –, während er einen Orgasmus hatte. Die anale Penetration einer Partnerin wurde deswegen als lustvoll empfunden, weil diese Körperöffnung enger ist. Psychologisch gesehen, löste analer Sex die verschiedensten Empfindungen aus, je nachdem, ob der Mann der Gebende oder Empfangende dabei ist. Der 31jährige Billy fand am Analverkehr deswegen Gefallen, weil er sich dabei als der Beherrschende fühlte:

Ich finde analen Sex wirklich gelegentlich sehr aufregend, weil dabei männliche Dominanzgefühle zum Durchbruch kommen. Es erinnert mich an die Zeit, als ich noch Football spielte. An der 50-Yard-Linie bekam ich ein deutliches Gefühl dafür, was Selbstbeherrschung bedeutet. Ich empfand dann tatsächlich so etwas wie Wut und Groll, weil das eben mein Revier war. Niemand durfte es betreten. Und genau diese Gefühle kommen mir, wenn ich analen Sex mit jemandem habe.

Männer, die eine passive Haltung einnahmen, fanden an der analen Penetration oft deswegen Gefallen, weil sie sie als Akt der Unterwerfung erlebten – als würden sie sich in die Hände eines anderen Menschen begeben. Der 34jährige Sozialarbeiter Joseph, der geschieden ist und seither allein lebt, meinte:

> Ich empfand bisher eine echte Abneigung gegen jede Art von analer Penetration, doch während der letzten eineinhalb Jahre habe ich meine Meinung geändert. Doch, ja, ich mag das Gefühl. Irgendwie ist das eine Art Selbstaufgabe. Es ist eine ganz andere Art, etwas mit jemandem zu teilen. Eine Frau kann sich meinen Schwanz schnappen und mir einen abreißen, und es bleibt ganz äußerlich. Schön, es mag ja auch recht intim sein, doch meine Erfahrung ist die, daß es eigentlich viel intimer dann ist, wenn eine Frau in mich reingeht und mich stimuliert.

Der 45jährige Charles, der in zweiter Ehe jetzt fünf Jahre verheiratet ist, setzte auch Analverkehr mit einer ganz besonderen Art von Intimität gleich:

> Analverkehr haben wir wahrscheinlich allerhöchstens einmal von 45 Malen, die wir miteinander ins Bett gehen. Doch wenn wir es machen, ist es immer ganz merkwürdig intim. Es ist bestimmt nicht etwas, was man mit jedem macht. Man muß jemanden schon sehr genau kennen. Sobald ein Mann und eine Frau Analverkehr haben, setzt das eine ganz besondere Art von Vertrauen zwischen ihnen voraus, das schwer zu erklären ist. In der Mehrzahl der Fälle, wenn meine Frau und ich miteinander bumsen, spüre ich schon, daß es zwischen uns sehr intim ist, und bestimmt ist es so, wenn meine Erregung auf dem Höhepunkt ist. Dann fühle ich große Zärtlichkeit für sie. Doch ich habe feststellen können, daß ich beim Analverkehr ein außergewöhnliches Gefühl der Nähe ihr gegenüber empfunden habe.

Damit Analverkehr nicht als schmerzvoll empfunden wird, sind gewisse Vorkehrungen notwendig. Voraussetzung zur Erlangung einer positiven Erfahrung beim Analverkehr ist die Schaffung eines vertrauensvollen Verhältnisses und einer Atmosphäre, in der sich die Frau ganz entspannt fühlen kann. John gab den folgenden Rat:

> Zuerst muß man die richtige Gemütsverfassung herstellen, denn ich glaube nicht, daß das etwas ist, womit man seine Partnerin überfallen darf. Man kann das Thema vorsichtig

zur Sprache bringen, aber nicht direkt darauf losgehen, es sei denn, sie hat bereits Erfahrung mit analem Sex. Ich glaube, der Schlüssel zu erfolgreichem Analverkehr ist die Technik. Es ist etwas, auf das man langsam hinarbeiten muß – mit Geduld, Sorgfalt und einem Gleitmittel. Das sollte man unbedingt verwenden. Dann ist eine Stellung notwendig, in der sich die Frau ganz entspannen kann. Ich glaube, daß die erfolgreichste Position, die ich erprobt habe, die Seitenlage ist. Die Frau liegt auf der Seite, wenn der Mann aufrecht sitzt, so daß er also nur halb von hinten in sie eindringt, es also nur eine halbseitige Penetration ist. Wenn sie auf der linken Seite liegt, würde ich über ihr linkes, also ihr unteres Bein steigen und ihr rechtes über mein eigenes Bein legen. Auf diese Weise muß sie sich nicht anstrengen, in einer bestimmten Stellung zu bleiben. Ihre Klitoris bleibt auch so leicht erreichbar, so daß ich sie mit der Hand stimulieren kann. Bei einer anderen Stellung liegt die Frau auf dem Rücken und hat die Beine weit nach oben gezogen. Dann kann ich ihre Beine so dirigieren, daß sie an meiner Schulter Halt haben. In beiden Stellungen kann sich die Frau entspannen, was die Penetration sehr erleichtert.

Zahlreiche andere Stellungen wurden empfohlen:

Ich habe einmal Analverkehr unter der Dusche gehabt, wobei die Frau sich einfach vornüber gebeugt hat, so als wollte sie ihre Zehen berühren, und ein andermal stand meine Partnerin aufrecht, die Hände gegen die Wand gedrückt und das Hinterteil herausgedrückt.

Eric sagte:

Ich wurde in die Freuden des analen Sex eingeführt, als meine Partnerin rittlings auf mir saß, und das war für mich die lustvollste Stellung. Ich habe es auch mit der Missionarsstellung versucht und wollte von hinten eindringen; aber am besten finde ich noch immer, wenn meine Partnerin auf mir sitzt, schon wegen der visuellen Perspektiven, die diese Position mir bietet.

Partnerinnen zu haben, die während des Liebesaktes reden oder Geräusche von sich geben, war für die meisten Männer erregend, da es für sie ein Anzeichen war, daß ihre Liebsten Lust empfanden. Wie uns einer der Männer sagte: »Solange wir nicht beide Freude daran erleben, ist das für mich platt und spannungslos. Ich kann nicht bei jemandem ein Gefühl er Erfüllung haben, der einfach nur die richtigen Bewegungen macht.« Daß jemand beim Geschlechtsakt Laute von sich gibt, wird gewöhnlich als typisch weiblicher Wesenszug angesehen. Die Macho-Stereotype ist ein Mann, der vollkommen kontrolliert bleibt und schweigend den Liebesakt inszeniert. Allerdings überdenken immer mehr Männer dieses traditionelle Bild von männlichem Verhalten. Der 43jährige David meinte dazu:

> Es törnt mich schon ganz mächtig an, wenn meine Partnerin alle möglichen Laute ausstößt; aber Frauen sind nun einmal geräuschvoller als Männer. Man findet nicht viele Männer, die ächzen und stöhnen und auf verbaler Ebene völlig ausflippen. Es ist da doch noch ein gut Teil schüchterner Zurückhaltung, und auch ich bin noch am Lernen, wie ich am besten stöhne und ächze und sogar ausspreche, was ich gerade fühle.

Es gibt aber auch Männer, die unbefangen genug waren, ihren leidenschaftlichen Gefühlen auch sprachlich Ausdruck zu geben. Einige von ihnen fanden Gefallen daran, während des Geschlechtsverkehrs schmutzige Reden zu führen. Andere, wie Billy, ein 31jähriger Junggeselle, bevorzugten Frauen, die ihnen gegenüber eine obszöne Sprache benutzten:

> Ich mag eine ganz ausgekochte Gossensprache. Manchmal reize ich die Frauen dazu, indem ich ihnen laut ankündige, was ich alles mit ihnen vorhabe oder was ich gern mit ihnen tun möchte. Sehr schön ist auch, wenn sie richtig um Sex betteln. Wenn sie sagt: »Bitte«, dann bekommt sie vielleicht ein bißchen Ermunterung, und danach werde ich dann vielleicht ganz cool und sage: »Ja, bitte was?« damit sie sich deutlicher über das ausläßt, was sie von mir haben will, oder womit ich sie erregen soll.

Andere, wie der 34jährige Drew, bevorzugten ein eher romantisches Liebesgeflüster, da sie meinten, dadurch die Intimität ihres Sexualerlebnisses zu steigern:

Ich mag es, immer wieder den Namen des anderen Menschen auszusprechen. Dadurch ist er nicht nur ein anderer Körper, sondern auch seine Persönlichkeit ist angesprochen. Ich finde das sehr erregend. Ich mag es auch gern, Sachen zu sagen wie: »Du bist schön, dein Hals ist schön, deine Arme sind schön, dein Hintern ist schön.« Oder: »Ich hab's gern, wie du dich anfühlst.« Es ist nicht so sehr, daß ich gern über Sex rede, ich mag eher romantische Eröffnungen, wie etwa: »Ich liebe deine Augen« oder: »Komm, ich möchte dich gern bei diesem Licht sehen.«

Orgasmus

Die meisten Männer denken selten daran, wie sie die Qualität ihres Höhepunktes steigern können; besonders deswegen, weil für den Macho am wichtigsten ist, wieviel Nummern er macht und nicht, was ihm eine Erfahrung sinnlich bedeutet.

Eine ganze Anzahl von Männern, die wir interviewt haben, war allerdings schon interessiert an der Qualität des Liebesaktes im allgemeinen und ihrer Orgasmen im besonderen. Sie stimmten darin überein, daß nicht ein Orgasmus wie der andere sei.

Obwohl es bei einem Mann ganz zwangsläufig zur Ejakulation kommt, kann doch sein Höhepunkt eher im Genitalbereich zentriert sein und seinen übrigen Körper unberührt lassen. Dazu kommt, daß nicht jede Erleichterung oder jede Entspannung von einem Orgasmus begleitet ist und nicht alle Orgasmen mit einer Ejakulation zusammenhängen. Und während die meisten Männer überzeugt waren, daß ihr erster nächtlicher Orgasmus besser sei als der zweite oder der dritte und daß im allgemeinen Orgasmen lustvoller sind, wenn man regelmäßig Geschlechtsverkehr hat anstatt nur in größeren Intervallen, gab es doch nie ein allgemein gültiges Schema. Es war alles individuell verschieden. Viele dieser Männer empfanden den Wunsch, durch Erweiterung ihres orgasmischen Repertoires mehr Lust zu erleben.

Für einige war schon ein Quicky durchaus befriedigend. So erinnerte sich etwa der 32jährige Vince:

Wir waren an unserem 10. Hochzeitstag auf Reisen, und es
war wieder einer dieser ganz hektischen Tage. Wir hatten
Theaterkarten und waren schon spät dran, aber ich wollte
unbedingt ganz schnell duschen, damit wir es noch pünktlich
schafften. Als ich dann aus der Dusche kam und bevor ich
mich überhaupt abgetrocknet hatte, rief mir Jane aus dem
anderen Zimmer zu, sie würde jede Wette mit mir eingehen,
daß wir es niemals schafften, in zwei oder drei Minuten miteinander zu bumsen und dennoch rechtzeitig ins Theater zu
kommen. Das war eine aufregende Herausforderung, und
wir haben sie beide angenommen. Es wurde ein phantasti-
scher Abend – großartiger Sex und großartiges Theater.

Für die meisten Männer allerdings bestand ein Gourmet-Orgas-
mus darin, die Lustempfindungen nicht nur bei ihren Partnerinnen, sondern auch bei sich selbst zu verlängern und hinauszuzögern. Im wesentlichen bestand die Verlängerung sexueller Lust bei
vielen Männern darin, die Ejakulation länger zurückzuhalten. Der
34jährige Net meinte dann:

Ich höre gern kurz vor dem Höhepunkt auf. Ich bremse dann
einfach ab und ziehe mich zurück und schwatze vielleicht ein
bißchen oder esse einen Happen und fange dann wieder von
vorn an. Ich zögere es gern hinaus und dränge mich nicht zur
Eile.

Für den 72jährigen Alvin, einen Kaplan im Ruhestand, war die
aufregendste Erinnerung, daß er als junger Mann einer Frau begegnete, die ihn darin unterrichtete, wie er durch ein verlängertes
Vorspiel seine Lust hinauszögern konnte:

Meine Partnerin und ich verabredeten uns, und wir wußten
beide von Anfang an, daß wir wunderbare Stunden erleben
würden. Wir hatten ein üppiges Dinner und gingen kurz
darauf auf unser Zimmer, einen sehr hübschen Raum, wo wir
uns gegenseitig entkleideten. Schließlich waren wir beide
nackt; es war die erste weiße Frau, mit der ich zusammen war,
und sie war wunderschön. Dann liebkosten wir einander ganz
behutsam. Das riß mich glatt von den Füßen. Sie fragte mich,
ob sie meinen Schwanz küssen dürfe. Das hatte ich mir schon

immer gewünscht. Und sie machte es wunderschön. Dann hatte ich das Gefühl, daß ich ihr auch etwas dafür geben müßte. Ich küßte ihre Pussy, und das war auch für mich das erste Mal. Ich habe darin geschwelgt. Dann beschlossen wir, uns einfach zu küssen, und das ging so über zwei oder drei Stunden, ohne daß es zu einer Ejakulation oder zum Orgasmus gekommen wäre. Wir gerieten bis an einen Punkt, wo wir aufhörten; nicht weil ich es wollte, sondern weil sie genau wußte, wann man aufhören mußte. Am Ende liebten wir uns dann, und ich hatte mindestens zwei- oder dreimal einen ganz intensiven Orgasmus, was mich sehr verwunderte, weil ich es nie für möglich gehalten hatte. Und alles war allein ihr Werk – sie war viel kundiger als ich, und das sagte ich ihr auch.

Einige Männer erlebten multiple Orgasmen – mehrere Orgasmen innerhalb einer relativ kurzen Zeitspanne – und das ziemlich regelmäßig. Die wenigen Männer, die über diese Fähigkeit verfügten, glaubten, wie der 40jährige Nathan, das Geheimnis bestände darin, beim ersten Mal nur eine unvollständige Ejakulation zu erleben:

Wenn man multiple Orgasmen haben will, kommt es einzig darauf an, daß man im ersten Durchgang nicht gleich einen vollständigen Orgasmus hat. Man kann zwei, drei oder vier hintereinander haben, wenn man darauf bedacht ist, bei der ersten Ejakulation den Höhepunkt hinauszuzögern. Ich kann selbst beschließen, wann ich keine vollkommene Ejakulation haben will, weil ich diesen Vorgang gedanklich steuern kann. Dann kann ich gewöhnlich innerhalb einer halben Stunde ein weiteres sexuelles Erlebnis haben. Das wechselt stets, je nachdem, wann ich zum letzten Mal Geschlechtsverkehr hatte oder masturbiert habe. Wenn ich eine oder zwei Wochen sexuell richtig ausgehungert bin, dann ist die Fähigkeit, meinen Körper zu kontrollieren, gleich Null. Wenn ich aber am Abend davor masturbiert oder sogar kurz vorher Geschlechtsverkehr gehabt habe, dann bin ich imstande, meinen Körper weitaus besser zu beherrschen und sogar vorauszuplanen, wie viele Male ich eine Ejakulation haben will.

Viele Männer waren der Meinung, das Höchste beim Geschlechtsverkehr wäre ein gleichzeitiger Orgasmus. Die Intensität, die er-

lebt wird, wenn zwei Menschen danach schmachten, die Auflö-
sung der Spannung mit dem gleichen Grad an Leidenschaft gemeinsam zu erleben, war für sie eine machtvolle Verschmelzung
sämtlicher Energie. Das erklärte uns auch Gary:

Den allerschönsten Orgasmus erlebe ich, wenn meine Frau
und ich gemeinsam kommen. Ich bringe mich und meine Frau
bis an einen Punkt, wo wir kurz davor sind, zu kommen, und
dann verschieben wir ihn einfach 15 oder 20 Minuten oder
sogar eine volle Stunde. Früher habe ich mir dabei vorgestellt, daß mein Penis nicht kommen will. Jetzt versuche ich es
mit Atmung. Ich hole mehrmals tief Luft und entspanne mich
und halte mich so kurz davor auf dem Grat. Das ist wunderschön, denn wenn sie auch kurz vor diesem Punkt steht,
gibt das ein rauschhaftes, intensives, fast spirituelles Gefühl.
Auf der Oberfläche unserer Körper vollzieht sich ein Austausch von Energie besonders da, wo unsere Körper ineinan-
der verschmelzen – unsere Münder, unsere Gesichter, unsere
Hälse, unsere Kehlen, unsere Herzen, unsere Bäuche. Dieses
Verbundensein ist unglaublich. Und dann beginnt es gewöhnlich bei einem von uns zu kommen, und auch der andere
kommt dann ganz spontan.

Zum ersten Mal im Leben erlebte der 39jährige Alex eine sexuelle
Beziehung, in der sich gleichzeitige Orgasmen ganz häufig und
natürlich einstellten. Er gelangte zu folgenden Überlegungen:

Während wir jedes Stadium im Liebesakt miteinander durchleben, halten wir Schritt miteinander. Wir wissen, wann das
Vorspiel zu Ende ist und wann wir zur Sache kommen. Wir
müssen nicht lange zögern, es passiert fast übergangslos.
Einer greift die körperlichen Signale auf, die der andere ihm
gibt. Meistens ist sie es, die meine körperlichen Reaktionen
erkennt, weil sie ihren Orgasmus besser kontrollieren kann
als ich. Sie scheint einen 6. Sinn zu haben für einen ganz
bestimmten Spannungszustand meines Körpers, während ich
mich dem Höhepunkt nähere und kann dann den Zeitpunkt
ganz genau abpassen. Noch nie im Leben habe ich solche
Gleichzeitigkeit im Orgasmus erlebt. Eigentlich habe ich
auch nie geglaubt, daß es möglich wäre, und eben das ist für
mich daran das Spannende.

Danach

Im Gegensatz zum gängigen Macho-Theater, bei dem der Mann sich befriedigt von seiner Partnerin abrollt und einschläft, hatten viele der von uns interviewten Männer den Wunsch, die Intimität auch über den Geschlechtsakt hinaus auszudehnen. Der 50jährige Chris erklärte:

> Der Sex hört mit dem Höhepunkt noch lange nicht auf. Es sind die Zuwendung, das In-den-Armen-Halten und die Nähe danach, die das wirkliche Verbindende sind. Wenn man sich einfach auf die Seite dreht und einschläft, ist es nicht gut. Das ist etwas, was ich ganz und gar nicht mag.

Der 43jährige David stimmte ihm zu:

> Den schlimmsten Durchhänger erlebt man dann, wenn jemand fast im selben Augenblick, in dem er gekommen ist, alles Interesse verliert, sich abwendet, ganz geschäftsmäßig tut und seine Sachen wieder anzieht. Das ist dann, als wäre man im Puff gewesen. Für mich hat das etwas sehr Trauriges. Hinterher möchte ich meine Partnerin gern im Arm halten, einen angewärmten Waschlappen holen und sie trocken wischen. Die Japanerinnen tun das, und ich glaube, das Säubern hinterher ist ein sehr anziehender Aspekt des Rituals.

Die von uns interviewten Männer wünschten sich Intimität und erregenden Sex. Sie erstrebten das durch Einfallsreichtum und dadurch, daß sie gleichzeitig auf die Bedürfnisse ihrer Partnerinnen eingehen wollten. Die Veränderung eingleisiger Liebesbeziehungen erfordert jedoch mehr als nur Anstrengungen seitens des Mannes. Sie erfordert die Zusammenarbeit beider Partner, und dasselbe gilt für das Durcharbeiten sexueller Probleme oder Mißverständnisse. Um solche Veränderungen in Angriff zu nehmen, muß man sich aufeinander einstellen. Viele der von uns interviewten Männer empfanden deutlich, daß die Weiterentwicklung dieser Fähigkeit ein wichtiges Ziel sei und arbeiteten daran, wie schwierig und unbequem der Weg dahin auch sein mochte. Auf welche Weise sie sich darum bemüht haben, solch gegenseitiges Verständnis aufzubauen, ist das Thema des folgenden Kapitels.

Sag's deiner Partnerin

Sie sitzen am Mittagstisch einander gegenüber, Woody Allen und Diane Keaton, und zwar in der Schlußszene des preisgekrönten Woody-Allen-Films »Annie Hall«. Er spielt den Alvy, den intellektuellen New Yorker Juden, und sie ist Annie, die schöne, wenngleich etwas verstörte WASP-Frau aus dem Mittelwesten. Nostalgisch durchleben sie noch einmal ihre bittersüße Affäre, die seit langem zu Ende ist. Während wir diesen beiden feinen, gebildeten Menschen zuschauen, die nicht imstande sind, ihre unterschiedlichen Haltungen zu versöhnen und ihre Beziehung am Leben zu erhalten, spricht Alvy seine innersten Gedanken mit den folgenden, ans Publikum gerichteten Worten aus:

> Mir war schon klar, welch großartiger Mensch sie ist und wieviel Spaß es für mich bedeutete, sie nur zu kennen, und dabei mußte ich immer an diesen alten Witz denken: Da geht jemand zum Psychiater und sagt: »Doc, mein Bruder ist verrückt. Er glaubt, er wäre ein Brathähnchen.« Und darauf der Doktor: »Nun, warum haben sie ihn nicht in die Röhre geschoben.« Und darauf erwidert ihm der Kerl dann: »Hätte ich ja gemacht, aber ich brauche die Eier . . .«
> Na ja, das ist so ungefähr die Art, wie ich über Beziehungen denke. Wissen sie, die sind völlig irrational, verrückt und absurd, aber ich glaube, wir halten uns daran fest, weil die meisten von uns die Eier brauchen.

Obwohl wir mit Woody Allen nicht ganz darin übereinstimmen möchten, daß Beziehungen völlig irrational, verrückt und absurd sind, können wir seiner Auffassung nichts Richtiges entgegenstellen. Die Männer, mit denen wir gesprochen haben, sind in unseren Interviews immer und immer wieder auf diesen Punkt zurückgekommen. Das wichtigste für sie war die Qualität ihrer intimen Beziehungen und daß die Vorteile – eben jene Eier –, das Füreinander und Miteinander, ihrem Leben einen Sinn und ein Gefühl der Sicherheit gaben.

Aber solche Intimität herzustellen und aufrechtzuerhalten, ist keine einfache Aufgabe. Zwei Menschen – zum Beispiel Alvy und Annie – mögen die Arme nach einander ausstrecken, voller Liebessehnsucht und dem Wunsch nach Erfüllung, und dennoch am Ende mit leeren Händen dastehen. Das größte Hindernis, vertrauensvoll miteinander umzugehen, ist die Schwierigkeit, Meinungsverschiedenheiten auszutragen. Und sexuelle Unterschiede spielen dabei eine große Rolle. Eine enge Beziehung aufzubauen und zu erhalten, erfordert die Bereitschaft jedes einzelnen Beteiligten, den anderen anzunehmen, Kompromisse zu schließen, Vorlieben, Abneigungen, Grundsätze und Beobachtetes aufeinander zu beziehen und miteinander zu vermitteln.

Kleine Meinungsverschiedenheiten, wie etwa die Entscheidung darüber, wie man am besten Geschirr abwäscht oder welche Freunde man zum Dinner einladen soll, können zu großen Gegensätzen führen, aufkochen und sich auf die sexuellen Aspekte einer Beziehung ausweiten, wenn zwei Menschen sich nicht miteinander verständigen können.

Erfolgreiche Verständigung ist keine Einbahnstraße. Sie bedeutet die Fähigkeit, klar auszusprechen, was man denkt, fühlt, was man meint, und andererseits auch imstande zu sein, sich die Entgegnungen und unterschiedlichen Auffassungen des Partners unvoreingenommen anzuhören. Ein Mann drückte das so aus: »Es bedeutete für mich, die Wände, die ich zu meinem Selbstschutz errichtet habe, einzureißen und mich selbst angreifbarer zu machen, damit unsere Beziehung gefestigt werden kann.«

Sobald allerdings die strittigen Punkte sexueller Natur sind, wird die Kommunikation unendlich schwieriger – vor allem deswegen, weil kulturelle Hemmungen eine offene Diskussion verhindern. Da Sex erst in jüngster Zeit zu einem allgemein akzeptierten Thema geworden ist, kämpfen wir bis zu einem gewissen Grad noch immer gegen die Auswirkungen von tief verwurzelten Tabus an, die uns seit der Kindheit begleiten, und da unsere Eltern meist nur im Flüsterton über Sex gesprochen haben – falls überhaupt –, haben wir kaum Vorbilder für die Erörterung dieses Themas. Roger, ein 38jähriger Rechtsanwalt, erzählte uns, seine Erziehung sei im Hinblick auf Sexualität ziemlich frei und ungezwungen gewesen, was es ihm heute, wie er meint, schwerer mache, »sich hinzusetzen und über Sex zu sprechen, anstatt es zu tun«. Er fährt fort: »Kein Wunder, daß es für uns nicht leicht ist, Sachen zu sagen wie: ich mag es, wenn du deine Zunge hierhin steckst, oder: lutsch mich ein bißchen kräftiger, oder: dein Griff ist zu hart und tut weh.«

Nur wenige von uns haben Erfahrung darin, Sätze wie die eben von Roger zitierten auszusprechen. Dazu kommt, daß die Sprache der Sexualität bei Männern und Frauen sogar von Person zu Person verschieden ist. Wenn einer der Partner sich von der Sprache, die der andere benutzt, abgestoßen fühlt, dann richtet er sein Augenmerk mehr auf die Ausdrücke als auf die Gefühle, die ihm der andere mitzuteilen versucht. Infolgedessen ist es oft notwendig, sich zu allererst auf ein einheitliches sexuelles Vokabular zu einigen, bevor man bestimmte Punkte anspricht. So erzählte uns z. B. einer der Männer: »Es ist für mich und meine Frau schwer gewesen, so ganz direkt und unvermittelt über Sex zu reden. Sie gebrauchte Worte wie kuscheln, und die fand ich nicht gerade sehr anregend; sie hingegen war gleich abgekühlt, wenn ich von Ficken sprach. Es dauerte tatsächlich eine ganze Weile, bis wir uns über die Ausdrucksweise verständigten. Was es insbesondere den Männern schwierig macht, über ihre sexuellen Vorlieben und Reaktionen zu sprechen, ist der Machismo. Für einen Macho-Mann muß alles und jedes ihn gleichermaßen stark antörnen, und er braucht keinerlei Informationen von seiner Partnerin. Er weiß immer schon alles darüber, wie man ein guter Liebhaber ist. Unter diesem Vorurteil ist es für einen Mann ein großes Problem, sich Auskunft und Rat darüber zu holen, ob er seiner Partnerin auch gefällt. So sagte der 35jährige Ben:

Was Männer davon abhält, frei über Sex zu sprechen, ist die Angst, einen Narren aus sich zu machen. Sie haben Angst, sich selbst verletzlich zu zeigen, weil man ihnen unterstellt, daß sie robuste, harte Burschen zu sein haben. Man hält sie für ganze Kerle, deren Gefühle nicht verletzt werden können. Aber natürlich kann man das und geschieht das auch.

Sogar der 40jährige Werner, ein begabter und erfolgreicher Drehbuchautor, war viel zu verlegen, um seine Partnerinnen um ganz bestimmte körperliche Zärtlichkeiten zu bitten, die ihm größere sexuelle Lust verschafft hätten:

> Eine Vielzahl von Frauen ist sehr passiv. Sie unternehmen selber nichts, und ich bin nicht der Typ, der einfach sagt: Hey, willst du dir nicht meinen Knüppel greifen und mich in den dritten Gang hochschalten? Statt dessen sage ich mir: Oh, sie scheint eben nicht zu wissen, was sie tun soll. Sie wird mich wohl nicht besonders aufregen können. Irgendwie macht mir das schon zu schaffen. Aber ich sage nichts, weil ich zu verlegen bin. Schön wär's, wenn die Leute ganz automatisch wüßten, was der andere will. Doch mir ist klar, daß das nicht stimmt. Manchmal muß man sich vor dem Liebesakt einfach mit jemandem hinsetzen und zu ihm sagen: Hör mal, ich möchte einen Finger in meinem Arschloch stecken haben und du mußt mir meine Matte kraulen.

Ein Mann faßte ironisch zusammen: Angesichts unserer repressiven Erziehung und der verrückten Erwartungen, die man an Männer stellt, plus all der Ängste, die Männer ständig haben, ist es manchmal eben einfacher, sofort loszubumsen, anstatt darüber zu reden.

Basil, ein 21jähriger Student zum Beispiel, zog es vor, lieber stillschweigend mit einer neuen Partnerin zu leiden, als ihr zu sagen, daß ihm eine andere Kußtechnik lieber wäre:

> Ich erinnere mich da an ein Mädchen, das die Zähne immer ziemlich fest aufeinander gepreßt hielt, was manchmal beim Küssen etwas weh getan hat. Aber ich glaube nicht, daß ich je ein Wort darüber verloren habe, weil wir einander noch nicht gut genug kannten.

Und hinter all ihrer Großtuerei sind Männer ganz einfach auch schüchtern. Einer gab zu: »Ich glaube, ich bin ein bißchen furchtsam und traue mich nicht zu sagen, was ich will.« Die überwältigende Mehrheit der von uns interviewten Männer sagte, es hätte viel Zeit und mehr als einen gelegentlichen Streit gebraucht, um eine gut funktionierende sexuelle Verständigung mit der Partnerin zu erreichen.

John, ein 37jähriger geschiedener Makler für Schiffsfrachten, beschreibt einen »Volltreffer«, bei dem er und seine neueste Eroberung sogleich vollständig aufeinander eingestellt waren:

Wir waren irgendwohin zum Dinner ausgegangen und kehrten anschließend zu meiner Wohnung zurück. Es war Winter, wir machten ein Feuer an und tranken ein bißchen Wein, und dann fing gleich das Vorspiel an. Im Laufe des Abends liebten wir uns mehrmals vor dem Kamin. Ich war ziemlich verblüfft von der Tatsache, daß wir beide so glatt aufeinander eingestimmt waren. Es schien so, als würde ich genau all das tun, was sie gern mochte, ohne daß wir uns darüber verständigen mußten. Normalerweise ist es bei meinen Beziehungen so, daß man vorher darüber reden muß, was der eine vorzieht und was er nicht mag. Aber hier war irgendwie gleich alles wie der Himmel auf Erden. Ich konnte nichts falsch machen, und es war einfach der Volltreffer unter einer Million Versuchen, wo zwei Menschen gleich vollkommen aufeinander eingestellt sind. Ich glaube, das ist es vermutlich, was mir jenen Abend so denkwürdig macht. Obwohl wir uns erst einmal vorher gesehen hatten, war es so, als wären wir schon seit langer Zeit ein Liebespaar.

Für manche Männer war dieses Gefühl traumhaften Einverständnisses und vollkommenen sexuellen Einsseins der Beginn einer längerdauernden Beziehung. Dan, ein 31jähriger Arzt, schilderte, wie von Beginn an seine Ehe diese Qualität gehabt hat:

Es schien so, als wären unsere Körper einander angepaßt. Wir mußten nicht Dinge sagen, wie »kannst du deinen Schenkel ein bißchen weiter nach links tun« oder dergleichen mehr. Es war so, als wären unsere Körper von der gleichen Firma angefertigt worden, so wunderbar paßte alles, sogar das Küssen, Umarmen und Berühren war vollkommen.

Unsere sexuelle Natur ist so vielfältig und unverwechselbar, wie unsere Fingerabdrücke. Eduard, ein 35jähriger Collegeprofessor, faßte die Erfahrung vieler Männer zusammen, wenn er sagte:

Es gibt nicht zwei Menschen, die genau in derselben Art und Weise berührt sein wollen. Ich habe die Erfahrung gemacht, daß es immer einer Form der verbalen Kommunikation bedarf, damit die Feinheiten der Wünsche eines Menschen vom anderen auch verstanden werden.

Die Entschlüsselung solcher feinen Unterschiede ist angeblich Aufgabe des Mannes. Und viele Männer, die wir interviewt haben, fühlten sich in der Rolle des sexuellen Gedankenlesers überfordert. Sie konnten nicht intuitiv wissen, was eine Frau empfand oder sich wünschte, und dennoch wurde es von ihnen erwartet. Diese Erwartung erzeugt ein Gefühl der Frustration. Der 27jährige Edgar beschrieb uns, wie schwierig es für ihn gewesen sei, für jede neue Geliebte das Richtige zu finden:

> Da sind also ein Mann und eine Frau. Und die Frau ist wie ein Safe. Der Mann steht außen vor mit seinem großen Dietrich und versucht herauszufinden, welches die richtige Kombination ist. Schließlich entdeckt er sie endlich, doch sobald er zu einer anderen Partnerin überwechselt und es mit der gefundenen Kombination noch einmal versucht, funktioniert es nicht. Man möchte dann am liebsten schreien: Du hast die Kombination geändert! Jede will es anders, und man muß herauszufinden versuchen, mit welcher »speziellen Kombination« es klappt, und das kann verflixt hart sein.

Angesichts der Tatsache, daß das sexuelle Grundmuster bei jedem verschieden ist und die meisten Menschen keine Gedankenleser sind, ist ein sexuelles Einverständnis gleichbedeutend mit einer glücklichen sexuellen Beziehung – oder überhaupt mit einer rundum gesunden Partnerschaft. Dieser Punkt wurde dem 37jährigen George schmerzhaft klargemacht, dessen erste, sieben Jahre dauernde Ehe in einer Scheidung endete:

> In dieser ganzen Zeit habe ich nicht erkannt, daß es zwischen uns überhaupt keine Verständigung gab. Ich habe mich selbst nie sehr gut ausdrücken können, und ebensowenig gelang es meiner Frau. Sie muß sehr unglücklich gewesen sein, denn als sie schließlich bis zu dem Punkt gelangt war, an dem sie sich verständlich machen konnte, verlangte sie von mir die Scheidung.

Für George, wie für die anderen 44 Männer unserer Untersuchung, die eine Trennung oder Scheidung erlebt hatten, bedurfte es des Zusammenbruchs einer Beziehung, um sie zu motivieren, nach innen zu schauen und sich die schmerzvolle Frage zu stellen: Was ist falsch gelaufen? Die Antwort darauf lautete bei den meisten, daß es nicht gelungen war, sich zu verständigen. George sagt, die Scheidung habe ihn dazu bewogen, eine Therapie zu beginnen, um herauszufinden, warum seine Beziehung gescheitert war. Die

Mühen, die es ihn kostete, waren sehr schmerzvoll, und George sagt: »Ich hätte schon vorgezogen, das auf andere Weise zu lernen, doch durch die Scheidung ist mir in dem Sinne erstmals bewußt geworden, was ich von meiner nächsten Beziehung erwartete, und wie wichtig ein gegenseitiges Verstehen ist.«

Empfehlungen für ein gutes sexuelles Einverständnis

Alle Männer, mit denen wir gesprochen haben, stimmten darin überein, daß gegenseitiges Verständnis die wesentliche Vorbedingung einer geglückten sexuellen Beziehung sei. Als wichtigste Faktoren nannten sie Vertrauen, Aufrichtigkeit, eine gesunde Einstellung gegenüber dem Sex, die Fähigkeit zuzuhören und die Bereitschaft, im richtigen Augenblick auch »nein« sagen zu können. Und da es überaus selten scheint, eine Beziehung zu finden, in der all diese Momente sich glücklich verbinden, fanden wir es nützlich, ein Ideal zu haben, nach dem man sich richten kann. Wenn die Verständigung zwischen zwei Menschen zusammenbricht oder weniger als ausreichend ist, mag auf diese Weise leichter zu erkennen sein, woran es fehlt.

Vertrauen

Das Wort Vertrauen wurde immer und immer wieder genannt, wenn wir Männer fragten, was sie am stärksten brauchten, um sich bereitwillig eine Blöße zu geben und sich ihren Partnerinnen zu öffnen. Sie wünschten sich eine Umgebung ohne Zensur und ständige Krittelei, mit einer Partnerin, die sie gern hatte und der sie nicht gleichgültig waren. Das verlieh ihnen die emotionale Sicherheit, die sie brauchten, um ihre sexuellen Wünsche auszusprechen und auf ihre Partnerinnen einzugehen. »Eine Frau, der ich etwas bedeute«, sagt Werner, »ermutigt mich dazu, ihr ähnlich offen zu begegnen«:

Ich bin mit Frauen zusammengewesen, die mich gefragt haben, was ich mir wünschte, und das in einer Form, die mir nicht bedrohlich schien. Ich kann schon aus der Art und

221

Weise, wie diese Frauen auf mich zugehen, sehr gut erkennen, daß ihnen an mir gelegen ist und daß sie mich auch glücklich wissen wollen. Das zu spüren, hilft mit, das auszusprechen, was ich möchte. Es ist für mich wichtig, daß eine Frau mir ihr Interesse zeigt und auf mich eingeht, und ich versuche mich genauso zu verhalten.

Einige Männer sagten, sie könnten ihren Schutz fallen lassen und mit einer Partnerin zusammenleben, sobald sie sicher seien, daß sie ihnen wirklich zugetan wäre und alle Seiten ihrer Männlichkeit akzeptierten. Wie einer der Männer, der sich so ausdrückte: »Bei aller Welt versuche ich mir den Anschein zu geben, als sei ich einer der Typen, die im Penthouse schreiben – aber das bin ich im tiefsten Inneren einfach ganz und gar nicht. Da drinnen in mir steckt noch viel von einem kleinen Jungen, und der braucht viel Bestätigung und Zuwendung.« Er sagte, diese ängstliche Seite seiner Persönlichkeit könne er leichter zeigen und jenen »kleinen Jungen« leichter herauslassen bei einer Frau, die ihm zu erkennen gibt, daß sie Zuneigung für ihn empfindet.

Eine sichere freundschaftliche Grundlage zu haben, bedeutete das gefühlsmäßige Vertrauenspolster, auf das der 27jährige Raimond sich zu Anfang seiner Ehe verlassen konnte. Im Laufe der Zeit, so sagte er, habe sich ihr sexuelles Einverständnis vertieft, obwohl anfänglich die Kommunikation keine welterschütternde Sache gewesen ist:

> Mit Rhoda geht es mir so, als wären wir echte Freunde. Der Sex zwischen uns ist fast wie unter Freundinnen, obwohl inzwischen auch weitaus mehr daraus geworden ist. Wir reden sehr viel miteinander und fragen, was der andere gern hat. Und jetzt, wo wir uns noch mehr vertrauen, riskieren wir auch ein bißchen mehr insofern, als wir auch aussprechen, was wir vom anderen wollen.

Roger, ein 38jähriger Rechtsanwalt, sagte, seine Frau habe ihn im Laufe der Jahre dazu ermuntert, über seine sexuellen Wünsche zu sprechen. Jetzt, so meinte er, kann ich es offen heraus sagen und muß nicht verlegen oder verschämt sein, sie um das zu bitten, was ich sexuell möchte. Ihre vorurteilsfreie Haltung brachte sie ihm so nahe, daß er unbefangen Vorschläge machen konnte, ohne sich lächerlich zu machen.

Einstellungen

Im Idealfall sollte Sexualität ein natürlicher und wesentlicher Bestandteil des Lebens sein, mit dem einige unserer biologischen, körperlichen, emotionalen Bedürfnisse und dem nach Entspannung Rechnung getragen wird. So sagte zum Beispiel der 36jährige Michael:

> Wenn die Beziehung so ist, daß beide Partner das Empfinden haben können, daß das Geschlechtliche eine ganz normale, wohltuende Aktivität darstellt, dann gibt es kein Problem, darüber zu sprechen und Sachen zu sagen, wie »das mag ich« oder »das mag ich nicht«. Es ist eben dann ganz natürlich, so etwas zu äußern.

Doch da wir von Kindesbeinen an von der Gesellschaft manchen Unfug eingetrichtert bekommen haben, ist es bei einigen Menschen nicht eben ungewöhnlich, daß sie den Sex für schlecht, häßlich oder sündhaft halten. Menschen mit solcher Einstellung neigen dazu, bestimmte sexuelle Vorstellungen oder Handlungen strikt abzulehnen, die ihre Partner ihnen vielleicht nahebringen wollten. Doch um Intimität in einer Beziehung herzustellen, ist es unumgänglich, diejenigen Wünsche des Partners, die von den eigenen abweichen, nicht sogleich als unmoralisch, unnatürlich, pervers oder verkommen zu etikettieren. Derart schwerwiegende Urteile abzugeben, kann verheerende Auswirkungen auf das Bemühen haben, ein gegenseitiges Verständnis herstellen zu wollen. Immerhin stellt auch Baskin-Robbins 31 verschiedene Sorten Eiscreme her – genug, so möchte man meinen, um jedem Geschmack gerecht zu werden.

Zuhören

Sobald die Grundlage gegenseitigen Vertrauens gelegt ist und man einander zu akzeptieren gelernt hat, ist das nächste Erfordernis für die Schaffung einer echten Verständigung zwischen zwei Liebenden, daß sie bereit sind, einander zuzuhören. Sich in seinem Urteil zurückzuhalten, während man sich auf die Meinung des anderen konzentriert, ist entscheidend für echtes gegenseitiges Verständnis. Obwohl dies einfach zu sein scheint, ist es in Wirklichkeit eines der Dinge, die am schwersten zu erreichen sind.

Männer haben nach altem Rollenverständnis sogar weitaus größere Schwierigkeiten zuzuhören als Frauen. Vor allem erfolgreiche Männer hören nur mit einem Ohr hin. Sie sind gewöhnt, sich darauf zu konzentrieren, Fehler in der Argumentation ihres Gegenübers zu finden und Gegenargumente zu formulieren, um damit ihren Chef oder andere wichtige Leute zu beeindrucken. Das funktioniert natürlich zu Hause nicht, weil das nicht eben das ist, was die Geliebte am nötigsten braucht oder hören will.

Hinzu kommt, daß man Männern beibringt, Problemlöser zu sein. Sobald sie in ihrer Arbeit mit Problemen konfrontiert werden, fühlen sie sich dafür verantwortlich, sie zu zergliedern und auseinanderzunehmen. Viele Männer bleiben dann auch noch zu Hause dieser Rolle treu. Anstatt einfach ein Problem zu bereden oder über ihre Gefühle zu sprechen, wozu Frauen viel eher in der Lage sind, gehen die Männer ein Problem stets als etwas an, das unbedingt eine Lösung verlangt. Oft suchen sie bestimmte Fakten heraus und entwickeln Alternativen, anstatt innere Beteiligung und Aufmerksamkeit zu zeigen. Einige Männer gestehen, daß sie sich tatsächlich völlig hilflos fühlen, wenn sie nur dasitzen und passiv zuhören sollen.

Als Journalist, an Zuhören und Fragenstellen gewöhnt, glaubt der 36jährige Jason, daß diese Fähigkeiten ihm in seinen persönlichen Beziehungen zugute gekommen sind. Er sagte:

> Ich habe stets versucht, es meiner Partnerin so bequem und so behaglich wie möglich zu machen; wenn wir uns über Sex unterhalten haben, indem ich immer aufmerksam zugehört habe. Weil ich gelernter Journalist bin, bin ich immer imstande gewesen, sehr gut zuzuhören und eine Reihe guter Fragen zu stellen, um meinem Gegenüber dabei zu helfen, sich selbst darüber klar zu werden, was es mir sagen will. Ich kann stundenlang dasitzen und jemandem zuhören und stelle nichts weiter als Fragen. Die Reaktion darauf hat mich immer verblüfft, wenn ich zu hören bekam: Oh, mit Ihnen läßt sich so leicht reden. Und wenn Menschen mit mir auch über andere Themen offen sprechen können, dann ist es bis zur Verständigung über Sexuelles nur ein kleiner Schritt.

Aufmerksames Zuhören ist die einzig richtige Art und Weise, den Standpunkt eines Partners wirklich zu verstehen. Und da es, wo zwei Menschen zusammenkommen, immer zwei Standpunkte geben kann, ist es wesentlich, den Gesichtspunkt eines Partners zu verstehen, um zu einer vollen Verständigung zu gelangen. Andernfalls können Gespräche dadurch kaputt gemacht werden, daß sich der eine mit erhobenem Zeigefinger Geltung verschafft. Denn sobald man den Finger hebt, fühlt sich der andere zwangsläufig als der Dumme und hat dann natürlich nur noch wenig Lust, selbst etwas zu sagen. Einander Vorwürfe machen, heißt zusätzlich Öl ins Feuer gießen, trägt nie zur Klärung bei und kann jeden sinnvollen Verständigungsversuch ersticken. Wenn dagegen der Standpunkt des Partners klar gesehen und verstanden wird, dann erleichtert das gewöhnlich einen Kompromiß.

Aufrichtigkeit

Ohne Aufrichtigkeit ist der ganze Verständigungsprozeß gefährdet. Viele Männer erzählten uns, wie schwer es sie oft ankommt, immer und grundsätzlich das zu sagen, was sie in ihren Intimbeziehungen wirklich empfinden. Der Punkt bestand bei einigen darin, daß sie nicht wußten, wie sie taktvoll oder schonend vorgehen sollten. Das Überleben in der Geschäftswelt, so sagten sie, bedeutet oft, daß man sich ausschließlich auf Tatsachen konzentriert, lernt, schwierige Entscheidungen zu treffen, manchmal sogar auch ein Halsabschneider zu sein. Diese Gewohnheiten waren der Hauptgrund dafür, daß Männer ihre wahren Gefühle zurückhielten, aus Furcht, ihre Partnerinnen zu verletzen und zu riskieren, von ihnen abgewiesen zu werden. Auch wenn sie verstandesmäßig überzeugt waren, daß Aufrichtigkeit die bessere Politik wäre, hatten sie doch gefühlsmäßig Schwierigkeiten, sich entsprechend zu verhalten.
Dusty, ein 21jähriger Graduierter, war mit seinen wahren Gefühlen stets auf der Hut, bis er irgendwann erkannte, daß es besser war, die Wahrheit offen auszusprechen:
> Über lange Zeit hatte ich das Problem, bei Frauen aufrichtig zu sein. Ich habe mir stets Sorgen darüber gemacht, daß ich sie verletzen könnte, wenn ich ihnen die Wahrheit sagte, oder sie von mir schlechter denken könnten und dann nicht mehr mit mir zusammensein wollten. Aber schließlich mußte ich

doch erkennen, daß jeder schließlich irgendwann die Wahrheit herausfindet. Also begann ich offen zu sagen, was ich
wirklich empfand.

Einige Männer verbargen ihre wahren Gefühle sogar soweit, daß
sie einen Orgasmus vortäuschten, anstatt ihrer Partnerin zu verstehen zu geben, daß sie sexuell nicht interessiert waren. Die Männer, die einen Orgasmus vorgetäuscht hatten, fühlten sich zu ihrem Verhalten durchaus berechtigt, und zwar insofern, als sie das
Selbstwertgefühl ihrer Partnerinnen bewahrten. Der 52 Jahre alte
Jim zum Beispiel sagte, er würde lieber einen Orgasmus vortäuschen, als seine Partnerin enttäuschen oder das Risiko zu laufen, in
ihren Augen als Mann weniger zu gelten. »Wenn es mal vorkommt, daß ich mich zwar anstrenge, aber aus irgendeinem Grund
nicht zum Höhepunkt kommen kann, dann hilft einfach ein bißchen Stöhnen und Seufzen. Das schadet ja keinem, und meine
Partnerin sagt dann: Oh, du bist phantastisch, und weißt du, du
gibst mir ein tolles Gefühl.«

Der 40jährige Alfred blieb dabei, daß in manchen Situationen das
Vortäuschen eines Orgasmus »absolut das einzige ist, was ein
Gentleman tun sollte«. Er erzählte uns von einem dieser Anlässe:

Ich traf eine attraktive junge Frau in einer Bar und forderte
sie zum Tanzen auf. Wir wurden langsam warm miteinander,
und im Laufe des Abends fragte ich sie dann irgendwann, ob
sie die Nacht mit mir verbringen wolle. Sie lachte und meinte,
das ginge allerdings heute nicht, doch ob ich vielleicht schon
wüßte, was ich im Laufe der Woche vorhätte und wo ich denn
sein würde. Ich erzählte es ihr und sagte sogar, daß ich einige
hundert Kilometer weiter weg sein würde. Auch der Rest des
Abends war für uns beide sehr angenehm, und wir trennten
uns dann sehr freundschaftlich.

Zwei oder drei Tage später war ich in einer anderen Stadt zum
Dinner in einem Restaurant und bekam dort einen Anruf von
meinem Hotelmanager, der mir mitteilte, daß ich Besuch von
jemandem hätte, der in meinem Zimmer auf mich warte. Als
ich dann das Hotel anrief, erkannte ich ihre Stimme wieder
und fragte, was sie denn hier zu tun hätte. Sie antwortete:
»Nun, ich wollte dich sehen.« Junge, war ich vielleicht geschmeichelt! Da war sie über 300 km gefahren, nur um mich

zu sehen. Sie sagte, sie wäre am Verhungern. Also verabschiedete ich mich von den Leuten, mit denen ich zusammensaß, holte sie vom Hotel ab und kehrte mit ihr in das Restaurant zurück. Später am Abend dann, als wir wieder im Hotel waren, fing ich an, ihr erotische Avancen zu machen, und sagte schließlich: »Komm, laß uns ins Bett gehen.« Das war genau der Augenblick, in dem diese 22jährige junge Dame sich in den Mund faßte und ihre falschen Zähne herausnahm. Es stellte sich heraus, daß sie vor ein paar Jahren einen schweren Autounfall gehabt hatte. Nun, es wird ja viel darüber geredet, wodurch eine Erektion abgetötet werden kann – und das schaffte es wirklich. Obwohl ich irgendwie noch halbwegs eine Erektion zustande brachte, habe ich dann schließlich einfach gejapst und gestöhnt und meine eigene Version eines Orgasmus vorgeführt und dann gesagt: »Okay, laß uns schlafen.«

Gewiß gibt es Situationen, in denen die Vortäuschung eines Orgasmus die am wenigsten kränkende und schonendste Handlungsweise ist. Allerdings war der Hauptgrund bei den meisten Männern, die einen Orgasmus vortäuschten, ihre eigene Verletzlichkeit als Macho zu verheimlichen. Jetzt, da die Geschlechterrollen ständigem Wandel unterliegen und viel mehr Frauen sexuell die Initiative ergreifen, segeln die Männer in unsicheren Gewässern. Sie sind nicht länger mehr die sexuellen Spielleiter, die bestimmen, wann und wo Sex stattzufinden hat. Da man von einem Macho-Mann noch immer erwartet, daß er stets zum Sex bereit ist, geraten Männer zunehmend in die Situation, sich den Nachstellungen von Frauen ausgesetzt zu sehen, und zwar gerade dann, wenn ihnen der Sinn nicht nach Sex steht. Folglich schlüpfen Männer, die ihre Partnerinnen sexuell nicht attraktiv finden oder im Augenblick nicht gerade stark genug erregt sind, in die uralte Rolle der Frau, die einen Orgasmus vortäuscht; oder sie müssen eben auch lernen, nein zu sagen.

Nein sagen

Aufrichtigkeit in der Sexualität sollte ein integraler Bestandteil einer Beziehung sein. In einer Partnerschaft sollte einer dem anderen zu erkennen geben, wann ihm nach Sex ist und es ihn auch wissen lassen, wenn er nicht möchte. Mel, ein 59jähriger Verkaufsleiter, der seit 34 Jahren verheiratet ist, war fest von folgendem überzeugt:

Aufrichtigkeit besteht unter anderem auch darin, wenn man dem anderen Menschen zugesteht, keine Lust zu haben und wenn er nicht will, zu sagen, wann er erregt ist und wann das nicht zutrifft. Früher, als ich noch meine Schwierigkeiten mit der Aufrichtigkeit hatte, habe ich es dann eben vorgetäuscht oder alle Arten von dämlichen Vorwänden oder Ausreden benutzt, während meine Frau und ich heute dazu imstande sind zu sagen, wann uns nach Sex ist und wann nicht. Und das hat uns wirklich geholfen, unsere sexuelle Beziehung zu verbessern.

Der 65jährige Stanley war froh darüber, daß seine Frau endlich gelernt hat, ehrlich zu sein, wenn sie keinen Sex möchte:

Noch bis vor kurzem hätte meine Frau nie zu mir gesagt: »Laß mich zufrieden, ich bin nicht in Stimmung.« Sie hat solche Gefühle nie ausgesprochen. Statt dessen hat sie nachgegeben, ganz gleich, wie ihr zumute war. Und offen gesagt, ziehe ich es vor, wenn sie es mir sagt, weil ich ja doch fühlen kann, wenn sie nicht bei der Sache ist, während wir Sex machen. Und das ist für mich überhaupt kein Spaß.

Frauen empfanden das ganz ähnlich, jedenfalls die, die wir für unser Buch »Die einzige Art, Oliven zu essen« interviewt haben. Sie sagten, sie würden es vorziehen, wenn Männer direkt und geradeheraus nein sagen, wenn sie keine Lust zur Liebe haben, anstatt die Sache halbherzig anzugehen und möglicherweise auch noch Erektionsprobleme zu erleben oder sich aus lauter Gewissenhaftigkeit und Pflichtgefühl auf Sex einzulassen.

Dennoch sind Männer nicht gewohnt, nein zu sagen. Die Tradition hat die Frauen gelehrt, die Avancen eines Mannes zurückzuweisen und nicht umgekehrt. Ein gestandener Mann macht alle Schachzüge, versucht zu seiner Nummer zu kommen und eine unwillige Frau zum Sprung ins Bett zu verführen. Sobald die Rollen vertauscht sind und eine Frau ihre sexuellen Bedürfnisse äußert, kann es einem Mann schon sehr schwer ankommen, sie zu enttäuschen. Net, ein 34jähriger Akademiker, hatte früher nie seine Lebensgefährtin zurückgewiesen, mit der er jetzt fünf Jahre zusammenlebt. Die Folge davon war:

... Ich habe überreagiert und hatte eine starke Abneigung dagegen. Ich tat alles mögliche, zwang mich zu Kinobesuchen, selbst wenn ich den Film gar nicht sehen wollte, und zum Geschlechtsverkehr, wenn ich überhaupt kein Interesse hatte. Manchmal habe ich nicht einmal ejakuliert. Zwar hatte ich eine Erektion, doch alles Gefühl war blockiert.

Um diese Blockierung zu durchbrechen, mußte ich einfach bereit sein zu sagen: »Nein, ich möchte nicht.« In der ersten Zeit, als ich mich darin übte zu sagen: »Nein, ich will dich nur im Arm halten und in der Nähe fühlen«, wenn ich partout keine sexuellen Empfindungen hatte, ist sie beinahe die Wände hochgegangen. Sie wurde wütend. Sie schrie mich an und fühlte sich zurückgewiesen. Aber ich finde, ich habe ein Recht, nein zu sagen, wenn sich in mir kein erotisches Gefühl regt. Wenn sie nein sagt, findet sie das in Ordnung und erwartet von mir trotzdem, daß ich liebevoll zu ihr bin und mit ihr kuschele. Also bin ich fest geblieben, und wenn sich sexuell bei mir nichts tat, habe ich es ihr auch gesagt. Natürlich mußte ich noch lernen, es ihr auf nette Weise beizubringen. Anfangs war ich nämlich ziemlich eklig und sagte nur: »Zum Teufel, nein!« Inzwischen hat sie sich darauf eingestellt, und so wie es jetzt ist, finde ich es echt gut.

Die Entwicklung eines guten sexuellen Kommunikationssystems

Die meisten Menschen haben Schwierigkeiten, über Sex zu reden. In Partnerschaften kann es Unbehagen und Verlegenheit erzeugen, ein Thema zur Sprache zu bringen, das in der Vergangenheit als Tabu galt. Die meisten Menschen machen die Erfahrung, daß sie gehemmt sind, sobald es darum geht, eine Unterhaltung über Sexualität anzufangen. Wie soll man es also anstellen, vorgegebene, festgelegte Muster zu durchbrechen und eine unbefangene Kommunikation zum Thema Sexualität in die Wege zu leiten?

Es braucht Zeit, Gewohnheiten zu verändern, die sich über einen Zeitraum von Jahren ausgebildet haben. Die meisten von uns fürchten jede Veränderung. Wir widersetzen uns dem Wandel, weil die Folgen ungewiß sind. Selbst wenn unsere gegenwärtige Situation elend ist, handelt es sich doch immer noch um ein uns vertrautes Elend. Wir brauchen Zeit für graduelle Veränderungen.

Wenn aufgestaute Wut und Ressentiments über Jahre angewachsen sind, hat man um so größere Schwierigkeiten, selbständig etwas zu ändern. Verheiratete und unverheiratete Paare brauchen dazu manchmal professionelle Hilfe durch einen Eheberater, Familien- oder Sexualtherapeuten. Die Inanspruchnahme eines qualifizierten Therapeuten ist kein Zeichen persönlicher Unzulänglichkeit. Die Beratung ist vertraulich, und die Entscheidung, seine Erfahrungen mit Freunden oder der ganzen Familie zu teilen, bleibt jedem Einzelnen vorbehalten. Selbst wenn eine Beziehung zerrüttet ist, kann die Therapie bewirken, die Gründe freizulegen und neue Wege zu weisen.

Die Mehrzahl der Paare allerdings nahm nicht die Hilfe eines Therapeuten in Anspruch, sondern versuchte selbst herauszufinden, wie sie ihre sexuelle Kommunikationsfähigkeit entwickeln und verbessern kann. Für einige Männer, mit denen wir gesprochen haben, war eine sinnvolle Kommunikation nach wie vor das Problem, und sie konnten uns keine Lösungen anbieten. So verwandelten sich einige der Interviews geradezu in Therapiesitzungen, bei denen die Schwierigkeiten besprochen wurden, mit denen sie zu kämpfen hatten. Da hatte ein 67jähriger Mann gerade eine Prostataoperation hinter sich und als Folge davon Erektionsschwierigkeiten. Bis zur Operation hatten er und seine Frau nie sexuelle Probleme gehabt. Infolgedessen bereitete es ihnen großes Unbehagen, über die Folgen der Operation auf ihr Geschlechtsleben zu sprechen. Und jetzt, fünf Jahre nach der Operation, haben sie kaum noch Sex miteinander.

Viele andere Männer hatten dagegen das Gefühl, mit der Zeit eine offene sexuelle Kommunikation in ihren Intimbeziehungen hergestellt zu haben, und brannten darauf, uns ihre Entdeckungen mitzuteilen. Mit ihrer Hilfe sammelten wir eine Menge Ideen, wie sich Partner zum Thema Sexualität verständigen können.

Wenn Ihre Zunge sich geschwollen anfühlt und Ihnen im Magen mulmig wird, während sie das Thema Sex bei Ihrem Partner zur Sprache bringen, dann glauben Sie nicht, daß Sie die einzigen sind! Sogar Paare, die seit vielen Jahren miteinander verheiratet sind, finden es noch immer schwierig, ihre geheimsten Bedürfnisse offen auszusprechen. Winston, ein Psychologe, der seit 15 Jahren glücklich verheiratet ist, gestand:

> Sogar noch nach 15 Jahren verletzt es meine Gefühle, wenn ich Perl darum bitte, mit mir Verkehr zu haben und sie nicht will. Ich sage ihr beschwichtigend, daß sie meine Reaktion nicht allzu ernst nehmen dürfe, um sie nicht zu beunruhigen. Aber ich habe noch immer damit zu kämpfen.

Um es sich selbst leichter zu machen, über ein so heikles Thema zu reden, haben viele Männer indirekte Methoden entwickelt, um Diskussionen über Sex anzubahnen. Der 31jährige Dan verstand es auf seine Art, seiner sexuell unerfahrenen Frau Informationen zuzuspielen:

> Ich erzähle ihr einen schmutzigen Witz, und meine Frau versteht gewöhnlich nur Bahnhof. In meinem Bemühen, ihn ihr zu erklären, müssen wir dann auch über bestimmte sexuelle Handlungen und Verhaltensweisen reden. Sie war ein völliger Neuling in der Welt der Sexualität, und ihre Fragen halfen mir sehr dabei, in Einzelheiten gehende Gespräche anzufangen.

Guss, ein seit 6 Jahren verheirateter Rechtsanwalt, griff Themen auf, die in Zeitschriften, Büchern und TV-Shows und auch im Freundeskreis abgehandelt wurden, wobei ganz unpersönlich die ehelichen Bedürfnisse und Hemmungen zur Sprache kamen. Da seiner Frau bestimmte Bereiche des Sexuellen unbehaglich waren, gelang es durch die Depersonalisierung solcher Gesprächsthemen zumindest, ihre Abwehr schwächer zu machen und mehr Verständnis für sie aufzubringen:

> Diese offenen Gespräche haben mir dabei geholfen, die sexuelle Verklemmtheit meiner Frau zu tolerieren und zu akzeptieren, denn in unserer Unterhaltung merke ich immer wieder, daß sie sehr gut über ihre Hemmungen Bescheid weiß

und auch den Versuch machen will, damit fertig zu werden. Sie streitet nicht ab, daß Probleme bestehen, versucht aber auch nicht, mir die Schuld zuzuschieben, und das bringt sie mir näher und macht mich verständnisvoller.

Todd fühlte sich durch die Harmonie in seiner Ehe unbefangen genug, um über die sexuellen Aspekte früherer vorehelicher Beziehungen zu sprechen:

Bevor wir uns kennenlernten, hatten wir beide sexuelle Erfahrungen mit anderen. Es fiel uns nicht schwer, darüber zu sprechen. Für uns war Sex nie ein Tabu. Ich kannte all die Typen, mit denen Sarah zu Bett gegangen war, und sie wußte von einer Menge Mädchen, mit denen ich es getrieben hatte. Durch diese Gespräche lernten wir uns besser kennen.

Einer der Männer fand Testfragen zur Sexualität, wie sie sich heutzutage in vielen Zeitschriften finden, besonders nützlich, um ein Gespräch über sexuelle Praktiken, wie oralen Sex, Analverkehr oder Masturbation, in die Wege zu leiten. Er sagte:

Ich finde diese Fragen einfach fabelhaft. Man muß nicht dasitzen und sagen: »Wie denkst du eigentlich über oralen Sex?« Es hat jemand darüber geschrieben, und da, direkt vor dir, ist die Frage formuliert.

Gary, ein 31jähriger Schriftsteller, und mit ihm auch zahlreiche andere Männer empfahlen ein Punktsystem, wann immer man sich über sexuelle Wünsche zu verständigen sucht:

Wir gaben uns gewöhnlich Punkte auf einer Skala von 1 bis 10, um einander wissen zu lassen, wie erregt wir gerade waren. 10 bedeutete dann: »Ich bin so scharf, daß ich dir wohl die Kleider vom Leibe reißen muß, wenn wir nicht gleich ins Bett gehen und bumsen.« 0 bedeutete: »Vergiß es, ich habe nicht das geringste Interesse.« 3 hieß: »Falls du ihn hochkriegst, kannst du es haben.«

Der 67jährige Dennis fand einen Weg, aus der gegenseitigen Verständigung einen Riesenspaß zu machen, indem er ein Kartenspiel namens »The Love Game« benutzte:

Ich hatte ein Kartenspiel, das für Leute entworfen worden war, die sexuelle Probleme haben. Ein Satz Karten mit Spielanweisungen forderte dazu auf, bestimmte Dinge zu tun. Da hat zum Beispiel die Frau dem Ehemann drei Dinge zu nennen, die er beim Sex am liebsten mag; oder sie wird gefragt, was für sie ihr schönstes sexuelles Erlebnis gewesen sei usw. Dann forderte ein zweiter Satz Karten zum Beispiel auf, den jeweiligen Partner mit Federn zu kitzeln oder ihm ins Ohr zu hauchen. Ein dritter Satz Karten empfahl dann spezielle Petting-Techniken und Stellungen im Geschlechtsverkehr. Ich spielte das Spiel mit meiner Frau, und es mag sich vielleicht furchtbar albern und läppisch anhören, aber es stellte sich als verdammt aufregend heraus. Ich war verblüfft, wie gut es funktionierte, denn vorher war ich sehr skeptisch.

Eine andere Form, dem Partner seine sexuellen Empfindungen zugänglich zu machen, wurde von einer Frau angeregt, die uns nach dem Erscheinen unseres Buches »Der einzige Weg, Oliven zu essen« geschrieben hatte. Sie und ihr Mann hatten jeder ein eigenes Exemplar des Buches und unterstrichen bestimmte Passagen, die sie für bedeutsam hielten. Dann tauschten sie die Bücher aus. Sie schrieb uns: »Wir waren schockiert über die Entdeckung, daß wir nach 15 Ehejahren so wenig voneinander wußten. Mein Mann fragte mich, warum ich nie mit ihm über diese Dinge gesprochen hätte, und ich mußte zugeben, daß ich einfach nicht gewußt hatte, wie ich das in Worte hätte kleiden sollen. Einige Bücher über Sexualität, wie das von Herbert und Roberta Otto mit dem Titel »Total Sex« können vielleicht einen ähnlichen Zweck erfüllen.

Doch einige Menschen, die nicht abgeneigt waren, die indirekte Methode des Gesprächs über Sexualität zu wählen, fanden heraus, daß sie sich manchmal einfach nicht verständlich machen konnten. Sie brauchten eine direktere Methode der Verständigung. Und dann gab es andere, denen es schwer fiel, durch die Blume zu sprechen. Sie steuerten das Thema auf dem kürzesten Wege an.

Unabhängig von der gewählten Gesprächsform empfahlen die Männer, mit Bedacht eine Situation zu schaffen, die das Gespräch über ein so intimes Thema wie die Sexualität begünstigte. Einige meinten, am besten sei die Wahl einer ganz neutralen Umgebung, wo man sich ungestört und ausführlich unterhalten kann, möglichst fernab von der Alltagsroutine. Ein ruhiger Spaziergang, ein Essen irgendwo außerhalb oder ein Tagesausflug mit dem Auto, das waren einige ihrer Empfehlungen. Andere sprachen darüber gern lieber im Bett.

Welchen Ort und welche Atmosphäre man auch wählt: sobald das Gespräch einmal angefangen hat, darf man nicht mehr ausweichen. Unsere Interviewpartner betonten immer wieder: »Wenn man sich nicht auf das vorliegende Thema konzentriert, können Ablenkungen einen sehr leicht vom Thema abbringen.«

Allen, ein 38jähriger Verwaltungsangestellter, beschrieb uns, wie er durch umsichtige Planung solche Möglichkeiten ausgeschlossen hat:

Einen Teil des Abends reserviere ich für Gespräche über Sexualität. Ich erwarte nicht, daß uns das am Anfang leicht fällt. Wichtig ist, das Sexuelle von anderen Dingen zu trennen, die sich in einer Beziehung abspielen, sonst heißt es hinterher: »Nun ja, als du nach Hause gekommen bist und ich mit dir sprechen wollte, hast du erst dies und das getan, inzwischen habe ich die Lust daran verloren.« So schafft man sich eine Ausflucht, und die Gelegenheit ist vertan.

Ganz gleich, welche Methode man wählt, um ein Gespräch über Sexualität einzuleiten: stets sollte man sich davor hüten, Vorwürfe zu machen und sich die größte Mühe geben, sich so klar und genau wie möglich zu äußern. Auch Einzelheiten sind wichtig. Bringen Sie unumwunden die Techniken zur Sprache, die Ihnen gefallen, so zum Beispiel: Ich mag es, wenn du mir deine Zunge beim Küssen in den Mund schiebst. Oder: Ich möchte, daß du mich ein bißchen fester beißt. Oder: Hier ist mein Glied am empfindlichsten.

Einzelheiten zu nennen, ist für viele Menschen schwierig. Falls Sie Schwierigkeiten haben, die richtigen Worte zu finden, biete ich hier einige Fragen zur Auswahl, die Sie vielleicht ihrer Partnerin stellen möchten. Fragen Sie zum Beispiel: »Was ist es, das du am meisten magst, wenn wir miteinander ins Bett gehen? Was könnte ich denn öfter für dich tun? Oder was sollte ich besser nicht tun?« Dann fragen Sie: »An welchen der folgenden Körperstellen läßt du dich am liebsten berühren – Gesicht, Hals, Brüste, Arme, Hände, Beine, Füße, Genitalien, Rücken, Hinterteil etc.?« Dan, ein 31jähriger Arzt, beschrieb uns, wie er sich mit seiner Frau verständigt:

Ich ertaste erst ihre Klitoris und berühre sie und dann die Innenwände ihrer Scheide und frage sie, was sich besser anfühlt oder ob es ihr weh tut. Wenn ich an ihren Brüsten sauge, frage ich, ob ihr das Spaß macht. Wenn wir uns wechselseitig masturbieren, sage ich ihr, was für mich am schönsten ist. Ich erkläre ihr, wie mein Penis reagiert und funktioniert, daß es eine bestimmte Stelle an meinem Glied gibt, wo die Empfindungen besonders stark sind, und daß dieser empfindliche Punkt ihrem Kitzler entspricht.

Wenn sexuelle Themen zur Sprache gebracht werden, muß es nicht gleich in das große Beziehungsgespräch ausufern. Es ist sogar möglich, ganz vergnüglich mit der Partnerin darüber zu schwatzen, was ihr das Angenehmste ist und sie zu fragen, wie sie es möchte. Der 23jährige Wayne machte die Entdeckung, daß ein kleines Wortgeplänkel aufreizend sein kann:

Dieser Kursus über menschliche Sexualität, den ich belegt habe, ist eine echte Bereicherung für mein Geschlechtsleben. Wenn ich mit einer Frau im Bett bin und merke, daß sie ganz entspannt ist, weiß ich, daß sie es langsam und sacht haben möchte; wenn sie ganz angespannt ist, mich krallt, dann besorge ich es ihr ein bißchen hitziger und schneller. Aber in dem Kursus habe ich auch gelernt zu sagen, was ich will, und um das zu bitten, was ich will. Ich erzähle ihr, daß ich an den Eiern am empfindlichsten bin oder daß ich es mir gern mit dem Mund machen lasse oder was auch immer. Ich frage sie dann: »Was hast du denn gern?« Darüber jetzt reden zu können, war ein Gewinn für meine Sexualität. Bei meinen ersten sexuellen Erfahrungen wurde alles in tiefem Schweigen vollzogen, aber jetzt ist es richtig erfrischend und erholsam. Solange man Spaß hat, kann man nicht einfach dasitzen und vor sich hinstarren. Wenn man etwa Hockey spielt, läuft das ja auch nicht stillschweigend ab. Man redet, man schreit. Genau das machen wir miteinander, reden einfach über dies und das, und das macht uns richtig munter.

Der 44jährige Eric sagte, daß die Art, wie seine Frau ihre Empfindungen in Worten ausdrückt, dem Liebesspiel eine ganz erotische Dimension verleiht:

Ich möchte eine Reaktion auf das hören, was ich mache und wie sie das empfindet. Ich möchte wissen, ob sie sich bei manchen Sachen gut fühlt. Obwohl die Reaktion ihres Körpers mir schon einiges verrät, möchte ich doch auch die richtigen Worte hören. Das erregt mich ganz besonders beim Vorspiel. Es macht mir Freude zu hören, daß sie meinen Körper mag oder daß mein Haar weich ist, und ich liebe es, wenn sie sagt: »Uff, das war phantastisch.«

Kritische Anmerkungen

Solange nur Gutes und Erfreuliches mitzuteilen ist, kann die Verständigung über das jeweilige sexuelle Empfinden ziemlich einfach sein. Hart wird es für die meisten Menschen dann, wenn sie Kritik äußern. Es mag Aspekte in der Liebestechnik geben, die beim Partner Mißfallen erregen und Dinge, die man gern ändern möchte. Aber wie soll man auf solche Veränderungen zu sprechen kommen? Also verschiebt man das Gespräch auf später.

Aber solange man seiner Partnerin die eigenen Gefühle nicht mitteilen kann, kann das eine Beziehung empfindlich beeinträchtigen. Der 24jährige alleinstehende Ron beschrieb uns, warum eine sexuelle Begegnung zu einem abrupten Ende führte:

> Ich bin schon mit Partnerinnen zusammengewesen, die sich in eine unbequeme Körperhaltung gedrängt fühlten, und ich habe es einfach nicht gemerkt. Eine Frau hat es mir dann gesagt, als bei ihr irgendwann ein Punkt erreicht war, an dem sie es einfach nicht mehr aushalten konnte. Dann hat sie die Beziehung abgebrochen.

Sexuelle Unerfülltheit und Unzufriedenheit können in Frustration oder Ressentiment umschlagen. Obwohl es völlig richtig ist, der Partnerin die eigenen Gefühle direkt mitzuteilen, findet die Mehrzahl der Menschen es schwierig. Negative Kritik wird oft als Angriff gewertet, insbesondere von Männern, die sexuelle Potenz und Könnerschaft mit Männlichkeit gleichsetzen. Ein viriler Mann bildet sich ein, daß er halt Frauen zu befriedigen versteht; jegliche Andeutung des Gegenteils trifft sein männliches Ich empfindlich. Es reicht ihm nicht zu wissen, daß er in der Vergangenheit seine Liebste stets glücklich gemacht hat – ein Macho-Mann fühlt sich immer auf dem Prüfstand, wenn er den Liebesakt vollzieht. Die einzige Bestätigung, die er sucht, ist Applaus. Doch wenn der

Applaus ausbleibt, gar Kritik geäußert wird, dann ist sein Selbstwertgefühl beträchtlich gefährdet. Die Männer, die wir interviewten, hatten einige Ratschläge parat, wie man den Schlag abmildern kann, den ein kritischer Kommentar bedeuten kann.

Die Tonart

Viele Männer erzählten uns, wie wichtig ihnen ein freundlicher, sanfter Ton sei, wenn Kritik geäußert würde. Er mildert die Wirkung ab und läßt kritische Bemerkungen nicht verletzend klingen. Einer der Männer drückte das so aus: »Ich glaube, mehr als alles andere ist es der Tonfall, durch den sich Kritik abmildern läßt.« – Einen sanften Ton zu treffen, wenn man sagen möchte: »Tu das nicht«, oder: »Das fühlt sich nicht gut an«, ist schon eine echte Hilfe. Andere meinten, sie fühlten sich schon beruhigt, wenn ihre Partnerin eine Bitte mit einer liebevollen Anrede verbindet, zum Beispiel: »Liebling, könntest du bitte etwas sanfter sein?« Oder: »Oh Liebster, hör jetzt nicht auf!«
Sprachlich geäußerte Bitten, die nicht durch Herzlichkeit gemildert werden oder durch einen sanften Tonfall, kommen manchmal wie herausgebrüllte Instruktionen an. Der 40jährige Werner gesteht, daß solche schroff geäußerten sexuellen Anweisungen bei ihm jedes sexuelle Erlebnis ruinieren:

Manchmal haben Frauen mich aufgefordert, bestimmte Sachen zu machen, und das hört sich dann etwa so an: »Mutter hat gesagt, tu dies, Mutter hat gesagt, tu das.« Ich war dann immer ziemlich geschockt. Das ist wie mit einem Copiloten in einer Boeing 747, der Anweisungen gibt, wie etwa: Landeklappen hoch, Fahrgestell raus, etc. Ich bin schon mit Frauen zusammen gewesen, die beim Erteilen von Anweisungen geradezu militant gewesen sind; das waren vor allem feministische Frauen. Ich habe mich durch die Art, wie sie das machten, immer irgendwie verletzt gefühlt. Das endet dann in einem sprachlich sehr bewußten Dialog mit einer Fülle von Instruktionen und ergänzenden Anleitungen, was alles andere als lustvoll ist. Ich werde dann nervös und bekomme das Gefühl, daß Sex eine echte Mühsal ist.

Unzufriedenheit, in der Ich-Form geäußert, klingt weniger schroff als eine Aussage in der zweiten Person. »Ich schlaffe hier ab«, oder: »Ich möchte, daß du das hier noch ein bißchen länger machst«, hört sich besser an als: »Du würgst mich ab«; oder: »Du stimulierst mich nicht genug.« Aussagen in der Ich-Form sagen etwas über das eigene Gefühl aus, ohne damit ein Urteil abzugeben, ob etwas richtig oder falsch ist.

Das fällt Männern manchmal schwer, wie der 37jährige Life bestätigt:

> Ich hatte stets eine Vorstellung davon, wie ich meine Partnerinnen haben wollte, und wenn sie nicht in dieses Bild paßten, war ich regelmäßig enttäuscht. Ich habe inzwischen lernen müssen, meine Schwerpunkte woanders zu suchen und bestimmt und genau zu äußern, was ich sexuell will, wobei ich mich echt besser fühle, als wenn ich mich irgendeiner abstrakten Vorstellung davon hingebe.

Das positive Betonen

Um heikle Punkte anzusprechen, ohne einen Schlag gegen das Selbstwertgefühl zu führen, sollte man sich an den Text des alten Cole-Porter-songs »to accentuate the positive, eliminate the negative« halten. So sprachen einige Männer mit ihren Partnerinnen nur über die positiven Aspekte ihres Geschlechtslebens in der Hoffnung, sie durch Weglassen der Kritik und Hervorheben des Positiven zu ermuntern, mehr von dem zu tun, woran sie Gefallen fanden. Der 67jährige Dennis meint: »Das fühlt sich gut an« oder: »Ja, tu das« hört sich besser an als: »Au, was machst du denn« oder: »Du tust mir weh.« Das sind keine guten Signale.

Seth, ein 36jähriger Anwalt, stimmt ihm darin zu:

> Ich glaube, man gibt Anregungen, indem man sagt: »Dies da und das, das war wirklich gut« anstatt auszusprechen, was einem nicht gefallen hat. Manchmal hole ich mir meine Informationen auch auf die gleiche Weise. Nach der Liebe frage ich dann meine Partnerin, was ihr am besten gefallen habe. Ich gehe von der Voraussetzung aus, daß alles recht gut gewesen ist, doch daß es dabei einiges gab, was besser war.

Ein anderer Mann meinte, daß es günstiger sei, mit seiner Frau zuerst über die lustbetonten sexuellen Aktivitäten zu reden und erst dann über die Dinge, die sie vielleicht verändern müßten. Auf diese Weise bekäme das Gespräch gleich von Anfang an einen positiven Grundton, und es ließen sich dann darüber hinaus einige ganz bestimmte Momente noch genauer bestimmen, die ihren sexuellen Erfahrungsschatz noch erweitern könnten.

Einige Männer fanden, daß es möglich sei, sich eine ganz direkt abgegebene Kritik anzuhören und sich dennoch nicht unzulänglich oder abgewiesen zu fühlen. So meint Vince:

> Niemand ist bisher kritischer und unverblümter mit mir gewesen als meine Frau, die rundheraus sagt: »Das mag ich aber nicht«, oder: »Ich wünschte mir, du würdest uns das ersparen.« Allerdings empfinde ich das nur selten als Zurechtweisung, denn statt mir den Eindruck zu vermitteln: »Das ist ganz blöde, was du da machst, und das Einzige, was ich mir wünsche, ist, daß du aufhören würdest«, sagt sie dann: »Du brauchst jetzt nicht aufzuhören, aber versuch vielleicht mal was anderes« oder: »Siehst du, so könntest du es besser machen.«

Timing

Viele unserer Interviewpartner waren der Überzeugung, daß man für Gespräche zum Thema Sexualität den richtigen Zeitpunkt abpassen müsse. Ganz ungeschickt fanden es die meisten Männer, mit ihren Partnerinnen über sexuelle Problembereiche während des Liebesaktes zu reden

Bernhard, ein 29jähriger Betriebsingenieur, meint dazu:

> Negative Anmerkungen würde ich nur hinterher, manchmal vielleicht auch schon vorher, machen, aber nicht gerade dann, während man sich liebt, weil ich glaube, daß damit die Stimmung zerstört wird. Ich würde guten, lustvollen Sex als etwas Spontanes bezeichnen, etwas, das man nicht bewußt bewertet. Ich glaube, eine Partnerin spürt das. Wenn man sich lang und breit darüber ausläßt, was gut und was schlecht ist, kann das eine Partnerin dazu veranlassen, allen Schwung und jede Begeisterung zu verlieren.

Über positive Dinge zu reden, während sie geschehen, wurde von einigen Männern als sexuell anregend empfunden.

»Ich habe festgestellt, daß es besser ist, den Liebesakt durch das Reden über die guten Sachen, noch während sie passieren, aufzuheizen«, sagte der 36jährige Jason, und Negatives irgendwann später zu diskutieren.

Einige Männer jedoch, wie der 37jährige Todd, waren anderer Meinung:

> Beim Sex rede ich nicht gern und will auch nicht angesprochen sein. Ich mag es nicht, wenn mir jemand sagt: »Beweg dich so, mach dies, mach das«, weil ich finde, daß es beim Sex keiner Worte bedarf.

Auch der 39jährige Alex verspürte wenig Neigung, während des Liebesaktes über Sex zu reden:

> Ich möchte meine Partnerin nicht in die Defensive drängen und will auch nicht, daß sie sich bei dem, was zwischen uns abläuft, unbehaglich fühlt. Ich habe nämlich schon die Erfahrung gemacht, daß ich irgend etwas gesagt habe wie etwa: »Warum versuchst du das nicht mal?« Oder: »Ja, hier spüre ich richtig was«, und jedesmal hat es sich negativ auf unser sexuelles Erlebnis ausgewirkt.

Sobald Alex etwas wichtig genug erscheint, wartet er damit bis nach dem Liebesakt, um es dann seiner Partnerin zu erzählen:

> Ich warte, bis unser Erlebnis vorüber ist, und spreche es dann durch. Ich habe dann zum Beispiel gesagt: »Hey also, übrigens, auf zuviel anale Stimulierung bin ich nicht gerade besonders wild«, oder: »Ich mag es, wenn du meine Eichel befühlst«, oder: »Es gefällt mir, wenn du meine Hoden streichelst«, oder: »Es gibt da einen bestimmten Punkt, den du manchmal berührst, da finde ich es wirklich schön.«

Natürlich hat jeder seine eigene Vorgehensweise, deshalb liegt die Entscheidung darüber, wann solche Themen zur Sprache gebracht werden sollen, bei den beteiligten Paaren. Der 37jährige John hatte kein Patentrezept, doch bei seinen Empfehlungen verließ er sich ganz auf den gesunden Menschenverstand:

> Wann ich darüber sprechen muß, wird – so meine ich – ganz von der Dringlichkeit der Sache bestimmt. Falls es etwas gibt, wobei ich vollkommen wegtrete und was unser Verhältnis

ruinieren würde, würde ich bestimmt etwas sagen, hier und jetzt und ganz gleich, wobei wir gerade sind. Die ganze schöne Sache wäre ja ohnehin den Bach runter. Besser etwas sagen, als einfach stillschweigend aufzuhören. Allerdings glaube ich schon, daß man den Anderen in eine Abwehrhaltung bringt, wenn man während des Akts Kritik übt. Ist es etwas, das mich nur unangenehm berührt, dann würde ich wahrscheinlich warten, bis es zu Ende ist und wir beide ruhig daliegen. Ich könnte dann einiges erklären und ihr trotzdem beim Reden meine ganze Zuneigung zeigen.

Nonverbale Kommunikation

Wo Reden allein nicht ausreicht, dem Partner spezielle sexuelle Techniken zu vermitteln, fand es mancher Mann hilfreich, der Partnerin vorzuführen, was er meint. Der 34jährige Joseph erzählte zum Beispiel:

Ich habe eine ganze Weile gebraucht Paula zu zeigen, wie sie mich masturbieren soll. In der ersten Zeit machte es nicht den geringsten Unterschied, wie sie mir einen abgerissen hat; es reichte allein schon die Tatsache, daß sie es tat. Doch bald kam ich nicht mehr zum Orgasmus, wenn sie es mir machte. Sie war einfach zu grob und hat meinen Schwanz zu stark zurückgebogen. Sie wußte, daß sie es nicht richtig machte und fragte mich, wie ich am besten angefaßt werden wolle, und ich versuchte, es ihr zu erklären. Als es dann immer noch nicht klappte, ging ich dazu über, es ihr zu zeigen. Ich legte meine Hand über ihre Hand, während sie meinen Schwanz streichelte und sagte: »Ja, so fühlt sich das gut an; das jetzt ist nicht so gut; das hier tut weh.« Ich sagte ihr auch, daß mir ein gleichmäßiger Takt nicht gefalle. Ich mag Abwechslung und Unterschiede in der Geschwindigkeit. Durch meine Unterweisung bekam sie schließlich ein Gefühl für das, war mit guttut.

Viele Männer fanden, daß übermäßiges Reden jede romantische Stimmung zerstören könne. Der 27jährige Raimond findet:

Man kann mit Worten buchstäblich etwas totschlagen. Das ist fast so, als würde man zuviel essen oder etwas zu oft und zu lange tun. In kleiner Dosierung ist es ja ganz in Ordnung, doch ein Übermaß kann problematisch werden.

Männer wie der 34jährige Dean empfanden Abneigung gegen den ständigen Zwang, sexuelles Empfinden offenzulegen:

Früher glaubte ich, selbstbewußt meiner Partnerin zeigen zu müssen, was ich wollte und verlangen zu können, was ich mir sexuell wünschte. Bereits vor dem Sex führte ich ein umfangreiches Vorgespräch über das anstehende sexuelle Programm. Ich erinnere mich noch an einige Mißerfolge, als ich das damals versuchte. Ich bin dann schließlich zu der Schlußfolgerung gelangt, daß zu große Gesprächigkeit im Grunde die sexuelle Lust vertreibt. Ich glaube, daß es für mich viel wichtiger ist, mich mehr auf die Körpersprache zu verlassen, um mich meiner Partnerin verständlich zu machen und auch für ihre körperlichen Signale genauso empfänglich zu sein.

Wie Dean brachten auch viele andere Männer ihre Bedürfnisse durch nonverbale Signale zum Ausdruck. Einige nannten uns bestimmte Signale, die sie während des Liebesaktes mit ihren Partnerinnen austauschten. Einer sagte, er erkenne aus den Körperreaktionen seiner Partnerin oder den Lauten, die sie von sich gebe, ob sie etwas als lustvoll empfindet oder nicht. Er sieht an ihrem Gesicht, ob sie an seinen Zärtlichkeiten Gefallen findet. Ein anderer gebraucht seine Hände, um sich zu verständigen. »Ich lasse meine Partnerin mit meinen Händen wissen, ob ihre Bewegungen richtig sind. So drücke ich leicht ihre Schulter oder ihren Nacken, um sie zu führen«, erzählte er uns.

Gelegentlich können nichtverbale Zeichen und die Körpersprache mißdeutet werden und Verärgerung hervorrufen. Der 39jährige Alex hat das erlebt:

Die Reaktion meiner Partnerin auf etwas, woran sie ganz besonders Freude hat, ähnelt irgendwie ihrer Reaktion auf etwas, durch das sie verärgert und gereizt wird. Ich bin mir dann nicht sicher, ob sie vor lauter Lust oder Unlust den Kopf wegdreht. Zum Beispiel scheint die Lust manchmal für sie so intensiv zu sein, daß sie ihre Beine für einen Moment ganz fest schließen muß, um nicht ganz überrollt zu werden. Genauso würde sie aber auch reagieren, wenn ich sie durch irgend etwas verärgert hätte, so daß ich also nie ganz genau weiß, wie ich ihre Reaktionen deuten soll. Manchmal bin ich schwer durcheinander und weiß partout nicht was ich machen soll.

Dann gibt es Zeiten, in denen ich es meiner Partnerin mit dem Mund mache und sie zu wollen scheint, daß ich in sie eindringe. Aber anstatt nun zu sagen: »Ich möchte, daß du ihn mir jetzt reinsteckst«, gibt es erst ein langes Gezerre und Herumgewerfe und Geziehe, damit ich meinen Kopf hochnehme und mich auf sie lege. Es ist zwar offensichtlich, was sie will, aber ich mag nicht, wenn sie es auf diese Weise tut. Ich hätte es lieber, wenn sie sagen würde: »Ich möchte, daß du jetzt gleich in mich eindringst« oder: »O das ist jetzt genug«, anstatt heftig hin- und herzuzappeln.

Sobald die unsprachlichen Signale verstanden wurden, war das gesprochene Wort nicht mehr notwendig. Funktionierte das nicht, waren die Männer meist ganz praktisch und sprachen über die Probleme, von denen sie glaubten, sie beeinträchtigten ihre sexuelle Beziehung. Der 35jährige Eduard benutzte, wie die meisten Männer auch, eine Kombination beider Verständigungsweisen:

Zuerst versuchte ich, sie ohne Worte zu veranlassen, es anders zu machen, wenn ich die Art nicht mag, wie sie mich berührt. Ich bringe mich dann in eine bequemere Lage. Wenn die Partnerin meine Botschaft nicht versteht, sage ich ihr, was ich möchte, ohne sie merken zu lassen, daß sie sich vielleicht ein bißchen ungeschickt angestellt hat.

In einer harmonischen Partnerschaft ist es leichter, zwischen freundlichem Hinweis und scharfem Urteil über sexuelle Unzulänglichkeiten zu unterscheiden. Larry drückte es so aus:

Manchmal vermische ich Liebe und Sex und sage nicht das, was ich wirklich fühle, aus Angst, meine Frau könne denken, ich liebte sie nicht mehr oder aus Furcht, sie könnte mich nicht mehr lieben, falls ich meine Gefühle deutlich ausspreche. Diese Ängste können jede Verständigung zunichte machen. Wenn ich aber Sex und Liebe trenne und sage, was mir so durch den Kopf geht, dann bin ich eher imstande, meine Bedürfnisse in die Beziehung einzubringen.

Der Lernprozeß, der zu einer guten Verständigung führt, ist nicht leicht. Es braucht oft eine ganze Weile, bis sich die Partnerin darauf einstellen und sie sinnvoll für sich nutzen kann. Der 36jährige Terry, verheiratet seit 15 Jahren, machte diese Erfahrung im Laufe seiner Ehe:

Ich mag es gern, wenn man mir die Hoden sanft reibt. Doch Glenna behandelt mein Glied immer ziemlich grob, und genauso verfährt sie mit meinen Hoden. Sobald ich also sage: Nimmst du meine Eier in die Hand, berührst du mich da? Dann macht sie sich mit solchem Enthusiasmus über sie her, daß es verdammt weh tut. Es bedurfte einiger Zeit und vieler schmerzvoller Erfahrungen, bis sich das änderte. Und sogar noch nachdem wir viel darüber gesprochen haben, fällt es ihr immer noch nicht leicht, so sanft zu sein, wie ich es gern hätte.

Immerhin ist es gut zu wissen, daß alles um so leichter wird, je öfter man es tut. Der 34jährige Art meint dazu:

Ich war etwas ängstlich, über Sexualität zu reden, aber nachdem ich einmal damit angefangen und viel und ausführlich darüber gesprochen hatte, erkannte ich, daß es nichts gibt, wovor man Angst haben muß. Mir ging auf, daß man nichts zu befürchten hat und daß es keinen Grund gibt, prüde zu sein. Ich glaube, das war einfach die Gewöhnung, nachdem ich einige Erfahrung gewonnen hatte. Und Melanie wurde auch viel empfänglicher dafür, darüber zu sprechen und auch zuzuhören. Und je größer unsere Bereitschaft wurde, uns auszusprechen, desto weniger Angst hatten wir, daß sich unsere Beziehung, unser Geschlechtsleben oder unsere Zuneigung füreinander dadurch ändern könnte. Und je weniger ängstlich wir waren, desto besser klappte die Verständigung.

Doch ganz gleich, wie leicht man lernt, gegenseitiges Verstehen herzustellen, wichtig ist nur, daß die Erwartungen realistisch bleiben. Der Partner kann unmöglich jederzeit alles für den anderen sein. Falls die Erwartung auf Vollkommenheit gerichtet ist, wird Enttäuschung wahrscheinlich nicht ausbleiben, wie Bennet sehr nüchtern zusammenfaßte:

Man kann vom anderen Menschen nicht erwarten, immer so zu sein und genau das zu tun, was man sich wünscht. Manchmal erwarten wir einfach zuviel. Wenn ich eine wirklich schöne sexuelle Erfahrung mit einer Partnerin habe, und sei es nur jedes dritte oder vierte Mal, ist das schon verteufelt gut.

Manchmal ist es so, daß ein Partner, auf den Druck ausgeübt wird, zuviele Veränderungen in zu kurzer Zeit zu vollziehen, sich weigert, überhaupt irgend etwas zu verändern. Das war der Fall bei Paxton, der elf Jahre verheiratet gewesen ist:

> Eine Quelle ständiger Konflikte war mein ausdrücklicher Wunsch, sexuell Neuland zu betreten und zu experimentieren. Doch Candy fand, daß ich sie zu sehr drängte. Also habe ich mich zurückgehalten, und seitdem, seit ein oder zwei Jahren, ist sie diejenige, die irgendwelche neuen Stellungen und neue Sachen ausprobieren will.

Die meisten unserer Interviewpartner stimmten darin überein, daß es schwierig ist und Zeit kostet, eingeschliffene Verhaltensmuster zu verändern. Doch wie Paxton hervorhob, zahlten sich solche langfristigen Bemühungen aus, indem sie zu größerer sexueller Befriedigung führten. Sobald die Wege zur Verständigung offen sind, so sagten sie uns, gibt es mehr Wärme, Intimität und Sicherheit. Aus der Beziehung wird eine erfülltere Partnerschaft. Und sogar die Eier schmecken besser.

Sexuelle Probleme – Was tun?

Endlich war er ihr begegnet. Brian war 25 Jahre alt und hatte bereits eine ganze Anzahl sexueller Beziehungen hinter sich, doch unter seinen Partnerinnen war keine, die er bereit gewesen wäre, seiner Mutter vorzustellen. Als er Jacqué begegnete, sagte er, hätte er sofort zu phantasieren begonnen, wie es wohl sein würde, sich mit ihr sexuell einzulassen. Anfangs drängte er sie nicht, mit ihm intim zu werden, weil er in ihr etwas ganz Besonderes sah. »Ich wollte sie wissen lassen, daß ich große Zuneigung für sie empfand, daß ich nicht nur versuchte, ihr unter die Röcke zu gehen. Als dann aber der richtige Abend gekommen war und wir es schließlich miteinander machten, kam es mir so schnell, daß sie wahrscheinlich gar keine Gelegenheit hatte, zu fühlen, daß ich in ihr drin war.«

Die Vorfreude und die darauf folgende Enttäuschung Brians über seine erstmalige vorzeitige Ejakulation erwies sich dann als sexuelles Dauerproblem. Während der ersten zwei Monate nach seiner Begegnung mit Jacqué passierte jedesmal, wenn sie zusammenkamen und sich liebten, dasselbe. Er machte sich schon vorher Sorgen darüber, daß seine Ejakulation zu früh erfolgen würde. Die Befürchtungen wurden größer, und schließlich wurde aus seiner Besorgnis Wirklichkeit. Es war wie eine sich selbst erfüllende Prophezeiung. Nachdem der dritte Monat verstrichen war, hatten sie ganz aufgehört, einander zu sehen. Inzwischen 30 Jahre alt, war Brian schließlich in der Lage, rückschauend einzuräumen, daß sein Unvermögen, sich mit seinem Glied abzufinden, das unvermutet versagt hatte, bei ihm die Ursache dafür war, nach allerlei Entschuldigungsgründen zu suchen. Er hörte auf, an Sex interessiert zu sein. Und bald darauf ließ er es auch sein, Jacqué anzurufen. Das Problem löste sich von selbst, als er nur wenige Monate später mit einer langjährigen Freundin ins Bett ging und alles ganz glatt ablief.

Während des Interviews gelangte Brian zu der Erkenntnis, wie stark er in seinem Verhalten von herkömmlichen Macho-Vorstellungen beeinflußt gewesen war. »Wenn sie mich gefragt hätten, ob ich ein Macho-Typ bin«, erzählte uns Brian, »hätte ich wohl gesagt: keineswegs, ich doch nicht! Doch offenbar fühlte ich tief in mir doch Enttäuschung darüber, daß ich nicht fähig gewesen war, richtig zu funktionieren. Obwohl ich rein verstandesmäßig weiß, daß es unmöglich ist, immer einen hochzukriegen, hatte ich doch tief drinnen das Gefühl, daß irgend etwas mit mir nicht stimmt.«

Selbst wenn er begriffen hätte, was mit ihm vorgegangen war, so sagte Billy, hätte er noch immer nicht gewußt, wie er damit fertigwerden sollte. Er mußte glauben, daß Jacqué enttäuscht war und ihn als Versager ansah. Wie hätte er offen sein und mit ihr über seine Ängste sprechen können. Ebensowenig lag ihm daran, Freunde um Rat zu fragen, da sie nur selten über ihre Probleme sprachen, insbesondere nicht über jene, die mit Sex zu tun hatten. Im übrigen neigen auch Männer, die vorzeitig eine Ejakulation haben, dazu, sich in einem negativen Licht zu sehen. Brian meinte selbst: »Sie sehen Burt Reynolds auf der Leinwand und wissen sofort, daß er seine Frauen glücklich machen wird. Zeigen sie mir einen nur halbwegs annehmbaren männlichen Star, der in der Liebe versagt. Das können sie gar nicht«, sagte er. Die Gesellschaft belohnt die Sieger und lacht über die Verlierer. Und in meiner Vorstellung ist ein Mann, der sexuelle Probleme hat, ein Verlierer.

Da ihm positive Rollenvorbilder fehlten, zögerte Brian im weiteren Verlauf der Interviews, seine sexuellen Probleme zur Sprache zu bringen. So war es auch bei jedem anderen Mann, den wir interviewten. Alles klappte bestens, versuchten sie uns glauben zu machen. Im Gegensatz zu den Frauen, die wir für unsere Untersuchung »der einzige Weg, Oliven zu essen« interviewt hatten – die bereitwillig sexuelle Schwierigkeiten zugegeben hatten –, gingen die meisten Männer anfangs über unsere Frage hinweg, die lautete: haben Sie jemals sexuelle Probleme gehabt, und falls ja, wie haben Sie sie gelöst? Bezeichnenderweise stritten sie Störungen jedweder Art ab oder meinten, ihre Probleme wären belanglos oder bereits vor langer Zeit gelöst worden. Im Gegensatz zu Frauen, von denen man in dieser Kultur fast schon erwartet, daß sie sexuelle Probleme oder Schwierigkeiten haben, bei denen sie Hilfe brauchen, zögerten die Männer, jede auftretende Schwierigkeit als Problem zu bezeichnen, aus Angst, man könnte sie für Versager halten. Einige der Männer, die wir interviewt haben, brachten diese Befürchtungen sogar indirekt zur Sprache, indem sie am Ende des Interviews fragten: Wie bin ich gewesen, habe ich bestanden, habe ich es richtig hinbekommen?

Durch solche Erfahrungen klüger geworden, lernten wir bald, unsere Fragen über sexuelle Probleme zurückzustellen und erst später damit zu kommen, nachdem sich ein gutes Vertrauensverhältnis herausgebildet hatte. Sobald die Männer, ähnlich wie Brian, erkannt hatten, daß wir nicht über sie urteilten oder sie kritisierten, war es einfacher für sie, sich offen über ihre sexuellen Schwierigkeiten zu äußern und über die Art und Weise, wie sie damit fertig wurden. Für viele Männer war dies überhaupt das erste Mal, daß sie ein solch heikles Thema berührt hatten, und im großen und ganzen begrüßten sie auch die Gelegenheit dazu, ein konstruktives Feedback zu bekommen. Vereinzelt wurde das Interview für manche Männer fast zu einer Therapiesitzung, in der wir Information und sachkundigen Rat in Beantwortung der Fragen und Besorgnisse der Männer anboten. Es erwies sich jedenfalls als durchgängig, daß die Männer zu dem einen oder anderen Zeitpunkt einige sexuelle Schwierigkeiten erlebt hatten und imstande gewesen waren, kreative, gefühlvolle Wege zu finden, diese Probleme zu lösen, was vielleicht auch für andere von Wert sein mag.

Funktionsängste

Während wir die voluminösen Materialmengen durchgingen, die wir für dieses Kapitel gesammelt hatten, begannen sich gewisse Grundmuster abzuzeichnen. Oft konnten wir feststellen, daß hinter der anfangs »unbewegten« Fassade, die uns die Männer boten, sich eine Vielzahl sexueller Ängste verbarg.

Brian war insofern ein typischer Fall, als die hartnäckigsten und belastendsten der männlichen Befürchtungen den Penis und seine Funktion zum Mittelpunkt hatten. Da gelungener sexueller Verkehr der Macho-Test für männliche Virilität ist, hegten viele Männer Befürchtungen hinsichtlich der Zulänglichkeit und Brauchbarkeit ihres Penis. Sie machten sich Sorgen über seine Länge, Breite, Form und den Erektionswinkel. Tatsächlich vertrauten uns einige an, sie könnten sich keinen Mann vorstellen, der nicht im Geist seinen Penis – zumindest im schlaffen Zustand – mit den Gliedern seiner Geschlechtsgenossen verglichen hätte. Erfahrungen mit Gruppenmasturbation als Heranwachsende, Umkleideräume in der Schule und Duschräume sowie öffentliche Hallenbäder verschafften den Männern reichlich Gelegenheit, die Genitalien anderer Männer zu sehen. Der 45jährige Charles, ein ehemaliger Leistungssportler, sagte uns, wie beruhigend es gewesen wäre zu sehen, wie der Penis der anderen aussah:

> Ich verbrachte so verflixt viel Zeit in Umkleideräumen, daß ich lernen konnte, welch gewaltige Vielfalt es in der Beschaffenheit des männlichen Gliedes gibt. Einige waren weitaus größer als andere. Doch die meisten Leute hatten Glieder, die so aussahen wie mein eigenes, und das war sehr beruhigend.

Der 44jährige Eric sagte: »Über viele Jahre war ich davon überzeugt, daß mein Glied zu klein und zu kurz wäre.« Nachdem er nachgemessen hatte, war ihm leichter ums Herz. »Ich hatte in Büchern gelesen, daß das durchschnittliche Glied soundsoviel Zentimeter lang sein müsse, also holte ich mir einen Zollstock und fand dann natürlich heraus, daß meines durchaus der Norm entsprach. Aber verstandesmäßig wissen und gefühlsmäßig akzeptieren ist zweierlei. Er erklärte uns:

> Mit diesem Thema endlich abzuschließen, erforderte Zeit und einiges Verständnis seitens meiner Partnerinnen. Irgendwann machte ich immer wieder Bemerkungen, wie: also ich habe immer gefunden, daß mein Glied zu klein ist. Wenn die Reaktion darauf ganz entgegengesetzt ausfiel und wenn, wie erst kürzlich, einem das spontane Kompliment gemacht wird – »du hast ein wunderbares Glied!« – dann sind damit einige schwerwiegende Befürchtungen aus der Welt geschafft.

Der Hauptgrund, weswegen Männer hinsichtlich der Größe ihres Penis Besorgnis empfanden, war der, er könnte zu klein sein, um ihre Partnerinnen zu befriedigen. Der Eindruck, den die Stars in

Pornofilmen vermitteln, ist der, daß nur ein Glied, das lang genug ist, daß man es in der Schubkarre vor sich herfahren muß, einer Frau richtig gefallen kann. Männer gelangen oft zu der Schlußfolgerung, daß je größer der Penis – desto besser der Liebhaber. Und daher meinen Männer, die diesen Glauben teilen, das durchschnittliche Glied sei immer noch zu klein.

Der 23jährige Wayne beendete einen College-Kursus über Sexualität mit größerem Selbstvertrauen, nachdem er belehrt worden war: »Nicht die Größe des Stabes macht es, sondern der Zauber seiner Darbietung.« Bevor er diesen Kursus besucht hatte, so sagt er, hätte auch er geglaubt: je größer das Ding, desto männlicher der Kerl – um so mehr auch imstande, Frauen zu befriedigen. Dann aber hörte er Frauen aus seinem Kursus sagen: Ich mag diese großen Prügel nicht – weist du, daran kann man ja glatt ersticken. Wayne sagt: »Der Kursus über Sexualität ist eindeutig eine Bereicherung für mein Geschlechtsleben gewesen. Der hat mit einer Menge Vorurteilen aufgeräumt. Durch Kurse in der Schule, Lektüre oder Diskussionen mit ihren Partnerinnen erkannten die meisten Männer schon bald, wie grundlos ihre Befürchtungen waren. Sie fingen an, die Wichtigkeit der Klitoris für die sexuelle Befriedigung der Mehrzahl der Frauen zu begreifen und auch, wie wenig die Größe ihres Gliedes damit zu tun hat, ob sie eine Partnerin befriedigen oder nicht.

Obwohl manche Frauen einen überdurchschnittlich langen Penis bevorzugen, mögen andere lieber ein kleineres Glied. Die 120 für unsere erste Untersuchung interviewten Frauen nannten allerdings Liebe, Behaglichkeit, Vertrautheit, Vertrauen, Abwechslung, Verspieltheit und körperliche wie emotionale Attraktivität eines Partners als diejenigen Eigenschaften, die ihnen bei einer schönen sexuellen Erfahrung wichtig sind. Nicht eine einzige Frau erwähnte die Größe des Gliedes. Gleichzeitig mit schweren Bedenken hinsichtlich der Größe ihres Penis waren Männer auch anderweitig besorgt über ihre körperlichen Attribute. Sie machten sich Gedanken darüber, ob sie wohl körperlich attraktiv genug wären, fanden ihren Bauch zu dick und ihr Haar zu dünn. Doch meistens sorgten sich Männer über ihre Funktionstüchtigkeit beim Geschlechtsverkehr und darüber, ob sie womöglich nicht dem entspräche, was man von einem Macho erwarten darf. Die

schlimmste Angst war die, daß sie *ihn* vielleicht nicht »hochbekommen« könnten. Solange sie eine Erektion bekamen und Geschlechtsverkehr hatten, wurde zumindest das sexuelle Erlebnis
als ein Erfolg eingestuft. Ohne diese »Vorbedingung« hatten sie
das Gefühl, als Sexualpartner und Männer versagt zu haben. Infolgedessen erachteten es viele Männer als mittlere Katastrophe,
keine Erektion zu bekommen.

Werner, ein 40jähriger, von seiner Frau getrennt lebender Drehbuchautor, beschreibt jenes »krankmachende Gefühl«:

> Da gibt es jenen Sekundenbruchteil der Stille – keine Erek-
> tion – und du denkst: ›Oh, Scheiße.‹ Du sagst zu dir selbst: ›O
> verdammt, verflucht noch mal‹, und weißt, daß es jetzt pas-
> sieren wird. Dann fängst du an, nachzugrübeln, und an die-
> sem Punkt kannst du dich entweder entspannen oder anfan-
> gen zu onanieren oder es mit irgendeiner anderen Art sexuel-
> ler Betätigung versuchen, in der Hoffnung, daß es wieder-
> kommt.

Doch gewöhnlich reagiert Werner, wie er sagt, darauf mit echter
Panik:

> Man fühlt sich wie ein Schulanfänger, der Hintern hängt über
> dem Stuhl, und du hast das Gefühl, schon wieder dein Buch
> vergessen zu haben, und wünschst dir, zuhause zu sein, bei
> Mutter. Aber du stehst ganz allein und verlassen da mit
> deinem schlaffen Ding.

Erektionsprobleme oder vorzeitige Ejakulation waren weitaus
häufiger bei ersten sexuellen Begegnungen mit einer neuen Partnerin als bei späteren Erfahrungen. In diesem Stadium einer Beziehung, bevor noch das Gefühl des Vertrauens und Wohlfühlens
mit dem anderen sich ausbilden konnten, sind die Ängste, daß
man nicht funktionieren könnte, besonders groß. Ohne solches
Vertrauen wurden die Männer die Angst nicht los, ausgelacht oder
zurückgewiesen zu werden, wenn sie in ihrer Leistung ihren Partnerinnen nicht ebenbürtig waren.

Dazu meint Werner:

> Die Furcht, die in jedem dunklen Winkel des männlichen
> Bewußtseins im Hinblick auf einen Fehlversuch haust, ist die,
> eine wütende Frau sich gegenüber zu haben, die etwa sagt:
> ›Warum hast du hier eigentlich dieses alberne Spiel aufgezo-

gen, wenn du mich doch nicht bumsen wolltest?‹ Bedeutende Männer, wie sogar Zeus höchstpersönlich, haben nach spitzen Bemerkungen dieser Art, die von irgendeiner Braut kamen, hinkend ganze Kontinente durchquert.

Der Sexualtherapeut Barry McCarthy hebt hervor: »Die schlimmste Befürchtung, die ich bei Männern festgestellt habe, war die, von einer Frau gedemütigt zu werden. Diese Furcht vor Demütigung ist weiter verbreitet als die vor einem Penis, der nicht funktioniert.« Er berichtete uns von einem seiner Klienten, der eine schreckliche Erfahrung mit einer Frau gemacht hatte:

Er hatte seine Schwierigkeiten, und ihre Antwort darauf war: ›Verdammt, leg dich jetzt zurück. Ich werde schon dafür sorgen, daß du eine Erektion bekommst.‹ Sie konzentrierte sich wirklich voll auf das Glied dieses Mannes und forcierte ihre Bemühungen, ihm zu einer Erektion zu verhelfen. Nachdem sie ihn mit aller Heftigkeit stimuliert hatte und er immer noch keine Erektion bekam, ließ sie sein schlaffes Glied fallen und sagte: ›Du bist ein absolut hoffnungsloser Fall. Ich weiß gar nicht, warum du überhaupt morgens aufstehst. Ich weiß nicht, wozu du überhaupt lebst.‹

McCarthy sagt: »Ich glaube, diese Geschichte muß die wohl tiefste Erniedrigung für einen Mann bedeuten; obwohl ich nicht annehme, daß so etwas in Wirklichkeit oft vorkommt, kann ich die Furcht davor sehr gut verstehen.«

Die Männer, die wir interviewt haben, erklärten uns allerdings, daß die Frauen im großen und ganzen keine solche Reaktion gezeigt hätten, wenn Erektionsprobleme auftraten. Allen zum Beispiel sagt, die meisten Frauen, die er gekannt hätte, würden das Ausbleiben einer Erektion nicht als ein Versagen betrachten:

Sie finden schon, daß es großartig ist, wenn er dem Mann steif und hart wird, aber es ist auch keine Katastrophe, wenn das nicht gelingt. Diesen Frauen liegt mehr daran, Nähe mit jemandem zu erleben und sie glauben auch nicht, daß freundliches Herumspielen immer mit einer Bumserei enden muß. Aber ich habe mich schwergetan, das zu akzeptieren, weil ich eben so nicht programmiert worden bin.

Obwohl die meisten Frauen durchaus nicht so empfinden, haben die Männer gleichwohl die Sorge, daß sie es dennoch tun könnten.

Und obwohl man doch denken müßte, daß die sexuelle Revolution auch die Männer ein wenig von dem Zwang befreit hat, immer eine Erektion zu haben und zu funktionieren, scheint dies dennoch nicht der Fall zu sein. Glaubt man dem Sexualtherapeuten Bernie Zilbergeld, dann leben Männer noch immer unter dem Zwang, eine gekonnte Leistung hinlegen zu müssen, und:

Dieser Druck ist sogar noch größer geworden, denn obwohl die Männer inzwischen freier sind und die Wichtigkeit klitoritaler Stimulation begriffen haben, glauben sie noch immer, sie müßten Frauen nach alter Manier befriedigen – beim Geschlechtsverkehr. Gewiß, die Männer sind inzwischen ein bißchen gescheiter als früher. Zum Beispiel ist es eine Seltenheit, einem Mann über den Weg zu laufen, der nicht weiß, was eine Klitoris ist, oder wo er sie suchen und finden kann. Doch für einen wahren Mann ist das längst nicht genug. Er geht noch immer davon aus, daß selbst dann, wenn sie auf diese Weise zum Orgasmus gekommen ist und sogar zufrieden aussieht, sie weitermachen und unbedingt den Geschlechtsakt vollziehen müssen. Irgendwie hat die Nachricht von der vernachlässigten Klitoris die Männer nicht dazu zu befreien vermocht, unbefangen für sich zu beschließen, ob sie eine Erektion haben wollen oder nicht.

Hinzu kommt, daß viele Männer davon ausgehen, daß es in ihrer Verantwortung liege, ihre Partnerin zum Orgasmus zu bringen. Werner drückt das wieder sehr schön aus:

Kann ich sie dazu bringen, daß sie kommt?, ist gleichermaßen schwerwiegend wie die andere Frage: kriege ich ihn hoch? Obwohl ich mit dem Älterwerden gelernt habe, daß der Orgasmus einer Frau von einer Vielzahl von Dingen abhängt, die nicht unbedingt etwas mit meiner eigenen Darbietung oder ihrem Spaß daran zu tun haben, bin ich noch immer vollauf beschäftigt mit demselben alten Scheißkram, wie etwa dem: wenn ich es nicht schaffe, daß es ihr kommt, bin ich nicht gut. Oder umgekehrt, dann ist sie nicht gut. Ich glaube, die meisten Männer haben immer nur die eine Frage im Kopf: habe ich sie ordentlich in Fahrt gebracht oder nicht? Es ist immer ein besseres Gefühl, zu wissen, daß es ihr gekommen ist – nicht notwendigerweise deswegen, weil einem selbst so viel daran liegt, ihr Freude zu schaffen, sondern eben weil die

Fähigkeit, sie dazu zu bringen, ganz oben auf der Punktliste des guten Liebhabers steht. Männern ist eingetrichtert worden, zu glauben, daß sie nicht sonderlich gut im Bett sind, wenn sie es nicht schaffen, eine Frau zum Höhepunkt zu bringen.

Die Frage, ob sie denn auch »gut im Bett sind«, stellt sich den Männern heutzutage häufiger als früher. Da viele Frauen sexuell genauso aktiv sind wie Männer oder zumindest mehr als nur einen Geliebten hatten, begegnen Männer gelegentlich Frauen, die sogar erfahrener sind als sie selbst. Dieses Ungleichgewicht kann zur Quelle tiefster Ängste werden. Viele Männer fürchten, daß sie den Standard nicht erreichen können, der von einem ehemaligen Liebhaber der Frau gesetzt worden ist. Das galt auch für den 20jährigen Peter, der mit einer älteren, erfahreneren Partnerin verheiratet ist. Peter erzählte uns, er machte sich Sorgen über seine Fähigkeiten als Liebhaber:

> Ich fühle immer ein bestimmtes Bedürfnis, mich mit all den Leuten zu vergleichen, mit denen sie in der Vergangenheit eine Beziehung gehabt hat. Da ist ein gewisses Gefühl der Konkurrenz mit einigen namenlosen, gesichtslosen Typen. Ich fühle mich in mancher Hinsicht wie ein Novize, mit jemandem verheiratet zu sein, der so viel Erfahrung hat. Dies ist eine Gesellschaft, in der man von Männern – nicht aber Frauen – erwartet, daß *sie* die Experten sind. In meinem Fall sind die Rollen vertauscht.

Mit all diesen Besorgnissen, Befürchtungen und Ängstlichkeiten, sexuell leistungsstark zu sein, ihre Partnerinnen zu befriedigen, hatten Männer gelegentlich auch schon den Eindruck, sie könnten ihre eigenen Freuden am Liebesspiel ganz aus den Augen verlieren. Mit den Worten Lees, eines 62jährigen Firmenberaters: »Wenn ich mir ständig Gedanken darüber mache, ob ich auch alles richtig mache oder ob sie Spaß daran hat, dann löst sich das, was mit mir sexuell geschieht, irgendwie in Nichts auf.« – Wenn ein Mann kein eigenes Beteiligtsein mehr spürt, können die Ängste, die dann häufig von ihm Besitz ergreifen, genau die sexuellen Probleme verursachen, die er so sehr fürchtet. Allein schon die Ängste sind mächtig genug, ihn um seine Erektion zu bringen, zu bewirken, daß er plötzlich ganz schlaff wird, daß er früher ejakuliert, als er gewollt hatte, oder daß sie ihm die Fähigkeit nehmen, überhaupt zu ejakulieren. Das alles lastet auf ihm und erzeugt Versagerängste aus früheren oder ganz früheren Erfahrungen, die dann bis in die nächste sexuelle Beziehung fortwirken und eine Wiederkehr des Problems verursachen können. Wiederholen sich dann einige solcher Erfahrungen mit einiger Regelmäßigkeit, dann sieht sich der Mann vielleicht schon bald einem ausgereiften sexuellen Problem gegenüber.

Erektionsprobleme

Die überwältigende Mehrheit der von uns interviewten Männer hatte an irgendeinem Punkt ihrer sexuellen Karriere bereits Probleme mit der Erektion gehabt. Für die meisten allerdings war das nur eine vorübergehende Schwierigkeit. Und tatsächlich wurde in Untersuchungen nachgewiesen, daß 90 % aller 40jährigen Männer mindestens eine Episode temporärer Erektionsprobleme erlebt hatten. Obwohl Zeugung für das Überleben der Gattung eine Notwendigkeit ist, ist sie nicht notwendig für das Überleben des Individuums. Infolgedessen kann eine Vielzahl von Dingen störend in jenen Vorgang der sexuellen Stimulation eingreifen, bei dem die sexuelle Reizung bewirkt, daß das schwammige Gewebe im Penis sich mit Blut füllt, was dann schließlich zur Erektion führt.

Dieser Prozeß verlangsamt sich mit zunehmendem Alter und resultiert in Erektionen, die vielleicht weniger fest sind (ein 59 Jahre alter Mann nannte dies das »Knick-in-der-Mitte-Syndrom«), und viele Männer, junge wie alte gleichermaßen, stellen fest, daß während des Geschlechtsaktes ihre Erektion nachläßt oder ganz verschwindet.

Allerdings ist das Gehirn und nicht der Penis der Hauptakteur im Prozeß geschlechtlicher Erregung. Bedenklichkeiten hinsichtlich des eigenen Aussehens, der Leistung oder der Reaktion einer Partnerin auf den Mann können alle, wie bereits früher erwähnt, den Verlust der Erektion bedeuten. Und wie der 38jährige Allen uns beschrieben hat, kann sich das verheerend auf das Selbstwertgefühl auswirken:

Ich habe gewöhnlich die schrecklichsten Zustände durchlitten, wenn ich ihn einmal nicht hochbekam. Es war so, als wäre mein ganzes Selbstbild, mein Selbstgefühl als Mann unbedingt daran geknüpft, eine Erektion zu bekommen. Als meine Maschine dann ausfiel, war meine erste Reaktion: ›O mein Gott, ich bin nicht mehr imstande, richtig zu funktionieren.‹

Zusätzlich zu den üblichen Befürchtungen und Ängstlichkeiten, die die meisten Männer beeinflussen, gibt es andere, weniger nachhaltige, doch gleichermaßen verheerende Faktoren, die eine Erektion hemmen können. Streß und Ermüdung, Schlafmangel, Überarbeitung und familiäre Probleme können den Erektionsvorgang empfindlich beeinträchtigen. Sogar scheinbar harmlose Medikamente können diese Wirkung haben. Der 68jährige John sagt, daß zu den unregelmäßigen Gelegenheiten, zu denen er Schlaftabletten genommen hätte, »ich noch einige Tage danach feststellen konnte, daß ich relativ impotent war. Offenbar bekomme ich das Zeug nicht so schnell aus meinem System.«

Auch Alkohol wirkt sich aus. Männer, die mit dem dämpfenden Effekt vertraut sind, den Alkohol auf ihre sexuelle Leistungsfähigkeit hat, dosieren die Mengen sehr sorgfältig, die sie zu sich nehmen. Der 53jährige geschiedene Greg sagt, er bereite sich dadurch auf eine »Vorstellung« vor, indem er die Finger vom Alkohol lasse. Und sollte er sich ›ihr‹ einmal nicht gewachsen fühlen, »manchmal einfach aus der Angst heraus, es nicht zu schaffen«, dann läßt er den Geschlechtsverkehr eben ausfallen, damit er nicht »psychisch in einen Zustand der Impotenz« gerät.

Auch wenn man sich mit sich selbst uneins und nicht im reinen fühlt, beeinträchtigt das oft die Bereitschaft zu sexueller Betätigung. Einer der Männer sagt:

Wenn ich mich selbst lausig fühle, sei es nun aus beruflichen Gründen, Grippe oder dergleichen mehr, dann hilft dagegen nichts. Einmal habe ich sogar einen Arzt aufgesucht, der mir mehrfach einen Schuß Testosteron verpaßte. Der lachte mich aus und sagte: »Sie wissen selbst verdammt genau, daß *das* nicht Ihr Problem ist.« Und ich sagte: »Ja, das schon, aber versuchen wir es doch einmal damit.« Ich wußte die ganze Zeit genau, daß das keine organische Sache ist. Also mußte

ich nur abwarten, bis der Streß und damit meine Schwierigkeiten vorüber waren.

Eine ganze Anzahl Männer erwähnte Perioden ihres Lebens, in
denen Angst und Schuldgefühle, insbesondere in Verbindung mit
außerehelichen Affären, ihnen Probleme verursachten. Einige
Männer büßten ihre Erektion ein, nachdem sie erfahren hatten,
daß ihre Frauen Verhältnisse eingegangen waren. Auch Gefühle
der Schwäche und Wut können – genau wie andere starke Emotio-
nen – Erektionen verhindern. Zum Beispiel berichtete uns einer
der Männer:

Es gab eine Zeit in meiner Ehe, als ich mit einigen alten Affären
konfrontiert wurde, die meine Frau gehabt hatte, und ich reagierte
darauf so, daß ich Erektionsprobleme bekam. Das war für mich
eine scheußliche Erfahrung.

Andere Männer verloren häufig ihre Erektion, sobald sie den
Versuch machten, eine Frau zu verführen, die sie nicht sehr aufregend fanden. Ein Mann sagte uns:

Einige Typen meinen, sie seien immer zum Sex bereit. Sie
glauben, sie müßten nur mit den Fingern schnippen und
sofort wäre ihr Glied in voller Kampfbereitschaft. Ich brauchte einige Zeit, um zu lernen, daß es Zeiten gibt, zu denen ich
nicht in Stimmung bin für Sex, und, was noch wichtiger ist,
daß es auch einige Frauen gibt, bei denen ich sexuell überhaupt nichts empfinden kann – da ist einfach nicht die geringste erotische Beimischung. Wenn eine Frau mich nicht scharf
macht oder ich nicht in der richtigen Stimmung bin, ist das
Resultat ein schlaffes Glied und ein ziemlich desinteressierter
Typ, ein müder Durchhänger.

Andererseits aber, so sagten uns einige Männer, hätten sie auch
Schwierigkeiten gehabt, eine Erektion zu bekommen, wenn sie zu
stark erregt waren. Einer der Männer erklärte zum Beispiel:
»Manchmal will ich es einfach so furchtbar dringend, daß ich
partout keinen hochkriege.« Roger, ein 38jähriger Rechtsanwalt,
erlebte genau dasselbe, als er zum ersten Mal mit dem Mädchen
zusammen war, das dann schließlich seine Frau wurde:

Es ging fast mystisch zu, als wir zusammen waren; wir fühlten
uns einander so nahe. Und trotzdem erlebte ich über 6 Wochen lang eine Episode der Impotenz. Ich konnte sie einfach

nicht körperlich lieben. Weiß der Himmel, ich bekam ihn nicht hoch. Es war schrecklich verwirrend. Aber sie wurde mir damals lieb und wert, da sie sich nicht im mindesten davon beeinflussen ließ. Ich sollte besser sagen »zumindest«; es machte ihr schon was aus, aber sie warf nicht verzweifelt die Hände hoch und sagte: ›Daraus kann doch nichts werden; brechen wir unsere Beziehung doch besser gleich ab!‹ Während der ganzen 6 Wochen ohne Sex machten wir einen Versuch nach dem anderen, ohne daß etwas passierte. Und wir versuchten es weiter und hatten das feste Vertrauen, daß es eines Tages besser werden würde. Und so war es dann ja auch.

Einige Männer hatten keine Schwierigkeiten, zu einer Erektion zu kommen; doch sie beizubehalten, war noch viel komplizierter – besonders in solchen Situationen, in denen sie sich ungewöhnlich verwundbar fühlten. Das war ein relativ schnell vorübergehendes Problem bei Männern, deren Beziehungen erst vor kurzem Schiffbruch erlitten hatten, und die sich zurückversetzt fanden in den Trott des Junggesellendaseins, insbesondere aber dann, wenn auch schon frühere sexuelle Beziehungen mit Schwierigkeiten befrachtet gewesen waren.

Diese Männer gingen mit ihren Erektionsproblemen auf verschiedene Weise um. Nur eine Minderheit bemühte sich um eine Therapie. Einige Männer, die Schwierigkeiten damit erlebten, nach einer kurz zuvor ausgestandenen Trennung eine Erektion mit einer neuen Partnerin zu bekommen, warteten so lange, bis sie eine Beziehung eingehen konnten, in der sie sich emotional geschützt und sicher fühlten. So war es auch bei Wyatt gewesen, der zum Zeitpunkt des Interviews mit uns seit 6 Monaten von seiner zweiten Frau geschieden war. Auf das Scheitern seiner ersten Ehe nach 23 Jahren folgte eine Zeit, in der er keine Erektion bekommen konnte, wenn er sich wieder mit einer Frau einließ. Obwohl er ja geschieden war, so sagte er, »war ich im Geist noch immer mit meiner Frau zusammen. Auf diesem Stück Papier stand zwar ›geschieden‹, und es gab mir wohl die Erlaubnis zurück, mich mit einer anderen Frau sexuell einzulassen, doch wenn ich so zurückblicke, muß ich wohl eingestehen, daß ich mich schuldig fühlte und die Sache für mich tabu war.« Er wurde kuriert, als er einer Frau begegnete, mit der er sich sehr wohl fühlte. »Bang, da hatte ich sie wieder«, erinnert er sich. »Wir liebten uns, und es war genau so, wie es immer gewesen war.« George befand sich in einer ähnlichen Zwangslage, doch er ging das Problem anders an. Die Lösung bestand für ihn darin, sich sexuell mit Menschen einzulassen, die ihm nicht wichtig waren.

Nach dem Bruch war ich wie betäubt. Als ich schließlich wieder eine Beziehung anfing, nachdem ich mich von den Belastungen der vorhergehenden freigemacht hatte, stellte ich fest, daß ich nicht nur aus der Übung war, sondern ganz schlicht unfähig. Um mich also wieder aufzurichten, nahm ich Beziehungen zu Menschen auf, die mir wenig bedeuteten. Nach einiger Zeit und einer Reihe von Erfolgen wurde ich dann wählerischer und begann dann, diejenigen Frauen auszusuchen, die möglicherweise eine neue Lebensgefährtin sein konnten, weil ich schließlich wieder Interesse an einer langfristigen Beziehung bekam.

Einhellig aber fanden unsere Interviewmänner, die schlimmste Reaktion auf ein schlaffes Glied wäre wohl die gewesen, »auszurasten« oder »durchzudrehen«. Das beste, was man dann machen könnte, wäre, seine Gelassenheit zurückzugewinnen, sich stets zu erinnern, daß er ja, da er ja auch früher einmal erigiert gewesen war, ihnen sicher auch bald wieder steif würde – wenn nicht morgen, dann vielleicht übermorgen. Roy, ein 61jähriger Anwalt im Ruhestand und zum dritten Mal verheiratet, gibt den Rat:

Sobald ich anfange, mich unsicher zu fühlen und auch nicht sehr gut, weil er mir nicht steif wird, dann reden wir darüber. Die Art, wie ich mit derartigen Situationen umgehe, ist die, einfach abzuwarten, darauf zu vertrauen, daß es morgen früh oder am Tag darauf – oder zwei Tage später – zurückkommt und ich eine Erektion habe. Ich flippe nicht aus; falls es nicht geht, dann lasse ich es eben. Hinterher wird es schon gehen, vielleicht sogar direkt danach. Vielleicht hören wir Musik zusammen, und ich fasse nach ihrer Hand, und wir klammern uns ein bißchen an und, siehe da, mit einemmal bin ich bereit, mit ihr in die Federn zu gehen. Das ist dann vielleicht nur eine halbe Stunde später – nachdem all das ausgeräumt ist, was vielleicht im Weg gestanden hat. Ein andermal braucht es vielleicht länger, vielleicht bin ich müde. Es hilft natürlich sehr, eine gute Beziehung zu jemandem zu haben, der aufrichtig ist. Wenn es so ist und mir im Augenblick wirklich nicht danach ist, muß ich mich auch nicht groß anstrengen. Ich kann es einfach eine Weile bleibenlassen.

Falls sich eine Erektion nicht einstellen will, empfahlen die meisten Männer, mit dem Liebesakt wie üblich weiterzumachen, anstatt darüber nachzudenken, was »da unten« wohl nicht geklappt haben mag. Als Folge eines chirurgischen Eingriffs, der seine Fähigkeit zur Erektion empfindlich einschränkte, war einer der Männer zum Beispiel erfreut zu entdecken, daß Sex auch ohne Koitus sehr lustvoll war und Spaß machen konnte. Er begeisterte sich für die »Wunder des Berührens, Im-Arm-Haltens und einer Sinnlichkeit, die so hinreißend sein kann, weil man sie viel länger erleben kann als einen einfachen Geschlechtsakt.«

Einige Männer stellten fest, daß sie, sobald sie sich von ihrem Unvermögen, eine Erektion zu bekommen, ablenkten, auf sexuelle Handlungen ohne Koitus einließen, ihre Erektion plötzlich zurückkehrte. Young, ein 24jähriger Medizinstudent, glaubt erkannt zu haben, welche Ängste bei ihm den Verlust der Erektion verursachen. Sein »Abwehrmechanismus«, sobald ihn Ängstlichkeit überkomme, so sagt er, bestehe in folgendem:

Ich versuche, eine Frau mit dem Mund oder mit der Hand zu befriedigen. Ich kann rationalisieren, indem ich mir einfach sage: es ist ja ganz hübsch, Erektionen zu haben, aber jetzt im Augenblick kann die Frau mindestens genausoviel Lust erleben, ohne daß ich im Moment eine Erektion haben muß. Und was dann ziemlich oft passiert ist, war, daß ich – während sie kurz davor stand zu kommen – anfing, eine Erektion zu haben. Man löst also das Erektionsproblem am besten so, indem man sich auf die Frau konzentriert.

Ob sie sich nun eingeschüchtert oder unbehaglich fühlten, zuviel getrunken hatten oder andere Gründe dafür ausschlaggebend waren, daß sie keine Erektion bekamen: die Männer jedenfalls, die wir interviewten, empfanden es als sehr hilfreich, wenn nicht gar wesentlich, ihr Mißgeschick mit ihren Partnerinnen zu diskutieren. Jack, ein 38jähriger Ingenieur, der seit 15 Jahren verheiratet ist, sagte:

Wenn ich sexuell einfach nicht da bin, sage ich ihr eben: sieh mal, ich habe es heute einfach nicht drauf. Entweder fühle ich mich dann nicht wohl, kann mich nicht damit anfreunden oder ich bin unkonzentriert oder ähnliches. Aber ich sage ihr rundheraus, daß ich es einfach nicht bringen kann. Das ist eine ziemlich große Veränderung gegenüber der Zeit vor fünf oder 10 Jahren, als ich mich mit Selbstvorwürfen quälte, wenn die Dinge nicht richtig liefen. Seither habe ich erkannt, daß im Sex eine Menge Dinge schiefgehen können und man es einfach akzeptieren und damit fertigwerden muß. Heutzutage versuche ich, das sofort klarzustellen. Sie nimmt das auch ziemlich gut auf. Ich glaube, die Frau weiß zu schätzen, wenn man sie wissen läßt, was vor sich geht, wenn es einmal nicht klappt, anstatt sich zur Wand zu drehen und zu seufzen und zu stöhnen, ohne ein Wort darüber zu verlieren. Ich glaube, das ist wahrscheinlich das schlimmste, was man tun kann. Es ist besser, man legt alles auf den Tisch.

Diese Männer erkannten, daß sie nicht die einzigen sind, die Gefühle haben, und daß es, wenn sie sich unzulänglich oder gedemütigt fühlten, weil sie keine Erektion bekamen, durchaus auch möglich sein konnte, daß ihre Partnerinnen sich nicht begehrt und irgendwie so fühlten, als machte man *ihnen* einen Vorwurf. Einer der Männer schilderte uns, wie er in einem solchen Fall seine Partnerin beschwichtigte:

Es war das erste Mal gewesen, daß ich mit dieser Frau geschlafen hatte. Früher am Abend waren wir mit einem anderen Paar zum Dinner ausgegangen und hatten eine Menge getrunken, so daß dann später bei mir eine Erektion ausblieb. Sie fragte mich nach dem Grund, und ich erklärte ihr, es wäre der Alkohol. Darauf sie: ›Nein, das ist nicht wahr, es muß an mir liegen.‹ Und ich sagte: ›Glaub mir doch, das ist ganz normal, und es ist nichts, worüber du dir Gedanken machen mußt. Ich mag dich und ich finde dich unheimlich anziehend. Es hat nichts mit dir zu tun – es liegt einzig an mir.‹ Ich versuchte dann, weiter zu erklären, daß es nicht ihr Fehler wäre und ebensowenig mein Fehler, daß es sich um etwas ganz Normales handelte; und das zu vermitteln, ist das Allerwichtigste – daß es ganz normal ist, niemandes Fehler und daß es sich dabei ganz gewiß um keinen irreparablen Zustand handelt oder um etwas, das länger andauern wird.

Den Partner zu beruhigen, wenn Schwierigkeiten auftreten, ist bereits ein entscheidender Schritt zu deren Lösung. Sie wissen lassen, daß das Ausbleiben einer Erektion nicht gleichbedeutend damit ist, daß der Mann kein Interesse mehr hat oder daß er keine körperlichen Beziehungen mehr haben will, hilft ganz gewaltig. Doch diese Art Rapport und gute Verständigung brauchen Zeit, sich zu entwickeln. Wenn man nicht viel gemeinsame Zeit zur Verfügung hat und Probleme auftauchen, dann empfiehlt Jerry:

Bewahr dir ein Gefühl für Wärme und Nähe, drück deine Partnerin an dich und berührt euch einfach nur. Versuche, daß sie sich entspannt fühlt, und versuch dann auch, dich selbst zu entspannen. Gib ihr zu verstehen, daß du dich sorgst, aber nicht, daß du allzu besorgt bist. Falls das Problem ein schlaffes Glied ist, dann vermittele ihr, daß das nicht regelmäßig vorkommt, aber gelegentlich schon passieren kann. Erinnere sie daran, daß es einige Zeit braucht, um eine gute sexuelle Beziehung aufzubauen. Die Lösung ist, zusammenzubleiben und es gemeinsam zu bewältigen.

»Aber führe solche Gespräche nie in todernstem Tonfall«, warnte der 44jährige Eric:

Wenn es ein solides Grundvertrauen gibt, sag es mit etwas Humor und – wer weiß – vielleicht kehrt die Erektion dann zurück. Wenn ich darauf bauen kann, daß meine Partnerin mich nicht auslacht, sondern vielmehr *mit* mir lacht und spielt, dann steigen bei mir das Maß an Vertrauen und mein Selbstbewußtsein. Dann geht mit einemmal alles viel besser.

Wenn ein gutes Einvernehmen geschaffen war, bedeutete das, daß diese Männer beim Aufkommen eines sexuellen Problems nicht die ausschließliche Verantwortung dafür übernehmen mußten, das Problem auch allein zu lösen. Sie wollten in der Lage sein, auf ihre Geliebten oder Ehefrauen rechnen zu können. Werner nennt ein Beispiel:

Ich möchte lieber nicht gleich damit herausrücken und eine Frau bitten: Sag mal, kannst du mir eine Weile lang einfach nur einen blasen? Wenn man so direkt ist, verwirrt man den anderen nur. Und wenn sie richtig auf mich eingestellt ist, wird sie das auch selbst wissen und mir helfen. Ich mag gern eine Frau, die selbst die Initiative ergreift. Wenn eine Frau zu mir sagt: »Laß mich das besorgen, laß mich etwas für dich tun«, dann ist das für mich das Süßeste, was es geben kann. Meine erste Reaktion darauf ist dann wohl, zu denken: also nein, das würde doch nichts bringen. Aber Tatsache ist doch, daß ich dann stets wieder darauf zurückkomme.

Spike hatte uns andererseits vor der entgegengesetzten Reaktion gewarnt – vor Frauen, die aus lauter Besorgnis mit aller Macht versuchen, eine müde, kümmerliche Erektion neu zu beleben, und als Folge ihrer heftigen Anstrengungen nur noch mehr Krampf und Leistungsdruck erzeugen. »Ich glaube, wenn Frauen die Wichtigkeit von Erektionsproblemen ein bißchen herunterspielen könnten«, sagt Spike, »würde ich mich wohler fühlen, und die Erektion stellte sich dann ganz natürlich wieder ein. Anstatt zu streicheln oder zu saugen, würde eine Frau, die mir dabei hilft, mich zu entspannen, die Dinge weitaus leichter für uns machen.« Und einige Männer fanden, daß in Situationen, in denen sie am Sex einfach nicht interessiert waren – entweder, weil sie sich übermüdet oder nicht in Stimmung glaubten –, es wichtig wäre, ganz klar *nein* zu sagen. Obwohl sie es schwierig fanden, einer Partnerin, die für sie da, bereit und willig war, zu erklären, daß sie zum Sex im Augenblick nicht aufgelegt wären, stellte sich manchmal heraus, daß – sobald sie gründlicher in sich hineinhorchten und auf das reagierten, was ihr Körper ihnen mitteilen wollte – das nachfolgende sexuelle Erlebnis im allgemeinen sehr schön wurde. In Workshops über Sexualität werden Teilnehmer aufgefordert, sich an Erfahrungen zu erinnern, die als Mißerfolg endeten. Dann gibt man ihnen die Anweisung, die Erfahrung noch einmal in der Phantasie durchzuspielen und sie positiv ausgehen zu lassen. Nahezu jeder, der diese Übung mitmacht, stimmt darin überein, daß von dem Punkt an, an dem damals die Situation umkippte, alles besser gewesen wäre als Geschlechtsverkehr und daß sie statt dessen mit ihrer Partnerin über ihre Schwierigkeiten hätten reden sollen oder ihr vorschlagen, daß sie es besser bleibenließen. Manchmal ist Neinsagen nicht etwa das Verpassen einer Gelegenheit, sondern vielmehr die Vermeidung einer möglichen Katastrophe, nämlich der, an einem toten Punkt anzulangen.

Als die von uns interviewten Männer über die Arten sexueller Probleme sprachen, die sie erlebt hatten, war das häufigste von allen eine vorzeitige Ejakulation. Und selbst wenn dies kein aktuelles Problem mehr darstellte, erwies es sich doch als eines, das an irgendeinem Punkt in fast jeder sexuellen Vita eines Mannes aufgetreten war. Allerdings wich die Definition für eine verfrühte oder vorzeitige Ejakulation von Mann zu Mann erheblich ab. Manche Männer glaubten, sie hätten ein Problem, wenn sie die Kontrolle verloren und ejakulierten, bevor sie selbst es wollten – ungeachtet dessen, wie lange sie schon durchgehalten hatten. Andere hielten ihre Reaktion für verfrüht, wenn sie nicht vor Ablauf einer gewissen vorher festgelegten Zahl von Minuten ihre Ejakulation zurückhalten konnten. Bei anderen wiederum lautete die Definition dieses Problems, sie hätten dann eine Störung, wenn sie kommen müßten bevor ihre Partnerinnen den Orgasmus erreicht hätten. Hatte *sie* indessen keinen Höhepunkt, gewannen sie den Eindruck, nicht lange genug ausgehalten zu haben.

Männer nannten eine ganze Anzahl von Gründen für ihre Schwierigkeit, die Ejakulation zu kontrollieren. Der häufigste Grund, insbesondere bei Männern, die Erfahrungen mit diesem Problem machen mußten, als sie die ersten Male in ihrem Leben Sex hatten, war der, daß sie sich durch das Verlaufsschema ihrer Masturbation dazu konditioniert hatten, schnell zu ejakulieren.

Vince, ein 37jähriger Therapeut, sagt, daß er als junger Mann auch seine Probleme mit vorzeitiger Ejakulation gehabt hätte:

> Das gilt wohl für die meisten Männer, glaube ich, das besagen sämtliche Statistiken, die ich gelesen habe. Ich glaube auch, daß die Tatsache, daß Männer masturbieren, die Wahrscheinlichkeit erhöht, daß sie im Verkehr mit ihren Partnerinnen vorzeitig ejakulieren werden, denn wenn sie masturbieren, konzentrieren sie sich gewöhnlich völlig auf ihren Penis und darauf, schnell fertig zu werden, damit man sie nicht erwischt. Und – wiederum typisch – wenn jemand nicht im Badezimmer masturbiert, dann tut er es im Bett oder an einem anderen Ort; und solange man mit anderen zusammenlebt, ist man stets auf der Hut, beim Masturbieren überrascht

zu werden. Also erledigt man das ziemlich schnell. Fast jedesmal, wenn jemand masturbiert, dauert es kaum länger als eine Minute – also die Spanne von einer Erektion bis zum Orgasmus ist wirklich sehr, sehr kurz.

Männer lernen auch, schnell zu ejakulieren, um zu verhindern, daß sie beim Liebesakt mit einem Mädchen auf dem Rücksitz des Autos oder zuhause, bevor die Eltern zurückkehren oder aufwachen, erwischt werden. Auch Männer, die Prostituierte aufsuchten, erlebten oftmals den Druck, »es schnell zu machen«, damit die Frau sich ihrem nächsten Freier zuwenden konnte. Während solche Jugenderfahrungen bei einer Anzahl von Männern die Ursache dafür waren, daß sie zu schnell ejakulierten, konnten es demgegenüber auch noch andere Faktoren sein, die das Problem ausgelöst hatten. Männer, die erst lebensgeschichtlich spät dieses Problem entwickelten, nannten Versagungsangst als auslösendes Moment. Diese Angst stellte sich besonders oft mit einer neuen Partnerin ein.

Jerry, ein 32jähriger alleinstehender Wissenschaftler, beschreibt, warum es für ihn so schwer ist, seine Ejakulation zu kontrollieren, wenn er zum ersten Mal Sex mit einer Frau hat:

Man versucht zu beweisen, daß man ein guter Liebhaber ist, also denkt man viel zu viel daran, wie man versuchen wird, die Frau zu befriedigen. Und oft ejakuliert man dann deswegen frühzeitig. Doch sobald die Beziehung reifer wird, scheinen die Probleme sich zu verflüchtigen. Die Angst verliert sich. Man muß sich nicht mehr ständig beweisen. Es ist ja abgemacht, daß man zusammenbleiben wird, und dann ist einem die Last genommen, die Frau unter allen Umständen glücklich machen zu müssen.

Einige Männer sagten, es sei die Fremdartigkeit der neuen Erfahrung, die ganz intensive Gefühle hervorruft und deshalb dazu führen könnte, daß sie vorzeitig ejakulierten. Andere sagten, ihnen könnte es dann passieren, wenn sie nichts für die Frau, mit der sie zusammen wären, empfänden. Der 50jährige Nicholas zum Beispiel erinnert sich:

Ich hatte die ejaculatio praecox nur bei Frauen, für die ich gar keine Liebesgefühle hatte. Doch es war kein Problem, solange ich mit Frauen ging, an denen mir lag, für die ich sehr zärtliche und tiefe Gefühle hegte. Also machte ich mir zur Regel: spiel nicht mit Frauen herum, für die du keine Liebe empfindest.

Jene Männer, die in festen, dauerhaften Beziehungen lebten, sagten, eine verfrühte Ejakulation wäre für sie ein Signal dafür, daß etwas nicht stimmte. Einige meinten, sie ejakulierten schnell, weil ihre Partnerinnen nicht interessiert gewesen wären und den Akt schnell hinter sich bringen wollten. Der 44jährige Eric sagt:

> Ich habe vorzeitig ejakuliert, weil meine Frau entweder durch Worte oder durch Körpersprache andeutete, daß ich mich beeilen und schnell fertig werden sollte. Also machte ich es über viele Jahre lang sehr schnell, und das verursachte mir eine Menge Unbehagen.

Andere mit ihren Beziehungen unzufriedene Männer kamen deswegen schnell, weil sie ihre Frustrationsgefühle und ihren Ärger *im* und *durch* den Geschlechtsverkehr zum Ausdruck brachten. Der 31jährige Investmentberater Spike sagt:

> Wenn ich Probleme mit einer Ejakulation habe, dann gibt es gewöhnlich irgendeine Schwierigkeit in unserer Beziehung, und ich bin psychisch blockiert. Manchmal wird es mir schwer, eine Erektion zu bekommen, und wenn ich sie dann schließlich habe, ejakuliere ich auch fast sofort. Wenn mir so etwas passiert, ist das sehr frustrierend, weil ich dann irgendwie weiß, daß irgend etwas in der Beziehung nicht richtig läuft.

Eine länger anhaltende Periode ohne Sex war bei einigen Männern die Ursache dafür, zu schnell zu ejakulieren. Wenn er über mehrere Wochen keinen Sex gehabt hätte, so ergänzt Spike, »war ich weniger gut dazu imstande, meine Ejakulation zu kontrollieren. Aber wenn ich ihn über einen vollen Monat lang jeden Tag habe, gibt es überhaupt keine Probleme«. Paxton, 33 Jahre alt und seit 12 Jahren verheiratet, hat dasselbe Problem, wenn er und seine Frau wochenlang keinen Verkehr miteinander hatten. Für ihn allerdings ist diese sexuelle Abstinenz ein Hinweis darauf, daß irgend etwas anderes nicht stimmt. Paxton sagt:

> Es waren immer die schlechten Zeiten, die wir miteinander durchmachten, wenn ich Probleme mit einer vorzeitigen Ejakulation hatte. Drei Wochen ohne Sex gingen vorüber, und

dann – oh Gott, ging dieses frühzeitige Kommen bis zu dem Punkt, an dem ich schon im Augenblick der Penetration soweit war. Dieses Problem trat jeweils dann auf, wenn sie sich ganz zurückhielt oder wenn sie beim Vorspiel herumalberte oder mich verärgerte oder wenn ich meine Wut im Geschlechtsakt zum Ausdruck bringen wollte. Allerdings leisten unsere Körper gute Arbeit für uns, solange wir uns halbwegs auf ihn einlassen und kennen.

Selten nur suchten die von uns interviewten Männer professionelle Hilfe bei der Lösung ihres Problems der vorzeitigen Ejakulation. Einer von ihnen, der einen Psychotherapeuten aufsuchte, teilte uns mit, daß die Therapie sein Problem ›rückgängig gemacht‹ hätte. Doch die meisten Männer, denen die Lösung des Problems gelang, schafften es ganz allein. Einige Männer, wie der 31jährige Gary, gaben einfach den Versuch auf, die Dinge unbedingt ändern zu wollen, und warteten ab, bis sich das Problem von selbst löste:

Ich versuchte es wirklich mit allen Mitteln, wollte unbedingt eine Änderung erreichen. Bis ich dann schon irgendwie aufgegeben hatte und mir sagte: Na ja, das wird sich schon eines Tages ändern. Und das tat es dann auch – nämlich in dem Augenblick, als ich aufhörte, mir allzu viel Gedanken darüber zu machen.

Ähnlich beschloß auch der 24jährige Young, nicht soviel über seine eigenen Reaktionen nachzudenken, sondern sich statt dessen darauf zu konzentrieren, wie er seiner Partnerin Lust verschaffen konnte. Sobald sie erst einmal befriedigt war, so dachte er, spielte es keine Rolle mehr, ob es ihm schnell käme oder nicht. Darüber hinaus war er dann oft auch imstande, hinterher wieder eine Erektion zu haben und den Geschlechtsverkehr erneut aufzunehmen. Und beim zweiten Mal gelang es ihm dann, länger auszuhalten.

Die Männer, die außerstande waren, nach einer Ejakulation eine zweite Erektion zu bekommen, empfahlen andere Möglichkeiten. Sie versuchten, ihren Orgasmus zurückzuhalten, indem sie sich darauf konzentrierten, ihre Partnerinnen mit der Hand oder mit dem Mund zu stimulieren. Sie mieden auch Formen sexueller Reizung, bei denen ihr Glied einen direkten Körperkontakt zu ihrer Partnerin hatte. Und wenn sie dann Geschlechtsverkehr hatten, bevorzugten sie andere Stellungen als die, bei der der Mann oben liegt, da hier einhellig die Meinung vertreten wurde, daß es in dieser Position am schwierigsten ist, die Ejakulation zu kontrollieren.

Andere empfahlen ein aktives Geschlechtsleben als *das* Mittel, eine bessere Kontrolle über die Ejakulation zu erlangen. Spike schlug vor:

> Je häufiger ich mit einer Frau Verkehr habe, desto leichter wird es, meine eigenen Fähigkeiten kennenzulernen und zu wissen, wann es mir kommen wird und wie ich das aufhalten kann. Nur Übung macht vollkommen.

Aber nicht alle Männer können nach Belieben ständig in Übung bleiben. Infolgedessen entwickelten viele Männer Techniken – körperliche die einen, psychische die anderen – um beim Liebesakt ihre Ejakulation hinauszuzögern.

John, 37 Jahre und geschieden, sagt, er ziehe es vor, sich auf etwas anderes als die unmittelbare sexuelle Erfahrung zu konzentrieren, während einige Leute empfehlen, von 100 rückwärts oder Schäfchen zu zählen, oder an ganz andere Dinge zu denken. John meint:

> Bei mir funktioniert es, wenn ich meine Gedanken von dem körperlichen Gefühl der Penetration ablenke. Ich konzentriere mich auf etwas anderes als auf meine Partnerin und das sexuelle Erlebnis, wie etwa auf das Kopfkissen und dergleichen anderes.

Sobald Paul spürt, daß er kurz vor dem Kommen ist, unterbricht er und entspannt sich:

> Ich entspanne mich körperlich von den Hüften abwärts, und das einfach durch einen Willensakt. Alle meine Nerven sind entspannt. Ich achte nicht mehr auf die Körperempfindung. Es ist also einmal ein *geistiger* Entschluß und dann die körperliche Entspannung, was den Orgasmus verlangsamt.

Obwohl eine größere Zahl von Männern solche geistige Gymnastik betrieb, um die Ejakulation zu kontrollieren, fanden andererseits doch viele diese Methode völlig unzulänglich. Nicht nur war sie nicht zuverlässig, sie störte auch ihr Lustempfinden erheblich. Jason, ein 36jähriger verheirateter Medienberater, sagt dazu:

> Ich kenne diesen alten Witz, daß man dabei möglichst an Baseball oder an irgend etwas anderes denken soll. Na ja, das

habe ich auch gemacht. Ich dachte an etwas, das völlig belanglos ist, an irgend etwas Geschäftliches und nichts, was mit dem Geschlechtsakt zu tun hat. Und bis zu einem gewissen Grad hat das auch funktioniert. Aber ich begann dann doch einzusehen, daß ich mich dabei auch selbst betrog, weil ich am Liebesakt eigentlich kein Vergnügen mehr empfand. Ich dachte einmal daran, die Ejakulation zu kontrollieren, und dann dachte ich noch an etwas anderes – Baseball oder was auch immer – und dann noch an das, was ich jetzt sexuell tat, also waren das drei Dinge, an die ich gleichzeitig denken mußte. Und das war nun eine echte Vergeudung von Energie. Warum sich abplagen, etwas aufzuhalten, wenn das zu einer solchen Anstrengung wird, was mich total von der Lustempfindung abbringt, die man doch letztlich zu erreichen versucht?

Der 37jährige Vince sagt, eines der Probleme bei dem Versuch, ejakulatorische Kontrolle zu erlangen, indem man den Verstand abschaltet und anderweitig beschäftigt, bestehe darin, daß man dann am Ende auch noch Erektionsprobleme bekommt. Der Grund, so erklärt er, ist folgender:

Wenn man an seine Schwiegermutter denkt, denkt man eben nicht an die sexuellen Empfindungen und die Gefühle, und ich meine, höchstwahrscheinlich wird dann das eintreten, daß das Glied nicht mehr mitspielt und irgendwann die Erektion wegbleibt. Und das ist ja nun nicht gerade der Zweck der ejakulatorischen Kontrolle. Für mich heißt Kontrolle der Ejakulation, erregt sein und zugleich Kontrolle zu haben, nicht aber, daß sich die Erregung zwar ganz verliert, aber die Kontrolle nun absolut gesichert ist!

Die Lösung, die Vince anbietet ist, die körperliche Stimulation zu variieren und beim Geschlechtsverkehr verschiedene Stellungen und verschiedene Arten, sich zu bewegen, zu versuchen, anstatt das sexuelle Empfinden ganz auszuschalten. Und die Mehrzahl der von uns interviewten Männer stimmt mit ihm darin überein. Zum Beispiel beschreibt der 24jährige Ron seine Methode, den Orgasmus zu verzögern, folgendermaßen:

Sobald ich dem Orgasmus nahe bin, spüre ich deutlich, daß unter Beibehaltung eines bestimmten Rhythmus ich nach drei oder vier Takten kommen muß, wenn ich nicht meine Stellung verändere. Ich verlangsame dann für gewöhnlich oder wechsele den Rhythmus oder die Lage. Ich halte an mich, und sobald das drängende Gefühl abgeflaut ist, beginne ich wieder von vorn.

Andere Männer spannen ihre Beckenmuskulatur an – dieselben Muskeln, die den Harnfluß aufhalten – wenn der Orgasmus kurz bevorsteht. Zusätzlich zur Kontraktion dieser Muskeln wechseln sie die Stellung oder den Rhythmus während des Geschlechtsverkehrs und empfehlen sowohl diese Methode als auch die Anwendung der ›Stop-Start-Technik‹ während der Masturbation – wir haben sie im Kapitel »Solosex« beschrieben – um ejakulatorische Kontrolle zu erlangen.

Ob sie nun aufhörten oder die Stellung änderten, die meisten Männer stimmten jedenfalls darin überein, daß es sehr hilfreich wäre, wenn sie ihre Partnerin darüber verständigten, was bei ihnen ablief. Auf diese Weise könnte dann auch *sie* genau wissen, daß und wann sie die Stimulation verringern muß. Der 45jährige Charles beschreibt, wie er diese Botschaft beim Liebesakt seiner Partnerin verständlich macht:

> Ich lege etwa meine Hand auf ihren Bauch, um sie dazu zu bringen, ruhig zu liegen, wenn sie sich unter mir windet. Denn selbst wenn ich aufhöre und sie mit ihren Bewegungen ganz unabhängig weitermacht, kommt die Sache zu einem schnellen Ende. Deswegen ist es gut, wenn man eine Frau sehr gut kennt. Dann kann man sie auf eine ganz bestimmte Weise anfassen, und sie weiß dann, das soll heißen: »Ich mache jetzt langsamer, und auch du mußt langsamer machen.«

Um einen solchen Grad der Verständigung zu erreichen, muß man dieses Thema allerdings irgendwann im Laufe der Beziehung angesprochen haben. Und über etwas zu reden, das auch nur im entferntesten auf eine sexuelle Störung hindeuten könnte, fiel den meisten Männern sehr schwer. Das Problem ist irgendwie zirkelhaft: vor allem anderen wollten die Männer natürlich sich mit ihrer vorzeitigen Ejakulation nicht auseinandersetzen und stellten sich dabei vor, wenn sie sich keine Sorgen darüber oder darauf aufmerksam machten, würde die Schwierigkeit ganz von selbst behoben sein. Und obwohl dies in ganz wenigen Fällen auch zutraf, stellten die meisten Männer doch fest, daß ihr sexuelles Problem nicht von allein verschwand, solange sie sich nicht wohl und sicher genug mit einer Partnerin fühlten, um darüber unbefangen zu sprechen. Eric, ein 44jähriger Verwaltungsangestellter, sagt, er habe dieses Thema schon mit einer ganzen Anzahl von Partnerinnen besprochen, bevor er dann die eine gefunden hätte, bei der er sich ruhig und entspannt genug fühlen konnte:

> Zu den anderen habe ich immer gesagt: Wahrscheinlich wird es mir ziemlich schnell kommen, aber das bedeutet nicht, daß alles gleich vorüber ist. Mach dir darüber bloß keine Gedanken; das ist mein Problem. Und eines Tages fand ich dann die Frau, die bereit war, mit mir darüber zu sprechen. Und dann wurde das mit einem Mal völlig bedeutungslos. Zum ersten Mal überhaupt konnte ich fröhlich herumspielen und mich beim Sex ganz entspannen. Es war einfach dieses Entspanntsein und dann das Zurückziehen und danach das Reden miteinander. Das war es, wodurch das ganze Problem gelöst wurde.

Ejakulationsstörungen

Nicht zur Ejakulation fähig zu sein, war ein weiteres sexuelles Problem, das die Männer in den Interviews zur Sprache brachten. Es war allerdings weitaus weniger häufig als Erektionsprobleme oder das Unvermögen, die Ejakulation zu kontrollieren. Anders als bei den Frauen, die wir für unser erstes Buch interviewt hatten und die häufiger von Perioden ihres Lebens sprachen, in denen sie Probleme hatten, zum Orgasmus zu gelangen, erklärten die meisten Männer, die wir befragten, daß sie ohne Schwierigkeiten zum Orgasmus kämen. Die meisten von denen, die Schwierigkeiten eingestanden, bezogen sich dabei allerdings auf einen Geschlechtsverkehr, bei dem sie schon eine erste Ejakulation gehabt hatten, und danach Probleme bekamen, noch einmal zum Orgasmus zu kommen.

Jene Männer, die von echten Orgasmus-Problemen sprachen, hatten Schwierigkeiten zu ejakulieren, weil sie so darin aufgingen, sich auf die mechanischen Aspekte, Lust bei ihren Partnerinnen zu erregen, konzentrierten, daß sie gar nicht mehr dazu kamen, sich um ihre eigenen Lustgefühle zu kümmern. Nathan, ein 29jähriger Schriftsteller, sagt, er hätte vor dem Besuch des Colleges noch nie Geschlechtsverkehr gehabt und dann eine Reihe von Problemen durchgemacht. Der Grund dafür, daß er nicht ejakulieren konnte, selbst wenn er eine Erektion hatte, war über lange Zeit der, daß er »ständig an die Reaktionen des anderen denken mußte, beobachtete, ergrunden wollte«, wie sie auf das einginge, was er tat. Das Ergebnis, so fuhr Nathan fort, war, »daß die Frau kam und ich nach wie vor eine Erektion hatte, weil mein Verstand noch immer rastlos beschäftigt war. Ich dachte immer weiter nach.«

Bei Männern über 60 kommt es ziemlich häufig vor, daß sie nicht jedesmal beim Sex einen Orgasmus haben. Die Erholungsphase – die Zeit, die erforderlich ist, bis auf einen Orgasmus der nächste folgen kann – wird länger, wenn ein Mann älter wird. Manchmal braucht es einen ganzen Tag oder sogar zwei oder drei, bevor er wieder ejakulieren kann. Und manchmal müssen verschiedene Arten der Stimulation gleichzeitig versucht werden, damit er den Orgasmus erreichen kann. Wenn er zum Beispiel Geschlechtsverkehr hat, braucht er es vielleicht, daß seine Partnerin seine Ohren küßt und seine Hoden streichelt. Sexualtherapeuten nennen diese Technik »Fluten« – der Mann wird gleichzeitig mit verschiedenen Arten der Stimulation überflutet, deren Kumulation dann ausreicht, ihn zum Orgasmus zu bringen.

Männer, die eine derart intensive Stimulation brauchen, finden es oft schwierig, ihre Partnerinnen darum zu bitten, und das besonders in der Anfangsphase einer Beziehung. Solange die Verständigung noch schwer ist, lösen Männer ihr Problem, zum Orgasmus zu kommen, oftmals dadurch, indem sie ihn vortäuschen.

Die Männer täuschten aus verschiedenen Gründen einen Orgasmus vor. Einige waren einfach nur müde und wollten einschlafen. Andere, die sicher waren, daß sie keinen Orgasmus bekommen würden, wollten es möglichst schnell hinter sich bringen. Doch meistens war es so, daß ein Mann einen Orgasmus vortäuschte, um seine Partnerin davor zu bewahren, das Gefühl haben zu müssen, sie hätte ihn nicht befriedigt, oder um sich selbst vor dem Verdacht zu schützen, sexuell unzulänglich zu sein. Und falls das sexuelle

Erlebnis auch noch sehr lustvoll gewesen war, meinten einige Männer, daß das Simulieren der leichteste Weg wäre, den Akt positiv ausklingen zu lassen. Edmund, ein 47jähriger Geistlicher, erklärt, warum er einen Orgasmus vortäuscht:

> Ich wußte, daß ich noch die nächsten 4 Stunden pumpen konnte und trotzdem nicht noch einmal kommen würde. Ich war schon ganz wund, und dann war ich mir auch nicht mehr sicher, ob ich das zu ihrem oder zu meinem Wohl tat. Ich glaube, die wenigen Male, die ich etwas vorgetäuscht habe, sollten unter der Rubrik »großes sportliches Ereignis« abgelegt werden.

Obwohl der 24jährige Rob nicht seine Zuflucht dazu nahm, einen Orgasmus zu simulieren, war bei ihm ein stets wiederkehrendes Problem eine Ejakulationshemmung, nachdem seine Frau zwei Mal ungewollt schwanger geworden war – beim ersten Mal wurde das Kind ausgetragen und dann zur Adoption freigegeben, und beim zweiten Mal entschloß sie sich zu einer Abtreibung, ohne ihn vorher zu fragen und machte dann mit ihm Schluß:

> So war das also mit meiner Lebensgemeinschaft: zuerst Schwangerschaft, ein Kind, Trennung, wobei ich das Kind nie zu sehen bekam, nie erfuhr, wer es adoptiert hatte; und zweitens eine große Liebe zu einer Frau, dann ihre Abtreibung und dann der Hinauswurf. Diese beiden Erfahrungen erzeugten in mir eine unglaubliche Angst. Dann ließ ich mich mit einer Frau ein, die ein Pessar benutzte, und anfangs schreckte ich zurück. Wegen dieser Furcht, daß sie womöglich überhaupt keine Empfängnisverhütung praktizierte, war es für mich schwer, überhaupt zu ejakulieren. Und als ich dann schließlich feststellte, daß sie nach einem Monat doch nicht schwanger wurde und im darauffolgenden Monat auch nicht – daß es also wirklich klappte – da schmolz dieser schmerzliche Teil meiner Persönlichkeit dahin, der so verkrampft und ängstlich geworden war. Die Erkenntnis, daß ein freies Verströmen keine schlimmen Rückwirkungen haben würde, war eine unsägliche Befreiung, und einen Orgasmus mit ihr zu haben, machte mich unglaublich glücklich.

Sich sicher fühlen zu können, daß Sex nicht in einer unerwünschten Schwangerschaft endete, war den meisten Männern, die wir interviewt haben, wichtig. Als wir allerdings über Schwangerschaftsverhütung sprachen, waren die Männer geteilter Meinung: da waren die einen, die immer noch glaubten, die Verantwortung für die Empfängnisverhütung läge eindeutig bei der Frau, und jene, die selbst eine aktive Rolle bei der Schwangerschaftsverhütung spielten – entweder indem sie fragten, ob ihre Partnerin irgendwelche Verhütungsmittel verwendete, oder indem sie selbst die Verantwortung übernahmen, indem sie ein Kondom benutzten, ein Diaphragma einsetzten oder sogar bis zum letzten gingen und sich einer Vasektomie unterzogen. Der 38jährige Allen, der von seiner Frau getrennt lebt, sagt:

> Geburtenkontrolle ist für mich stets ein Problem der Frauen gewesen. Das ist eines der wenigen Themen, bei denen ich Chauvinist geblieben bin.

Und einige Männer, wie der 52jährige geschiedene Bruce, zogen es vor, das Thema überhaupt nicht anzuschneiden: »Manchmal schlägt man dann alle Vorsicht in den Wind und läßt es darauf ankommen.«

Einige Männer sagten, sie fragten nicht gern, weil sie sich nicht in die Privatsphäre ihrer Partnerinnen einmischen mochten. Der 28jährige Joshua sagt, er frage eine Frau gewöhnlich danach, ob Schwangerschaftsverhütung für sie ein Problem wäre, und er stieß dabei auf ganz gemischte Reaktionen:

> Immer wenn es klar war, daß wir Geschlechtsverkehr haben würden, habe ich gewöhnlich nachgefragt. Hatten wir keine Verhütungsmittel zur Verfügung, praktizierten wir oralen Sex, oder wir masturbierten schließlich und dergleichen. Ich erlebte eine ganze Anzahl – ich kann nicht gerade sagen *negativer* – sehr überraschter Reaktionen auf meine Frage, und ich wußte nicht, wie ich mir das erklären sollte. Ich weiß nur, daß es mir heute sogar noch unbehaglicher ist, nachzufragen, als das früher der Fall gewesen ist. In der Vergangenheit lautete die Regel, die ich für mich aufgestellt hatte, grundsätzlich diese eine Frage zu stellen, aber jetzt habe ich

mir zur Regel gemacht, daß ich zwar grundsätzlich fragen sollte, aber ich tue es dann manchmal doch nicht.

»Der Grund für mein Zögern«, so erklärt Joshua, »hat mit dem Eindringen in die Privatsphäre eines anderen zu tun. Ich weiß, daß das sehr paradox klingt, doch falls ich dann frage, ist es fast so, als wollte ich unterstellen, sie wäre etwas naiv, und daß ich die Verantwortung für sie übernehmen müßte.«

Andere Männer, die dieselbe Frage stellten, sagten indessen, daß die Frauen das sehr zu schätzen wußten. Nathan erklärte uns:

> Ich habe nie irgend etwas benutzt, also brachte ich das Thema von mir aus auf. Das war gut, denn meistens sagten die Frauen: ›Zumindest machst du dir Gedanken darüber, was passieren kann.‹ Es war dann nicht so, als würde ich sie ausnutzen und mich dann um nichts mehr kümmern.

Und obwohl die Schwangerschaftsverhütung weitgehend in der Verantwortung der Frau blieb, waren unter den Männern, die wir interviewt haben, einige wie der 24jährige Ron, die dabei gewissenhafter waren als ihre Partnerinnen:

> Eine meiner größten Ängste ist die, daß ich eine Frau schwängern könnte, weil ich kein Kind haben möchte. Falls ich Vater eines Kindes würde, dann fühlte ich mich doch stets verantwortlich, selbst wenn mir das Kind abgenommen würde. Ich bin also sehr gewissenhaft. Zuerst frage ich, ob sie irgend etwas benutzt – falls nicht, nehme ich ein Kondom. Falls sie bejaht, versuche ich doch immer noch, mir letzte Gewißheit zu verschaffen. Natürlich kann man ein Diaphragma oder ein Pessar gewöhnlich spüren. Ich gehe zwar nicht soweit, eine gründliche Untersuchung vorzunehmen, aber ich finde schon galantere Methoden, mir Klarheit zu verschaffen.

Die meisten Männer stimmten darin überein, daß die beste Zeit, Fragen zu stellen, kurz vor Aufnahme des Geschlechtsverkehrs wäre, doch stets *nachdem* vorher eindeutig klargestellt wurde, daß es zum Koitus kommen würde. Sie meinten, daß zu frühes Fragen ungeschickt sein könnte und damit womöglich mehr unterstellt würde, als tatsächlich geplant und beabsichtigt war. Da der 39jährige Billy keine Kondome mochte, bot er seinen jeweiligen Partnerinnen sehr einfallsreiche Möglichkeiten zu wählen, sofern sie kein Verhütungsmittel dabei hatten:

Falls ich mir nicht sicher bin, warte ich mit dem Fragen, bis die Frau sich entkleidet hat, so daß gute Aussichten bestehen, daß wir nicht mittendrin alles abblasen müssen. Ich warte dann vielleicht bis zu dem Augenblick, an dem ich soweit bin, ihn einzuführen, da ich möchte, daß sich unsere Erregung nicht abschwächt. Ein Gummi würde ich nur unter ganz außergewöhnlichen Umständen benutzen, weil es die Empfindungsfähigkeit doch stark beeinträchtigt. Wenn eine Frau also kein Verhütungsmittel dabei hat, lasse ich ihr die Wahl, indem ich sie etwa frage: möchtest du lieber, daß ich in deinem Mund komme, oder in deinem Anus?

Ob sie nun Fragen stellten oder nicht, die Männer waren jedenfalls einhellig der Meinung, daß jede Art von Schwangerschaftsverhütung doch einigermaßen lästig wäre. Schwangerschaftsverhütungspillen und Sterilisation wurden zweifellos als unkompliziertetste Verhütungsformen angesehen. Doch viele Männer in verantwortungsbewußt gelebten Beziehungen machten sich Sorgen über die schädlichen Nebenwirkungen der Pille auf die Gesundheit ihrer Partnerinnen. Andere waren nicht bereit, auf die Möglichkeit, Vater zu werden, zu verzichten. Einige, die sich einer Vasektomie unterzogen hatten, erlebten vorübergehende Erektionsprobleme als Folge der Operation, doch das wohl mehr wegen ihrer Angst, wie dieser Eingriff sich auf ihre Sexualität auswirken könnte, als wegen der Operation selbst. Männer, die sich selbst trainiert hatten, ihren Orgasmus zurückzuhalten und coitus interruptus praktizierten, sagten, daß die Verwendung dieser Methode der Empfängnisverhütung über längere Zeiträume gelegentlich die Ejakulation erschwerte. Die möglichen Probleme, die durch Einsetzen einer Spirale verursacht werden können, wurden von einigen Ärzten für schwerwiegender eingeschätzt als die Einnahme der Pille, und einige Männer empfanden Schmerzen während des Geschlechtsverkehrs, wenn sie sich an der – unsachgemäß eingesetzten – Spirale verletzten. Kondome setzten die Empfindungsfähigkeit herab. Einer der Männer verglich das Gefühl damit, »als wollte man sich die Füße waschen, während man noch Socken anhat«, während ein anderer es so beschrieb, »als bumste man in einen Handschuh«. Diaphragmas, Schaum und Kondome machten alle eine Unterbrechung beim Liebesakt erforderlich, die für den Mann oft viel zu lange dauerte und seine Erregung abflauen ließ. »Ich bin nie imstande gewesen, mit einem Gummi umzugehen«, klagt der 46jährige Tim, »bis ich das Ding gefunden und übergezogen habe, ist meine Erektion flöten.«

Bill, dessen Frau seit 16 Jahren ein Diaphragma benutzt, meint: »Es war richtiggehend schön, davon wegzukommen, nachdem ich mich einer Vasektomie unterzogen hatte«:

> Für mich war das Diaphragma ein richtiger Lustkiller. Es zerstört die spontane Freude am Beisammensein. Wenn ich sagte: ›Komm, machen wir ein bißchen Sex‹, dann erwiderte sie immer: ›Okay, ich gehe das Diaphragma holen‹, und dann verlor ich mindestens 50 % meines Interesses, obwohl ich wußte, daß sie es einsetzen mußte. Nachdem ich dann die Vasektomie hatte, war es für mich eine Riesenerleichterung, diese ganzen lästigen Begleitumstände vom Hals zu haben. Am Sex hat das nichts verändert, aber rein psychisch wurde alles viel wirklicher, da wir jetzt ganz spontan unseren Gefühlen freien Lauf lassen konnten und nicht mittendrin unterbrechen mußten.

Um Unbequemlichkeiten vermeiden zu helfen, sorgten einige Männer vor, daß das Diaphragma immer in Griffweite neben dem Bett lag. Andere zogen es vor, daß ihre Partnerinnen es einführten, bevor sie sich auf irgendwelche erotischen Spiele einließen. Aber solche Vorkehrungen hatten auch ihre Schwierigkeiten. Einige Frauen fühlten sich dazu erpreßt, Geschlechtsverkehr zu haben, sobald sie aufgefordert wurden, schon vorher das Diaphragma einzusetzen. Sie wollten auf die erotischen Gefühle reagieren können, die sich spontan einstellen würden. Männer, die es bevorzugten, wenn Frauen mit dem Einkremen und Einführen eines Diaphragmas bis zur Halbzeit ihres Liebesaktes warteten, wollten gern in der Lage sein, oralen Sex zu haben, ohne die spermizide Creme oder das Gelee riechen oder schmecken zu müssen. Einige fanden sogar, daß das Einsetzen mittendrin Bestandteil des sexuellen Erlebnisses beim Liebesakt wäre. Edward, der seit 6 Jahren geschieden ist, erinnert sich an eine Frau, die das Einführen ihres Diaphragmas zu einer höchst erotischen Darbietung machte:

> Anstatt eine Unterbrechung hinzunehmen und diesen

schmelzenden Zustand des vollen Dahintreibens zu zerstören, nur um ihr Diaphragma einzusetzen, gab sie es mir und
schlug vor, daß ich es ihr einsetzen sollte. Ich war zuerst ein
bißchen eingeschüchtert. Ich hatte es noch nie gemacht und
nie dabei zugesehen, wie es eingeführt wird. Doch ich erkannte ziemlich schnell, daß Männer nicht auf die Welt kommen und gleich wissen, wie ein Diaphragma richtig sitzt. Sie
ging allerdings so unbefangen damit um, daß ich schnell meine Unsicherheit ablegte, und dann zeigte sie mir einfach, was
ich machen mußte. Sie hatte alles schon vorbereitet, das
Gelee schon aufgetragen usw. Sie war eine außergewöhnlich
erotische Person und machte aus der ganzen Vorbereitung
des Einführens geradezu ein sinnliches Ritual. Sie sagte mir,
was ich machen müßte, sie spreizte die Beine und dirigierte
sanft meine Hand, als ich es einsetzte. Ich glaube, daß sie es
dann, nachdem es drin war, noch selbst in eine sicherere Lage
gebracht hat, aber alles war von einer so dichten Sinnlichkeit,
daß sie fast mit Händen zu greifen war. Vielleicht war es die
Art, wie sie mit gespreizten Beinen dasaß oder das Verführerische ihrer Bewegungen, als sie mir zeigte, wie ich es einführen müßte. Sie redete so darüber, als spreche sie davon,
meinen Schwanz in sich einzuführen, und ich hatte richtig
Spaß beim Zusehen, als das Diaphragma hineinglitt. Ich hatte
das noch nie vorher gesehen, also war das für mich eine ganz
geile Angelegenheit.

Für den 44jährigen Geoff war die Einführung eines Diaphragmas
keine Unterbrechung beim Liebesakt:

Ich liebe es. Ich habe Spaß an unserem kleinen Ritual. Ich bin
dabei nicht sehr geschickt, aber ich versuche es. Ich sehe gern
dabei zu, wie ihr Finger einfach so hineingeht, und es macht
mir auch Spaß zuzusehen, wie das Ding da drinnen aufgenommen wird. Ich fühle mich nicht im mindesten abgestoßen
und sie ebensowenig. Ich vermute, manche Leute wenden
sich ab, um es zu machen, aber es gibt gar keinen Grund,
warum man es allein tun sollte. Es ist ein echtes Vergnügen,
dabei zuzuschauen.

Einigen Männern gelang es sogar, aus dem Überstreifen eines
Kondoms eine lustvolle Erfahrung zu machen. Die Männer, die

Präservative benutzten, empfahlen jene, die befeuchtet sind, da sie das Gefühl nicht zu sehr beeinträchtigten. Der 44jährige Geoff meint zum Beispiel:

> Kondome sind ziemlich sexy, besonders wenn man sie zum ersten Mal aufzieht. Die sind so verdammt schlüpfrig, daß es eine helle Freude ist! Ich liebe es, mir eins in die Brieftasche zu tun, damit herumzulaufen und zu wissen, daß ich das Ding bei mir habe.

Fehlendes Verlangen

Die lästigen Vorkehrungen der Empfängnisverhütung, die Angst vor Schwangerschaft sowie zahlreiche andere Faktoren können zur Folge haben, daß ein Mann ganz das Interesse am Sex verliert. Was indessen als fehlendes sexuelles Verlangen angesehen wurde, war von Mann zu Mann sehr verschieden. Es konnte alles bedeuten, von weniger starkem Verlangen als dem, das ihre Partnerinnen hatten, bis zu einem »Weniger als der nationale Durchschnitt« oder »weniger, als man von einem wahrhaft virilen Mann erwarten sollte«. Was immer dieses »Wenig« auch bedeuten mochte, es war offenbar hinreichend, ein Gefühl der Unzulänglichkeit zu erzeugen. Sogar ein durchschnittliches Maß an sexuellem Interesse war für einige Männer noch nicht gut genug, denn immerhin ist ein echter Mann eben nicht nur durchschnittlich. Wie der 31jährige Billy, ein unverheirateter graduierter Student, es beschrieb:

> Meine normale Quote scheint drei- oder viermal die Woche zu sein, doch wenn ich tief in einer Beziehung stecke – und ich bin schon mit Frauen zusammengewesen, die es manchmal sogar noch öfter machen wollten – wünsche ich mir manchmal schon, daß ich ein bißchen sinnlicher sein könnte. Und manchmal denke ich auch, ich wäre erst dann ein ganzer Kerl, wenn ich jeden Tag bumsen könnte. Obwohl ich schon Strecken gehabt habe, in denen ich es über vier oder fünf Tage zweimal täglich getrieben habe, liegt der übliche Durchschnitt bei drei- oder viermal pro Woche. Und das ist so eben der Durchschnitt. Unglücklicherweise habe ich eine übertrieben hohe Meinung von mir, also ist das Mißverhältnis zwi-

schen meinen Wünschen und meinen Erwartungen doch ziemlich schmerzlich.

Selbst wenn ein Mann sich rundum zufrieden fühlt mit dem Maß an sexuellen Kontakten, die er hat, mag ein Gefühl der Unzulänglichkeit an ihm nagen, wenn er den Eindruck hat, daß die Häufigkeit des Geschlechtsverkehrs bei ihm ein annehmbares Niveau unterschreitet. Das war der Fall bei Dean, der seit 9 Jahren verheiratet ist:

> Wir haben, wie vermutlich so ziemlich jedes andere Ehepaar in den Vereinigten Staaten auch, das Gefühl, daß wir es öfter machen sollten. Und wenn zwei Wochen verstrichen sind und wir es nicht miteinander gemacht haben, fragen wir uns besorgt: Was ist bloß los? Wir spüren eine gewisse Anspannung und daß es unbedingt notwendig wäre, darüber zu reden. Einerseits ist es ganz gut so, doch andererseits muß ich mich auch fragen, ob wir ohne die gesellschaftlichen Leistungsanforderungen nicht genausogut damit anfangen könnten, ein- oder zweimal im Monat miteinander ins Bett zu gehen. Wären wir ganz uns selbst überlassen, würden wir vielleicht andere Dinge tun, wie masturbieren, einander in den Arm nehmen, uns berühren, küssen – eben andere intime körperliche Dinge, aber nicht notwendigerweise Geschlechtsverkehr. Dann würden wir das ganze sexuelle Programm vielleicht ein- oder zweimal im Monat ablaufen lassen, weil das für uns vielleicht gerade optimal ist.

Dean glaubt auch, daß weniger häufiger Geschlechtsverkehr positive Wirkungen auf seine sexuelle Beziehung haben kann:

> Alles, was man sehr oft macht, wird bald irgendwie fad. Manchmal denke ich, daß es vielleicht gerade um so interessanter und spontaner und kreativer sein könnte, wenn wir es sogar noch seltener machten. Es wären dann mehr Energie und mehr Leidenschaft dabei.

Es kann viele Gründe dafür geben, warum ein oder beide Partner ein vermindertes Interesse am Sex haben. Wie bei Erektions- oder Ejakulationsproblemen rührt ein weniger heftiger Geschlechtstrieb wahrscheinlich von verschiedenen Ursachen her, von denen die häufigsten und verbreitetsten Streß und Zeitmangel sind. Der Druck durch Anforderungen von außen, wie Familienpflichten,

Geldsorgen oder mit der Arbeit zusammenhängende Spannungen können das sexuelle Verlangen erheblich einschränken. Streß muß abgebaut werden, bevor sexuelle Aktivität neu belebt werden kann. Die Männer, denen das bewußt geworden war, gaben ihren persönlichen Bedürfnissen den Vorrang und entzogen sich zuweilen sogar drängenden Verpflichtungen. Ned, ein 34jähriger Wissenschaftler, schildert uns eine Zeit, in der er unter starker Streßbelastung gewesen war und ein merkliches libidinöses Mißverhältnis zwischen ihm und seiner Partnerin bestanden hatte:

Ich hatte keine sexuellen Wünsche, doch meine Partnerin verlangte eine Menge Sex. Ich stand unter ziemlichem Druck seitens der Hochschule und war durch das Leben im Wohnheim eingeschränkt, wofür sie damals kein großes Verständnis aufbringen konnte. Sie sagte: ›Also schön, was immer die Ursache dafür sein mag, ich möchte jedenfalls, daß du was änderst. Wenn das gleichbedeutend damit sein sollte, daß du dein Zimmer aufgeben mußt und du irgendwoanders draußen zurechtkommen mußt, dann tu das. Falls es bedeuten sollte, daß du weniger Stunden belegst und dann entsprechend länger an der Hochschule bleiben mußt, dann tu gefälligst auch das.‹ Und ich erzählte ihr, daß das ganze gar nicht so leicht wäre, und wir stritten uns hin und her, und dann fielen wir uns um den Hals und wiegten und schaukelten uns. Und dann fühlte ich mit einemmal, wie der Druck weg war, und dann wurde mir mit einemmal ganz anders und lüstern. Aber sie hatte inzwischen schon die Schotten dichtgemacht und sagte zu mir: ›Ich bin es leid, dauernd enttäuscht zu werden, ich halte mich jetzt ganz raus.‹ Und ich sagte: ›Okay‹, und ging auch wieder zurück und kapselte mich ab. Dann kam sie wieder und ich sagte: ›Also, tut mir leid, aber ich bin jetzt ganz zu.‹ Das ging so über Monate. Ich kam dann aus dem ganzen Schlamassel wieder raus, als ich den Druck los war. Ich hörte auf mit meinem Perfektionismus, meiner Besessenheit, die so weit ging, daß ich nicht nur die Bücher las, die Pflicht waren, sondern auch sämtliche anderen, die auf der Empfehlungsliste standen.

Für aktive und eingespannte Leute ist das Umgehen mit Streß eine ständige Herausforderung. Barry, ein 67jähriger Professor, teilte uns mit, wie er im Laufe seines Lebens mit diesem Problem fertig geworden war:

> Wenn man seit 30 Jahren Hochschulprofessor ist, hat man gelernt, abzuschalten, sobald man zuhause ist, und zunächst einmal alles zu vergessen, weil die Arbeit ja nie zu Ende ist. Bei mir gibt es immer irgendwelche unabgeschlossenen Arbeiten, also ist für mich die einzige Art, in der ich auch für mich ein bißchen Zeit haben kann, sie gelegentlich einfach zu ignorieren. Ich beschließe einfach, daß ich mir eine bestimmte Anzahl Stunden über den ganzen Tag freinehme und mich einfach wohlfühle. Ich treffe die Entscheidung, und dann tu' ich es auch.

Wenn man an dem Mythos festhält, daß der Sex grundsätzlich spontan sein sollte, dann ist Spontaneität für vielbeschäftigte Menschen allenfalls gleichbedeutend damit, daß sie nur unregelmäßig, hastig und oberflächlich Geschlechtsverkehr haben. Die Männer mit einem solchen Problem waren übereinstimmend der Meinung, daß die sexuelle Beziehung gleich anderen wichtigen Aspekten ihres Lebens geplant werden müßte, um befriedigend zu sein. Edmund, ein 47jähriger verheirateter Geistlicher, kam damit folgendermaßen klar:

> Gestern abend unterhielten wir uns darüber, wie vieles wir noch planen müßten, da meine Frau im Herbst dieses Jahres wieder zur Schule gehen wird. Uns ging auf, daß wir so ziemlich alles durchgeplant hatten, nur eben nicht das Sexuelle. Der große Einwand gegen einen Zeitplan für die Liebe ist ja, daß sie angeblich nur spontan sein soll. Wissen Sie, man geht offenbar davon aus, daß beide dasitzen und die Wand anstarren, und dann ganz plötzlich – klick. Gewiß, so ist das manchmal, und wenn es so ist, kann es ganz aufregend sein. Aber wenn es sich auf diese wenigen Male beschränken sollte ... Eigentlich ist es doch so, daß sich sogar die Inspiration gewöhnlich im Zusammenhang irgendeiner Art disziplinierter Tätigkeit einstellt. Man sitzt da und versucht, ein Gedicht zu schreiben, und manchmal kommt mittendrin blitzartig ein Einfall. Ich wüßte nicht, warum Spontaneität auf sexuellem Gebiet irgendwie anders beschaffen sein sollte. Also setzten wir uns gestern Abend hin und sprachen darüber, wie wir uns

einen Zeitplan für den Sex machen könnten. Zum Beispiel wäre der Dienstag für uns ein denkbar ungeeigneter Tag, irgend etwas Sexuelles anzufangen, da wir beide rund um die Uhr von 8 Uhr morgens bis 10 Uhr abends voll eingespannt sind. Andererseits sind die Freitage sehr günstig, weil dann die Woche zu Ende ist und meine Sonntagspflichten noch nicht allzu sehr drücken. Als wir noch verlobt gewesen sind, bin ich regelmäßig die ganze Strecke bis nach Kansas City gefahren, und damals haben wir eine Menge geplant. Alles war im voraus geregelt, so daß wir ganz frei bestimmen konnten, wann wir Geschlechtsverkehr miteinander haben wollten. Es war alles ganz leicht. Wenn wir müde waren, legten wir uns eben ins Bett; wurden wir hungrig, dann gingen wir essen, kehrten irgendwann zurück und machten es dann wieder. Unsere Erwartungen an das Eheleben waren vermutlich ganz andere, doch wenn ich mir jenen Mythos, daß Sex spontan sein sollte, genauer betrachte, dann heißt das einfach nur: weniger Geschlechtsverkehr und folglich auch weniger Intimitäten anderer Art.

Nicht nur müssen alle zeitlichen Aspekte zugunsten des Sex zurückgestellt werden, er muß auch Priorität für beide Beteiligten haben. Das heißt, sobald die sexuelle Aktivität schwächer und müder zu werden beginnt, müssen beide Partner – und hier besonders der Mann, von dem man Initiative erwartet – dazu bereit sein, zusätzliche Anstrengungen zu machen, um ihn neu zu beleben. Der 38jährige Larry gibt nach 15 Ehejahren der sexuellen Beziehung zu seiner Frau höchste Priorität. So sagt er:

Einer von uns spricht den anderen darauf an, falls ein längerer Zeitraum vergangen ist, etwa eine Woche oder zwei, in dem wir fröhlich hätten bumsen können, aber keine rechte Gelegenheit hatten, es in der Art zu tun, wie wir beide es gern haben. Wir fragen uns dann, ob wir nicht am Mittwoch alles streichen sollten, was wir vorhatten und uns nicht einfach in die Sonne legen, Musik hören, uns einen Pornofilm ausleihen oder einen neuen Vibrator anschaffen sollten. Gott, unser alter Vibrator ist völlig hinüber. Wenn uns das alles nicht sonderlich reizt, treiben wir unsere Spielchen. Um die Sache richtig in Schwung zu bringen, zieht sich dann Sheila schwarze

Strumpfhosen und einen Hüfthalter an. Ich verdopple meine Anstrengungen beim Onanieren, weil ich schon seit langem vermute, daß das die beste Art ist, die alte Pumpe in Gang zu halten, um sexuell wach und immer auf dem Sprung zu sein.

In meiner Beziehung zu Sheila ist Sex die Nummer 9 auf der Liste der 10 wichtigsten Dinge. Doch wenn der Sex, aus welchen Gründen auch immer, in unserer Beziehung ganz ausfällt, wird er verdammt wichtig. Er wird die Nummer 1 oder 2, und ich gebe ihm dann diese Wichtigkeit, bis ich das Gefühl bekomme, daß ich wieder gut drauf bin, und dann läuft schon alles ganz von selbst.

Wenn sich Streß-Situationen oder Terminzwänge nicht vermeiden ließen, fanden die Männer im allgemeinen, daß eine Umstellung der Aufmerksamkeit auf nicht-sexuelle Kontakte eine Art war, eine schwierige Zeit hinter sich zu bringen, ohne der Beziehung zu schaden. »Nachdem meine Frau unser Baby hatte, war sie längere Zeit wund und am Sex nicht interessiert«, erinnert sich der 43jährige Art. »Während dieser Zeit war ich darauf bedacht, daß es zwischen uns mehr zärtliche Berührung, mehr Umarmungen, mehr Rückenstreicheln gab. Wir erhielten uns die Intimität eben durch nichtsexuelle körperliche Berührung.«

Vermindertes Interesse am Sex trat häufig nach einem Streit auf und dauerte meist an, bis hinreichend Zeit vergangen war, daß die Wunden verheilen konnten. Dann regenerierte sich das sexuelle Interesse ganz von selbst. Weitaus häufiger allerdings war abflauendes sexuelles Interesse, ein Anzeichen für Probleme auf anderen Ebenen einer Beziehung. Der 62jährige Lee, der seit 38 Jahren verheiratet ist, stellte das folgendermaßen dar:

Sex ist für uns eine Form, Intimität auszudrücken und zu erhalten. Wenn also einer von uns am anderen etwas auszusetzen hat, verzichten wir eben ganz auf sexuelle Beziehungen. Wir müssen einander ganz nahe fühlen, wenn wir ihn genießen wollen. Und wir müssen das, was im Weg stehen mag, zu allererst ausräumen, bevor wir wieder Sex haben können. Wir haben nur dann Sex, wenn auch das Gefühl großer Gemeinsamkeit da ist.

Genau wie Lee und seine Frau mußten auch andere Paare, die unausgesprochen verdeckten Ärger, Enttäuschung oder das Gefühl, verletzt worden zu sein, erlebten, zuerst ihre nicht-sexuellen Probleme lösen, bevor sie ihre sexuelle Aktivität wiederbeleben konnten. Einige verheiratete Männer hielten anderswo nach sexuellen Beziehungen Ausschau, entweder um sich selbst besser zu fühlen, ihren Partnerinnen eins auszuwischen oder um die Ehe zu beenden. Einer der Männer nannte seine außereheliche Affäre »ein Instrument der Ablösung«, da sie ihm dazu verhalf, sich aus einer unbefriedigenden Ehe zu lösen. Andere, die Problemen daheim dadurch ausweichen wollten, indem sie Affären eingingen, beschlossen, nachdem ihre Ehefrauen ihnen auf die Schliche gekommen waren, solche Krisen als ein Mittel zu nutzen, ihre Beziehung zu festigen. Der 68jährige Gene zum Beispiel erklärte, daß sein Verhältnis zu einer anderen einen Wendepunkt in seiner Ehe bedeutet hätte:

Meine Frau fand alles heraus. Ich wurde also erwischt. Aber vielleicht wollte ich auch ertappt werden? Na ja, ich kam jedenfalls nach Hause und setzte mich morgens um 2 Uhr zu ihr auf die Bettkante und sagte: ›Wir können jetzt zwei Dinge tun: Wir können entweder bis zum Ende unseres Lebens darüber streiten, oder wir können versuchen, herauszufinden, warum ich getan habe, was jetzt geschehen ist, und das Problem lösen.‹ Ich packte also den Stier bei den Hörnern, wir machten danach beide eine Therapie und hatten von diesem Zeitpunkt an nie wieder Probleme in unserer Ehe.

Nach derlei ganz gewöhnlichen Streitigkeiten oder nach relativ kurzen Zeiträumen gegenseitiger Verärgerung oder Entfremdung, wie sie sogar in den besten Beziehungen auftreten, waren die meisten Männer durchaus imstande, die Kluft zu überbrücken und sehr bald schon wieder sexuelle Beziehungen aufzunehmen. Gary schildert uns, wie er und seine Frau sich nach einem Streit wieder näherkamen:

Nach einem Streit werden die Dinge recht kompliziert, denn wenn ich mich verletzt fühle, bin ich dem anderen auch fern. Ich darf mich nicht auf der Hut fühlen, wenn ich Sex genießen will, also setzen wir uns manchmal zusammen und unterhalten uns und sind zärtlich zueinander. Oder manchmal spielen wir auch Solitär. Das hilft uns, eine Brücke zueinander zu schlagen. Wir spüren dann, daß wir etwas miteinander, nicht gegeneinander tun. Das mag merkwürdig klingen, aber so ist es. Gewöhnlich muß erst ein Tag vergangen sein, bevor es so sein kann. Das braucht eben seine Zeit.

Andere fanden, daß Sex ein gutes Mittel wäre, einen Streit zu beenden. So hielten es zum Beispiel Geoff und seine Freundin Janet:

Eines nachmittags hatten wir einen fürchterlichen Krach. Janet mußte dann zu ihren Eltern zum Dinner, und hinterher kam sie zu mir zurück. Sie sah einfach umwerfend aus, toll angezogen – Sie wissen schon, echt New Yorker Schick. Als sie mit mir auf dem Bett saß, hob sie ein Knie an, so daß ich ihr direkt unter den Rock sehen konnte. Und ich sah auch hin und dachte dabei: Gott, das wäre jetzt wirklich ein glänzender Einfall! Genau das sagte ich ihr dann auch. Und sie erwiderte mir: ›Jede Wette, daß es das ist! Wir brauchen es beide. Warte ab, bis dir aufgeht, wie gut dir das tut.‹ Es war himmlisch, besonders deswegen, weil ich mir sehr, sehr große Sorgen machte. Ich dachte, ich hätte sie wirklich verletzt. Und dann kommt sie doch einfach so hereinspaziert, sieht hinreißend sexy aus und sagt: Komm, wir bumsen es einfach weg!

Die meisten Männer berichteten, daß nachlassendes sexuelles Interesse gewöhnlich von ihren Partnerinnen ausginge und nicht von ihnen. Die Männer beklagten sich, daß ihre Partnerinnen während des Liebesaktes zwar schon reagierten, jedoch nicht selber initiativ genug wären. Die Männer betrachteten dies als ein Problem, da ihnen solche Passivität das Gefühl eingab, nicht sonderlich begehrenswert zu sein. Und obwohl ihnen durchaus bewußt war, daß die Reaktionen ihrer Partnerinnen oftmals Resultat ihrer festgeschriebenen weiblichen Rolle waren, die sie gelernt hatten, daß es eben nicht damenhaft und schicklich wäre, sexuell die Initiative zu ergreifen, äußerten sie dennoch oftmals den Wunsch, daß sie etwas selbstbewußter wären.

Manchmal ist das, was mangelndes Interesse seitens des einen Partners zu sein scheint, in Wirklichkeit nur ein unterschiedliches

Niveau des jeweiligen Interesses beider Partner. Ein Partner hat womöglich einfach einen gleichbleibend stärkeren Geschlechtstrieb als der andere, oder über eine bestimmte Zeitspanne hinweg kann das Interesse bei einem der Beteiligten größer sein als beim anderen. Da man als gegeben ansehen kann, daß zwei Menschen jeweils physiologisch verschieden sind, unterschiedlichen Streßbelastungen unterliegen oder in ihrem Tagesablauf unterschiedlich erotisch stimuliert werden oder in verschiedenem Maße sexuellen Phantasien nachhängen, scheint die Annahme durchaus vernünftig, daß das jeweilige Niveau ihres sexuellen Verlangens nicht immer gleichgeschaltet und synchronisiert ist.

Es gibt eine ganze Reihe von Dingen, die man tun kann, wenn das sexuelle Interessenniveau nicht zusammenstimmt. Manche Männer akzeptierten diese Unterschiede als Teil der Lebenswirklichkeit und fühlten sich vom Desinteresse ihrer Partnerinnen nicht beunruhigt. Stanley, der seit 43 Jahren verheiratet war, äußerte dazu die folgende Einstellung:

> Zu verschiedenen Zeiten im Laufe unserer Ehe habe ich feststellen können, daß entweder ich selbst oder meine Frau kein Interesse am Sex hatten. Vermutlich hat mich das, als ich noch jünger war, ziemlich wütend gemacht, und meine Wut hat wohl noch lange vorgehalten. Inzwischen aber sage ich mir: Nun, zum Teufel damit! Wenn es so ist, dann ist es eben so! Ich vergesse es einfach. Ich hege deswegen keinen Groll. Ich habe die Erfahrung gemacht, daß ein langgehegter Groll nur auf einen selbst zurückschlägt.

Jim fand heraus, daß ein Gespräch mit seiner Partnerin, in dem er sie wissen ließ, wie wichtig Sex für ihn wäre, der Schlüssel zu einem besseren Einvernehmen war:

> Sie hatte wahrscheinlich größere sexuelle Erfahrung als ich. Aber das Verlangen war bei ihr nicht so stark. Mit anderen Worten, ich wollte es möglichst einmal am Tag und sie wollte es viel weniger oft. Anfangs, wenn ich ihr sagte, daß wir es nicht oft genug machten, antwortete sie mir gewöhnlich: ›Also komm, geh mir nicht damit auf die Nerven! Ich bin eben nicht so daran interessiert. Das läßt sich nicht kommandieren. Ich kann es nicht ändern.‹ Es war also schon ein Problem, aber jetzt hat sich das zwischen uns ausgeglichen. Ich

habe ihr gesagt, daß mir Sex sehr wichtig ist, und ihr vorge-schlagen, daß wir uns irgend etwas einfallen lassen, damit ich nicht dauernd frustriert bin und sie sich nicht immer genötigt oder gar schuldig fühlen muß. Seit sie weiß, daß Sex für mich diese Vorrangstellung hat, haben wir langsam damit begon-nen, häufiger miteinander ins Bett zu gehen. Und je öfter wir es machen, desto mehr Spaß bekommt sie daran. Es wird jetzt also auch für sie eine Sache von größter Wichtigkeit.

Eine ganze Anzahl Männer war auch der Auffassung, daß es möglich wäre, zu einem Kompromiß zu gelangen, indem der je-weils stärker interessierte von beiden Partnern derjenige ist, der sexuell aktiver wird, wenn die Stärke des Geschlechtstriebes un-terschiedlich ist. Lee, 62 Jahre alt, verheiratet, zum Beispiel sagt, daß, falls er den Wunsch zum Geschlechtsverkehr habe und seine Frau etwas lustlos sei, sie dann beide vielleicht trotzdem miteinan-der ins Bett gingen, wobei sie sich dann eben etwas passiver verhalte als er:

Ich kann gut verstehen, wenn sie manchmal einfach nicht ganz bei der Sache ist, während mir sehr danach ist, so daß sich uns dann folgende Möglichkeiten bieten: entweder ich masturbiere, oder sie versetzt mich in Erregung; aber wir empfinden doch genug Zuneigung und Besorgtheit umeinan-der, als daß es ein Problem geben könnte, wenn ich einmal ganz scharf und geil bin, und sie nichts empfindet.

Sexuelle Probleme der Frauen

Ein vermindertes sexuelles Verlangen seitens der Frau war nur eines der partnerbezogenen Probleme, das die Männer an einer vollen sexuellen Befriedigung hinderte. Weitere traten hinzu: Das Ausbleiben eines Orgasmus, das Nichtzustandekommen der Pe-netration und sexuelle Gehemmtheit, die oftmals mit einer negati-ven Einstellung zu oralem Sex zusammenhing.

Während es Männer gibt, deren Besorgnis um den Orgasmus ihrer Partnerinnen daher rührt, daß sie glauben, deren Reaktion sei in gewisser Weise Ausdruck der Wertschätzung ihrer großen männlichen Könnerschaft beim Liebesakt, waren doch die meisten der von uns interviewten Männer vornehmlich am Glück und der Zufriedenheit ihrer Partnerinnen interessiert. Gene sagt:

> Es war für mich genauso wichtig, daß sie einen Orgasmus hatte, wie für mich, daß es mir kam. Wenn man sich das immer vor Augen hält, lassen sich in einer Beziehung eine Menge Spannungen und Ängste abbauen.

Übereinstimmung herrschte darüber, daß Frauen mehr Zeit, mehr Zuwendung brauchen, um einen Orgasmus zu erreichen, als dies bei Männern der Fall ist. Der 54jährige Silas rät deshalb:

> Das Vorspiel ist entscheidend wichtig, damit eine Frau Freude am Sex haben kann. Ich glaube, der Mann ist von Anfang an leicht erregbar, weil seine Geschlechtsorgane am Körper vorstehen, aber durch die Art, wie eine Frau gebaut ist, muß sie erst an diesen bestimmten Punkt gebracht werden.

Auch bedürfte es bei Frauen oftmals ganz spezieller, individueller Stimulierung, damit sie zum Orgasmus gelangen konnten. So hat zum Beispiel der 37jährige John, der geschieden ist, einige der Unterschiede hervorgehoben, die ihm bei verschiedenen Partnerinnen aufgefallen sind:

> Eine der Frauen, mit denen ich zusammen war, konnte einen Orgasmus nur erreichen, wenn sie auf mir drauf war. Der Grund dafür, wie sich schließlich herausstellte, war der, daß sie stets auf der Bettkante sitzend masturbiert hatte, und immer oben zu sein war für sie die Stellung, die der am nächsten kam, die sie auf der Bettkante eingenommen hatte. Schließlich war sie jedoch ein- oder zweimal imstande, auch in anderen Stellungen zum Orgasmus zu kommen, doch die Anstrengung dabei war so groß, daß es sich kaum lohnte.
> Eine andere Frau, mit der ich ging, war nur dann in der Lage, zum Orgasmus zu gelangen, wenn ich auf ihr lag und tief in sie eindrang, ohne dabei jedoch Stoßbewegungen zu machen. Sie hatte es gern, wenn ich ihre Klitoris reizte, indem ich mich

kräftig an ihr rieb. Ich war zwar in ihrer Scheide, doch was sie zum Orgasmus brachte, war mein Schambein, das sich an ihrem rieb. Andere Frauen hatten andere Mittel und Wege, zum Orgasmus zu kommen. Eine bevorzugte die Seitenlage, weil ich dadurch imstande war, tiefer in sie einzudringen und sie dabei gleichzeitig mit der Hand erregen konnte.

Doch die meisten Frauen, so stimmten die Männer überein, brauchten ein gewisses Maß an klitoraler Reizung, um einen Orgasmus zu haben. Es war klar, daß die sexuelle Revolution und die Frauenbewegung hier einiges bewirkt hatten: praktisch alle der von uns interviewten Männer waren sich bewußt, wie wichtig klitorale Stimulierung für die meisten Frauen ist, wenn sie einen Orgasmus erleben wollen. Und sofern Männer Schwierigkeiten hatten, die Klitoris einer Partnerin zu finden, war eine steigende Zahl von Männern eher bereit, zu fragen, als sich allwissend zu geben und an ihre Macho-Rolle zu halten.

Edgar, ein 27jähriger Junggeselle, erklärt, daß es bei manchen Frauen wirklich schwierig ist, die Klitoris zu finden:

Wenn mir das passiert, sage ich einfach: ›Ich kann deinen Kitzler nicht finden, wo ist der eigentlich?‹ Ich habe meine Hand auf ihrem Geschlechtsteil und frage: ›Wo geht es lang?‹ Und dann mache ich solange weiter, bis ich ihn finde. Bisher ist mir noch keine Frau begegnet, die es selber noch nicht wußte.

Die Reizung der Klitoris konnte auf sehr verschiedene Weise erfolgen, und während des Geschlechtsaktes auch in ganz unterschiedlichen Phasen. Der 27jährige Raymond erzählt, daß seine Frau viel Stimulation braucht, um zum Orgasmus zu gelangen:

Gewöhnlich viel mehr, als ich ihr beim Geschlechtsakt selbst geben kann! Also errege ich sie manchmal noch mit der Hand, während ich in ihr drin bin. Ein andermal stimuliere ich sie so, daß sie zum Höhepunkt kommt, und erst danach komme ich dann in ihr. Und dann wieder errege ich sie nur und komme in ihr, noch bevor sie selbst am Ziel ist, und dann mache ich damit weiter, sie zu berühren. Es kommt immer darauf an, wie es gerade so zwischen uns läuft.

Einige Männer empfanden die zeitaufwendige Verpflichtung, ihre Partnerinnen zum Orgasmus zu bringen, als lästig, insbesondere dann, wenn sie selbst schon gekommen waren. Das war auch die Meinung von Farnsworth:

Ich versuche immer, sie zum Orgasmus zu bringen, aber inzwischen ist es mir dann bereits gekommen und ich masturbiere sie dann weiter. Und das ist eine echte Plackerei, denn wenn der Mann fertig ist, ist er gewöhnlich reif, einzuschlafen. Und sie dann noch befriedigen zu müssen, kann echt lästig werden.

Diese Männer waren auch bestrebt, ihren Partnerinnen einen Orgasmus zu verschaffen, bevor sie selbst zum Höhepunkt gelangten. Allerdings waren die meisten derjenigen Männer, die wir interviewt haben, mit Raymond übereinstimmend der Meinung, daß die zusätzliche Anstrengung, die ihnen abverlangt wurde, »eine Kleinigkeit« wäre:

Ich weiß noch, wie es früher war, wenn ich mit einer Frau zusammengewesen bin, die lange und intensiv erregt werden mußte. Ich hatte immer das Gefühl, als wäre es mein Problem – daß ich eben die Erektion nicht lange genug halten konnte oder daß ich außerstande wäre, sie zu befriedigen. Aber mit meiner Frau ist das keine große Affäre. Ich sehe ihr so gern dabei zu, wie sie zum Höhepunkt kommt. Sie dabei zu beobachten, wie es ihr kommt, macht mich echt geil. Es macht mir dabei überhaupt nichts aus, daß es eben ein bißchen länger braucht.

Wenn eine Frau Schwierigkeiten dabei hatte, zum Orgasmus zu gelangen, waren die Männer geteilter Meinung darüber, ob sie ihn dann nicht manchmal vortäuschen sollte. Unter denen, die das verneinten, war auch der 54jährige Silas:

Manchmal sagt sie: ›Ich bin so oft versucht, ihn vorzutäuschen, weil ich weiß, wie wichtig es für dich ist, daß ich zur Klimax komme.‹ Doch dann sage ich immer: ›Nein, ich möchte nicht, daß wir jemals bis an diesen Punkt gelangen. Wenn dir nicht danach ist, dann sag es doch einfach.‹ So machten wir zum Beispiel gestern abend einen ausgedehnten Spaziergang und später, als ich dann ein bißchen an ihr herumspielte, sagte sie: ›Falls du jetzt auf das aus sein solltest, was ich vermute, dann kann ich dir heute abend nicht einmal halb entgegenkommen. Ich habe mich furchtbar müde gelaufen.‹ Darauf sagte ich dann: ›Das weiß ich, ich bin ja auch nur zu dir gekommen, um dir zu sagen, daß ich dich liebe, und ich wollte einfach nur zärtlich sein.‹ Hätte sie sich gut genug gefühlt, die Sache ganz durchzuziehen, dann wäre ich dazu bereit gewesen. Aber die Tatsache, daß es nicht so war, hat meine Zuneigung zu ihr und meine Gefühle nicht etwa abgeschwächt. Also küßten wir uns einfach und drückten uns und lagen einander in den Armen, und das für eine lange Zeit, bis ich mich dann auf meine Seite rollte und einschlief.

Der 31jährige Spike empfand das ganz anders. Gelegentlich findet er Gefallen daran, hinters Licht geführt zu werden:

Man weiß eigentlich nie genau, ob eine Frau einem etwas vormacht oder nicht. Manchmal hängt es davon ab, wie sie reagieren, nachdem es vorüber ist. Wenn sie sagt: ›Oh, das war himmlisch!‹ Und wenn sie den Eindruck macht, als wäre sie ganz erschlagen und wirklich fix und fertig, dann weiß man es ganz genau. Aber manchmal ist es eben sehr schwer. Ich denke, oftmals täuschen es die Frauen mehr für mich vor, als daß sie sich selbst etwas vormachen wollen – was mir eigentlich ganz gut gefällt. Ich bin nicht gleich beleidigt, wenn ich mal beschwindelt werde. Ich mag das, wenn sie versuchen, mich hinters Licht zu führen, damit ich ein gutes Gefühl habe.

Schmerzhafter Sex

Obwohl Schmerzen während des Geschlechtsverkehrs ein weitaus weniger verbreitetes sexuelles Problem bei Frauen waren als das Ausbleiben des Orgasmus, waren die Auswirkungen auf die Lustgefühle eines Mannes dadurch doch weit verheerender. In einigen Fällen empfand die Frau so große Schmerzen, daß Penetration unmöglich war. In solchen Situationen wurde den Männern viel Geduld und Zartgefühl abverlangt. Die Männer begegneten diesem Problem auf verschiedene Weise. Vor 15 Jahren, nach knapp einem Jahr Ehe ohne Geschlechtsverkehr, raffte Larry schließlich seinen ganzen Mut zusammen und sprach mit seinem Professor auf der Seminarschule, die er seinerzeit besuchte, über das Problem, daß es beim Liebesakt mit seiner Frau nicht zur Penetration kommen konnte. Der Professor empfahl sie weiter an einen Arzt, der damals seine eigene Spielart von Sexualtherapie praktizierte, da diese Therapieform als solche damals noch nicht sehr populär war. Die Behandlung half ihnen dabei, ihr Problem zu lösen.

Nach Monaten ohne Geschlechtsverkehr, so sagt Jim, hatten er und seine Freundin eines Abends das Problem aus der Welt geschafft, indem sie sich beide betranken. Die Wirkung des Alkolhols half ihr dabei, sich zu entspannen, und mit einem Gleitmittel gelang es ihm schließlich, sein Glied einzuführen.

Der 33jährige Paxton, der seit 12 Jahren verheiratet ist, stolperte eines Tages über ein Verfahren, mit dem es ihm gelang, die Scheidenöffnung so zu weiten, daß ein Koitus möglich wurde. Das Verfahren, das er anwendete, ist dem sehr ähnlich, das heutzutage von den meisten Sexualtherapeuten empfohlen wird:

> In den ersten Jahren unserer Ehe war sie zeitweilig – ich hasse eigentlich diese klinische Ausdrucksweise – haarscharf an der Grenze zum Vaginismus. Ich hatte nicht die mindeste Ahnung von Sexualtherapie, und ebensowenig wußte ich ein Mittel, was man dagegen tun könnte. Also probierten wir gemeinsam dies und das aus und schafften es am Ende auch. Ziemlich stümperhaft und eher zufällig fanden wir heraus, daß es ging, wenn ich einen Finger in ihre Scheide einführte, um die Öffnung zu weiten. Später klappte es dann auch, wenn ich zwei Finger einführte. Und dann schließlich konnte ich mein Glied hineinstecken und durch Stillhalten, also ohne viel Bewegung und Stoßen, schien es dann auch ganz gut zu gehen. Wir entdeckten, daß die Stellung, bei der die Frau oben ist, sich am besten eignete – so daß sie ein gewisses Maß an Kontrolle darüber hatte, wie tief ich eindringen konnte. Schließlich kam es dann soweit, daß sie sich in einer Weise bewegte, die ihr Lust verschaffte, und so überwand sie dann langsam dieses Problem. Aber während der Anfangsjahre strampelten wir uns ganz schön ab. Ich glaube, eines der Dinge, die wir aneinander schätzen gelernt haben, war unsere wechselseitige Geduld, während wir uns über diese Zeit plagten, in der sie so große Schmerzen hatte. Keiner von uns rastete aus oder überhäufte den anderen mit Vorwürfen. Wir fanden am Ende etwas, mit dem es letztlich dann doch klappte.

Es war offensichtlich, daß die Männer, deren Partnerinnen beim Geschlechtsverkehr Schmerzen litten, weitaus mehr bemüht waren um ihre Partnerinnen wie um ihre Beziehung, als daß es ihnen vordringlich um Sex gegangen wäre. Einige wie der 67jährige Barry sagten sogar, daß, in einem größeren Zusammenhang gesehen, Geschlechtsverkehr doch relativ unwichtig wäre. Barry war mit gegenseitiger Masturbation zwar nicht rundum glücklich, doch ist er der Auffassung, daß sie eine annehmbare Alternative für Sex in einer Beziehung darstellt, in der Liebe und enge Verbundenheit Vorrang haben. Er beschreibt das Problem, das seine Frau hatte:

Sie hat so eine Art Zyste oder überdehnten Muskel oder dergleichen, direkt oder in der Nähe ihrer Scheide, was ihr außerordentliche Schmerzen verursacht, wenn ich mein Glied einführe. Die Ärzte scheinen nicht in der Lage zu sein, dagegen etwas zu tun. Also hörten wir damit auf, es noch weiter zu versuchen und haben jetzt schon über eine ganze Reihe von Jahren nur noch sexuellen Verkehr ohne Penetration. Bei uns besteht das Liebesspiel darin, daß wir einander masturbieren. Das ist nicht unangenehm, eigentlich ist es sehr angenehm. Es mag sich vielleicht wie ein Klischee anhören, aber Dinge werden zu Klischees oftmals einfach deswegen, weil sie wahr sind. Es gibt einen Unterschied zwischen Lust und Liebe, und obwohl meine Frau und ich auch gelegentlich unsere Streitigkeiten haben, herrscht zwischen uns Liebe. Wir haben eine gute Beziehung zueinander, obwohl unsere sexuelle Aktivität augenblicklich unterdurchschnittlich ist. Trotzdem stehen wir uns nahe und sind zärtlich und liebevoll. Selbst wenn wir über längere Zeit keinen Sex haben, spielt das für uns keine so große Rolle mehr. Es gibt für uns sehr viele andere Verständigungsebenen.

Sexuelle Gehemmtheit

In dieser Gesellschaft ist vielen Frauen nicht beigebracht worden, daß Sex etwas Positives und Erfüllendes sein kann, und folglich fühlen sie sich sexuell gehemmt. Männer, die mit Frauen aus sehr konservativem Milieu verheiratet sind, deren Einstellung gegenüber der Sexualität sehr negativ ist, müssen Geduld aufbringen.

Häufig brauchte es eine sehr lange Zeit, bis sie eine echt befriedigende und erfüllte Beziehung zu ihren Ehefrauen aufbauen konnten.

Jonathan, ein 37jähriger Geschichtsprofessor, sagt, daß seine Frau in dem Glauben großgeworden sei, daß »anständige Mädchen so etwas nicht tun«, diese Haltung brachte sie auch in die Ehe ein:

Ich würde annehmen, daß Schuldgefühle unser größtes Problem gewesen sind, die sich wie ein Schatten mit erotischen Empfindungen und sexuellen Beziehungen verbanden. In der Familie meiner Frau wurde vorehelicher Geschlechtsverkehr streng geächtet. Männer wurden für böse, schmutzig und abscheulich angesehen. Sex galt als niedrig, dreckig, unanständig, und gar oraler Sex – das war die Todsünde schlechthin. Man starb nach oralem Sex auf der Stelle, und die Hölle war einem sicher. In der ersten Zeit, als wir miteinander gingen, war alles sehr platonisch. Sie ließ mich ein- oder zweimal ihre Brüste streicheln, doch danach gab es immer heftig aufwallende Schuldgefühle. Hinterher fragte sie sich jedesmal besorgt, ob ich nicht eine sehr üble Person wäre und eine durch und durch schlechte Kreatur, weil ich es mit ihr machte. So ging das jahrelang, bevor wir dann schließlich heirateten.

Um mit diesem Problem klarzukommen, so sagt Jonathan, sei er bereit gewesen, Geduld aufzubringen:

Man kann auf niemanden Druck ausüben, über Nacht gelernte Verhaltensweisen, übernommene Gedanken und Vorstellungen zu überwinden oder zu verlernen. Das ist ausgeschlossen. Sie werden dadurch nur verschlossen oder blockiert. Man macht es ihnen damit unmöglich, sich zu verhalten. Wenn man ihnen sagt, sie hätten ein Problem, hilft das auch nicht weiter; das wissen sie selbst bereits sehr gut. Was allein hilft, ist, geduldig zu sein und viel Zeit mit ihnen zu verbringen, sie wissen zu lassen, daß es nicht an ihnen selbst liegt und das ganze durchzusprechen.

Eine Klage, die von vielen Männern immer wieder vorgebracht wurde, war die, daß ihre Partnerinnen am oralen Sex, insbesondere am Fellatio, wenig Gefallen fänden. Der 50jährige geschiedene Nicholas meint dazu:

Meine Partnerin hatte mit oralem Sex ihre Schwierigkeiten. Ich habe Spaß daran, und sie duldet ihn. Sie möchte mich nicht enttäuschen, doch ich glaube, sie findet Fellatio und Cunnilingus abstoßend. Aber manchmal gibt sie nach, und ich dränge sie nicht.

Andere Frauen waren nicht bereit, ihren Männern nachzugeben, und manche Männer, die auf oralen Sex aus waren, suchten ihn außerhalb ihrer Beziehung. Anderen Männern gelang es erfolgreich, die negative Einstellung ihrer Partnerinnen gegenüber oralem Sex zu verändern. Auch hier waren viel Geduld und Rücksichtnahme erforderlich. John wußte, wie wichtig es war, seine Partnerin nicht allzu schnell allzu weit zu drängen:

Die einzige Weise, Probleme zu lösen, ist die, darüber zu sprechen. Allerdings ist es auch wieder nicht so, daß die einfache Mitteilung dessen, was man empfindet, gleichbedeutend damit ist, daß das Problem sich einfach in nichts auflöst. Bei dieser bestimmten Partnerin, die keinen Gefallen am oralen Sex fand, dauerte es auch seine Zeit. Darüber reden, darüber lesen, sie nicht drängen, es sie auf ihre eigene Weise versuchen lassen – das half schließlich, das Problem zu lösen. Ich schlug vor, daß sie langsam darauf hinarbeiten sollte, sich locker und angenehm zu fühlen, jede Nacht meinen Körper zu küssen und dabei schrittweise meinem Glied immer näher zu kommen. Als es ihr dann schließlich ganz angenehm war, meine Brust mit ihrem Mund zu liebkosen und sie sich nach unten vorgearbeitet hatte, war sie schon in engem Kontakt mit meinen Genitalien, ohne jedoch schon oralen Sex zu praktizieren. Auf diese Weise behielt sie immer das Gefühl, die Situation unter Kontrolle zu haben, und als sie dann Lust verspürte, es zu tun, machte sie sich schließlich auch daran. Meine Brust und Beine zu lecken, machte ihr offenbar überhaupt nichts aus. Und sie kam dadurch meinem Glied immer näher. Ich glaube, sie brauchte eine ganze Woche, bis sie dann den eigentlichen oralen Sex praktizierte. Vorsichtshalber duschte ich vorher und rieb mich mit Kölnisch Wasser ein, so daß es in dieser Hinsicht keine Einwände von ihr geben konnte. Es entwickelte sich dann auch alles sehr gut. Solange ich ihr das Gefühl ließ, alles unter Kontrolle zu haben, wenn sie anfing, mir einen zu blasen, und ich sie nicht drängte, es *jedes* Mal, wenn wir miteinander ins Bett gingen, zu machen, fiel es ihr zunehmend leichter, es zu tun, und schließlich war das Problem aus der Welt geschafft.

Der seit 26 Jahren verheiratete Bob sagte, was seine Frau gebraucht hätte, um am oralen Sex Gefallen zu haben, wäre freundliche Ermunterung und Zuspruch gewesen:

Als wir heirateten, waren wir beide noch sehr jung. In den ersten Jahren unserer Ehe hatte ich das Verlangen nach oralem Sex, meine Frau nicht. Und mit den Jahren gelangte sie schrittweise an den Punkt, von dem an auch sie Gefallen daran fand. Aber es bedurfte doch großer Behutsamkeit, Rücksichtnahme und viel Zuspruch meinerseits, bis wir dahin gelangten. Ich einzelnen ging ich so vor, daß ich sie zunächst einmal sexuell erregte, indem ich ihre Brüste streichelte und mit dem Fingern ihr Geschlechtsteil reizte, dann ermunterte ich sie verbal, es doch einmal zu versuchen. Natürlich mußte ich ihr zu allererst versichern, daß am oralen Sex nichts Schlimmes und Verwerfliches wäre. Sie fragt sich natürlich immer, ob sie es auch richtig macht. Bei allem versuche ich natürlich immer wieder, sie anzuspornen und ihr zu zeigen, wieviel Lust sie mir verschafft. Ich glaube, die Freuden, die ich dabei erlebe, machen auch sie glücklich. Es ist für sie auch offenbar eine Art Belohnung und sehr befriedigend, wenn ich sage: ›Oh, das war großartig, ich fühle mich himmlisch, du warst fabelhaft.‹

Über die Freuden des oralen Sex hinaus fanden es viele Männer auch wichtig, wenn ihre Partnerinnen einwilligten, daß sie in ihren Mund ejakulieren konnten. Während des Interviews zu unserem Frauenbuch konnten wir feststellen, daß dies für Frauen eines der schwierigsten Dinge war, auf die sie sich ungern einlassen wollten. Dennoch sagten uns Männer wie der 38jährige Allen, sie hielten es für unbedingt notwendig, um sich als Person ganz akzeptiert fühlen zu können:

Ich wünschte mir, die Frauen würden endlich begreifen, wie wichtig es ist, ihrem Typen zu gestatten, daß er in ihren Mund kommen darf. Was mich anbelangt, wenn ich im Mund von jemanden kommen kann, dann ist das ein wunderbarer Abschluß für ein schönes Erlebnis. Ich wünschte mir schon, daß den Frauen dabei wohler wäre. Wenn sie es auch noch runterschlucken würden, wäre das fabelhaft. Ich mußte ja auch lernen, den Geschmack einer Frau zu mögen. Ich wußte, daß oraler Sex ein ganz normaler Bestandteil der Sexualität ist, doch einige Hemmungen habe ich auch gehabt. Als ich noch jünger war, hatte ich einige Erfahrungen mit Frauen, bei denen es wie nach totem Fisch roch. Ich hatte ganz und gar nicht den Wunsch, ihnen da unten mit meinem Gesicht zu nahe zu kommen. Ich dachte bei mir, du müßtest ja verrückt sein! Und lange Zeit hielt ich auch Abstand. Als ich mich dann schließlich doch dazu überwand, fand ich, daß es eine ganz lustvolle Erfahrung war. Es kam dann ein Zeitpunkt, zu dem ich beschloß, richtigen Gefallen daran zu finden. Und so war es dann auch.

Während eine Anzahl der von uns interviewten Männer wie Allen Schwierigkeiten damit hatte, sich an das Geschlecht der Frau zu gewöhnen, fanden die meisten es von Anfang an sehr sinnlich, anziehend und eine Quelle sexueller Befriedigung. Jene Männer, die anfangs noch ein Gefühl des Widerwillens, des Unbehagens oder leichten Ekels unterdrücken mußten, hatten negative Vorurteile zu überwinden, die ihnen in der Kindheit eingegeben worden waren.

Wayne, ein 23jähriger College-Student, erzählt, das erste Hindernis, das er hätte nehmen müssen, wäre die Behauptung gewesen, die er als Heranwachsender aufgeschnappt hätte: daß schwarze Amerikaner *niemals* oralen Sex praktizierten:

Mir ist aufgefallen, daß andere Leute ganz unbefangen damit herausrücken und sagen: ich mache Sex mit dem Mund, ja klar, ich leck' sie und schleck' sie. Aber die Schwarzen geben so etwas nie zu. Also spiele ich auch heute noch das alte Spiel mit: ›Nie lass' ich mich von einer Tussi da unten festnageln, nein, nie im Leben!‹

Und hab's auch nie machen wollen, weil ich Angst hatte, daß die Frau vielleicht redet und ich dann in den Ruf komme, daß ich ein Lecker bin. Wenn ich das mit einer Braut treibe, dann wird keiner von uns ausposaunen, daß wir so etwas miteinander machen. Und dann hätte ich auch irgendwie die Befürchtung, daß mich keine mehr küssen will, falls es herauskommt. Die Möglichkeit besteht natürlich, daß sie es vermutlich auch tun würde und wir beide daran unseren Spaß haben könnten, aber zwischen uns spielt sich eine Art Wettbewerb ab – wer von uns zuerst mit der Sprache herausrückt. So sage ich etwa: ›Hör mal, was hältst du eigentlich von oralem Sex?‹ Und sie antwortet darauf gewöhnlich: ›O nein, nein, nicht mit mir!‹ Aber falls sie erwidert: ›Was ist schon dabei, das ist doch nur eine Art, sinnlich und geil zu sein‹, oder so ähnlich, dann machen wir es für gewöhnlich. Sie sehen also, wenn ich das erste Mal mit jemandem zusammen bin, ist oraler Sex kein Thema zwischen uns.

Das Haupthindernis beim oralen Sex scheint für die meisten Männer darin zu bestehen, sich an Geruch und Geschmack zu gewöhnen. Hierzu äußerte Wayne:

Eine Sache, die mir beim oralen Sex sehr geholfen hat, war, daß ich einer Frau begegnete, die viel jünger war als ich und mir folgendes nahezubringen versuchte: die Scheide ist der sauberste Teil des weiblichen Körpers, weil sie ja auf das künftige Baby vorbereitet sein muß. Und ich sagte mir: hey, das mag ja stimmen! Aber zuerst dachte ich doch noch: da unten lassen sie Wasser, da haben sie ihre Tage, da bringen mich keine 10 Pferde runter. Aber als ich dann sexuell sehr stark erregt war, wurde ich echt zum Tier. Das erstemal war gar nicht so hart. Ich hatte nur Befürchtungen, wonach es wohl schmecken würde. Ich wußte nicht, ob ich spucken würde oder ob ich es aushalten könnte. Aber es sah gut aus und ich wollte gar nicht wieder von unten hochkommen. Es ging prächtig. Schon beim ersten Mal brachte ich es zur Meisterschaft. Es war für mich wie ein Zungenkuß. Aber dann konnte ich sogar noch mehr lernen, nachdem ich mit älteren Frauen zusammengewesen war, die Gefallen daran fanden, wenn ich es ihnen unten mit dem Mund besorgte.

Einige Männer sagten, sie hätten den Druck verspürt, schon gleich beim ersten Mal beim oralen Sex die großen Könner zu sein, obwohl sie noch so große Unsicherheit empfanden. Andere meinten, sie hätten Schuldgefühle gehabt oder sich für pervers gehalten bei der Ausführung dieser Handlung – was nicht am Geschlechtsteil der Frau gelegen hätte, sondern daran, daß es ihnen zutiefst unnatürlich vorgekommen wäre. Der 35jährige Edward sagt: ›Was ich überwinden mußte, war einfach die Angst vor etwas ganz Ungewohntem und ein vages, undeutliches Gefühl, daß das, was ich tat, nicht richtig sein konnte.

Nachdem sie sich an den oralen Sex gewöhnt hatten, meinten einige, der Hauptreiz hätte für sie in etwas ganz Animalischem bestanden. Zumindest war dies die Sichtweise von Joseph, einem 34jährigen geschiedenen Sozialarbeiter:

Es war ein richtiger Durchbruch, als ich zum ersten Mal das Geschlechtsteil einer Frau küßte. Anfangs hatte ich eine Aversion dagegen. Ich dachte, es wäre irgendwie nicht richtig und sagte mir: nein, das kann ich unmöglich tun. Also war diese erste Erfahrung noch in anderer Hinsicht ein Durchbruch. Eins der Dinge, die ich daran besonders mag, ist diese durch und durch primitive Seite, die es hat. Ich meine – Gott – dieser Teil der Frau ist so besonders fleischig und wollüstig, das ist phantastisch, und ich mag auch die Gerüche, obwohl es mir einige Male, als ich es gemacht habe, nicht sonderlich angenehm gewesen ist. Das hängt vermutlich mit der Chemie zusammen. Das Tolle daran ist, daß man sich irgendwie wie ein Tier fühlt, bei diesem Schnüffeln, Riechen und Schlekken. Man wird von dem Ganzen völlig vereinnahmt. Das umschließt das ganze Gesicht, alle Sinne sind beteiligt. Das ist das, was ich daran so mag.

Viele Männer hielten oralen Sex während der Menstruation für abstoßend, und einige fanden sogar den Geschlechtsverkehr unangenehm, wenn sie ihre Blutungen hatte. Die Erkenntnis, wie wenig Blut dabei eigentlich abgesondert wird – vier bis sechs Teelöffel voll, oder zwischen 30 und 80 Gramm innerhalb einer Periode – half einigen von ihnen dabei, ihre Einstellung zu ändern. Einige veranlaßten ihre Partnerinnen dazu, an solchen Tagen, an denen das Blut am stärksten floß, ein Diaphragma einzusetzen.

Ron, ein 24jähriger Medizinstudent, erinnert sich, daß er als 19jähriger vor der Menstruation zurückgeschreckt war und davon Abstand genommen hatte, während der Periode einer Frau mit ihr zu schlafen:

Als ich anfing, regelmäßig Sex zu haben, wußte ich noch nicht, was vor sich ging, wenn Frauen ihre Tage hatten. Ich dachte, daß ständig Blut aus ihnen herausquillt; also vermied ich während ihrer Periode jeden Sex mit ihnen. Ich stellte mir vor, daß mein Glied ganz rot sein würde, wenn ich es ihr hineinsteckte, und daß im Bett und überall Blut sein müßte. Ich wußte nicht Bescheid. Aber irgendwann fiel mir auf, daß an einem Tampon nicht so viel Blut ist und daß ich ihn ihr getrost einführen konnte und es nur ganz wenige rote Flecken gab. Da dachte ich dann: Zum Teufel damit, das ist doch noch lange kein Grund, damit aufzuhören!

Gesundheitliche Probleme

In ihrer überwiegenden Mehrzahl sind sexuelle Probleme das Ergebnis kultureller Prägungen und Vorurteile, die unrealistische Erwartungen schaffen und Leistungsdruck verursachen. Zusätzlich hierzu allerdings kann die Sexualität beeinträchtigt sein durch physische Faktoren, wie etwa eine akute Krankheit, Infektionen und Körperschäden durch Unfälle. Alles, was unseren gesundheitlichen Status und unseren Körper verändert, beeinflußt natürlich auch unsere Sexualität.

Mit Ausnahme von Herzkrankheiten, Diabetes, post-operativen Schocks, Körperbehinderung und anderen schwerwiegenden Schädigungen hatten Männer weitaus weniger die Sexualität beeinflussende Beschwerden als die Frauen, mit denen wir seinerzeit Befragungen durchgeführt hatten. Die Männer schienen in dieser Hinsicht gesünder als Frauen, wahrscheinlich, weil ihre gesamte sexuelle »Ausstattung« weniger komplex ist. Im Gegensatz zu Menstruationsbeschwerden, vaginalen Erkrankungen, Beeinträchtigungen während und nach einer Schwangerschaft und mit den Wechseljahren zusammenhängenden Unannehmlichkeiten waren Männer hauptsächlich betroffen von Geschlechtskrankheiten und Prostataproblemen.

Geschlechtskrankheiten – Gonorrhoe, Syphilis, Herpes und andere – wurden von den von uns interviewten Männern weitaus häufiger genannt als von Frauen. Einer der Gründe dafür mag der sein,
daß die Frauen größere Scham darüber empfanden, mit einer
Geschlechtskrankheit infiziert gewesen zu sein und sie es deshalb
vermieden hatten, diese Tatsache zu erwähnen. Ebenso gut denkbar ist auch, daß Männer an flüchtigen sexuellen Kontakten größeren Gefallen finden und sich infolgedessen der Gefahr aussetzen,
häufiger mit einer Geschlechtskrankheit angesteckt zu werden.

Die meisten Männer, die eine Geschlechtskrankheit durchgemacht hatten, fanden die Erfahrung sehr demütigend. Der 44jäh-
rige Eric hatte sich einmal mit Sporen resp. kleinen Warzen infiziert und sie unwissentlich an eine Partnerin übertragen. Er meinte
dazu:

> Es war unglaublich beschämend für mich, mir diese Warzen
> einzufangen und sie dann von einer Frau an die andere wei-
> terzugeben. Ich hätte sterben mögen, weil ich mich sonst für
> extrem reinlich und sauber halte, und mein Selbstgefühl war
> dadurch sehr angeschlagen.

Alex hatte ganz ähnliche Empfindungen, nachdem er sich eine
ganz harmlose Harnleiterentzündung zugezogen hatte, deren
Symptome denen einer Geschlechtskrankheit ähnlich waren:

> Ich fühlte mich grauenhaft, fand mich dreckig, schmutzig,
> wollte mit niemandem in Berührung kommen und war völlig
> asexuell, was bei mir sehr ungewöhnlich ist. Reichlich ein
> oder zwei Monate lang hatte ich nicht das geringste Interesse
> am Sex. Sogar nachdem die Diagnose ergeben hatte, daß es
> sich nicht um eine Geschlechtskrankheit handelte, brauchte
> ich einige Zeit, bis ich mich wieder mit dem Gedanken an-
> freunden konnte, mein normales Geschlechtsleben wieder
> aufzunehmen. Und selbst dann noch habe ich mein kleines
> schwarzes Adreßbuch nicht gleich vorgeholt und mich wieder
> voll ins Rennen geworfen.

Von Herpes befallene Männer sprachen darüber, daß sie sich wie
Unberührbare gefühlt hätten, und wie sie sich oft umständlich

Vorwände ausgedacht hätten, um jeder sexuellen Situation aus dem Weg zu gehen und sich das Eingeständnis zu ersparen, daß sie Herpes hätten. Einer der Männer sagte: ›Ich möchte das einer Frau gegenüber nicht einmal erwähnen. Wenn ich das tue, fühle ich mich wie ein Aussätziger, und einige Frauen behandeln mich dann auch so. Und das kann ich einfach nicht ertragen.‹ Andere Männer, die auch gewöhnlich nicht jedem davon erzählen wollten, machten sich ein Gewissen daraus, ihre Partnerin nicht dem Risiko einer Infektion auszusetzen, wenn ihr Herpes aktiv war. Auf diese Weise hatte auch der erst seit kurzem verheiratete 36jährige Jason in der Vergangenheit dieses Problem gehandhabt:

> Unglücklicherweise zog ich mir vor etlichen Jahren Herpes zu und machte anfangs etwa eine Zeit von 1 oder 1½ Jahren durch, als der Herpes ziemlich aktiv war. Gewöhnlich hatte ich jeden Monat eine akute Phase, und das beeinträchtigte mein Geschlechtsleben ganz erheblich, weil ich mich sehr vorgesehen habe, keinen Geschlechtsverkehr zu haben, sobald er wieder aufflackerte. Wann immer ich eine Herpes-Episode hatte, bin ich der Frau gegenüber, mit der ich gerade zusammen war, sehr offen gewesen. Ich erzählte ihr ganz genau, womit ich zu tun hätte, und sagte ihr, was ich beachten müßte und worüber sie sich keine Sorgen zu machen brauchte. Aber das hat mich nie davon abgehalten, oralen Sex mit ihr zu praktizieren, und soweit ich zurückdenken kann, bin ich nie einer Frau begegnet, die Einwände dagegen gehabt hätte.

Viele Männer, die sich keinen Herpes geholt hatten, waren sehr vorsichtig in der Wahl der Frauen geworden, mit denen sie schliefen. Zunehmend ließ sich bei ihnen feststellen, daß sie sich mit einer Partnerin Zeit ließen, sie besser kennenzulernen, bevor sie das Thema Geschlechtskrankheit ansprachen und zum Geschlechtsverkehr bereit waren. Eric sagt:

> In letzter Zeit bin ich mit neuen Partnerinnen immer sehr direkt und frage geradeheraus: ›Hast du irgend etwas, hast du früher irgend etwas gehabt?‹, bevor ich mit ihr Geschlechtsverkehr habe. Insbesondere seit Herpes sich so ausgebreitet hat. Ich möchte damit nichts zu tun bekommen. Ich würde dann vorziehen, nach Hause zu gehen und ein gutes Buch zu

lesen. Ich bin also in der Wahl meiner Partnerinnen viel vorsichtiger geworden und warte gewöhnlich bis zu unserer zweiten oder dritten Verabredung, bevor ich mit ihr ins Bett gehe.

Prostatitis

Prostatitis ist ein anderes, weit verbreitetes Problem, das einige Unannehmlichkeiten verursacht. Die Beschwerden reichen von einem leichten Brennen beim Urinieren bis zu starken Schmerzen, die den Geschlechtsverkehr praktisch unmöglich machen. Prostatitis ist eine Entzündung der Prostatadrüse. Die Prostatadrüse produziert jene Flüssigkeit, die die Hauptmenge des männlichen Ejakulats ausmacht. Obwohl Männer jeder Altersstufe an einer Prostatainfektion erkranken können, ist dieses Problem doch weitaus verbreiteter bei jüngeren, sexuell aktiven Männern, die sich diese Entzündung oft durch sexuelle Kontakte zuziehen. Bei älteren Männern rührt diese bakterielle Infektion häufig von Veränderungen der Prostata her, die mit Alterungsprozeß zusammenhängen. Und obwohl das gesamte Spektrum der Ursachen von Prostatitis nicht ganz abgeklärt ist, scheint doch festzustehen, daß sie auch durch eine merkliche Zunahme oder einen drastischen Rückgang in der sexuellen Aktivität verursacht sein kann. Wegen der Schmerzsymptome beim Wasserlassen verwechseln einige Männer eine Prostatainfektion mit einer Geschlechtskrankheit. Aus naheliegenden Gründen können die mit einer Prostatitis verbundenen Schmerzen zu einem nachlassenden Interesse an der Sexualität führen oder unfähig machen, eine Erektion zu bekommen.

Die Behandlung einer Prostatainfektion bedeutet gewöhnlich die Medikation von Antibiotika und maßvoll indizierte Ejakulationen. Obwohl anfangs schmerzvoll, reinigen und filtern diese Ejakulationen die Prostata. Zusätzlich hierzu ist die Einschränkung oder ein Verzicht auf die Einnahme von Alkohol, Koffein und stark gewürzter Nahrung eine sinnvolle unterstützende Maßnahme bei dieser Therapie. In schweren Fällen oder bei häufig wiederkehrenden Anfällen mag eine Operation geraten scheinen. Die

Entfernung der Prostata verringert in erheblichem Umfang die Menge des Ejakulats, die ein Mann ausschüttet. Während einige Männer das Gefühl haben, daß ihre Lust an der Ejakulation dadurch nicht gemindert wird, ist für andere die Empfindung im Augenblick des Orgasmus weniger lustvoll.

Chronische Schädigungen

Im allgemeinen gilt: je schwerwiegender das medizinische Problem, desto größer die Auswirkungen auf die sexuellen Aktivitäten des Mannes. Bei den von uns interviewten Männern bildeten diejenigen Hauptprobleme, an denen sie zu leiden hatten, Arthritis, Bandscheibenschäden, Diabetes, Herzschäden und Schwerbeschädigungen wie etwa Verletzungen der Wirbelsäule.

Schmerzen als Folge von Krankheitszuständen wie Arthritis und zahlreichen postoperativen Beschwerden machten es den davon Betroffenen notwendig, eine langsamere Gangart einzuschlagen und ihre Stellung beim Geschlechtsverkehr ihrer jeweiligen Behinderung anzupassen. Der 65jährige Stanley sagte uns dazu:

Ich habe Arthritis, und es ist für mich fast unmöglich, den Geschlechtsakt zu vollziehen, wenn ich auf meiner rechten Seite liege. Also muß ich immer Vorkehrungen treffen, daß ich auf der linken Seite zu liegen komme oder meine Stellung verändern, sobald ich Schmerzen verspüre.

Jacques fand heraus, daß auch noch nach einer Operation Sex für ihn möglich war, sofern er sich nur überaus vorsichtig verhielt:

Ich hatte eine Bandscheibenquetschung und konnte über lange Zeit keinen Geschlechtsverkehr haben. Ich mußte 10 Tage im Krankenhaus bleiben. Es waren wahrscheinlich annähernd zwei Monate, bis ich wieder Sex hatte. Etwas über ein Jahr lang erreichte ich nicht meine volle Leistungsfähigkeit; und dann war es wirklich auch sehr schwierig. Ich trug ein Metallkorsett und hatte echte Schmerzen, und ich erinnere mich noch, wie ich auf dem Rücken lag und meine Frau mich masturbierte und sich dann auf mich setzte, und das war sehr heikel und wurde echt schmerzhaft, wenn sie den Druck auch nur ein bißchen verstärkte. Doch wir kamen dann mit der

Zeit ziemlich gut klar. Sie lernte, wie sie es auf mir sitzend machen konnte, ohne mich dabei zu sehr zu bearbeiten. Und es stellte sich heraus, daß es klappte.

Herzanfälle waren das verbreitetste gesundheitliche Problem, das die sexuelle Aktivität beeinträchtigte. Sogar nachdem der erste Schmerz abgeklungen war, erwies sich heftige sexuelle Betätigung als unmöglich, solange noch keine gründliche Heilung eingetreten war. Entgegen allen gängigen Meinungen hierüber konnten die Männer feststellen, daß sie imstande waren, ein intensives, aktives Geschlechtsleben wieder aufzunehmen, nachdem Erkrankungen der Herzkranzgefäße ausgeheilt waren. Die Voraussetzung dafür war, daß sie sich körperlich soweit wieder aufbauten, daß sie mit dem Maß an physischer Anstrengung umzugehen wußten, das erforderlich ist, um den Geschlechtsakt zu vollziehen. Das gelang durch verschiedenartige Übungen, bis sie schrittweise die notwendige Ausdauer erzielt hatten. Doch solange ihnen dies noch nicht gelungen war, übernahmen die meisten Patienten mit Störungen der Herztätigkeit die passive Rolle, bei der die Frau die obere Stellung einnimmt. Als Folge hiervon modifizierten die meisten Männer mit schweren Störungen ihrer Herztätigkeit ihre Liebestechnik, indem sie die Bewegungen beim Akt verlangsamten und sich mehr auf Berührung und Vorspiel konzentrierten und weniger auf heftige Stoßbewegungen beim Geschlechtsverkehr.

Doch im großen und ganzen waren die Männer der Auffassung, daß ein Herzanfall noch kein Grund wäre, mit dem Sex ganz abzuschließen. Forest, ein 68jähriger Mann, der jetzt im Ruhestand lebt, meint dazu:

> Meine Herzanfälle hatten insofern Auswirkungen auf mein Geschlechtsleben, als ich anfangs jede sexuelle Betätigung vermied. Ich wollte nichts anderes als gesund werden, weil die Schmerzen so fürchterlich waren. Aber nachdem dann die Schmerzen abgeklungen waren, nahm ich mein gewohntes Alltagsleben wieder auf. Das Verlangen nach Sex und entsprechende Phantasien stellten sich wieder ein. Allerdings hatte ich noch immer diese Befürchtungen, daß mir etwas passieren könnte, falls ich Geschlechtsverkehr hätte, weil mein Herz so schwer angegriffen gewesen war. Ich sprach mit meinem Arzt darüber und der meinte, daß es einzig an mir

läge und daran, wie ich meine Fähigkeiten einschätzte. Falls ich überzeugt wäre, daß ich es tun könnte, nun, dann sollte ich es eben versuchen. Doch falls ich feststellte, daß irgend etwas Beunruhigendes mit mir vorginge, sollte ich sofort aufhören und nicht weitermachen. Bis heute noch macht mir bei vielen Tätigkeiten meine Angina Pectoris zu schaffen, sobald ich etwas übertreibe oder mich Streß aussetze. Aber ich empfinde keinen Streß beim Sex, und ich glaube, daß die Stellung, die wir für uns gefunden haben, auch dabei hilft – etwa die, bei der ich auf der Seite liege, oder wenn meine Frau sich auf mich legt.

Sogar Männer, die schwerbehindert und an einen Rollstuhl gefesselt waren, blieben imstande, ein erfülltes, befriedigendes Geschlechtsleben aufrechtzuerhalten. So erzählte uns der 35jährige Ben, der als Kind einen Unfall gehabt hatte und seither querschnittsgelähmt ist:

Wenn man mit einer schweren körperlichen Behinderung leben muß, ist es meiner Meinung nach wichtig, sich davon nicht mehr einschränken zu lassen als notwendig ist. Und die eigene Sexualität ist etwas, das man niemals aufgeben sollte. Als Kind noch bekam ich immer Schwierigkeiten im Krankenhaus, weil ich meine sexuellen Bedürfnisse äußerte, doch niemand hat mir damals erzählen können, was ich mit meinen sexuellen Gefühlen anfangen sollte. Und glücklicherweise habe ich nie so starke Schuldgefühle gehabt, daß ich aufgehört hätte, sexuell sehr aktiv zu sein. Man kann schließlich nicht ganz zu leben aufhören, nur weil man hospitalisiert ist!

Ben sagt, daß er stets eine Wahl gehabt hätte:

Daß ich behindert bin, heißt noch lange nicht, daß ich nicht dieselben Wahlmöglichkeiten habe wie andere Menschen. Mag ja sein, daß ich mich mit einem Rollstuhl herumschlagen muß oder auf Krücken gehe, oder daß jemand mich auf das Bett heben muß, aber machen kann ich es noch immer. Daß ich schwerbeschädigt bin, heißt noch lange nicht, daß ich überhaupt kein Geschlechtsleben mehr haben darf!

Allerdings kamen die schwerbehinderten Männer auf Unterschiede zwischen ihrem Geschlechtsleben und dem gesunder Männer zu sprechen. Ein großer Teil ihrer sexuellen Freuden rührte daher, ihre Partnerinnen reizen und erregen und dabei die große Genugtuung erleben zu können, sie zu befriedigen. Sobald sie erst einmal von der Vorstellung Abschied zu nehmen gelernt hatten, die einzige Weise, wie man eine Frau befriedigen könnte, wäre normalerweise der Koitus, erkannten sie sehr bald schon, daß sie durchaus mehr als nur gute Liebhaber im herkömmlichen Sinne sein konnten. Und obwohl sie in ihren Geschlechtsorganen keine Empfindungen verspüren konnten, war die Reizung dieser Partien für sie doch noch sehr erregend.

Ben schildert uns seine Situation folgendermaßen:

> Gelegentlich ertappe ich mich dabei, wie ich Phantasien von genitaler Stimulation habe oder in irgendeiner Weise das Verlangen spüre, etwas mit meinem Geschlechtsteil anzufangen. Obwohl ich dort keinerlei Empfindungen habe und auch keine Erinnerung mehr daran, daß ich sie je gehabt hätte, reibe ich sie noch manchmal oder lasse mich dort berühren, oder möchte, daß mich dort jemand küßt. Ich lebe als ganzer Mensch und liebe alles an mir und wünsche mir auch, mit jemandem zusammen zu sein, der mich rundum gernhat. Es ist vielleicht dieselbe Erfahrung, die man hat, wenn man sich einen Porno anschaut. Es kann für einige Menschen sehr aufregend sein, obwohl sie nicht direkt am Geschehen beteiligt sind. Es bleibt doch allemal geil und törnt sie an.

Die körperbehinderten Männer, die wir interviewt haben, waren fast sämtlich orgasmusfähig. Sie hatten gelernt, die verschiedenartigen Körperpartien zu erotisieren, und auch ohne eine Erektion oder Ejakulation waren sie imstande, Orgasmen zu erleben. Einer der Männer erzählte uns sogar, seine Orgasmen dauerten viel länger und wären weitaus intensiver als zu der Zeit vor seiner körperlichen Behinderung.

Die behinderten Männer fanden es wichtig, beim Geschlechtsverkehr mit ihren Partnerinnen über ihre besondere Situation zu sprechen. Sie fanden es notwendig, ihre Bedürfnisse mitzuteilen, um sicherzugehen, daß sie Befriedigung erleben konnten, und auch um ihre Partnerinnen darauf vorzubereiten, was sie beim Liebesakt mit einem Behinderten erwarten konnten und was nicht. Blake, ein 38jähriger Fernsehproduzent erzählt:

Seit ich behindert bin, habe ich mehr Sex als noch zu der Zeit, als ich gesund gewesen bin. Zuerst muß ich den Frauen immer sagen, was ich gern mag, denn sobald sie sehen, daß die klassische Reaktion ausbleibt – d. h. mein Schwanz nicht hart wird, wenn sie mir die Brust streicheln –, fühlen sie sich leicht verunsichert. Wenn sie erkennen, daß der Typ, auf den sie sich eingelassen haben, sie nicht besteigen und drauflos rammeln kann, wenn ihnen aufgeht, daß er mehr Aufmerksamkeit braucht, dann führt das manchmal dazu, daß sie sich über ihre eigene Sexualität Gedanken machen. Ich rede also sehr viel über mich. Früher war ich es nicht gewohnt, das Thema anzuschneiden, aber wenn ich mich jetzt mit einem Menschen wohlfühle, spreche ich halt über die Realitäten: darüber, daß ich meine Schließmuskel und meine Blase nicht kontrollieren kann und was das für mich bedeutet. Daß es doch etwas anderes ist, mit mir Liebe zu machen, und daß es Dinge gibt, die ich vielleicht erklären muß. Manchmal machen die Frauen sich Sorgen, daß sie mir wehtun könnten oder mich in eine Lage bringen, die mir unbequem ist. Ich habe einen künstlichen Ureter, der direkt von den Nieren kommt und dessen Ausgang vorn in meiner Haut ist, und das ist etwas, das erklärt werden muß. Manche Leute schrecken davor zurück, und wenn ich das erlebe, ziehe ich mich manchmal ein bißchen in mich selbst zurück.

Ein sexuelles Erlebnis anzubahnen, sagt Gilbert, ein 34jähriger Berater für medizinische Einrichtungen, sei ein riskantes Wagnis, wenn man behindert sei. Doch ein erklärendes Wort schaffe da meistens Abhilfe:

Ich möchte immer aufrichtig sein und ihnen gleich sagen, was sie angesichts meiner Behinderung beim Liebesakt erwartet. Und ich finde auf diese Weise sehr schnell heraus, ob sie bereit sind, dieses Risiko einzugehen. Falls sie es sind, dann spreche ich von meinen persönlichen Nöten und Bedürfnissen. Ich frage sie auch nach ihren Bedürfnissen. Zum Beispiel danach, was sie von oralem Sex halten, ob sie nicht auch einmal Lust hätten, etwas anderes auszuprobieren. Es gibt eine solche Vielfalt von Sachen, mit denen man einer Frau angenehme Gefühle verschaffen kann. Eine Menge Frauen mögen es nicht, wenn man ihre Brüste befühlt. Vielleicht lassen sie sich lieber am Hals küssen oder im Bereich ihrer Ohren. Das sind alles Dinge, die man vorher herausfinden muß, bevor man sich auf jemanden einläßt. Dann aber, nachdem wir diese Dinge durchgesprochen haben, habe ich meinen Spaß, und ich glaube schon, sie auch. Selbst wenn ich an manchen Körperstellen überhaupt keine sexuellen Empfindungen verspüre, ist, psychologisch gesehen, das Wissen darum, daß sie glücklich ist, etwas, das auch mich glücklicher macht. Ich hänge gleichzeitig auch eigenen Phantasien nach, und das macht es für mich sogar noch viel erregender.

Obwohl viele der schwer körperbehinderten Männer, deren Leiden eine Erektion unmöglich machte, behaupteten, daß eine Erektion für lustvollen Sex nicht notwendig wäre, hatten einige eine Prothese oder ein künstliches Penis-Implantat und waren damit recht zufrieden. Es gibt ganz verschiedene Arten von Prothesen. Einige sind in normalem Zustand schlaff, doch lassen sie sich durch Betätigung eines Knopfes, der sich im Hodensack befindet, aufblasen. Offensichtlich handelt es sich dabei um recht komplizierte Apparaturen, die auch recht störanfällig sind. Steife und halbsteife Penis-Prothesen sind, chirurgisch gesehen, weitaus weniger kompliziert und funktionieren recht problemlos. Der versteifte Prothesentyp läßt sich leicht in Ruhestellung bringen, so daß die Dauererektion sich nicht sichtbar abzeichnet. Und das halbsteife Modell hinterläßt schon eher eine merkliche Ausbuchtung, wenn der Mann Hosen anhat. Der 58jährige Emmitt, der eine ganze Reihe von Krankheiten durchzustehen hatte, von Diabetes bis zu Störungen der Herztätigkeit, ließ sich eine halbsteife Prothese anpassen. Emmitt beschrieb uns, welche Bedeutung diese Penis-Prothese für ihn gehabt hat:

Ich fand niemanden, der mir helfen konnte. Ich versuchte es sogar mit Selbsthypnose und Bio-Feedback, um herauszufinden, ob das körperliche Problem geistig beherrschbar wäre und ob Entspannung mir helfen könnte. Doch es stellte sich heraus, daß der Diabetes mein Nervensystem in Mitleidenschaft gezogen hatte, und natürlich hatte ich durch meine Herzkrankheit auch Kreislaufstörungen und verlor dadurch nach und nach die Fähigkeit, Erektionen zu haben. Ich war damals mehr als 25 Jahre verheiratet, und es brach mir das Herz, daß ich es im Bett nicht mehr tun konnte. Ich gab meiner Frau sogar den Rat, sich jemand anderen zu suchen. Sie wollte davon nichts hören. Dann erfuhr ich zufällig von diesen Penis-Prothesen. Die, die ich mir dann zulegte, kam meinem Geschlechtsleben und meiner Ehe zugute. Meine Frau sagte anfangs: »Hör mal, was willst du denn noch in deinem Alter mit dem Ding anfangen?« Ich glaube wirklich, daß unsere Harmonie zuhause dadurch größer geworden ist. Sie verleiht mir ein starkes Selbstgefühl, und ich kann es jederzeit machen, wenn ich will, wirklich zu jeder beliebigen Zeit, am Morgen oder am Nachmittag oder nachts, um meiner Frau oder mir selbst Lust zu verschaffen.

Ich habe eine steife Prothese, die einige Probleme schafft, denn wenn ich aufrecht stehe, sieht man eine Ausbuchtung. Meine Frau ist deswegen ziemlich verlegen, aber mich kümmert das nicht im geringsten. Für mich ist das auch nichts anderes als das Tragen orthopädischer Schuhe, eines Hörapparates oder einer Brille. Das sind doch alles in gewisser Weise auch Prothesen. Darüber mache ich mir nun keine Gedanken mehr. Das Implantat darf nicht zu lang oder zu dick sein, weil sich dann Probleme einstellen könnten, also verliert man ein wenig an Länge und Durchmesser – woran mir ohnehin nicht viel gelegen war –, doch ich denke mir, eine halbe Gurke ist noch immer besser als gar keine Gurke.

Männer wie Emmitt, der offen von seiner Prothese sprach, und Brian, der sich Sorgen machte über seine sexuelle Leistungsfähigkeit, zögerten zu Anfang noch, mit uns zu sprechen. Aber sie taten es dann schließlich doch, um einen Beitrag dazu zu leisten, daß auch andere Männer aus ihren Erfahrungen Nutzen ziehen könnten. »Ich möchte irgendeinem anderen unglücklichen Kerl den unnötigen Kummer ersparen, den ich durchgemacht habe«, sagte einer der Männer, und Brian fügte hinzu: »Wenn ich vielleicht früher gewußt hätte, wie andere Männer mit ihrem Ejakulationsproblem umgehen, dann hätte ich mich vielleicht schneller von meinem Schock erholt.«

Sogar wenn die Männer, die wir interviewt haben, sich Problemen gegenüber sahen, die ihr Geschlechtsleben empfindlich beeinträchtigten – ob sie nun auf psychische oder körperliche Ursachen zurückgingen – sie fanden stets einen Weg, sich damit auseinanderzusetzen und damit fertig zu werden. Denn gewisse zeitweilige Unterbrechungen der sexuellen Aktivität sind ein normaler Bestandteil des Lebenszyklus. Zum Beispiel kann auch eine Schwangerschaft schwerwiegende Auswirkungen auf das Geschlechtsleben eines Paares haben, und während in jüngster Zeit den Folgen der Schwangerschaft für das Geschlechtsleben der *Frau* mehr Beachtung geschenkt worden ist, ist kaum untersucht worden, wie sie sich auf die männliche Libido auswirkt. Sogar noch weniger Beachtung ist den Folgen geschenkt worden, die Schwangerschaft und Geburt auf das Intimleben zweier Menschen haben. Davon soll unser nächstes Kapitel handeln.

Sex, Schwangerschaft
und der neue Erdenbürger

Die stets so vernunftbeherrschten, kontrollierten Macho-Männer der Vergangenheit brachen, was vorherzusehen war, buchstäblich auseinander, wenn ihre Frauen neues Leben auf die Welt brachten. In dem Buch »The Flame an the Flower« von Kathleen Woody heißt der Held Brandon: ein hochgewachsener, dunkler, hübscher, weltläufiger, arroganter Typ, der stets alles unter Kontrolle hat. Doch in dem folgenden Abschnitt, in dem die Geburt seines Sohnes beschrieben wird, fühlt sich Brandon völlig hilflos und überwältigt von der mysteriösen Welt, die ausschließlich den Frauen gehört. Die Erfahrung dieses Mannes, während der Geburt eines Kindes nur ein unwillkommener Eindringling zu sein, gilt auch heute noch für viele Männer:

> Er fühlte ein starkes Bedürfnis nach einem Brandy, doch er verzichtete, da er bleiben und seine Frau auf jede nur erdenkliche Weise beruhigen und ihr beistehen wollte. Sie klammerte sich fest an seine Hand und schien ihn an ihrer Seite haben zu wollen, und er konnte sie doch nicht verlassen, während sie unter Qualen sein Kind auf die Welt brachte!

Wie auch heute noch viele Männer bei der Geburt eines Kindes sich als Eindringlinge fühlen, ist auch Brandon am Wochenbett seiner Frau ein Fremder und wird von der Hebamme aufgefordert, jetzt besser zu gehen: »Master Brandon, sie lassen sich jetzt am besten von Master Geoff etwas Starkes zurechtmachen. Sie sehen nicht gut aus.« Freundlich, aber bestimmt, begleitet sie ihn zur Tür und gibt ihm den Rat: »Gehen Sie, und betrinken Sie sich, Master Brandon, gehen Sie und betrinken Sie sich, bis ich Sie rufe. Ich möchte nicht, daß Sie mir ohnmächtig werden, während ich mich um die Missus kümmere.«

Erst in allerneuster Zeit hat sich die Rolle des Mannes beim Geburtsakt etwas verändert. Obwohl sich der Schauplatz der Geburt vom eigenen Heim ins Krankenhaus verlagert hat, wird der

Mann noch immer auf den Flur geschickt, in den Warteraum oder in die nächstliegende Kneipe. Und während er wartet, bestellt er einen Kaffee nach dem anderen oder eine Runde Whisky nach der anderen. Wie unser Romanheld fühlen sich auch heute noch viele Männer von der Geburt ihrer Kinder ausgeschlossen. In der Vergangenheit wurde der Status des Mannes als Außenseiter bei der Geburt nie infrage gestellt. Seine Aufgabe war damit abgeschlossen, einen gesunden Setzling zu pflanzen; die ihre bestand darin, einen empfänglichen, nährenden Schoß bereitzustellen, aus dem schließlich gesunde Nachkommenschaft hervorging. Die Rollen von Männern und Frauen waren klar vorgezeichnet. Sowohl der Ehemann als auch die Frau wußten mit unerschütterlicher Überzeugung, was von ihnen beim Akt der Fortpflanzung erwartet wurde. Und jeder zahlte seinen Preis für diese rigide festgelegten Rollen. Die Frau mußte die Qualen und die unbekannten Gefahren der Entbindung allein durchstehen. Vom Mann, dem beim Austragen der Kinder keine biologische Funktion zufiel, wurde nicht erwartet, daß er das entsprechende instinktive Verlangen hatte, bei der Entbindung dabeizusein. Also behielt er seine eiserne männliche Maske bei und verleugnete den ursprünglichen männlichen Instinkt, beim Akt der Geburt auch seinen Beitrag zu leisten.

In seinem Buch »The Birth of a Family«, in dem die veränderte Rolle von Vätern bei Schwangerschaft und Geburt untersucht wird, erzählt Nathan Cabot Hale, wie ausgestoßen er sich gefühlt hätte, als man es ihm verwehrte, bei der Geburt seiner Kinder dabeizusein:

> Ich empfand, daß mir etwas verweigert wurde, worauf ich als Mann und Vater ein Anrecht hatte. Es war ein echtes Gefühl des Verlusts, daß mir verwehrt wurde, eine wichtige Erfahrung im Leben zu machen. Später, als ich dann schließlich in der Lage war, Zeuge der Wehen meiner Frau zu sein und ihr bei der Geburt beizustehen, wurde ich mir ganz stark bewußt, daß die Gefühle, die ich vorher gehabt hatte, sowohl sehr wahr als auch ganz natürlich gewesen waren, und – was noch mehr ist – auch notwendig für meine Entwicklung zum erwachsenen Menschen. Ich sage mit voller Überzeugung, daß die Geburt eines Kindes nicht nur die großartigste menschli-

che Erfahrung ist, sondern eines der schönsten Erlebnisse, das ein Mann und eine Frau miteinander teilen können. Jener Instinkt, der auch dem Mann die Sehnsucht eingibt, an der Geburt seiner Kinder direkt beteiligt zu sein, bringt ihn den schöpferischen Kräften des Universums näher.

Innerhalb der letzten 20 Jahre sind auch in diesem Land Versuche mit neuen Praktiken bei der Entbindung gemacht worden. Heute ist es den Männern nicht nur gestattet, während der Wehen mit ihren Frauen zusammen zu bleiben, sondern einige haben sogar wichtige praktische Funktionen beim Geburtsvorgang übernommen. Eine völlig neue Philosophie und ganz neue Methoden der Vorbereitung auf die Geburt erfreuen sich über den Zeitraum der letzten 10 Jahre immer größerer Beliebtheit. Und die veränderte Einstellung, die seither zu beobachten ist, wertet Schwangerschaft und Geburt als ein Unternehmen, das ganz entschieden zwei Menschen betrifft.

Nach der Lamaze-Methode, der Bradley-Methode und anderen ist der Ehemann ein voll anerkanntes, gleichberechtigtes Mitglied dieses Teams, besucht gemeinsam mit seiner Frau Kurse, in denen sie beide Atemübungen machen, sich entspannen lernen und sich Techniken geistiger Konzentration aneignen, um sich auf die Entbindung vorzubereiten. Der Ehemann wird zum Trainer seiner Frau und hilft ihr, die Schmerzen der Wehen und der Entbindung leichter zu machen.

Jack, ein 38jähriger Ingenieur, der seit 15 Jahren verheiratet ist, machte mit seiner Frau die Erfahrung einer solchen Zusammenarbeit, als die Geburt ihres zweiten Sohnes bevorstand, der jetzt 10 Jahre alt ist:

Das Lamaze-Training erfordert die Zusammenarbeit mit der Ehefrau. Also besucht man gemeinsam Kurse und macht auch die Übungen gemeinschaftlich. Man sucht sogar gemeinsam den Arzt auf. Sobald die Wehen einsetzen, ist man mit ihr in einem Zimmer, man ist im Kreißsaal an ihrer Seite und begleitet sie, wenn sie hinterher in ihr Zimmer zurückgefahren wird. Bei allem ist man mit dabei. Im Grunde teilt man sich auch den Schmerz der Entbindung. Man hält ihre Hand, man hilft beim Pressen, man hilft ihr, wenn sie hyperventiliert. Man wischt ihr das Gesicht, wenn sie stark schwitzt.

Man hilft ihr in allem bis zuletzt. Das verschafft einem das Gefühl, von Anfang bis Ende dabei zu sein, und das ist schon ein ganzes Stück weit auf dem Weg, es für beide Beteiligten leichter zu machen.

Der Lamaze-Methode liegt die Überzeugung zugrunde, daß der Ehemann die geeignetste Person ist, rechtzeitig die Zeichen zu deuten, wenn seine Frau sich nicht entspannt oder genügend konzentriert. Er kennt sie weitaus besser als jeder medizinisch Gebildete. Es ist für ihn wichtig, bei den Wehen mit dabei zu sein, berichten die Anhänger der Lamaze-Methode, weil eine Frau oft an einen Punkt gelangt, an dem sie sich emotional und physisch völlig ausgelaugt fühlt; sie ist dann völlig entmutigt und meint, sie könnte nicht weitermachen. Das ist dann der Augenblick, in dem der Ehemann eingreift und ihr emotional die Unterstützung gibt, die sie braucht.

Ein Paar, das sich dazu entschließt, Methoden der natürlichen Geburt während der Schwangerschaft zu übernehmen, übernimmt zugleich eine völlig neue Einstellung: nämlich daß der gesamte Verlauf der Schwangerschaft ein gemeinsames Unternehmen ist, an dem beide aktiv voll beteiligt sind. Obwohl die Frau natürlich diejenige bleibt, die körperlich das Baby auszutragen hat, trägt doch, psychisch gesehen, auch der Mann es – in seiner vollen Bedeutung – mit aus. Obwohl die Kurse der natürlichen Geburt erst im letzten Drittel der Schwangerschaft abgehalten werden, sollte diese Partnerschaft bereits beginnen, wenn die Entscheidung getroffen wird, ein Kind zu haben. Der Mann begleitet seine Frau dann zu den Besuchen beim Arzt, bei Einkäufen für das Neugeborene. Er geht mit ihr in Filme und Elternseminare und nimmt schließlich Teil an Kursen, in denen ihm beigebracht wird, bei der Geburt zu helfen.

Aufgrund der Interviews, die wir durchgeführt haben, sind wir zu der Schlußfolgerung gelangt, daß solche Gemeinschaftlichkeit während der Schwangerschaft nicht nur zu besserer Zusammenarbeit und größerer Beteiligtheit führt, sondern auch die Intimität zwischen Mann und Frau steigert. Jack fährt fort:

Meine Frau und ich kamen uns während ihrer zweiten Schwangerschaft näher, weil wir unsere Empfindungen und Sorgen miteinander und mit dem Arzt und anderen Leuten teilten, die dieselbe Erfahrung durchmachten. Auf die alte, herkömmliche Weise hatten wir das alles schon einmal erlebt, also kannten wir die negativen Seiten. Beim ersten Mal war sie einfach völlig erledigt und erschlagen gewesen und hatte die Entbindung gar nicht bewußt miterlebt. Sie war sehr enttäuscht. Als wir dann unser zweites Kind hatten, schlugen wir gleich von Anfang an einen ganz neuen Weg ein. Wir hatten beschlossen, diesmal unsere Freude daran zu haben, und es ergab sich dann auch so, daß wir über alles hinaus, was wir uns vorgestellt hatten, tiefe Freude dabei empfinden konnten.

Was die zweite Geburt um so vieles befriedigender machte, sagt Jack, war das Miteinander-Teilen der Verantwortung – und auch der Freuden – sowohl während der Schwangerschaft als auch bei der Entbindung.

Natürlich hatte nicht jeder Vater, den wir interviewt haben, Schwangerschaft und Entbindung mit soviel Beteiligung erlebt. Bei vielen der jüngeren Männer war das allerdings so, und andere, wie Jack, entschieden sich schon zum zweiten oder dritten Mal dafür. Einige hatten das überhaupt nicht in Erwägung gezogen. Daher war uns im Laufe unserer Interviews daran gelegen zu erfahren, ob solche Beteiligung und Mitverantwortung bei der Schwangerschaft Auswirkungen auf die sexuelle Intimität dieser Paare gehabt hatte.

Das Bild des traditionellen Paares porträtiert entsprechend dem herkömmlichen rigiden Rollenmodell den Mann als leicht über-rumpelt – und stark ernüchtert – durch den angeschwollenen Zustand seiner Frau. Und wer kann es ihm schon verdenken, mögen seine Kumpel sagen, wenn er sich anderswo ein bißchen umsieht und nach einer anderen Ausschau hält? Bei leichtem Ekel und all den körperlichen Beschwerden bedeuteten diese 9 Monate der Schwangerschaft für einige dieser zukünftigen Elternpaare einfach 9 Monate verminderter sexueller Aktivität, wenn nicht gar Absti-nenz. Und oft kam Sex noch Monate nach der Entbindung gar nicht in Betracht. Oder es gab ihn nur auf sehr eingeschränktem Niveau.

Allerdings erzählten uns viele Männer, die wir interviewt haben, eine völlig andere Geschichte. Sie hatten den Wunsch, mit ihren

Frauen geschlechtlich solange aktiv zu bleiben, wie es nur physisch möglich und für beide Partner emotional wünschenswert war. Und selbst dann, wenn die Zeit herangekommen war, freiwillig oder notgedrungen aufzuhören, zogen sie es vor, innerhalb ihrer Beziehung sich weiterhin umeinander zu bemühen, um die ehelichen intimen Bande noch zu stärken, anstatt sich anderswo nach Ablenkung umzusehen.

Schwanger werden

Obwohl sich meist innerhalb von 6 Monaten, nachdem der Gebrauch von Verhütungsmitteln abgesetzt worden ist, eine Schwangerschaft einstellt, gibt es doch eine erhebliche Anzahl von Frauen, die auch nach ein oder zwei Jahren noch nicht schwanger geworden sind. Wenn der Kinderwunsch eines Paares regelmäßig enttäuscht wird, stellen Mann und Frau oft fest, daß ihr Geschlechtsleben dadurch in Mitleidenschaft gezogen wird. Und um feststellen zu lassen, welcher der beiden Partner »nicht richtig funktioniert«, unterziehen sich viele einer ganzen Serie von Tests. Der Mann muß masturbieren und sein Sperma zur sofortigen Untersuchung an ein Labor schicken. Die Frau muß ihren Ovulationszyklus aufzeichnen und die gemessene Temperatur auf Tabellen eintragen. Die klinische Gründlichkeit solcher Tests bedeutet nicht nur einen Einbruch in die Privatsphäre eines Paares, sondern kann ihre spontane erotische Zuwendung in reinen Routinesex verwandeln. Aus Sex zu Freude und Erholung und aus Liebe wird dann Sex mit dem einzigen Ziel der Fortpflanzung – durchgeplant, programmiert und jedesmal minutiös festgehalten. Einige der von uns interviewten Männer konnten sich erinnern, daß dieser Zeitraum vor der Empfängnis für ihre sexuellen Beziehungen eine große Belastung gewesen ist. Der Leistungsdruck wurde übermächtig. Wie tief und wirkungsvoll ließ sich der männliche Samen wohl einpflanzen? Und manchmal erzeugte auch dieser Zwang zur Leistung genau entgegengesetzte Wirkungen: das Glied des Mannes schrumpfte, und es kam nicht einmal bis zur alles bedeutenden Ejakulation.

Obwohl der Leistungsdruck gewiß sehr stark war, waren die Männer verschiedentlich noch in der Lage, den Streß abzubauen, indem es ihnen gelang, die Dinge in einem erfreulicheren Licht zu sehen. Zum Beispiel hob einer der Männer hervor, daß da, wo dem Sex absolute Priorität eingeräumt werden soll, damit es zur Empfängnis kommen kann, ihm oftmals auch viel mehr Zeit zugestanden werden muß:

> Es passiert immer wieder, daß Sex in der Ehe zu etwas wird, das nur noch unregelmäßig vorkommt – bedingt durch sich überschneidende Arbeitszeiten und durch Überstunden oder die normalen Arbeitsbelastungen. Doch wenn es das Problem der Empfängnis gibt, kann man zumindest all solche Widrigkeiten in eine Gelegenheit verwandeln, ziemlich regelmäßig Geschlechtsverkehr zu haben.

Der Versuch, eine Empfängnis zustandezubringen, wird zu einem Gebot, Sex zu haben, sagt Douglas, ein 32jähriger Lobbyist, der erst vor kurzem nach langen, vergeblichen Versuchen Vater eines Sohnes geworden ist: »Es gab dabei keine Schuldgefühle, kein Geziere und keine Geheimnistuerei. Jeder ermutigte uns, es so oft wie möglich miteinander zu treiben.« Sie hielten sich daran:

> Fast eineinhalb oder zwei Jahre lang forcierten wir unser Geschlechtsleben ganz gewaltig. Ich war zum Beispiel irgendwann einmal auf Reisen und traf Helena am Flughafen von Los Angeles. Ich hatte dort einen Zwischenaufenthalt auf meinem Flug nach Chicago, und sie war aus Houston herübergekommen. Morgens um eins nahmen wir uns ein Hotelzimmer und hatten auch gleich Geschlechtsverkehr, und am nächsten Tag brach ich früh auf und reiste nach Chicago weiter. Es war verrückt, aber irgendwie auch aufregend. Darüber hinaus bereitet es uns aber auch nie die geringsten Kopfschmerzen. Es gab absolut nichts, das so wichtig gewesen wäre, uns vom Sex abzubringen. Wir wußten immer, daß es passieren, daß wir es machen würden und ließen uns einfach auf dieser Woge treiben. Man hat das Gefühl, daß die ganze Welt einem auf die Schulter klopft, weil man miteinander ins Bett geht. Sogar die eigenen Eltern, die unbedingt Enkel haben wollen, geben dir die Erlaubnis, Sex zu machen!

Kurz nachdem die Frau schwanger geworden ist, verbessern sich gewöhnlich die sexuellen Beziehungen. Plötzlich gibt es keine Schuldfrage mehr, keinen Leistungsdruck, die Notwendigkeit der Verhütung oder der Besorgnisse über Fehlversuche und wiederholtes Mißlingen. Die Sexualität wird danach oft freier und spontaner.

So sagt Douglas:

> Wir hatten derart große Schwierigkeiten, bis es endlich zur Schwangerschaft kam, daß wir uns sogar drei bis vier Jahre lang damit herumschlugen, die Möglichkeiten einer Adoption zu erkunden. Als diese Sache endlich ein- für allemal abgeschlossen war und sie schließlich schwanger wurde, war das für uns eine riesige Erleichterung. Geradezu befreiend war auch, daß wir uns über Fruchtbarkeit und Unfruchtbarkeit keine Sorgen mehr machen mußten und auch nicht mehr über Schwangerschaftsverhütung. Unsere Sexualität war nach langer Zeit wieder richtig sorgenfrei.

Doch eine Schwangerschaft bringt auch hormonale Veränderungen mit sich, die Übelkeit und Erbrechen verursachen können, leichte Ermüdbarkeit und natürlich das Anschwellen von Brüsten und Bauch. Solche Veränderungen können nicht nur körperliche Beschwerden hervorrufen und dämpfend auf das sexuelle Verlangen wirken, sondern sie lösen vielleicht auch emotionale und psychische Unsicherheit aus, die eine sexuelle Beziehung beeinträchtigen können. Die Frau legt sich dann vielleicht besorgt die Frage vor: bin ich noch sexuell attraktiv, werde ich ein gesundes Kind haben? Und der Mann wiederum mag sich die Frage stellen: kann ich dem Baby Schaden zufügen, wenn wir Liebe machen? Werde ich genug Geld verdienen können, um uns alle zu ernähren? Bin ich überhaupt darauf vorbereitet, ein guter Vater zu sein? Das Gewicht dieser sich häufenden Fragen – Fragen, die nicht unmittelbar beantwortbar sind – kann die Sexualität eines Paares negativ beeinflussen.

All diese Belastungen und Befürchtungen in Verbindung mit den beträchtlichen physiologischen Veränderungen, die eine Frau während ihrer Schwangerschaft durchmacht, können sehr starke

Stimmungsschwankungen zur Folge haben. Ein grundlegendes Wissen um die chemischen Veränderungen, denen eine Frau während ihrer Schwangerschaft ausgesetzt ist, sei, so meint Dan, für den Ehemann sehr hilfreich. Dan ist ein 31jähriger Arzt mit zwei Töchtern, Zwillingen, die noch nicht ein Jahr alt sind. Dan sagt:

Je weiter die Schwangerschaft fortschreitet, desto häufiger und abrupter wird ein Wechsel in den Stimmungen. Und oftmals nehmen Männer so einen Stimmungswechsel persönlich und haben das Gefühl, etwas falsch gemacht zu haben, oder daß ihre Frau sie nicht mehr liebt. Gewöhnlich ist das aber auf die eigene Unsicherheit der Frau zurückzuführen und auf ein mangelndes Selbstwertgefühl oder aber die verbreitete Vorstellung, daß schwangere Frauen häßlich sind. Das alles kann völlig ausreichen, ein Gefühl der Depression zu erzeugen.

Dann schildert er, wie man mit solchen Stimmungsumschwüngen umgehen sollte:

Sobald ich begriffen hatte, was viele Frauen während einer Schwangerschaft durchmachen, konnte ich feststellen, daß ich meine Frau ruhig weinen ließ oder sie mich anschreien ließ, ohne daß ich es persönlich genommen hätte. Oft liegen wir engumschlungen ganz dicht beieinander im Bett und reden darüber. Ich lasse sie weinen oder sie läßt mich weinen, sofern mir danach ist, und wir haben versucht, den tiefer liegenden Ängsten nachzuspüren, wie etwa dem Gefühl, durch die Schwangerschaft häßlich oder unzulänglich zu sein. Einige haben Angst, daß ihr Mann einfach aus dem Haus geht und sie betrügt, weil sie ihn sexuell nicht genug reizen können oder nicht attraktiv genug sind. Und das kann auch tatsächlich zu einem Teufelskreis werden, wenn zwischen beiden keine Verständigung mehr möglich ist und der Mann buchstäblich vertrieben wird. Also haben wir uns immer geduldig ausgesprochen und es uns mit den emotionalen Veränderungen nicht leicht gemacht, die sie damals durchstehen mußte.

Andere Männer stellten fest, daß es fast ebenso wichtig war, die negativen Gefühle nicht wegzuleugnen oder zu verbergen, die ihnen der immer mehr anschwellende Bauch ihrer Frau verursachte. Einer der Männer erklärte uns, daß gegen Mitte der Schwangerschaft ihm plötzlich aufgegangen wäre, daß »ich das nicht gerade anziehend finden konnte. Es ist nicht mehr ästhetisch ansprechend. Sicher hätte ich gern ein liebevolles inneres Bild der Frau vor mir gehabt, die mein Kind unter ihrem Herzen trägt, die ich sexuell begehre, doch manchmal ist das einfach nicht drin.«

Einige Männer beobachten, wie der Leib ihrer Frau immer mehr anschwillt und sehen darin einen großen, fetten, sehr wenig anziehenden Auswuchs. Diese Wahrnehmung kann emotional sehr aufgeladen sein, und erst wenn man etliche Male darüber gesprochen hat, wird vielleicht verhindert, daß das Problem eskaliert. Howard, ein 35jähriger Planer für Baulanderschließungen, sagt uns, daß er während der ersten Schwangerschaft seiner Frau lange gezögert hätte, ihr einzugestehen, daß ihr schwellender Leib ihn gewaltig ernüchterte, und sie wiederum war außerstande, ihm zu sagen, daß sie mehr Sex als üblich brauchte. Ihr Unvermögen, sich zu verständigen, verschlimmerte ein heikles Problem nur noch mehr. »In der Rückschau« sagt Howard,

haben wir leider eingesehen, daß es weitaus einfacher für uns gewesen wäre, wenn wir uns darüber ausgesprochen hätten. Doch es scheint so, daß ich damals Angst gehabt haben muß, ihre Gefühle zu verletzen. Ich wollte nicht einfach zu ihr sagen: ›Ich kann mit dir nicht ins Bett gehen, weil du so unförmig bist.‹ Und da sie sich vernachlässigt und unsicher fühlte, brauchte sie mehr Sex, doch sie traute sich nicht, das zu äußern, da sie befürchtete, gerade zu einer Zeit zu viele Forderungen an mich zu stellen, in der wir ziemlich unter Druck gewesen sind. Als wir dann schließlich nach der Geburt des Kindes ein Buch lasen, in dem stand, daß die meisten Männer buchstäblich jede schwangere Ehefrau eines anderen Mannes für attraktiver halten als die eigene, sagte Liz zu mir: ich wünschte nur, ich hätte das schon vergangenen Sommer gewußt. Und danach fingen wir an, uns auszusprechen. Und irgendwann waren wir auch so weit, zu begreifen und zu akzeptieren, was geschehen war.

Art, ein 35jähriger Arzt, schaffte es, dem wachsenden Körperumfang seiner Frau etwas abzugewinnen, indem er das Positive daran betonte:

Es gibt noch viele andere Arten, die körperlichen Veränderungen bei einer Schwangerschaft nicht nur als negativ oder bedrohlich wahrzunehmen. Schwangerschaft hat, wie eben alles Neue, seine guten und schlechten Seiten, und man muß sich halt einfach auf das Gute daran konzentrieren. Die physiologischen Veränderungen können auch sehr sexy sein, sobald man beschließt, sie so sehen zu wollen. Oft scheint ein richtiges Strahlen von einer schwangeren Frau auszugehen. Man muß sich nur mit Gefühl mehr darauf einstellen, auf dieses innere Strahlen.

Der 61jährige Mark erinnert sich an die Zeit der Schwangerschaft seiner Frau als an einen »Totalausverkauf im Hinblick auf ihre sexuelle Anziehungskraft«. Der Zustand ihrer Schwangerschaft erregte ihn zwar, doch da ihr enormer Umfang dem Geschlechtsverkehr einigermaßen im Wege stand und sie auch nicht sehr gelenkig und beweglich war, konnte er sie nicht sehr reizvoll finden. Die Wirkung, die ihre Schwangerschaft auf ihn hatte, beschreibt er als sowohl hemmend und hinderlich wie auch zugleich erregend:

> Einerseits gab mir die Vorstellung, daß mein Kind in ihrem Leib heranwuchs, ein sehr starkes Gefühl der Intimität, und mein Verlangen war größer als je zuvor. Andererseits jedoch hatte die Angst, daß ich dem Kind irgendwie schaden könnte, eine hemmende Wirkung. So schlug ich mich also gleichzeitig mit zwei widerstreitenden Empfindungen herum.

Auch Douglas hatte gemischte Gefühle hinsichtlich der körperlichen Veränderungen seiner Frau während ihrer Schwangerschaft. Er liebte ihre schwellenden Brüste, hatte jedoch ein sehr merkwürdiges Gefühl, wenn das Baby beim Geschlechtsverkehr sich bewegte und trat:

> Helena hat keine großen Brüste, also war das für mich etwas völlig Neues und etwas, das ich sehr erregend fand. Es war ein ganz andersartiges Gefühl, so als wäre ich mit einer anderen Frau zusammen, ohne all die Gefahren, die man sonst gewöhnlich dabei läuft. Doch wenn sich das Baby bewegte, war das nach meiner Meinung keineswegs sexy. Zu wissen, daß da noch jemand Dritter mit im Bett ist, ist wie das Eindringen eines Störenfrieds. Es war nicht immer das reinste Vergnügen

für mich, meine Hand auf Helenas Bauch zu legen und das Leben darin zu spüren. Es hatte eher etwas Absonderliches.

Und dann gab es die Männer, die überhaupt keine ambivalenten Gefühle gegenüber den körperlichen Veränderungen hatten, die ihre schwangeren Frauen durchmachten. Sie waren hingerissen, ihre Frauen schwanger zu sehen, und beobachteten mit Freude, wie sich ihre Körper veränderten. Burt, ein 34jähriger Staatsanwalt, empfand das folgendermaßen:

Ich fand sie außerordentlich anziehend, als sie schwanger war, und es bereitete mir großes Vergnügen, mit ihr Liebe zu machen. Ihre Brüste waren sehr ausladend. Das ist etwas, das ich mag. Ihre Brustwarzen vergrößerten sich und wurden ganz dunkel und ihre Haut war sehr schön, wirklich wunderschön während der Zeit ihrer Schwangerschaft. Ich liebte es, ihren Bauch zu berühren und ihre Haut. Sie war irgendwie ganz rund und kuschelig, und ich fand sie sehr, sehr attraktiv. Es bereitete mir sehr viel Freude, sie im Arm zu halten. Ich fand die körperlichen Veränderungen, die sich bei ihr einstellten, enorm attraktiv und sexuell sehr erregend.

Albert, ein 42jähriger Schullehrer, hatte den Eindruck, daß seine Frau während ihrer Schwangerschaft nicht nur wunderschön sondern zugleich auch absolut erotisch gewesen wäre:

Wir waren sexuell voll drauf, bis dann das Baby geboren wurde. Ich fand meine Frau verteufelt schön, als sie schwanger war. Sie war eine überreife Frucht. Es war etwas Üppiges, Süßes, Verführerisches an ihr, wie Saft, der einem die Mundwinkel herunterläuft.

Viele Männer wie Scott, ein 27jähriger Lehrer, waren sexuell bis zum Tag der Entbindung mit ihren Frauen aktiv:

Ich fand sie sehr sexy, und es war geradezu ein Wettlauf, als der 9. Monat herangekommen war, zu sehen, wie lange wir es noch treiben konnten. Es wurde zu einem richtiggehenden Wettbewerb. Wir versuchten, einen Rekord aufzustellen, indem wir es solange miteinander trieben, bis das Baby geboren wurde.

Anders als Scott und seine Frau stellten eine Anzahl künftiger Eltern vor der Entbindung ihren Geschlechtsverkehr ganz ein, zumeist aus Furcht davor, das Baby zu schädigen. Diese Furcht, so erzählte uns ein Übungsleiter der Lamaze-Methode, wäre sowohl von Frauen als auch von Männern während der Schwangerschaft am häufigsten geäußert worden. Doch solange eine Frau nicht bereits schon vorher Fehlgeburten gehabt hätte oder ungewöhnliche Blutungen aufgetreten oder andere körperliche Anzeichen für ein Problem vorhanden gewesen wären, gäbe es eigentlich keinen Grund zur Besorgnis.

Doch machten sich einige auch trotzdem noch weiterhin Sorgen, und für Paul, einen 42jährigen Börsenmakler, verursachten solche Besorgnisse zuallererst Probleme:

> Ich war ziemlich bedacht auf mein Gewicht, und als ihre Schwangerschaft Fortschritte machte, wählten wir eine Stellung, bei der sie auf mir drauf oder ich hinter ihr war und von hinten in sie eindrang. Aber das Spontane am Sex war damit dahin. Es war nicht mehr die herrlich-verrückte Kabbelei, um uns einander in Erregung zu versetzen. Es wurde irgendwie viel geregelter und weniger spontan, was, wie ich glaube, dazu beigetragen hat, daß das sexuelle Verlangen bei mir sehr stark zurückgegangen ist. Ich kümmerte mich sehr stark um die Gefühle meiner Frau, um ihre ganze Einstellung und gefühlsmäßige Empfänglichkeit für den Sex, und dann natürlich auch noch um die physische Unversehrtheit des Babys, was aus unserer Sexualität etwas Kalkuliertes und Geplantes machte, was vorher nicht gewesen war.

Der 32jährige Douglas erzählt, während ihrer Schwangerschaft sei seine Frau stets überängstlich wegen eines zu tiefen Eindringens gewesen, und das habe dann auch er wegen des keimenden Lebens in ihr beim Sex stets berücksichtigt. »Unsere Liebe,« so sagt er, »war nicht so stürmisch wie sonst, eher verhalten und gebremst. Und schließlich fanden wir dann auch, glaube ich, beim Geschlechtsverkehr Stellungen, die zu keiner allzu tiefen Penetration führten.«

In ihrer Besorgnis, den Fötus nicht zu schädigen, und auch weil bestimmte Stellungen für die Frau zu schwierig wurden bei fortschreitender Schwangerschaft, experimentierten die Männer mit verschiedenen Stellungen beim Geschlechtsverkehr. Die drei häufigsten Stellungen, die sich laut Berichten der Männer in den letzten Monaten der Schwangerschaft als die bequemsten erwiesen hatten, waren die, bei der die Frau die obere Lage einnimmt, dann das Eindringen von hinten – wobei die Frau kniet – und dann die Seitenlage, bei der der Mann hinter der Frau zu liegen kommt. Bei keiner dieser Stellungen wird zusätzlich Druck auf Bauch oder Unterleib der Frau ausgeübt.

Der 31jährige Dan schildert uns, wie es er und seine Frau geschafft hatten, während ihrer Schwangerschaft sich mit dem Gesicht zueinander in der Seitenlage zu lieben:

> Besonders gern hatten wir die Stellung, bei der wir einander zugewandt auf der Seite lagen und sie beide Beine auf meine Hüfte legte, so daß ich mein Glied etwas seitlich in ihre Scheide einführen konnte, was recht angenehm und lustvoll war. Auf diese Weise blieben wir flexibel und konnten uns bewegen. Und diese Stellung schien vor allem vaginale Muskeln zu aktivieren, die in den sonst üblichen Stellungen nicht gereizt werden. Und dann hatte ich auch noch gute Gelegenheit, gleichzeitig mit der Hand ihre Klitoris zu bearbeiten.

Männerängste

Während eine Frau oft voll ausgefüllt ist mit den körperlichen Veränderungen und emotionalen Schwankungen, die ihre Schwangerschaft begleiten, hat der Mann oft mit ganz eigenen Sorgen zu kämpfen. Viele der von uns interviewten Männer hatten während verschiedener Phasen der Schwangerschaft ihrer Frauen erhebliche Bedenken, wie sie ihrer neuen Vaterrolle und der Verantwortung, die sie mit sich brachte, gerecht werden sollten. Während dieser emotional sehr aufgeladenen Zeit tauchten bei den Männern viele einander widerstreitende und unangenehme Empfindungen auf. Und in einigen Fällen dämpfte dieser Aufruhr der Gefühle auch ihr sexuelles Verlangen. Sorgen, ob er wohl den Anforderungen der Vaterschaft gewachsen wäre, plagten Howard während der ersten Schwangerschaft seiner Frau. Er sagte uns:

> Ich nahm meiner Frau gegenüber jetzt eher eine Beschützerrolle ein, nicht die des Liebhabers, und ich mußte beständig

denken: Oh, mein Gott, ich werde bald Vater! Aber ich weiß
ja gar nicht, wie ich mich als Vater verhalten soll! Ich habe
keine blasse Ahnung! Ich bin noch viel zu jung! Es ist schwer
zu sagen, ob der Rückgang meines sexuellen Interesses wirklich das Ergebnis meiner Ängste gewesen ist.

Larry, ein 38jähriger Geistlicher, hatte ganz andersartige Befürchtungen. In ihrer sehr engen Beziehung an Ausschließlichkeit gewöhnt, empfand Larry ein tiefes Gefühl des Verlusts, als er bemerken mußte, daß sich die Aufmerksamkeit seiner Frau mehr und
mehr dem noch ungeborenen Kind zuwandte, und seine Befürchtung war, daß er nach der Geburt ganz abgemeldet sein könnte:

20 Jahre lang waren Sheila und ich fast ununterbrochen zusammengewesen. Sie war stets wirklich gegenwärtig gewesen, und das war sie jetzt mit einemmal nicht mehr. Ich
verstand schon, daß die Schwangerschaft sie ganz ausfüllte,
doch das Gefühl des Verlusts traf mich völlig unvorbereitet.
Dies Gefühl, daß etwas in meinem Leben fehlen würde, diese
Verlassenheit, diese Angst – ja sogar Furcht – vor der Zukunft. Ich fragte mich, ob ich je zurückerlangen könnte, was
früher gewesen war. Und das ängstigte mich. Ich war auch
von mir selbst enttäuscht, weil mich ihre doch durchaus ange-
brachte Fürsorglichkeit um das Baby so sehr verletzte. Und
ich glaube auch, daß ich eifersüchtig war, was mir ganz und
gar nicht gefiel. Es gab damals vieles, was ich an mir nicht
mochte.

Aber in der letzten Schwangerschaftswoche nahmen Sheila
und ich uns viel Zeit füreinander. Wir machten die Lamaze-
Übungen gemeinsam, und einfach unsere Gespräche über
das Erregende, das auf uns zukam, die Vorbereitung des
Tonbands und das alles, versetzten mich in einen Zustand, in
dem ich schließlich in der Lage war, über einige dieser Gefühle offen zu reden. Wahrscheinlich, weil ich inzwischen doch
auch einiges begriffen hatte, meine Perspektive etwas klarer
geworden war und ich mich selbst nicht mehr so verloren und
unwohl mit mir fühlte. Sie reagierte sehr besorgt und liebevoll
und hat mir sehr geholfen. Und binnen 4 oder 5 Monaten
nach der Geburt fühlte ich mich dann wieder ganz ausgegli-
chen.

Ein weiteres, recht verbreitetes Problem, das sich bei Männern während der Schwangerschaft ihrer Frauen einstellte, bestand in ihrem Hang, in den zukünftigen Müttern asexuelle Heilige zu sehen. Jenes ›innere Leuchten‹ bekam dann fast eine religiöse Qualität. Und einige Männer, die ihre Partnerinnen auf ein Piedestal reiner Mutterschaft gehoben hatten, konnten feststellen, daß sie mit einemmal Schwierigkeiten hatten, in ihnen wieder ihre sexuellen Gespielinnen zu sehen. Dazu bemerkt der 49jährige Adam:

> Manchmal machte es mich ganz betroffen, daß meine Frau in diesem Zustand für mich mehr eine Mutter als eine Gattin wurde, und vielleicht war es das, wodurch mein sexuelles Verlangen so abgeflaut ist.

Und der 43jährige David, der ganz ähnlich empfand, deutete es sich auf diese Weise:

> Irgendwie schien es mir nicht mehr schicklich, daß sie während ihrer Schwangerschaft noch Interesse an der Sexualität haben könnte.

Weder Adam noch David waren sich damals, als sich dies vollzog, bewußt, daß ihr Verhalten eine Reaktion auf die stillschweigende Annahme gewesen ist, daß Mütter nichts Sexuelles haben können/dürfen. Nur rückschauend vermochten sie für sich klarzustellen, warum ihre sexuelle Aktivität mit ihren Frauen während deren Schwangerschaft so verkümmert war.

Aber weitaus häufiger waren es die Frauen, deren sexuelles Verlangen den Nullpunkt erreichte. Erschöpfung, Übelkeit, Stress und das Sich-Abschleppen mit einer übermäßigen Schwellung erzeugten oftmals einen Knick im Appetit auf Sex. Infolgedessen führten einige Paare während dieser Zeit oft ein völlig geschlechtsloses Leben. Während einige Männer sehr verständnisvoll waren, litten andere tief. Terry, ein 36jähriger College-Professor, erinnert sich, daß während der ersten Ehejahre der Sex zwischen ihm und seiner Frau das wichtigste Verständigungsmittel war, womit sie ihre Intimität zum Ausdruck brachten. Und während ihrer Schwangerschaft, als ihr Interesse mehr und mehr schwand, fühlte er sich völlig von ihr abgeschnitten:

> Die Häufigkeit, mit der wir Liebe machten, ging ziemlich dramatisch zurück, als ihr Bauch dicker und dicker wurde.

Ich glaube, der Arzt hatte uns den Rat gegeben, während der letzten 6 Wochen vor und der ersten 4 Wochen nach der Entbindung keinen Geschlechtsverkehr mehr zu haben. Also lebten wir ziemlich lange im Zölibat miteinander. Ich erinnere mich noch, daß das eine ziemlich harte Zeit gewesen ist, denn Glenna und ich wußten nicht, wie wir anders als sexuell intim miteinander umgehen konnten, und ich fühlte mich ihr sehr entfremdet. So entfremdet wie damals würde ich mich heute nicht mehr fühlen. Ich weiß jetzt, wie ich auch auf andere Weise meine Bedürfnisse befriedigen kann. Ich kann sie bitten, mich in den Arm zu nehmen, wenn ich das brauche, und das tut sie auch. Wenn mir danach ist, meinen Kopf in ihren Schoß zu legen, kann ich auch das tun. Auch wenn während der letzten Jahre nach meiner Schätzung die Häufigkeit unseres sexuellen Verkehrs wahrscheinlich eher zurückgegangen ist als zugenommen hat, ist unsere Beziehung doch viel enger und fester geworden, und der Sex, obwohl viel seltener, ist bei weitem intensiver.

Ich glaube, Schwangersein macht eine Menge Frauen ganz krank, und spät in der Schwangerschaft sind sie dann unförmig dick und fühlen sich sehr unwohl und nicht gerade attraktiv. Und all das ist die Ursache dafür, daß sie sich auch sexuell nicht gerade sehr glücklich fühlen. Meine Frau hatte während dieser Zeit am Sex kein Interesse. Also versuchte ich, ein guter Junge zu sein und war damals echt verständnisvoll, obwohl das nicht immer möglich war. Im großen und ganzen aber versuchte ich, zu akzeptieren und zu begreifen, daß diese Situation nur vorübergehend war und bald ein Ende haben würde und daß es für sie doch um einiges härter war als für mich. Es war nicht angenehm, und keinem von uns beiden gefiel es, als sie schwanger war, aber so war es nun einmal. Wir mußten da durch, das war auch das, was ich mir immer wieder sagte. Anstatt Sex miteinander zu haben, machten wir andere Dinge, die irgendwie halb sexuell waren. Ein Buch, in dem ich gelesen hatte, klärte mich darüber auf, daß die Entbindung leichter wäre, wenn die Beckenmuskulatur gelockert ist, und daß ein guter Ehemann seine Frau in diesem Bereich massieren sollte. Also tat ich das auch für gewöhnlich. Und natürlich wollte ich auch dabei helfen, zu verhindern, daß sie Krampfadern bekäme, also massierte ich auch ihre Beine, um die Blutzirkulation anzuregen. Sie fühlte sich dabei wohl, es entspannte sie, und auch ich hatte ein gutes Gefühl, weil ich ihr auf einer rein physischen Ebene half, ganz ohne sexuelle Nebenabsichten.

Wir fanden beide Gefallen daran, ganz körperlich miteinander umzugehen, uns herzlich zu umarmen, zu küssen, zu massieren, den Rücken gestreichelt zu bekommen, ohne daß es auf Sex hinauslaufen mußte. Es verschaffte mir ein gutes Gefühl, imstande zu sein, ihr ohne alle Hintergedanken körperliche Freuden zu verschaffen. Und obwohl ich denke, daß es nirgendwo einen Ersatz für Sex gibt, war es doch schön zu wissen, daß es auf einer anderen Ebene große Nähe und Zuwendung gegen kann, ohne daß das gleich zum Sex führen mußte.

Jene, die gleichermaßen ihre sexuellen Beziehungen aufrechterhalten wie ihre Intimität festigen wollten, fanden Wege, zwischen den dabei auftauchenden Problemen herumzulavieren. Und obwohl sie nur unregelmäßig Sex hatten, ergab er sich doch zumindest gelegentlich. George war sehr umsichtig dabei, seiner Frau zu helfen, sich an die Schwangerschaft anzupassen und darauf einzustellen. Vor ihrer Empfängnis war sie eine aktive Karrierefrau gewesen, die unter Hochdruck gearbeitet hatte. Während ihrer Schwangerschaft wurde ihr oft selbst nicht bewußt, wann sie erschöpft und müde war. George war dann der einzige, der ihr zu einem Nickerchen riet, damit sie ihre Energien wieder aufladen und vielleicht später dann Lust auf Geschlechtsverkehr bekommen konnte. Er sagt:

Es ist für einen Ehemann sehr wichtig zu erkennen, wann seine Frau müde ist, und dann zu sagen: ›Komm, laß uns ins Bett gehen und ein bißchen ausruhen.‹ Man geht dann also ins Bett und hat dabei nur den einen Gedanken, gemeinsam zu schlafen und zusammen zu sein. Susan schläft immer viel besser, wenn ich bei ihr bin. Nach einem Nickerchen von einer halben oder einer vollen Stunde wachen wir dann erfrischt auf, und wenn uns dann beiden nach Liebe zumute ist, hat sie dafür genug Energien.

Übelkeit am Morgen ist ein weiteres, sehr verbreitetes Symptom einer Schwangerschaft, das dem sexuellen Verlangen im Wege steht. Frauen, die morgens unter starker Übelkeit leiden, beschreiben dies als ein Gefühl anhaltender Seekrankheit, oder wie den Zustand vor einer schweren Grippe. Raymonds Frau durchlebte während der ersten drei Monate ihrer Schwangerschaft ständig solche Anfälle von Übelkeit, blieb jedoch auch während dieser Zeit noch immer sehr empfänglich für seine sexuellen und emotionalen Bedürfnisse. Sobald diese Übelkeit abgeklungen war, sagte sie dann oft zu ihm: ›Mir geht es nicht schlecht, komm, wir machen es, laß uns ins Bett gehen!‹

Andere Paare, die gewohnt waren, sich morgens zu lieben, verlegten ihre sexuelle Aktivität auf den Abend, falls die Frau morgens an Übelkeit litt. Wie stets, hing auch hier die Lösung sexueller Probleme an einer offenen Kommunikation und Rücksichtnahme gegenüber den Bedürfnissen eines jeden Partners.

Entbindung

Endlich wird es dann nach 9 sehr langen Monaten Zeit für das Baby, auf die Welt zu kommen. Die von uns interviewten Männer hatten im Verlauf der Schwangerschaft ihrer Frauen merkliche emotionale Veränderungen durchgemacht. Doch ungeachtet dessen, wie unterschiedlich sie die Schwangerschaft erlebt haben mochten, hatten nach Ablauf der 9 Monate alle Männer nur den einen Gedanken: Wenn das Baby denn jetzt doch endlich käme!

Viele, insbesondere jene, die bereits andere Kinder hatten, hatten beschlossen, sobald als möglich in die Entbindung miteinbezogen zu werden. Jene, die das getan hatten, fanden hinterher, daß sie diese Erfahrung auf keinen Fall hätten missen wollen und planten auch beim nächsten Mal, im Kreißsaal wieder dabei zu sein, falls ihre Frau noch ein weiteres Kind hätte.

Marvins Reaktion auf die Geburt war die, daß sie das wohl denkwürdigste und erregendste Erlebnis darstellte, das er je in seinem Leben gehabt hatte:

> Bei der Geburt meiner Tochter durfte ich nicht mit dabei sein. Wir lebten damals in Cleveland, und dort war das nicht

gestattet. Doch es gelang mir dann, bei der Geburt meines
Sohnes dabei zu sein. Es war eines der unglaublichsten Erlebnisse meines Lebens.

Der 45jährige Paul pflichtet ihm darin bei:

Es waren Gefühle reinsten Entzückens, als ich das Baby aus
dem Schoß hervorkommen sah. Ich war überhaupt nicht darauf gefaßt, was ich dabei empfinden würde. Es war völlig
verschieden von allen Empfindungen, die ich etwa in der
freien Natur habe oder sexuell oder in meine Phantasien oder
wenn ich Musik höre. Nichts davon hat mir je ein solches
Gefühl eingegeben. Und ich begriff schließlich, was die Leute
meinen, wenn sie davon reden, ein Kind zu haben.

Bei der Schilderung der Gefühle, die er bei der Geburt seiner
Kinder hatte, verglich der 38jährige Roger sie mit Empfindungen,
wie er sie bei einem alles mit sich reißenden »ozeanischen« Orgasmus gehabt hatte:

Unser erstes Kind wurde im Krankenhaus geboren, und ich
war als Beistand für meine Frau im Kreißsaal mit dabei. Das
zweite Kind wurde zuhause geboren, und dabei waren nur
meine Frau, die Hebamme und ich. Ich rieb meiner Frau den
Rücken und versuchte, ihr Mut zuzusprechen, und wir waren
uns in jedem Augenblick sehr nahe. Ich habe also beide Male
assistiert. Es ist ein unglaubliches Erlebnis. Es ist ein sehr
gehobener Moment. Ich kann einfach nicht beschreiben, was
dem gleichkommt. In gewisser Weise ist das wie ein großartiger Orgasmus. Es ist einfach unglaublich. Wenn ich einen
ganz herrlichen Orgasmus erlebe, ist das so, als würde ich in
eine ganz andere Existenz eintreten, und ich bin mir nicht
einmal bewußt, daß ich dort gewesen bin, bis es vorüber ist
und ich wieder auf dem Boden der Wirklichkeit bin. Und
dann plötzlich geht mir auf, daß ich ganz woanders war. Und
es war genau dasselbe, als die Kinder geboren wurden. Ich
erkannte, daß ich irgendwo gewesen war, wo – emotional,
intellektuell, psychisch und körperlich – alles voll reiner
Wunder ist. In dem Augenblick, in dem das Kind herauskommt, schreit man fast vor Freude auf, aber eigentlich ist
man gar nicht hier auf der Erde, sondern man schwebt irgendwo in einer ganz anderen Region. Es ist phantastisch.

Die Väter, die die Freude erlebten, bei der Geburt ihrer Kinder zuzusehen, oder jene, die unmittelbar nach der Geburt das Baby im Arm gehalten und umsorgt hatten, sagten übereinstimmend, dieser Augenblick hätte sich unauslöschlich in ihre Erinnerung eingegraben. Aus diesem Erlebnis erwuchs ihnen ein Gefühl der Nähe zu ihrem Kind, das sich dann später in eine besonders enge Beziehung übertrug. Das ist auch der Grund, weswegen diese Männer nicht in allem auf das vorbereitet waren, was sich dann nach der Geburt an widerstreitenden Gefühlen einstellte. Plötzlich war da ein neues Wesen, dessen beharrliche emotionalen und körperlichen Bedürfnisse unweigerlich jene Intimität erschütterten, die sich während der neun Monate der Schwangerschaft zwischen Mann und Frau herausgebildet hatte. Diese Störung zog unvermeidlich auch ihr Geschlechtsleben in Mitleidenschaft. Einige Paare benötigten etliche Monate, bevor in ihrer sexuellen Beziehung das vorherige Maß an Aktivität und Intimität wiederhergestellt war.

Das Neugeborene und die ersten Folgen

Fünf Monate nach der Geburt seines Sohnes sagt Douglas, ein 32jähriger Lobbyist aus Washington:

> Der Bruch in unserem Geschlechtsleben ist geradzu unwirklich, absolut unwirklich. Zeit und Energie werden total aufgesogen und ohne unser Zutun, ohne jeden bösen Willen, ist unser Geschlechtsleben völlig auf den Hund gekommen, obwohl wir bisher ein ziemlich erfülltes Intimleben gehabt hatten.

Douglas schien uns typisch für die von uns interviewten Männer zu sein, die ihre Rolle als Elternteil und sorgender Lebensgefährte sehr ernst nahmen, also überraschte und verwirrte uns seine Reaktion etwas. Wir fragten uns, ob der plötzliche Bruch in der sexuellen Aktivität, den er erlebt hatte, wohl ein Einzelfall wäre. Doch nachdem wir mehr Männer dazu interviewt hatten, konnten wir feststellen, daß Douglas Erfahrungen die Norm waren. Ganz gleich, wie gut sich ein Paar auf die Geburt ihres Babys vorbereitet hatte: die Väter berichteten uns nahezu ausnahmslos, sie wären nicht im mindesten auf die abkühlende Wirkung vorbereitet gewesen, die das Neugeborene auf ihr Geschlechtsleben gehabt hätte. Roger, ein 38jähriger Rechtsanwalt, führt hierzu aus:

> Kinder sind schon etwas Wunderbares, aber im Hinblick auf die Fortführung einer guten ehelichen Beziehung können sie durchaus eine Gefahr darstellen. Die Kleinkinder sind unschuldig daran, und man kann ihnen keinen Vorwurf daraus machen, doch wenn man nicht aufpaßt, können sie das ganze Geschlechtsleben ruinieren.

Paare, die früher gewohnt gewesen waren, sich die Freiheit zur Liebe zu nehmen, wann immer die Laune dazu sie überkommen hatte, fühlten sich oftmals plötzlich als die Gefangenen eines quäkenden, abhängigen, fordernden, sieben Pfund schweren Säuglings. Eine Klage, die häufig in den Interviews vorgebracht wurde, lautete, daß die Bedürfnisse des Kindes ihre eigenen sexuellen Bedürfnisse buchstäblich beiseite schöben. Obwohl sie sich durchaus um Verständnis bemühten, hegten viele Männer doch eine tiefen Groll. Roger erinnert sich an die schwierige Zeit, die auf die Geburt seines ersten Kindes folgte:

> Es gab so viele Augenblicke, in denen wir gerade etwas vorhatten, und dann schrie das Baby; es war hungrig, und meine Frau mußte aufstehen und es füttern. Dafür brauchte sie gewöhnlich eine halbe Stunde. Bis sie es dann wieder schlafen gelegt hatte und ins Bett zurückgekommen war, war uns beiden die Lust vergangen.

Bei Ehepaaren, die eine Sexualtherapie anfangen, läßt sich oft das erste Auftreten sexueller Probleme auf die Zeit unmittelbar nach der Geburt des Kindes zurückverfolgen. Bei den meisten Paaren geht die sexuelle Aktivität merklich zurück, und bei manchen kommt es nach der Entbindung sogar zu einem ganz scharfen Knick. Der Stress, die Erschöpfung, die Ablenkungen und die Ängste, die ein Neugeborenes verursacht, können die sexuelle Energie völlig aufsaugen und das Intimleben eines Paares bedrohen. Während das anfangs ganz den Erwartungen entspricht und normal ist, kann das, falls länger anhaltend, erhebliche Sorgen schaffen und eine Umkehrung des Prozesses sehr erschweren. Sofern während dieser Zeitspanne ein Paar sich nicht ganz darauf konzentriert, daß Maß an Intimität in ihrer Beziehung auf hohem

Niveau zu halten – auch dann, wenn Geschlechtsverkehr nur unregelmäßig stattfindet – können sich Ressentiment und negative Verhaltensmuster entwickeln, die lang anhaltende Folgen haben.

Postpartum

Selbst wenn der durch das Neugeborene bedingte Stress und die Erschöpfung überwunden werden können, macht das physische Trauma der Entbindung den meisten Paaren eine unmittelbare Wiederaufnahme ihres Geschlechtslebens unmöglich. Die meisten Frauen, bei denen die Entbindung durch den normalen Geburtskanal erfolgt, müssen sich einer Episiotomie unterziehen – einem Einschnitt in die Scheidenwand dicht beim Perineum, der verhindern soll, daß der Kopf des Babys einen Geweberiß der Scheidenöffnung verursacht. Es braucht einige Zeit, bis der Schnitt völlig verheilt ist. Es dauert ebenfalls einige Zeit, bis sich die geschwächte Bauchmuskulatur wieder erholt hat und die Nähte am Unterbauch verheilt sind, die vielleicht nach einem Kaiserschnitt entstanden sind. Einige Männer sind in den ersten Wochen nach der Entbindung wegen des physischen Traumas und des Wissens darum, daß ihre Frau verletzt worden ist, sexuell ziemlich verstört und aus dem Gleichgewicht. Das passierte mit Edmund, einem 47jährigen Geistlichen:

> Die Zeit nach der Geburt war etwas Niederschmetterndes, insbesondere die erste Woche, als meine Frau dann nach Hause kam. Sie war genäht worden, und ich mußte helfen, die Nähte mit Dermaplast einzusprayen, damit sich keine Infektion bilden konnte. Das war für mich ziemlich ernüchternd, weil ich das Gefühl hatte, daß diese Zone ihres Körpers infiziert wäre.

Andere Männer, die nicht das physische Trauma abschreckte, hielten sich aus Sorge um das körperliche Wohlergehen ihrer Partnerinnen sexuell zurück. Roger sagt:

> Ich war ja sexuell einigermaßen frustriert, doch wir versuchten beide, zu warten, obwohl sie keine Episiotomie gehabt hatte. Doch ihre Scheidenwand war an einigen Stellen etwas eingerissen. Das war nur ziemlich geringfügig, aber ich war

mir der Tatsache bewußt, daß sie körperliche Verletzungen erlitten hatte, und ich wollte sexuell nichts forcieren, obwohl mir mächtig danach war.

Einige der Veränderungen, die die Wiederaufnahme sexueller Aktivität verhinderten, waren mehr emotional als physisch bedingt. Gelegentlich war die Postpartum-Phase von Depressionen gekennzeichnet. Viele Frauen erleben eine nachgeburtliche Depression (»Baby-Blues«), die, wie man inzwischen meint, zumindest teilweise eine Folge der abrupten hormonalen Veränderung ist, die nach einer Geburt eintritt. Obwohl diese Periode bei den meisten Frauen im allgemeinen kaum länger als eine Woche dauert, schlagen sich andere doch etliche Monate mit einer Depression herum und haben während dieser Zeit nur geringes oder gar kein Interesse am Sex.

Ein weiterer Faktor, der zu dem verminderten sexuellen Interesse beiträgt, ist die Gewichtszunahme, die in den Monaten der Schwangerschaft bei der Frau eingetreten ist. Manche Frauen nehmen 25 Pfund und mehr zu, und besonders während der Phase des Stillens dieses Übergewicht wieder loszuwerden braucht Zeit – manchmal sogar ein Jahr oder mehr. In der Zwischenzeit fühlen sich Frauen mit ihrem Körper oft nicht gerade sehr wohl. Ein vermindertes Selbstwertgefühl hat oft einen Verlust der Libido zur Folge. Manchmal macht auch ihre übermäßige Gewichtszunahme sie für ihren Ehemann sexuell weniger attraktiv.

Interessanterweise nehmen auch Männer während der Schwangerschaft ihrer Frauen manchmal stark an Gewicht zu. Zwei Männer, die wenig Neigung verspürten, ihre sexuelle Aktivität wieder aufzunehmen, erzählten uns, sie hätten gleichzeitig mit ihren Partnerinnen stark zugenommen. Einer legte 13 Pfund zu, und der andere, ein Arzt, sagte uns, jedesmal, wenn seine Frau schwanger geworden war, hätte er genau so viel Gewicht zugenommen wie sie. Beide Männer meinten, durch ihr Übergewicht hätten sie sich sexuell weniger anziehend gefühlt, und das hätte zur Minderung ihres sexuellen Verlangens nach der Entbindung beigetragen.

Sowohl Männer als auch Frauen leiden oftmals an Schlaflosigkeit und unter starker Müdigkeit, während sie versuchen, sich auf den Schlafzyklus des Neugeborenen einzustellen. Da es manchmal etliche Monate dauert, bis das Kind durchschläft, fühlen sich frischgebackene Eltern oft völlig desorientiert und lethargisch, da ihnen der Schlafentzug wenig Energien für sexuelle Ablenkungen übrigläßt.

Auch die Besorgnis, einen guten Vater oder eine gute Mutter abzugeben, sowie die Vollzeitbeschäftigung mit der neuen kleinen Person rund um die Uhr kann ebenfalls dem geschlechtlichen Verlangen in die Quere kommen, besonders bei Frauen. Während einige Männer sich ausgeschlossen fühlen und manchmal eifersüchtig sind auf die rastlose Betriebsamkeit ihrer Frauen, die sich um das Kind dreht, und sich den sexuellen Kontakt als ein Mittel herbeisehnen, die alte Vertrautheit und Nähe wiederherzustellen, waren manche Männer stärker daran interessiert, ein besonders enges Band zu ihrem Kind zu knüpfen, als daran, mit ihrer Frau Geschlechtsverkehr zu haben.

Nathan, der mit 37 Jahren zum ersten Mal Vater wurde, stellte fest, daß sowohl er als auch seine Frau am Sex deswegen weniger interessiert waren, weil die neue Rolle als Eltern sie so stark ausfüllte:

> Das Baby verschlang sehr viel Zeit, weil es nachts zu allen möglichen und unmöglichen Zeiten wach wurde. Bei unserem ersten Kind waren sowohl ich als auch meine Frau die meiste Zeit immer sehr müde. Aber wir verspürten auch große Verantwortung gegenüber dem Kind, und unsere Besorgnis, wie wir uns wohl als Eltern bewährten, füllte uns so sehr aus, daß auf der Skala der für uns wichtigen Dinge der Sex ganz nach unten abrutschte. Das dauerte wahrscheinlich ein volles Jahr, bis wir dann unsere neue Elternrolle gemeistert hatten und mit dieser Verantwortung auch besser umzugehen verstanden.

Während solcher Phasen sexueller Abstinenz fanden die Männer es wichtig, auf andere Weise ihren Frauen nahe zu sein und ihnen Zuwendung zuteil werden zu lassen. Paxton, ein 33jähriger Psychotherapeut, sagt:

> Es dauerte etliche Monate, bis wir wieder normalen Geschlechtsverkehr aufnahmen. Das war ganz in Ordnung, das war für uns überhaupt kein Problem, da wir sonst ganz innig und vertraut miteinander umgingen, uns im Arm hielten, berührten und einander unsere Zuneigung zeigten.

Dean, ein 34jähriger Professor mit einem kleinen Sohn, erzählt uns, daß seine sexuellen Bedürfnisse während der schwierigen Phase des Postpartum seiner Frau weitgehend durch die gefühlsmäßig tiefe Verbundenheit entschädigt worden sei, die sich zwischen ihm und seiner Frau ausgebildet hätte:

> Obwohl wir keinen Sex hatten, denke ich an diese Zeit als die zärtlichste in unserer Ehe zurück – jedenfalls, was das gegenseitige Berühren, das Streicheln, das Im-Arm-Halten, das Küssen und die gemeinsame Erfahrung angeht. Ich will Ihnen ein konkretes Beispiel nennen: das Krankenhaus, in dem Hal geboren wurde, gab für die frischgebackenen Eltern ein Dinner bei Kerzenlicht. Es klingt vielleicht ein bißchen kitschig, aber wir gingen zum Essen bei Kerzenlicht in diesen kleinen Raum, und Hal wurde in seinem Wagen zu uns hereingerollt. Er schlief. Ich nahm einfach Beths Hand und schaute sie an, und beide fingen wir zu weinen an. Der Augenblick war so bewegend, so intim, daß es uns ganz überwältigte. Ich kann mich nicht erinnern, mich ihr jemals so nahe gefühlt zu haben. Und dieses Gefühl hielt sich noch eine ziemlich lange Zeit danach. Für mich bedeutete das, daß ich keine starken sexuellen Bedürfnisse empfand. Ich glaube, die Bedürfnisse nach Intimität wurden im großen Maße dadurch erfüllt, daß wir das Erlebnis der Geburt miteinander geteilt hatten. Wenn ich also hin und wieder spürte, daß sich bei mir was regte, ging ich unter die Dusche und holte mir einen runter. Mit meinen genitalen Empfindungen wurde ich ganz problemlos fertig, weil mein Bedürfnis nach Intimität in anderer Hinsicht so überschwenglich befriedigt wurde.

War zärtliche Intimität dennoch nicht genug und das sexuelle Bedürfnis weiterhin anhaltend stark, dann erwähnten die Männer Masturbation oder oralen Sex als Ersatz für Geschlechtsverkehr. Entweder onanierten sie allein oder mit ihren Partnerinnen. Colder, ein 33jähriger Stadtplaner mit zwei kleinen Kindern, sagt dazu:

> Jeanne war im allgemeinen sehr matt und müde, doch wenn das einmal nicht der Fall war, war sie bei sexuellen Spielen ohne Geschlechtsverkehr immer sehr gut. Sie war durchaus gewillt, sich dabei große Mühe zu geben. Ich glaube, Jeanne

war sich sehr wohl der Tatsache bewußt, daß wir keinen Geschlechtsverkehr hatten, und folglich versuchte sie, das auf andere Weise so gut wie möglich wettzumachen.

Einige Männer wußten es sehr zu schätzen, daß ihre Frauen für ihre sexuellen Bedürfnisse sehr viel Verständnis aufbrachten und häufiger die Initiative zu oralem Sex ergriffen. Einer der Männer erinnert sich, daß in den unmittelbar auf die Geburt folgenden Monaten »wir unsere Praktiken aus der Oberschule wieder aufnahmen und bei oralem Sex unseren spätpubertären Träumereien nachhingen«.

Wiederaufnahme des Geschlechtsverkehrs

Die Standardempfehlung, die ein Geburtshelfer/Gynäkologe einer jungen Mutter nach einer normalen Geburt im Hinblick auf die Wiederaufnahme sexueller Aktivität gibt, ist die: Warten Sie damit sechs Wochen. Damit soll sichergestellt werden, daß der Muttermund, der bei der Schwangerschaft stark gedehnt wird, sich wieder geschlossen hat. Während er noch offen ist, kann leicht eine Infektion eintreten, zumal dann, wenn ein Fremdkörper, wie etwa ein Penis, eingeführt wird. Obwohl zu 6 Wochen Enthaltsamkeit vom Geschlechtsverkehr geraten wird, schließt sich der Muttermund oft schneller wieder. Wenn keine Blutungen mehr auftreten, ist das ein sicherer Hinweis darauf, daß man wahrscheinlich gefahrlos den Geschlechtsverkehr wiederaufnehmen kann. Dennoch müssen viele Frauen, insbesondere jene, die eine Episiotomie gehabt haben und bei denen das vernarbte Gewebe noch überempfindlich ist, noch einige Zeit länger warten, bis sie wieder Geschlechtsverkehr haben können, selbst wenn die Gefahr einer Infektion gering sein mag.

So sagt zum Beispiel Douglas, daß seine Frau, obwohl sie wieder sexuelles Interesse zeigte und erst rund zwei Monate nach der Geburt ihres Kindes wieder geschlechtliche Beziehungen zu ihm aufgenommen hatte, erhebliche Beschwerden empfand, wenn er in sie eindringen wollte:

> Es war schon frustrierend. Es dauerte volle 4 Monate, bis sie wieder ganz auf dem Damm war. Wir hatten sexuellen Kon-

takt sowie Masturbation und oralen Sex stark eingeschränkt, aber Helena war, nachdem sie das Kind gehabt hatte, körperlich völlig ausgepumpt. Die körperlichen Anforderungen waren gewaltig. Sie stillte, und zwei- oder dreimal wurden wir nachts geweckt – und mit all den Anforderungen, die sonst noch an uns gestellt wurden, fing ich an, meine sexuellen Forderungen als eine weitere Belastung für sie anzusehen. Sie war erst nach 4 oder 5 Monaten dazu in der Lage, sich darauf einzustellen.

Das erste Mal danach

Selbst wenn ein Paar lange genug gewartet hat, sind beide sich oftmals nicht bewußt, wie sie vorgehen sollen, um ihr erstes sexuelles Beisammensein nach der Entbindung angenehm zu gestalten. Die meisten Ärzte gehen hier nicht gerade sehr ins einzelne. Sie überlassen das »Wie« den mutmaßlichen Sexualexperten in unserer Gesellschaft – den Männern. Indessen ist der frischgebackene Vater oftmals genauso schlecht vorbereitet wie seine Frau, mit den echten Schmerzen umzugehen, die sie vielleicht dabei empfindet. Natürlich gelingt es einigen Frauen auch problemlos, die geschlechtlichen Beziehungen wieder aufzunehmen. Doch all die Männer, die feststellen, daß der erste Versuch ihrer Frau zum Geschlechtsverkehr nach der Entbindung mit großen Schmerzen verbunden gewesen war, erinnern sich, daß sie schwierige Zeiten durchgemacht haben. Sich verantwortlich fühlen, ein erfolgreiches Unternehmen daraus zu machen und gleichzeitig nicht zu wissen, was sie tun sollten, belastete oftmals ihre Beziehungen.
Die Männer, die schließlich Lösungen fanden, teilten uns die Methoden mit, deren sie sich bedienten, um Schritt für Schritt wieder zum Koitus zu gelangen und mit den üblichen Problemen fertig zu werden, wie etwa dem Mangel an Gleitflüssigkeit, vaginaler Überempfindlichkeit und einer verengten Scheidenöffnung.
Die empfohlenen Lösungen bei allzu großer Trockenheit des weiblichen Geschlechtsteils waren: ausgedehntes, intensives Vorspiel, insbesondere Cunnilingus; wasserlösliche Gleitmittel; Feuchtigkeitskondome[1].

340

Beim Versuch, mit einer Frau Geschlechtsverkehr zu haben, deren Scheide überempfindlich ist, empfahlen die von uns interviewten Männer im allgemeine sanfte, feinfühlige Zärtlichkeiten und ein langsames Vorgehen. Falls sich der Scheideneingang als zu eng erwies, weiteten einige Männer durch Einführung eines Fingers behutsam die Öffnung und drückten in einer kreisenden Bewegung gegen die Innenwände der Scheide. Schrittweise können zwei, drei und schließlich vier Finger eingeführt werden, bis die Öffnung ausreichend gedehnt ist, um das männliche Glied aufzunehmen. Eines der Paare benutzte einen Dildo, um die Scheide auf den Geschlechtsverkehr vorzubereiten.

Auch Entspannungsübungen können helfen. Johns Frau spürte nach ihrer Entbindung besonders starkes Unbehagen bei der Penetration, da der Arzt sie nach einer Episiotomie sehr straff vernäht hatte. Die Art und Weise, wie sie sich auf den Geschlechtsverkehr vorbereitete, so sagt John, war das Zurückgreifen auf Atemübungen nach der Lamaze-Methode, wodurch sich die Scheidenöffnung entspannte, als er sein Glied einführte.

Eine weitere hilfreiche Anregung, die von den Männern kam, war die, Stellungen zu wählen, bei denen nur geringfügiger Druck auf die vernähten Stellen ausgeübt wird oder bei denen die Frau den Winkel bzw. die Tiefe der Penetration selbst kontrollieren konnte. Dabei wurden das Eindringen des Gliedes von hinten und jene Stellung, bei der die Frau oben ist, im allgemeinen bevorzugt. Art, ein 34jähriger Arzt, meint:

> Es scheint, daß es für Melanie weniger schmerzte, wenn sie auf dem Bauch lag und ich hinter ihr war. Der auf ihr Perineum ausgeübte Druck war dadurch nicht so stark. Der Druck hinten war stärker als der vorn.

---

[1] Empfängnis ist auch dann möglich, wenn die Menstruation noch nicht wieder eingesetzt hat oder die Frau noch stillt; also empfiehlt sich die Verwendung eines Kondoms, sofern eine weitere Schwangerschaft nach so kurzer Zeit nicht erwünscht ist. Die Pille sollte von stillenden Mütter nicht genommen werden; ein Intrauterinpessar wird von vielen für potentiell schädlich angesehen und ein Diaphragma kann nicht angepaßt werden, solange sich der Körper der Frau nicht vollständig von den Veränderungen erholt hat, die während der Schwangerschaft eingetreten waren.

Während Arts Frau eine ganz normale Entbindung gehabt hatte, bevorzugten jene Frauen, die sich einem Kaiserschnitt unterziehen mußten, ebenfalls diese Stellung, da das Gewicht des Mannes so nicht auf die Schnittstelle am Unterleib drückte.

Manchmal waren es aber nicht die Schmerzen, die das eigentliche Problem darstellten. Bei einigen Männern war es die lange Phase der Abstinenz, die sich dämpfend auf ihren Geschlechtstrieb auswirkte. Larry, ein 38jähriger Geistlicher, Vater eines zweijährigen Sohnes, sagt: die Libido sei bei seiner Frau während ihrer Schwangerschaft stark abgeschwächt gewesen und dann in der Postpartum-Phase ganz abgestorben. Da sie aber schon so lange verheiratet waren und ihre Verbundenheit so stark war, »war auch bei mir Fehlanzeige, nachdem aus ihrer Libido die Luft raus war«. Ihre sexuelle Aktivität erlebte einen neuen Aufschwung, als sie die Ratschläge befolgten, die sie in einem Buch gelesen hatten:

Wir änderten beim Sex die Zeiten und Schauplätze, badeten unsere Sinne, achteten darauf, daß wir mit albernen Spielereien und Grabschereien unter der Dusche oder in der Badewanne anfingen. Es begann meistens mit spielerischem gegenseitigen Kitzeln oder mit einer Massage. Wir wählten sorgfältig eine andere Beleuchtung im Zimmer, liebten uns abwechselnd auch in verschiedenen Räumen, änderten die Musik, waren auf ganz neue Gerüche aus. Auf unserem Heim-Video sahen wir uns sogar Pornostreifen an. Wir hatten bewußt die Entscheidung getroffen, alles zu sexualisieren. Sheila bestellte ein paar Nummern von *Playgirl*. Wir versuchten, alles neu in Schwung zu bringen, und jetzt ist unser Geschlechtsleben fast wieder so wie früher.

Stillen

Aus unseren Interviews ging hervor, daß das Stillen die sexuelle Intimität eines Paares entweder steigern oder abschwächen konnte. Zweifellos kommt das Stillen dem Baby sehr zugute. Dem Kind die Brust geben, schafft eine starke Verbundenheit zwischen Mutter und Kind. Die meisten Ärzte sind der Auffassung, daß das Stillen des Kindes die sicherste und natürlichste Art ist, ein Kleinkind zu füttern. Antikörper in der Muttermilch schützen ein Baby vor einigen Infektionen während der ersten drei Lebensmonate. Das Stillen ist auch für die Mutter gut. Untersuchungen haben gezeigt, daß Brustkrebs weniger häufig bei den Frauen auftritt, die ihre Kinder gestillt haben, als bei denen, die noch nie gestillt hatten. Solche und andere gesundheitliche Erwägungen waren die Hauptgründe dafür, daß viele Männer ihre Frauen darin unterstützten, dem Kind die Brust zu geben.

Einige Männer wie der 36jährige Terry hatten das Gefühl, daß die Brüste ihrer Frau unbedingt *tabu* wären, solange sie das Kind stillte. Oft waren sie für die Frau eher eine Quelle sexueller Beschwerden als ›erogene Zonen‹, da sie von der Milch angeschwollen waren und ihre Brustwarzen durch das Saugen des Babys zur Überempfindlichkeit neigten. Terry sagt:

> Obwohl Glenna mit dem Stillen eigentlich keine besonderen Probleme hatte, war damit doch immer eine gewisse Überreizung und Wundheit verbunden – eine Art Überempfindlichkeit der Brüste, und ich durfte sie während dieser Zeit gar nicht anfassen.

Einige Männer mochten in der Phase des Stillens die Brüste ihrer Frauen eigentlich auch gar nicht gern zärtlich berühren, denn, so meint Art:

> Da war immer so viel Milch drin und tröpfelte heraus, und die Vorstellung, Milch aus ihren Brüsten zu saugen, hatte für mich überhaupt nichts Erregendes; nein, eher im Gegenteil. Sie waren ganz prall und geschwollen davon, und falls ich ihre Brüste anfassen wollte, taten sie ihr weh. Durch das Stillen wurden mir ihre Brüste buchstäblich weggenommen – sie waren mir für meine sexuelle Lust immer sehr wichtig gewesen. Wir konnten dagegen eigentlich nichts tun als abwarten, bis das mit dem Stillen zu Ende war.

Einige Männer hatten während dieser Phase nicht nur das Gefühl, die Brüste ihrer Frauen verloren zu haben, sondern auch deren Beachtung und Zuwendung. Sie fühlten sich durch das enge biologische Band zwischen Mutter und Kind ausgeschlossen. Einer der Männer gab zu, daß seine heftige Eifersucht während der Stillphase ihn dazu geführt hätte, geradezu eine Besessenheit für gärtnerische Arbeit zu entwickeln. *Er* konnte schließlich das Baby nicht füttern, wenn es nach Nahrung schrie, und er fühlte sich wie ein Statist, der den beiden Hauptdarstellern zusehen mußte. In der Rückschau erkannte er, daß einige jener Gefühle umgeleitet und in die Pflege seines Rasens und seiner Blumen eingegangen waren.

Das Gefühl, abseits zu stehen, während die innige Verbundenheit zwischen Mutter und Kind immer größer wurde, löste bei vielen Männern sehr heftige Empfindungen aus. Und obwohl die meisten Männer rein verstandesmäßig wußten, wie lächerlich das war, erklärte doch so mancher, er hätte den Eindruck bekommen, mit dem Neugeborenen um die Gunst, die Zuwendung und um die Brüste seiner Frau wetteifern zu müssen. So meint Terry:

> Ich fing an, mich Glenna mehr und mehr entfremdet zu fühlen, da das Stillen alle drei oder vier Stunden sehr viel Aufmerksamkeit beanspruchte. Wir hatten dreieinhalb Jahre vor der Geburt des Kindes geheiratet, und ich fühlte mich außen vor, ja, genau so war es. Nicht, daß ich das Gefühl gehabt hätte, daß sie mich weniger liebte, aber es war doch so, daß sie mich weniger beachtete.

Burt sagt, daß das wenige an Zuneigung, das ihm vor der Geburt des Babys von seiner Frau entgegengebracht wurde, sich hinterher in Nichts aufgelöst hätte:

> Nachdem das Baby geboren war, hatte ich das Gefühl, daß meine Frau ihre ganze Zuneigung von mir abzog und auf das Kind übertrug. Und dann stellten sich auch gleich die Probleme ein. Wir gingen nicht mehr aus dem Haus, weil sie stillen mußte und das Baby zu den unmöglichsten Zeiten schlief. Dabei hatte ich manchmal das Gefühl: ›Hey, und was wird aus mir?‹ Alles wurde davon in Mitleidenschaft gezogen. Die Sexualität litt darunter – sie war ständig müde, und auch ich war dauernd müde. Das eine Mal alle drei oder vier Wochen, wenn wir wirklich scharf auf Sex waren, reichte nicht aus, und ich fühlte mich im Stich gelassen. Ich bekam den Eindruck, eine angeheuerte Hilfskraft, anstatt Ehemann und Mitbeteiligter zu sein.

Das Ergebnis der Interviews mit all diesen Männern war, daß wir feststellen konnten, daß jene, die diese heikle Phase erfolgreich umschifften, mit den vordringlichen Bedürfnissen des Neugeborenen und der geringeren Beachtung, die sie von ihren Frauen erfuhren, auf die unterschiedlichste Weise fertig wurden. Zunächst einmal gestanden sie sich selbst zu, Wut und negative Reaktionen zu durchleben und die Tatsache zu akzeptieren, daß ambivalente, ja aggressive Gefühle nichts Verwerfliches sind. Folglich mußten sie diese Gefühle auch nicht unterdrücken oder sich deswegen schuldig fühlen. Manchmal gelang es, die Intensität solcher Gefühle zu mildern, indem sie sie in ganz vorwurfsfreier Form ihren Frauen gegenüber zur Sprache brachten.

Auch verwandten sie mehr Zeit darauf, eine Beziehung zu dem Baby zu entwickeln und empfanden dadurch weniger Eifersucht gegenüber dem engen Band zwischen Mutter und Kind. Falls all dies versagte, half schließlich noch die Erkenntnis, daß die Stillphase auch einmal zu Ende sein müßte, die Probleme in der angemessenen Perspektive zu sehen.

Es gab allerdings auch Männer, die eine völlig verschiedene Einstellung gegenüber der Stillphase hatten. Sie waren nicht nur tolerant gegenüber dem Umstand, daß ihre Frau ein Baby hatte, das an ihren Brüsten saugte, sie fanden sogar Gefallen daran. Und für einige hatte es sogar etwas sexuell Aufreizendes. Scott, der 27jährige Vater eines 4 Monate alten Sohnes, hatte großen Spaß an den schweren Brüsten seiner Frau:

> Ich war früher nie ein Mensch, der auf Brüste scharf war. Und anfangs, als die Brüste meiner Frau so anschwollen, schien es mir ein Riesenspaß, und wir lachten beide darüber. Doch dann wurde es plötzlich sexuell sehr erregend, wenn ich mich zwischen diese wundervollen Brüste kuscheln konnte.

Dean, ein 34jähriger Professor, gibt selbst zu, daß er nicht erwartet hätte, es könnte ihn derart scharf machen, wenn er seiner Frau beim Stillen ihres kleinen Sohnes zusah. Ihre Brüste waren in dieser Zeit überempfindlich, also konnte er sie, während sie sich liebten, in ihr Spiel nicht einbeziehen: »Aber diese völlig unerwartete sexuelle Erregung entschädigte mich dafür mehr als überreichlich«, sagte er. »Anfangs noch kamen mir meine Gefühle ein bißchen pervers vor, aber mit der Zeit fand ich das ganz in Ordnung und hatte sogar Spaß daran.«

Und Dan, ein 31jähriger Vater mit Zwillingen im Alter von 1 Jahr und 1 Monat, sagt, daß das Stillen ihn derart gereizt hätte, daß er und seine Frau einmal sogar Geschlechtsverkehr gehabt hätten, während sie dem Baby die Brust gab:

> Es gab da einmal eine ganz besondere Situation, in der uns beiden danach war, etwas richtig Zügelloses zu tun. Und meine Frau war gerade dabei, dem Baby die Brust zu geben. Und da hatten wir dann Geschlechtsverkehr, während sie das Kind stillte. Es verursachte dem Baby keinerlei Bauchschmerzen, und die Milch wurde auch nicht etwa sauer oder so ähnlich. Es war für uns alle drei ein sehr glückliches Erlebnis. Das Baby schien überhaupt nichts mitzubekommen, und meiner Frau schaffte das keinerlei Unbequemlichkeit oder Unbehagen.

Scott ging beim Stillen noch ein Stückchen weiter. Er und seine Frau sind Geschäftspartner und viel auf Reisen. Manchmal, wenn sie unterwegs sind, muß Scotts Frau die Milch loswerden, weil sie dann nicht stillen kann. Also hilft er ihr, indem er sie ihr absaugt. »Ich trinke die Milch nicht selbst«, sagt Scott, »sie ist mir zu reichhaltig und fett, und ich habe Milch eigentlich nie gemocht. Also spucke ich sie dann einfach aus.

Vaterschaft

Die Ankunft eines Babys erzeugte heftige emotionale Reaktionen, die viele Männer nicht vorhergesehen hatten. Diese Reaktionen – manchmal überwältigend glückhaft, manchmal sehr negativ besetzt – erfolgten nicht auf emotionale oder körperliche Veränderungen bei ihren Frauen. Ebensowenig hatten sie auch zu tun mit der intensiven Mutter-Kind-Beziehung; vielmehr waren sie eine Reaktion auf ihre neue Vaterrolle.

Für Männer wie Roger bedeutete Vaterschaft, daß er einen wichtigen Aspekt seiner Männlichkeit verwirklichte. Roger sah darin ein Stück menschlicher Vervollkommnung:

> Ich hatte fast ein stärkeres Gefühl von Männlichkeit, als ich Vater wurde. Als das Kind geboren wurde, fühlte ich mich endgültig erwachsen. »Wir sind Eltern, ich bin Vater; ich bin Teil des Stammbaums der Familie. Ich zeuge selbst Kinder und stehe auf gleicher Ebene mit meinem Vater und meinem

Großvater.« Ich will das ganze nicht überbewerten, aber dieses Gefühl war da. Und auf eine sehr subtile Weise fügte es meinem Bewußtsein männlicher sexueller Kraft eine weitere Dimension hinzu.

Mit der Vaterschaft stellt sich auch ein verstärktes Gefühl der Verantwortung ein, das vielen Männern hinsichtlich ihrer Fähigkeit, ihre Familie ausreichend zu versorgen, Angst einflößte. Diejenigen, die ihre berufliche Stellung gefährdet sahen, machten sich verständlicherweise Sorgen über ihre Rolle als Brotverdiener. Sie wünschten ihren Kindern ein gesichertes Zuhause und gute Zukunftschancen. Einige erzählten uns, daß sie zum ersten Mal über eine Lebensversicherung nachgedacht hätten. Einer der Männer war seit einem Jahr stellungslos gewesen. Und obwohl seine Frau berufstätig war, machte er sich Sorgen über die Zukunft und spürte einen Verlust an Selbstachtung, so als gelte er als Mann weniger. Er räumte auch ein, daß diese Gefühle sich beeinträchtigend auf seinen Geschlechtstrieb ausgewirkt hätten und auf seine Fähigkeit, eine Erektion zu behalten. Wenn es indessen gelingt, derartige Schwierigkeiten in einer nüchternen Perspektive zu sehen, kann das Auftreten ernsthafter sexueller Probleme verhindert werden.

Mutter kontra Geliebte

Eine weitere potentielle Bedrohung des männliches Geschlechtstriebes während der Kleinkindphase stellte die übermächtige Mutterrolle dar, die die Frau sexuell weniger attraktiv erscheinen ließ. Sofern dieses Problem nicht bereits während der Schwangerschaft aufgetreten war, brach es manchmal nach der Geburt des Kindes durch. Paul, ein 42jähriger Börsenmakler, empfand dies so, wußte jedoch nicht anzugeben, warum:

Nach der Geburt unseres Sohnes fühlte ich mich von meiner Frau als Sexualpartnerin weniger stark angezogen. Ich sah in ihr vor allem die Mutter, obwohl ich nicht begreifen kann, warum dies mein sexuelles Verlangen nach ihr mindern sollte. Aber ich glaube, das passiert wohl auch anderen Männern, die Vater werden.

In unserer Kultur ist das Erotische oft mit einem Fluidum des Unerlaubten verbunden, und Bilder oder Phantasien, die man für erregend hält, sind angereichert mit einem Gefühl des Verbotenen. Dergleichen Handlungen führt man natürlich nur mit seiner Liebsten, in einem außerehelichen Verhältnis oder mit einer ungewöhnlich erotischen Partnerin aus – aber doch nicht mit seiner Frau, die gerade ein Kind geboren hat! Sobald eine Frau Mutter wird, stellen sich unbewußt Assoziationen ein an Heilige, Jungfrauen, Keuschheit und so weiter, die dann zu sexuellem Desinteresse oder Erektionsproblemen führen können. So war zum Beispiel John, obwohl er vor dem Interview mit uns gemeinsam mit seiner Frau eine Therapie bei einem Eheberater gemacht hatte, nicht dazu in der Lage, den wirklichen Grund für sein drastisch nachlassendes sexuelles Interesse zu begreifen, das sich nach der Geburt ihres Kindes eingestellt hatte. Er war viel zu verstört gewesen, Einzelheiten seiner verbotenen sexuellen Phantasien zur Sprache zu bringen, die dem neuen Bild seiner Frau als Mutter zuwiderliefen. Sobald er jedoch imstande war, solche Gefühle auch zu verbalisieren, wie das in unserem Interview geschah, wurde deren Intensität auch schwächer.

Mit Verständigungsbereitschaft, Zuneigung, Sorge füreinander und Kompromißfähigkeit lassen sich viele der Problempunkte und Ängste, denen sich frischgebackene Eltern in der Folgezeit nach einer Schwangerschaft und während der schwierigen Phase des Postpartum gegenübersehen, die ihre Sexualität beeinträchtigen, in den sich daran anschließenden Monaten lösen und beschwichtigen. Bei den Frauen setzt langsam eine Gewichtsabnahme ein, die Krise des Selbstvertrauens, die viele Männer in ihrer neuen Rolle als Väter durchmachen, hat sich beruhigt. Beide Eltern gehen unbefangener und gelassener an die Aufgabe, das Kleinkind zu betreuen, heran und haben sich daran gewöhnt, ein weiteres Familienmitglied um sich zu haben.

Und sobald das sexuelle Interesse zurückkehrt, sind die praktischen Probleme, wie man Zeit und Gelegenheit finden soll, im Zusammenleben mit Kleinkindern, Jungen und Mädchen, schließlich Teenagern, die eigene Sexualität zu leben, schließlich widrige Umstände, mit denen jedes Paar, das Kinder hat, fertig werden muß.

Auch Väter bleiben Liebhaber

Als Barry McCarthy in seinen Seminaren über Sexualität an der American University in Washington, D. C., seine Studenten fragte, ob sie sich vorstellen könnten, daß ihre Eltern sexuell miteinander verkehrten, hob nur jeder vierte die Hand. McCarthy, ein Sexualtherapeut und Autor von Fachbüchern, lacht dann für gewöhnlich und gibt ihnen die Versicherung: es gibt Sex auch nach der Ehe – es gibt sogar auch Sex nach der Geburt der Kinder.

Doch einige der von uns interviewten Väter sagten, sie wären sich ganz und gar nicht sicher, ob ihr Sexleben je wieder dieselbe Vitalität haben würde wie früher, bevor ihre Frauen schwanger geworden waren. Im Anschluß an die schwierige Phase des Postpartum hegen viele die Befürchtung, daß die gewohnte Häufigkeit des sexuellen Verkehrs und die alte Begeisterung für das Liebesspiel niemals voll wiedererlangt werden können. Die meisten Paare beruhigen sich, sobald die Anforderungen des Familienlebens geordnete Bahnen gefunden haben und das sexuelle Interesse wiederkehrt. Doch mit dem Wiederaufleben der libidinösen Triebe stellt sich ein neues Dilemma ein: Wie sollen sie ungestört Zeit finden für ein aktives, befriedigendes Geschlechtsleben und gleichzeitig verantwortliche und liebevoll sorgende Eltern sein? Die meisten Eltern erklären, daß dies ein Dauerproblem sei, das immer schwieriger werde, je älter das Baby wird und insbesondere dann, wenn noch andere Geschwister kurz darauf nachfolgen. Nicht mangelndes Interesse, sondern der Mangel an Zeit ist das Haupthindernis. Zeit zur Muße ist für die Eltern kostbares Gut, und zwar eines, das leicht durch Familienpflichten wie etwa das Trockenlegen, Füttern und Ausfahren der Kleinen in Mitleidenschaft gezogen werden kann. Ein Ehemann/Geliebter, der so unversehens Vater geworden ist, hat, wie man so sagt, ›vieles am Hut‹. Und solange es ihm und seiner Frau nicht gelingt, Zeit für die Liebe einzuplanen, dann kann, wie einer der frischgebackenen

Väter meint, »das Geschlechtsleben in Nullkommanichts völlig in die Brüche gehen«.

Die meisten Paare sehen in der Unterbrechung ihres Geschlechtslebens eine vorübergehende Phase. Oft gelangen sie zu der Entscheidung, daß die Bedürfnisse der Familie und eine Vielzahl anderer Verpflichtungen vorübergehend vorrangig sind und das Geschlechtsleben zurückgestellt werden muß. Beide stimmen darin überein, daß bei sich bietender Gelegenheit und genügend Zeit, den Sex zu genießen, sie diese Chance auch wahrnehmen; doch sobald andere Sachen sich querlegen, machen sie sich darüber nicht allzu viel Gedanken. Mit der Zeit, so meinen sie, wird ihre sexuelle Beziehung ganz aus sich heraus die alte Frische zurückgewinnen.

Und bei einigen Paaren hat sich das auch so ergeben. Doch die Mehrzahl derer, die es dem Lauf der Dinge überlassen, wann ihr verkümmertes Liebesleben eine Wiederbelebung erfährt, werden meist bitter enttäuscht. Sie sind verstört, wenn ihr Geschlechtsleben nicht ganz von selbst wieder in die alten Bahnen zurückfindet. Spätestens nach vier oder fünf Jahren, in denen sie untätig zugesehen haben, finden viele dieser Paare sich beim Sexualtherapeuten wieder, und das meistens, nachdem ihr Geschlechtsleben praktisch nicht mehr existent ist.

Die Männer, die sich in ihren Ehen immer mit diesem Problem herumschlugen oder die in der Vergangenheit erfolgreich damit umgegangen waren, nannten Mittel und Wege, wie ein Paar ein aktives Liebesleben aufrechterhalten kann. Während der ersten Jahre einer Familiengründung müssen sie die Liebe bewußt zur Priorität erklären, indem sie vorausschauend planen und dabei noch flexibel genug bleiben, unerwartet sich bietende Gelegenheiten zum Liebesspiel beim Schopf zu packen.

Zuerst kommt die Liebe

Dem Geschlechtlichen Priorität einräumen, bedeutet, die Alltagsgeschäfte so zu planen, daß hinreichend Zeit und Energie für die Liebe bleiben. Soll der Sex stets Vorrang haben, dann muß er auch ganz oben auf dem Terminkalender stehen. Die gewohnten Zeiten, spätabends oder früh am Morgen, müssen vielleicht ersetzt werden durch Tageszeiten, zu denen Müdigkeit und kleine Früh-aufsteher nicht ans Bett kommen können. Der 35jährige Dan meint dazu:

Es ist leicht, sich durch Hausarbeit oder die Sorge für die Kinder voll vereinnahmen zu lassen. Und bald schon fühlt man sich viel zu zerschlagen, auch wenn man schon Lust auf sexuelle Spiele hätte. Wer will denn schon, wenn er völlig kaputt ist, auch noch Sex haben? Um zu verhindern, daß er überhaupt erst in diese Situation geriete, sagt er dann einfach: »Na, wie wär's denn mit einer Verabredung für morgen?« Das bedeutet dann, daß wir früh ins Bett gehen, die Tür fest zumachen und das Haus verrammeln, die Kinder draußen lassen und vielleicht sogar eine Flasche Sekt mit ins Bett nehmen. Auf diese Weise schaffen wir uns eine Situation, in der wir uns entspannen, zärtlich zueinander sein können.

Den Sex zu einer Priorität machen, heißt auch, daß man anderes beiseite schieben muß: das sonntägliche Footballspiel, den Kursus, den man unbedingt besuchen wollte, eine Lieblingssendung im Fernsehen. Das mag bedeuten, daß man sich den Mittwoch-abend »reserviert« für die Zweisamkeit, daß man es so einrichtet, daß man Samstags morgens zu Hause ist oder sich mit gewisser Regelmäßigkeit ein- oder zweimal die Woche Zeit freihält. Ferner bedeutet das auch, die Pläne, die jeder einzelne hat, durchzuspre-chen, so daß man sich die Zeit zum Beisammensein in einer Weise schafft, die beiden angenehm ist. Man muß der Partnerin auch verständlich machen, daß einem die Intimität und Zärtlichkeit fehlen, die sich bei häufigerem Geschlechtsverkehr einstellen. Höchstwahrscheinlich empfindet das auch die Partnerin ganz ähn-lich. Sobald dieser Punkt erst einmal geklärt ist, kann man gemein-sam daran gehen, Lösungen zu finden.

Der 38jährige Roger gab uns eine bündige Zusammenfassung all jener Faktoren, die seine Frau und er für wichtig dabei erachten, sicherzustellen, daß die wenigen kostbaren Stunden, die sie sich füreinander vorbehalten, auch eine erfüllte, glückliche Zeit für sie werden:

Wenn ich sie von der Arbeit anrufe und sage: ›Ich möchte mich für heute mit dir verabreden‹, und sie dem dann zustimmt, dann versuchen wir auch, uns nicht weiter um alltägliche Belanglosigkeiten zu kümmern. Wenn ich nach Hause komme, reden wir nicht über die Probleme, die sie tagsüber mit den Kindern gehabt hat, und ich rede auch nicht über Probleme in meinem Büro. Wir geben uns Mühe, für alles eine romantische, verliebte Atmosphäre zu schaffen. In gewisser Weise ist das natürlich nur ein ›So-Tun-als-Ob‹. Wir versuchen, die ganze Plackerei zu ignorieren; es ist so, als würde sie gar nicht mehr existieren. Wir bringen die Kinder zu Bett, suchen uns ein gemütliches Plätzchen zum Dinner und reden nur über angenehme Dinge, baden gemeinsam oder gehen unter die Dusche, trinken ein Glas Wein oder sonst irgend etwas und gehen dann miteinander ins Bett. Wenn wir all die nervenden Geschichten ignorieren können und früh genug ins Bett gehen, sind wir am nächsten Tag in weitaus besserer Verfassung, uns mit Problemen wie Geld, Kindern und dergleichen auseinanderzusetzen.

Dem Sex Vorrang einzuräumen, wird besonders wichtig dann, wenn beide Partner voll berufstätig sind. Die Arbeit, das Zuhause und die Familienverpflichtungen miteinander in Einklang zu bringen kann eine erheblich anstrengende Aufgabe werden. Und es ist für ein berufstätiges Paar oft unbedingt erforderlich, umsichtig Vorkehrungen zu treffen, damit sie Geschlechtsverkehr miteinander haben können. Art sagte, er und seine Frau, beide Mediziner, würden bei ihrem ausgefüllten Terminkalender nie Zeit für die Liebe finden, falls sie sich nicht miteinander absprechen und verabreden würden:

Meine Frau hat jede dritte Nacht Bereitschaftsdienst und verbringt diese Nächte dann im Krankenhaus. Dazu kommt, daß sie dann auch noch jeden Tag arbeitet. Auch ich habe ziemlich enge Termine, einige Nächte mit eingeschlossen. Manchmal vergeht eine volle Woche, ohne daß wir einander zu Gesicht bekommen. Wir versuchen keineswegs bewußt, es uns so einzurichten, aus dem Weg zu gehen, aber oft läßt sich einfach nichts dagegen tun. Und manchmal dann wieder, wenn wir allein zuhause sind und uns danach ist, Sex zu haben, sind wir viel zu müde dazu. Also müssen wir buchstäblich planen – »laß uns nächsten Donnerstag versuchen, zu

bumsen« –, und wenn dann der Donnerstag da ist, machen
wir einen Anlauf und sehen zu, wie es läuft.

Was aber, wenn der Donnerstag kommt und man von einer harten
arbeitsreichen Woche so ausgelaugt ist, daß man den ganzen
Druck nicht einfach abschütteln und sich entspannen kann? Bei all
den Verantwortungen, die ein Paar tragen muß, wo beide ihrer
beruflichen Karriere nachgehen, ist es nicht ausreichend, sich
bestimmte Zeiten vorzubehalten, um Intimität und Zärtlichkeit
füreinander zu bewahren. Einige Paare finden es hilfreich, auch
das mit einzubeziehen, was wir »befristete, unterstützende Aktivitäten« nennen – Aktivitäten, die den Alltagsdruck und die Spannungen mildern und sogar erotischen Gefühlen förderlich sein
können. Für einige heißt das, ein Nickerchen machen, gemeinsam
einen Drink oder ein wohliges Wannenbad zu nehmen oder eine
Zeitlang Musik zu hören, bevor sie sexuell Kontakt miteinander
aufnehmen.

Dazu sagt Art:

> Bevor Melanie ihre feste Anstellung bekam und das Baby
> geboren wurde, hatten wir eine Menge mehr Zeit für sponta-
> nen Sex am Nachmittag. Doch inzwischen müssen wir uns
> weitaus mehr anstrengen, uns die Szene vorzubereiten. Wenn
> wir dann also irgendwann einmal zusammenkommen und
> dann einer oder wir beide ganz abgeschlafft sind, wenn man
> frustriert ist über etwas, was bei der Arbeit vorgefallen ist,
> wenn man sich Sorgen macht über irgendeinen Patienten
> oder man es satt hat, am nächsten Tag gleich wieder antreten
> zu müssen und all die tausend kleinen, leidigen, lästigen
> Punkte, die nun einmal erledigt werden müssen, dann kann es
> wirklich echt hart werden. Wir müssen uns dann ganz auf den
> Versuch konzentrieren, uns die gemeinsame Zeit so ange-
> nehm wie möglich zu machen. Manchmal trinken wir uns
> sogar einen Schwips an, nur um die übrige Welt zu verges-
> sen.

Vielen Paaren widerstrebt es, den Sex vorauszuplanen. Sie meinen, der richtige, schöne Sex müßte sich ganz natürlich einstellen
und spontan sein, sind der Auffassung, daß Planung den ganzen
Zauber zerstört. Dieser Einwand beruht jedoch weitgehend auf
einem Mythos. Eigentlich wird Sex fast immer vorausgeplant. Die

Erwartung bei einer Verabredung geht doch oft schon in die Richtung, daß man wahrscheinlich Sex haben wird. Als Vorbereitung auf eine solche Möglichkeit wird ausgiebig geduscht, reichlich Kölnisch Wasser benutzt und die richtige Unterwäsche sowie die angemessen schicke Kleidung gewählt.

Ein weiterer Grund, weshalb die Paare es oftmals schwierig finden, dem Sex Vorrang einzuräumen, ist darin zu suchen, daß für ein solches Verhalten nur wenige Rollenmodelle vorgebildet sind. Fernseh- und Kinofilme zeigen gewöhnlich keine Paare, die darüber plaudern, wie sie ihre jeweiligen Pläne für ihr Geschlechtsleben aufeinander abstimmen können. Und nur wenige von uns werden sich daran erinnern, daß ihre Eltern ihre sexuellen Beziehungen jemals auch nur erwähnt hätten.

Doch denkt man einmal bewußter an gewisse Situationen zurück, dann geht einem vielleicht auf, wann die Eltern versucht haben, das Kind zu beschäftigen oder irgendwo hingeschickt haben, um Zeit für sich selbst zu haben. Während unserer früheren Interviews mit Frauen erinnerte sich plötzlich eine 40jährige geschiedene Mutter wieder:

> Meine Mutter machte immer großes Aufhebens darum, daß wir sonntags auch immer in die Sonntagsschule gingen. Sie wachte meistens mit ganz verquollenen Augen auf und brachte uns dann, komme was da wolle, immer zur Sonntagsschule. Und wo ich jetzt daran zurückdenke, geht mir auf, daß das wohl die Zeit gewesen ist, in der sie miteinander gebumst haben.

Viel später erst, als Erwachsener, sagte uns ein 52jähriger Mann, erkannte er, daß das Geld, das sein Vater ihm jeden Sonntag zuschob, damit er seinen Bruder in die Nachmittagsvorstellung mitnähme, in der zwei Filme gezeigt wurden, dazu bestimmt gewesen war, ihn den ganzen Nachmittag von zu Hause fernzuhalten. Tatsächlich, so sagt er, hätte es Zeiten gegeben, zu denen sie sowohl samstags als auch sonntags Geld zugesteckt bekamen, um sich spannende Filme anzusehen.

Manchmal waren es die Männer, die es übernahmen, die Rolle des Planers zu spielen. Doch in den meisten Fällen fiel der Frau die Aufgabe zu, die Zeit für zärtliche Stunden zu reservieren. Auch die Frau des 48jährigen Justin hatte dafür Sorge zu tragen:

Meine Frau kommt aus einem zerrütteten Elternhaus, und sie hat nur ein Ziel – unsere Familie zusammenzuhalten, unsere Ehe zusammenzuhalten, und nichts und niemanden zwischen uns treten zu lassen. Also sorgte sie auch dafür, daß ich mich genau so oft und viel mit den Kindern beschäftigte, wie sie auch. Sie achtete auch darauf, daß sie früh genug ins Bett kamen, so daß wir den verbleibenden Rest des Abends ganz für uns hatten. Nachmittags setzte sie durch, daß die Kinder ein Schläfchen machten, und da mir meine Arbeit immer gestattete, zu den unterschiedlichsten Tageszeiten zuhause zu sein, nutzten wir auch diese Gelegenheit zum ungestörten Beisammensein. Und das half uns auch, zusammenzubleiben.

Die Männer jedoch, die die Verantwortung dafür übernommen hatten, das Sexuelle in ihren Beziehungen in Gang zu halten, genossen diese Rolle sehr. Silas, ein 54jähriger Geistlicher, ist inzwischen seit 30 Jahren glücklich verheiratet, und er glaubt fest daran, daß die Dauerhaftigkeit ihrer Ehe nicht nur ein Zufall ist. Da ihm der Sex wichtig ist, nimmt er seiner Frau einige der alltäglichen Verrichtungen ab, so daß ihr genügend Lust und Energie für die Liebe bleibt. Er hat nicht das Gefühl, daß er ihr ein Opfer bringt; er tut dies alles im wohlverstandenen Interesse ihrer Beziehung:

Es scheint so, als hätte ich viel mehr Energie als meine Frau. Ich habe schon immer viele der Arbeiten gemacht, die so im Haus anfallen, und das alles neben meiner regelmäßigen Arbeit im Büro. Ich habe Windeln gewaschen und eine Menge gekocht, sogar wenn sie mit den Kindern zuhause war, weil sie nicht soviel Energie dafür aufbringen kann. Also versuchte ich, ihr diese Energie zu erhalten und mir zu bewahren, damit sie als Geliebte mehr Freude hatte und es gleichzeitig genießen konnte, Mutter zu sein. Und dann war es ja auch so, daß ich selber großen Gefallen daran fand.

Flexibel sein:
Immer den richtigen Augenblick erwischen

Zuerst noch schlugen die Männer vor, sich bestimmte Zeiten für ihr Geschlechtsleben zu nehmen – mit anderen Worten: es zu planen. Dann rieten sie anscheinend wieder zum Gegenteil: flexibel zu sein. Die Wahrheit ist, daß beides entscheidend wichtig ist, eine dauerhafte, aktive sexuelle Beziehung aufrechtzuerhalten, während man eine Familie gründet. Flexibel zu sein, erfordert manchmal auch, die Zeit und/oder den Ort zu ändern, an die man sich für die Liebe gewöhnt hatte. Dean, ein 34jähriger Professor, hält Flexibilität für die entschieden wichtigste Fähigkeit, um eine sexuelle Beziehung lebendig zu erhalten. Für ihn bedeutet Flexibilität, die Zeit für das Liebesleben dem Schlafrhythmus des Babys anzupassen:

> Das Baby ist gerade in der Phase, in der es jeden Morgen um fünf wach wird, dann bis acht Uhr weiterschläft, und wir müssen alles, einschließlich unser Liebesleben, diesem Schema anpassen. Falls es nachmittags ein langes Schläfchen macht, tun wir es eben auch am Nachmittag. Wenn es abends schon früh einschläft, gehen wir ebenfalls am frühen Abend ins Bett. Wenn es bis weit in den Morgen hineinschläft, tun wir es eben auch. Für uns ist das nicht allzu schwierig, weil wir im Hinblick auf die Tageszeiten und dergleichen ziemlich flexibel sind, doch ich denke schon, daß bei Ehepaaren, die dazu nicht in der Lage sind, sich größere Probleme auftun können.

Dean schildert uns ein Erlebnis aus jüngster Zeit, bei dem es spontan zum Liebesakt gekommen war, was zur Voraussetzung hatte, daß beide flexibel genug waren, sich die Zeiten, zu denen das Baby schlummerte, zunutze zu machen:

> Gestern hatten wir ein schönes Erlebnis, das sich ganz spontan einstellte. Ich hatte ihr zu Weihnachten ein erotisch sehr aufreizendes Négligé gekauft. Nun, das Baby schlief ein, kurz nachdem ich es ihr überreicht hatte. Während ich in der Küche war und mit irgend etwas herumhantierte, ging Beth nach oben, um es anzuprobieren, und kam dann hinunter zu mir in die Küche, um mir zu zeigen wie sie darin aussähe. Es

sah phantastisch aus. Es paßte ihr wie angegossen. Also lief sie herum und versuchte verschiedene Posen, und ich wurde dabei mit einemmal ganz scharf. Keiner von uns beiden wußte, daß es dazu kommen würde. Es war ein ganz plötzliches Aufflammen, und ich vermute, das war auch der Grund dafür, daß es um so viel leidenschaftlicher war als sonst. Die ganze Folge von Ereignissen war so unerwartet und spontan. Keiner von uns hätte vorhersagen können, daß es geschehen würde, und ich glaube, daß es genau aus diesem Grund etwas so Besonderes und Einzigartiges für uns beide war.

Flexibel sein bedeutet für gewöhnlich auch, gewillt zu sein, ganz unvermittelt Pläne zu ändern, wenn die Kinder irgendwo anders beschäftigt sind und man sich ganz unerwartet allein zuhause findet. Doch einige Männer erklärten, daß sie auch dann die Gelegenheit beim Schopf packten, wenn das Baby in der Nähe war. John, ein 48jähriger Geistlicher, erinnert sich:

Wir empfanden keinerlei Verlegenheit dabei, uns sexuell zu vergnügen, während das Baby neben uns im Bett lag. Sie ist ja noch ein so kleines Würmchen, und uns war dabei sehr wohl.

Scott, mit 27 Jahren zum ersten Mal Vater geworden, fühlte sich nicht nur angenehm berührt bei dem Gedanken, in Gegenwart des Kindes mit seiner Frau sexuell zu spielen, er war sogar ausgesprochen begeistert davon:

Der wichtigste Rat, den ich allen Eltern geben möchte, ist der, all die Tabus zu vergessen, daß Babys nicht beim Sex zusehen dürfen oder im Raum sein sollten. Nehmt das Baby mit euch ins Bett und geht ordentlich zur Sache, weil das Wackeln und das Auf und Ab im Bett das Baby ganz glücklich machen und ihm ein warmes, sicheres Gefühl geben werden. Und das ist inzwischen sogar überhaupt die einzige Art, in der wir Sex machen können, mit unserem Sohn noch im Klein-kindstadium neben uns, der sich so rasch und auf so vielfältige Weise entwickelt. Falls das Baby alt genug ist, sich herumzu-drehen, muß man es einfach überall mit Kissen umgeben. Solange es ohne großes Geschrei und Gestöhn abgeht und es kein wilder, hysterischer Sex ist, wodurch das Baby veräng-stigt werden könnte, wird es ganz aufgeregt und begeistert davon sein, von all dieser Liebe, soviel Zuneigung und schönen Empfindungen umgeben zu sein.

Andere Männer indessen lehnten diese Vorstellung grundsätzlich ab und sahen darin eine Perversion. Der 38jährige Roger meint dazu:

Selbst noch als das kleine, winzige Baby in seinem Körbchen schlief, wäre es uns niemals wohl dabei gewesen, uns mit ihm im selben Raum zu lieben. Und ganz gewiß würden wir es nicht mit einem 2½jährigen neben uns im Bett miteinander treiben. Der Einfall dazu ist mir wohl schon einmal gekommen, aber ich muß zugeben, daß ich das für pervers halte. Ich vermute schon, daß es meiner Tochter nicht voll bewußt ist, was es damit alles auf sich hat. Doch andererseits ist man doch immer wieder überrascht, wieviel die Kleinen mitbekommen.

Ungestörtes Alleinsein

Selbst jene Männer, die bereitwillig das Tabu mißachteten, in Gegenwart ihres Kleinkindes Sex zu machen, empfanden dann doch etwas anderes dabei, sobald das Baby ins Spielalter kam. Dieses nächste Stadium frühkindlicher Entwicklung zwingt die Eltern dazu, sich die Frage nach Abgeschiedenheit und ungestörtem Alleinsein vorzulegen: wie sich das bewerkstelligen läßt, ohne dem Kind das Gefühl zu geben, vernachlässigt oder ausgeschlossen zu sein. Für die Männer, die wir interviewt haben, waren Ungestörtheit und Ruhe eine ständige Sorge, der sie sich immer wieder gegenübergestellt sahen. Die meisten Männer gingen mit dem Problem so um, daß sie abwarteten, bis ihr Kind sicher im Bett verstaut war, bevor sie mit ihrer Frau schliefen. Einige Männer berichteten, daß diese Beschränkung ihres Geschlechtslebens für sie eine Quelle der Frustration gewesen wäre, eine ständige Erinnerung daran, daß spontaner Sex ein Luxus wäre, der der Vergangenheit angehörte.

Clint allerdings, ein 45jähriger Industrieberater, sagte, er und seine Frau hätten einen Weg gefunden, diese Frustration in ein Gefühl der Vorfreude zu verwandeln, was die erotische Spannung zwischen ihnen gesteigert hätte:

Es hat Zeiten gegeben, in denen ich uns beide bremsen mußte, da wir schließlich nicht mitten im Wohnzimmer miteinander vögeln konnten, während das Kind um uns herum war.
Also blieb uns nur übrig, aus der Frustration etwas Positives
zu machen. Gewöhnlich sagten wir uns dann: »Warten wir bis
heute abend, bis er im Bett ist und schläft.« Das ist dann
etwas, worauf man sich freuen kann. Auf diese Weise fühle
ich mich nicht davon abgehalten, etwas zu tun, und die Erregung steigert sich mit dem Warten. Es geht also ganz prima.

Andere Männer fanden Wege und Mittel, ihre Kinder früh ins Bett
zu stecken, wodurch ihnen mehr gemeinsame Zeit mit ihren Frau-
en blieb. Valiant zum Beispiel, ein Vater von 6 Kindern, machte
seine Kinder durch anstrengende Spiele so müde, daß er sie früh
ins Bett bekam:

Ich habe sie vermutlich frühzeitig schon müde gemacht. Meine Frau und ich hatten dann mehr Zeit für uns, nachdem sie
völlig geschafft eingeschlafen waren. Was nebenher auch mir
selbst gutgetan hat, war, daß mich das Spielen mit den Kindern in Form gehalten hat.

Roger kümmert sich sehr intensiv um seine Kinder, und er meint,
daß sie keinen Widerstand mehr leisten, ins Bett zu gehen, nachdem sie einen besonders fröhlichen, turbulenten Abend mit ihm
verbracht haben:

Ich versuche einfach, sie aus dem Weg zu bekommen, ohne
ihnen dabei das Gefühl zu geben, daß ich sie loswerden will.
Ich habe festgestellt, daß sie genau mitbekommen, was um sie
herum passiert. Wenn wir liebevoll und freundlich miteinander umgehen und wir uns wirklich bemühen, daß alles ruhig
und friedlich bleibt, ist es weitaus einfacher, sie dazu zu
ermuntern, allein zu spielen oder ruhig ihr Abendbrot zu
essen und schlafenzugehen. Wenn ich dann das Gefühl habe,
daß ich an diesem Abend wirklich Sex haben möchte, gebe
ich mich viel intensiver mit den Kindern ab als gewöhnlich,
um sie im Zaum zu halten, und sie werden dann viel friedferti-
ger und ausgeglichener, so daß wir keinerlei Schwierigkeiten
haben, sie ins Bett zu bekommen.

Die Kinder ins Bett zu bekommen kann schon zu einer echten
Plage werden, aber sie dann auch dort zu halten, damit sie nicht

mitten ins Liebesspiel hineinplatzen, mag oftmals noch schwieriger sein. Immerhin kann ein Kind nachts wach werden und herüberkommen, um nach Mama und Papa zu schauen, oder einfach ins Schlafzimmer hineinspazieren, weil es zu den beiden Leutchen ins Bett hineinschlüpfen will. Viele Eltern sehen sich dadurch vor eine unangenehme Frage gestellt: sollen sie ein Schloß an ihrer Schlafzimmertür anbringen? Die Reaktionen der Männer auf diese Frage waren gemischt.

Im allgemeinen schienen sie unbekümmerter als ihre Frauen darüber, ob ihre Kinder über ihre sexuellen Aktivitäten Bescheid wußten. Weitaus mehr Frauen als Männern war es unangenehm, wenn ihre Kinder sie beim Liebesspiel hören konnten oder wenn sie plötzlich ins Zimmer platzten, während sie mittendrin waren. Jacques Reaktion scheint uns typisch:

> Gewöhnlich sperrten wir unsere 3 Kinder aus, wenn wir uns lieben wollten. Wir waren dann im Schlafzimmer, machten die Tür zu und verriegelten sie. Ich wußte, daß es meiner Frau sehr wichtig war, obgleich es mir viel weniger ausmachte.

Eine Vielzahl von Männern allerdings fühlte sich unangenehm berührt, wenn die Kinder mitten beim Sex ins Zimmer gestürmt kamen. Einige entschieden sich dazu, die Tür abzusperren und sich mit ihren Kindern auf keine Diskussion einzulassen, während andere es vorzogen, die Tür nur zuzumachen, aber nicht zu verriegeln, um den Kindern beizubringen, die Privatsphäre zu respektieren. Verschlossen, aber nicht verriegelt, genau das ist die Art, in der Jack, ein 38jähriger Ingenieur, in diesem Punkt verfährt, wenn er und seine Frau Geschlechtsverkehr haben:

> Wir erzählen den Kindern einfach, daß wir ins Schlafzimmer gehen und in etwa einer halben Stunde oder Stunde wieder herauskommen werden. Ich glaube, wir haben wohl eigentlich nie gesagt, daß wir uns jetzt lieben wollen oder dergleichen. Wir sagen dann einfach: »Wir möchten jetzt mal unter uns bleiben, also könnt ihr Jungs euch jetzt selbst ein bißchen amüsieren.« Bis jetzt sind uns eigentlich noch keine gezielten Fragen gestellt oder Bemerkungen darüber gemacht worden. Doch jetzt, da einer unserer Jungen kurz vor der Pubertät steht, vermute ich schon, daß irgendwann diesbezügliche Fragen gestellt werden.

Justin, ein 48jähriger Geistlicher, dessen 3 Töchter inzwischen erwachsen sind, ging noch einen Schritt weiter und ließ stets die Schlafzimmertür offen – sogar während des Liebesakts. Es hätte Zeiten gegeben, so sagt Justin, in denen er – und nicht seine Frau – einigermaßen verlegen wurden, wenn die Töchter sie störten. Aber in ihrer Familie sollte eine Atmosphäre der Freimütigkeit und Offenheit herrschen. Und er ist fest davon überzeugt, daß dadurch niemand Schaden genommen hat:

> Wir praktizierten bei uns zu Hause das Prinzip der »offenen Schlafzimmertür«, damit wir immer ein Ohr auf die Kinder haben konnten. Und gelegentlich sind sie auch zu uns herein- marschiert, und jedesmal ist meine Frau in Lachen ausgebro- chen, weil meine Reaktion immer die war, mich schnell von ihr wegzurollen und mich in aller Hast aus ihren Armen zu lösen. Sie haben niemals durchblicken lassen, daß sie Be- scheid wissen. Gesegnet seien unsere Mädchen! Doch wir sind nie eine Familie gewesen, die sich gegen alles, was von draußen kam, abgeschirmt hätte. Die Folge davon ist, daß unsere Töchter eine sehr gesunde Einstellung haben. Wir können uns jetzt hinsetzen und mit unseren Mädchen über deren Freunde und Ehemänner offen sprechen. Wir versu- chen, unseren Kindern das zu sein, was unsere Eltern für uns nicht sein konnten. Ich glaube, das ist eine sehr gesunde Situation gewesen.

Abgesehen von den verschlossenen, verriegelten oder offenen Schlafzimmertüren waren die Männer oft sehr erfindungsreich darin, sich Zeit für die Liebe zu verschaffen. Vielen galt der Samstagmorgen als die günstigste Zeit, wegen der vielen Car- toons, die ununterbrochen im Fernsehen gesendet wurden. Ent- weder gab es dann nichts zu essen oder den Kindern wurde vorge- schlagen, sich etwas Einfaches zurechtzumachen. Auch dadurch wurde Zeit gewonnen. So berichtet uns einer der Männer:

> Wir erzählen unserem Sohn, wenn wir im Bett bleiben wol- len, wie etwa zum Wochenende oder auch an manchen ande- ren Tagen, daß wir uns unterhalten möchten und allein sein wollen. Und er darf sich dann im Fernsehen ansehen, was ihm gefällt, und falls er will, kann er sich Joghurt nehmen oder Toast oder worauf er sonst Appetit hat. Und das scheint so

ganz gut zu funktionieren. Es ist der gegenseitige Respekt, den wir drei füreinander haben, was hierbei so wirkungsvoll ist. Wir vertrauen einander und wir verständigen uns untereinander.

Die moderne Spielart jenes Tricks »die Blagen Samstagnachmittag in die Jugendvorstellung zu schicken«, ist inzwischen das Videoband mit einer Folge kleiner Filme, das man in den Recorder einlegen kann. Einige Väter finden deswegen Gefallen daran, weil sie dadurch in der Lage sind, das beste aus dem Wochenprogramm auszuwählen und eine gewisse Kontrolle darüber zu haben, was ihre Kinder sich ansehen.

Weitere Vorschläge, die Zeit der Zweisamkeit auszudehnen, waren:

- die Kinder ein bißchen später von der Kindertagesstätte abzuholen;
- die Kinder am Samstagmorgen einmal um den Wohnblock zu jagen, sie ein bißchen müde zu machen und dadurch die Zeit für ein Schläfchen etwas zu verlängern;
- die Kinder mit einem Dollar für jedes einzelne von ihnen in den Laden zu schicken, mit dem Versprechen, daß sie sehr sorgfältig aussuchen sollten, was sie kaufen – auch damit holt man Zeit heraus;
- einen Babysitter zu bestellen, der die Kinder im Haus beschäftigt, während die Eltern sich heimlich ins Schlafzimmer stehlen;
- die Kinder zu einem Babysitter zu bringen und den Tag allein zu Hause verbringen.

Männer, die in der glücklichen Lage waren, in der Nähe von Verwandten oder Freunden zu wohnen, konnten feststellen, daß ihnen dadurch für einige Stunden eine Atempause von ihren Elternpflichten vergönnt war. Doch nichts ist dem vergleichbar, sich hin und wieder von allem frei zu machen und auf und davon zu gehen! Ferien können die Gelegenheit dazu sein, eine Liebesromanze aufzufrischen. Einige Zeit von den Kindern und dem Streß und den Sorgen des Alltagslebens fern zu sein, kann Wunder wirken und der Liebe neuen Glanz geben. Der 52jährige Bob erinnert sich:

Einmal reisten wir beide getrennt und trafen uns in einem Hotel in Washington. Sie war zuerst angekommen. Für mich war es schon richtig erregend, in das Hotel zu gehen, weil man dort nie nach dem Namen fragt – in Washington ist man sehr diskret. So sagten sie einfach zu mir: »Gehen Sie nur schon hinauf, Sir, hier ist der Schlüssel für Zimmer Nr. 247.« Das war großartig. Es macht ganz besonderes Vergnügen, intime Beziehungen mit der eigenen Frau zu haben und sich einmal von der emotionalen Belastung frei zu fühlen, ständig kleine Kinder um sich zu haben mit all dem Drum und Dran und diesem »scht, sie könnten uns hören«, oder wie bei älteren Kindern, wenn es 1 Uhr nachts geworden ist und sie noch nicht zu Hause sind oder angerufen haben und man in ständiger Sorge schwebt. »Was meinst du, ob ihnen wohl etwas zugestoßen sein könnte?« Sich das alles mal vom Hals schaffen, nur zu zweit sein mit jemandem, für den man tiefe Zuneigung empfindet, wieder wie Verliebte miteinander umgehen, das ist wirklich die reinste Wonne.

Alleinstehende Väter

Trotz dieses neuen Trends hin zu größerer Intimität und stärkeren familiären Bindungen scheitern sehr viele Ehen. Die Hälfte aller gegenwärtig bestehenden Ehen werden wahrscheinlich in einer Scheidung enden. Im Fall einer Trennung müssen Männer sich entscheiden, wie aktiv sie der Rolle gerecht werden wollen.
Viele der von uns interviewten Männer legten großen Wert auf die enge Beziehung zu ihren Kindern und hatten nicht den Wunsch, nach einer Trennung oder Scheidung diese besonderen Bindungen aufzugeben. Sie wollten auch weiterhin entscheidenden Einfluß auf das Leben ihrer Kinder nehmen und auf keinen Fall nur der »Weihnachtsmann« sein oder nur ein Vater auf Besuch, der gelegentlich mit Geschenken auftaucht und Versprechungen macht, ab und zu ein aufregendes Wochenende gemeinsam zu verbringen. Diese Männer hatten schon den Wunsch, ihrer Vaterschaft sinnvoll und verantwortungsbewußt gerecht zu werden.
Die Tatsache, daß eine zunehmende Zahl von Vätern sich dafür entscheidet, einen größeren Anteil der Lasten einer Elternschaft zu tragen, ist eine deutliche Abkehr von konventionellen Rollen-

schemata. Nach herkömmlicher Sicht sind Frauen die großen stillenden Mütter, die Sorgenden, die die Kinder großziehen, während der Mann in erster Linie die Verantwortung für die Versorgung der Familie zu übernehmen hat. Und obwohl sich die Rollen inzwischen dramatisch verändert haben, halten viele Männer noch immer das Aufziehen der Kinder für eine wesentlich weibliche Aufgabe. Wie einer der Männer, der gegenwärtig gerade die Freuden der Vaterschaft entdeckt hat, hervorhebt:

> In unserer Gesellschaft wird ständig davon geredet, wie außerordentlich wichtig es ist, Kinder aufzuziehen, doch wenn man einen Mann fragt, was für ihn wichtig ist, dann wird er gewöhnlich antworten: Arbeit, Geld, Sport. Kinder – auf gar keinen Fall! Ich glaube, der aufregendste Trend ist heutzutage der, daß Männer immer mehr in die Elternpflichten einbezogen werden.

Indessen ist es nicht leicht, die Rolle eines alleinstehenden Elternteils zu übernehmen. Viele Männer sind nicht vertraut mit den traditionell weiblichen Fähigkeiten der Kindererziehung und haben beständig mit ihren eigenen stereotypen Einstellungen gegenüber der Vaterschaft zu kämpfen.

Leif, ein 37jähriger Wirtschaftsfachmann, war seit 8 Jahren verheiratet gewesen und hatte zwei kleine Söhne, als seine Ehe vor 5 Jahren geschieden wurde. Er sagt: »Hauptsächlich war meiner Frau die Rolle zugefallen, für die Kinder zu sorgen, und ich hatte kaum Voraussetzungen oder entsprechende Erfahrungen damit, allein zu erziehen.« Kurz nach der Scheidung arbeiteten er und seine Frau die herkömmliche Regelung aus: sie übernahm das Sorgerecht für die Kinder, während er ein Besuchsrecht hatte und Unterhalt für die Kinder zahlte. Doch jetzt, seit beide in derselben Nachbarschaft wohnen, haben er und seine Ex-Frau sich für eine Sorgerechtsregelung entschieden, bei der jeder abwechselnd wöchentlich die Kinder zu sich nimmt. Diese Veränderung hatte erhebliche Auswirkungen auf Leif:

> Ich bin in dem Glauben aufgezogen worden, daß Frauen eine natürliche Eignung für die Elternrolle haben, und meine Ex-Frau hat mich immer darin bestärkt, indem sie mir auf ziemlich unverblümte Weise zu verstehen gab, eine wie wunderbare Mutter sie wäre und daß ich als Vater nur die zweite Geige

spiele. Sie kontrollierte mich zum Beispiel ständig und ließ mir über die Kinder Anweisungen zukommen, wie ich bestimmte Dinge zu tun hätte. Doch als ich aufhörte, der Vater auf Besuch zu sein und alternierend das Sorgerecht übernahm, fällte ich für mich die Entscheidung, meine Elternpflichten sehr ernst zu nehmen.

Männer, die den Willen hatten, allein zu erziehen, sagten uns fast ausnahmslos, daß man sie, ganz gleich, wie groß die Anstrengungen sind, die sie unternehmen, doch immer nur als behelfsmäßige Eltern ansieht. Albert zum Beispiel, ein 42jähriger Lehrer, der seit 2½ Jahren von seiner Frau getrennt lebt, sagt:

Ich werde immer unheimlich wütend, wenn man mich in eine Schablone preßt. Ich war vor ein paar Tagen mit meinen Jungen im Laden, um eine Karte zum Muttertag zu kaufen. Da sagte die Verkäuferin doch zu mir: »Ach, ich finde das ja so nett, daß Sie Ihren Jungen dabei helfen.« Und ich erwiderte ihr: »Sagen Sie dasselbe eigentlich auch zu Ihren Kundinnen, die mit ihren Kindern herkommen? Denn, wissen Sie, ich ziehe meine Kinder genauso auf, wie ihre Mutter das tut, und ich glaube nicht, daß irgend etwas Wunderbares dabei ist, daß ich all das tue. Dies hier ist einfach nur eines der Dinge, die ich gemeinsam mit meinen Kindern mache.« Ich war richtig übergeschnappt, und meine Stimme zitterte.

Die Annahme, daß Frauen die Primäreltern sind und Männer lediglich deren Helfer, ist offensichtlich tief verwurzelt. Albert nennt uns noch ein weiteres Beispiel aus jüngster Zeit:

Eine junge Praktikantin, die Erzieherin werden will und mit mir und den Jungen nicht vertraut ist, wandte sich, als wir gerade nach Hause gekommen waren, an meine Begleiterin und versuchte ihr klarzumachen, wie man sich am besten um die Kinder kümmert. Ich dachte nur bei mir: »Liebes Mädchen, sie ist nicht ihre Mutter, sie ist meine Freundin! Sie sitzt, verdammt noch mal, bloß in der Ecke und hört zu.«

Die Unterstellung, daß Frauen grundsätzlich die besseren Eltern seien, wurmt auch Alex immer wieder:

Ich hasse dieses Vorurteil, ich kann lieben, für sie sorgen, sie kleiden, meinen Kindern genauso gut ein Heim schaffen wie meine ehemalige Frau. Und falls ich mir neue Kenntnisse aneignen muß, dann tue ich das auch. Also, was mich angeht, ist wohl der einzige Vorteil, den eine Frau in der Versorgung der Kinder gegenüber einem Mann hat, einzig der, daß sie stillen kann und ich nicht.

Die stereotypen Geschlechterrollen sind allerdings tief verwurzelt. Und all jene, die konventionelle Erwartungshaltungen infrage stellen, finden im allgemeinen in dieser Gesellschaft die Unterstützung nicht, die sie brauchen. Jene von uns interviewten Männer, die in erheblichem Maße und Umfang Elternpflichten übernommen hatten, sagten uns, die einzige Belohnung für sie wären die engeren emotionalen Bindungen, die sie zu ihren Kindern herstellen konnten. So sagt Leif:

Das Erlernen der Elternrolle war für mich nicht einfach. Doch langsam aber sicher bekam ich ein Feedback von den Kindern; sie redeten öfter mit mir, sprachen von den Gefühlen, die sie für mich hegten, und unsere Beziehung entwickelte sich immer besser. Ich glaube schon, daß diese Nähe eigentlich immer bestanden hatte, aber ich war mir dessen einfach nicht bewußt gewesen, hatte keine Antennen dafür und wollte mich wohl auch nie mit dem Gedanken auseinandersetzen, daß ich irgendwann der alleinige Erzieher sein könnte und mir das etwas bedeuten würde.

Ob nun diese tiefere Bindung zu ihren Kindern erst nach der Trennung von ihren Ehefrauen eintrat oder ob sie schon viel früher bestanden hatte, allgemein war bei den von uns interviewten Männern festzustellen, daß ihr Selbstgefühl durch ihre Rolle als Alleinerzieher erheblich gestiegen war. Doch nur wenige waren auch dazu bereit, ihre Vaterrolle unter Verzicht auf ihre Sexualität weiterzuführen.

Bei den meisten Männern war es so, daß sie Erfüllung sowohl in ihrer Vaterrolle als auch als Liebhaber suchten. Ausnahmen waren allein jene Männer, deren Selbstachtung und Stolz nach dem Scheitern ihrer Ehen erheblich gelitten hatten, oder Männer, die als Folge sexueller Probleme mit ihren Ex-Frauen sich sexuell außergewöhnlich verunsichert fühlten. Für viele waren die Wunden der Scheidung noch zu frisch, als daß sie sich gleich unmittelbar darauf auf eine neue Beziehung hätten einlassen wollen. Anderen war nach langen Jahren der Ehe der Beziehungsmarkt derart fremd, daß sie anfangs ganz hilflos und handlungsunfähig waren. Die Szene der Singles vermittelte ihnen ein Gefühl, als wären sie pubertierende Jünglinge auf dem Weg zu ihrer ersten Verabredung. Andere wieder, die sich emotional noch immer verheiratet fühlten, empfanden Unbehagen bei dem Gedanken, sich andere Sexualpartner zu suchen. Auch sie zogen es vor, sich zunächst einmal auf die Trennung einzustellen, bevor sie sich in neue Beziehungen stürzten.

Die meisten Männer allerdings waren nicht nur bereit zu neuen Begegnungen, sondern brauchten sie auch. Männer, die schon sehr jung geheiratet hatten, freuten sich häufig schon darauf, eine Vielzahl von Partnerinnen kennenzulernen, sexuelle Kenntnisse und Können zu erweitern und sich für die »verlorene Zeit« zu entschädigen. Andere waren auf vielfältige Beziehungen zu Frauen aus, die ihnen helfen sollten, die schmerzvolle Phase der Trennung durchzustehen, oder ihnen dabei zu helfen, ihr sexuelles Selbstwertgefühl wieder aufzurichten. Und da die meisten dieser Männer zu einer anderen dauerhaften Beziehung nicht bereit waren, gingen sie absichtlich mit mehreren Frauen gleichzeitig, um ernsthaften emotionalen Verwicklungen aus dem Weg zu gehen.

Das Problem, dem sich die meisten Männer gegenübersahen, die bereit zu neuen Bekanntschaften waren, war das, wie sie ihren emotionalen und sexuellen Bedürfnissen gerecht werden könnten, ohne ein Kind noch mehr zu verstören, das sich bereits mit der schmerzlichen Wirklichkeit der Scheidung auseinanderzusetzen hatte. Das bedeutete, daß sie ihre eigenen Bedürfnisse nach sexuellen Kontakten gegen die Auswirkungen abwägen mußten, die der Umgang mit neuen Bekanntschaften auf ihre Kinder haben könnte. Und die Antwort darauf wurde ihnen nicht leicht gemacht, wie sie diesen Balanceakt durchstehen sollten.

Die Mehrzahl der alleinerziehenden Väter, die wir interviewt haben, waren nach dem Scheitern ihrer Ehe emotional gespalten. Ohne Leitlinien, an die sie sich hätten halten können, reagierte jeder auf seine jeweilige Situation ganz unterschiedlich und entschied sich dafür auf seine eigene, ganz persönliche Weise seine sexuellen Bedürfnisse mit seinen Elternpflichten ins Gleichgewicht zu bringen. Einige ließen ihre Kinder wissen, daß sie sich verabredeten, stellten ihnen jedoch die Frauen nicht vor, mit denen sie ein Verhältnis hatten. Andere hatten bei Verabredungen gelegentlich ihre Kinder auch dabei, zogen jedoch eine scharfe Trennungslinie und ließen ihre Freundinnen nicht über Nacht bleiben, solange ihre Kinder bei ihnen waren. Und schließlich gab es noch einige wenige Männer, die kaum Bedenken hatten, ihre Kinder mit ihren Freundinnen bekannt zu machen und die sie von Anfang an bei sich übernachten ließen.

Die alleinerziehenden Mütter, die wir seinerzeit für unser Frauenbuch interviewt hatten, lehnten es fast einhellig ab, einen Mann über Nacht bleiben zu lassen, der dann vielleicht ihren Kindern beim Frühstück begegnete. Jene Männer, die ganz gelassen und unbefangen blieben, wenn sie ihre Geliebten mit ihren Kindern bekannt machten, bildeten einen krassen Gegensatz zu den Frauen aus den früheren Interviews. Valiant zum Beispiel, der seit 8 Jahren geschieden ist, sagt:

> Ich habe niemals Bedenken gehabt, eine Frau zur selben Zeit bei mir zu haben, zu der meine Kinder mich besuchten. Es war ja auch nicht so, daß ich jede Woche eine andere hatte. Doch wenn es sich um jemanden handelte, den ich schon seit etlichen Monaten kannte, oder es jemand war, mit dem ich vorhatte, längere Zeit zusammenzusein, dann stellte ich sie meinen Kindern vor. Und von Anfang an hatte ich dabei ein gutes Gefühl.

Die Leichtigkeit, mit der Valiant seine 6 Kinder in den Jahren, die auf seine Scheidung folgten, wechselnden Partnerinnen vorstellte, spiegelt vielleicht teilweise auch gesellschaftliche Verhältnisse wider, die dem Mann gestatten, sich sexuell ganz offen zu geben und einen ständigen Strom neuer Freundinnen vorüberziehen zu lassen, während man doch gemeinhin von Frauen erwartet, daß sie sich einem strengeren Verhaltenscodex unterwerfen. »Immerhin«, so hebt einer der Männer hervor, »macht das einen guten Sinn, wenn Frauen sich sexuell diskreter verhalten als Männer. Der kraftstrotzende, heißblütige amerikanische Mann gibt gern mit seinen Eroberungen an und kümmert sich wenig darum, wie das auf seine Kinder wirken mag. Wenn eine Frau durch viele Betten geht, ist sie eine Herumtreiberin; wenn dagegen ein Mann dasselbe tut, ist er der große Macker und Champion.«

Die Mehrzahl der Männer indessen machte sich durchaus Gedanken über die möglichen Auswirkungen, die ihre Verabredungen auf das Leben ihrer Kinder haben könnten, und zogen eine Reihe von Faktoren in Erwägung, bevor sie die Entscheidung darüber trafen, ob sie die Frauen, mit denen sie verkehrten, mit ihren Kindern zusammenbringen sollten. Einer dieser Faktoren bezog sich auf die Umstände, unter denen es zur Trennung gekommen war. Je kürzer die Trennung zurücklag, desto empfindlicher waren im allgemeinen die Gefühle der Kinder und verlangten entsprechend stärkere Berücksichtigung. Ferner beeinflußte auch die Art und Weise des Auseinandergehens – ob eine gütliche Regelung zwischen den Eltern zustande gekommen war, oder ob es bis zuletzt einen bitteren Kampf gegeben hatte – die Entscheidung eines Vaters darüber, ob er die neue Frau seinen Kindern vorstellen sollte.

Der 44jährige Claude z. B. hatte erst in jüngster Zeit eine heftige, stürmische Trennung von seiner Frau durchgemacht, mit der er 11 Jahre verheiratet gewesen war. Die Regelung bei der Trennung, zu der sie schließlich gelangten, läuft darauf hinaus, daß Claude seinen 7jährigen Sohn jedes zweite Wochenende sehen kann. Weil die Trennung noch frisch und die Gefühle sehr leicht verletzlich waren, glaubt Claude, daß erst einige Zeit vergehen muß, bevor er seinen Sohn mit der Frau zusammenbringen kann, mit der er inzwischen geht. Claude sagt:

> Ich habe einfach das Gefühl, daß er zum gegenwärtigen Zeitpunkt besser dran ist, wenn ich die Zeit, die wir füreinander haben, nicht noch mit einer dritten Person teile.

Der 34jährige Burt, der seit 3 Jahren von seiner Frau getrennt lebt, glaubt, daß er einen Fehler gemacht hat, indem er so kurze Zeit nach dem Scheitern seiner Ehe mit seinem 6jährigen Sohn und einer Frau, die er liebte, in die Ferien fuhr:

> Es krachte, kam einfach zu früh. Mein Sohn reagierte wirklich sehr feindselig. Er war stets bockig und störrisch dieser Frau gegenüber, und obwohl er sie doch schon vorher kennengelernt hatte, verbrachten wir alle drei eine ganz lausige Zeit miteinander.

Einige Männer beschlossen, ihr Privatleben ganz abzutrennen, um damit jeglichen Befürchtungen vorzubeugen, die ein Kind hegen mag, daß die Trennung oder Scheidung gleichbedeutend damit ist, daß sie auch ihren Vater verlieren könnten. Die beste Art, sie darüber zu beruhigen, daß dieses Band nicht reißen würde, bestand darin, geregelte Zeiten zu vereinbaren, die allein dem Kind vorbehalten blieben. Einige Männer wie der 68jährige Don, der an die ganze Situation nicht auf diese Weise herangegangen war, bereute rückschauend, daß er es nicht getan hatte.

Don meint, seine beiden heranwachsenden Söhne hätten es in der auf seine Scheidung folgenden Zeit vor nunmehr 18 Jahren sehr schwer gehabt. Ursprünglich hatte er geglaubt, es sei deswegen gewesen, weil er damals mit so vielen Frauen zusammengewesen war. Doch dann erzählte uns Don, seine Söhne hätten ihm Jahre später erklärt, daß es nicht so sehr die Zahl der Frauen gewesen wäre, mit denen er sich abgegeben hatte, sondern die wenige Zeit, die er für sie erübrigt hatte. Er machte damals eine schwere Phase durch, und er trank auch stark. Er zitierte uns die Meinung eines seiner Söhne:

> Ich war immer furchtbar sauer, wenn du mich angeblafft hast. Ich wußte immer ganz genau, daß du einen Kater hattest. Und immer, wenn ich versuchte, mit dir über irgend etwas zu reden, warst du entweder schon wieder halb hinüber oder hast mit einer deiner Frauen herumgemacht.

»Das heißt nicht, daß ich es mit ihr im Bett getrieben hätte«, erklärte Don, »das heißt lediglich, daß ich anderweitig beschäftigt war, denn immer, wenn ich sie irgendwohin ausführte, hatte ich eine Freundin dabei.«

Die jeweilige Reaktion des Kindes auf die Trennung war ein weiterer Faktor, der ausschlaggebend war bei der Entscheidung eines Mannes, ob er ihnen seine neue Gespielin vorstellen sollte. Im allgemeinen wird die Reaktion eines Kindes unterschiedlich ausfallen, je abhängig von seiner eigenen oder ihrer Persönlichkeit und davon, wie sich die Familiensituation entwickelt hat.

Einschränkend meint allerdings der Kinderpsychiater Larry Brain aus Washington, D. C., daß Kinder dazu neigen, ganz allgemein eine Reihe von Reaktionen zu zeigen, ganz unabhängig davon, wie gut sie auf die Scheidung vorbereitet worden sind. Sie neigen dazu, sich schockiert, verlassen, traurig, grüblerisch, wütend und in stärkerem Maße abhängig zu fühlen, sobald ihre Eltern sich getrennt haben. Als Reaktion auf dieses Zusammenbrechen ihrer Familieneinheit und auf die Angst, daß sie ein Elternteil oder alle beide verlieren könnten, regredieren viele Kinder zeitweilig auf ein früheres, abhängigeres Entwicklungsstadium.

Einer der Männer, den wir besuchten, hatte einen 4 Jahre alten Jungen, der nach der Scheidung ins Kleinkindstadium zurückfiel. Der Vater, dem zu einer Hälfte das Sorgerecht zugefallen war, sagt dazu: »Mein Sohn lutschte ständig an seinem Daumen, wimmerte und weinte und wollte im Arm gehalten werden. Und sobald er mich mit einer Frau sah, fing er an, sie zu fragen: ›Warum sitzt du hier neben meinem Papa? *Ich* will neben ihm sitzen.‹« Sein Sohn stellte große Anforderungen an ihn, und der Vater ging darauf ein, indem er versuchte, soviel Kleinkindwünsche seines Sohnes zu erfüllen, wie er nur konnte. »Bis sich die Dinge schließlich wieder einrenkten und ich ein Haus ganz in der Nähe meiner Ex-Frau bezog«, so erzählte er uns, »habe ich mich wirklich auf alle Wünsche meines Sohnes eingelassen und ihn gehätschelt, als wäre er noch ein Säugling. Das hat schon einige Zeit gebraucht, aber jetzt, wo er sich sicherer fühlt, verhält er sich ganz entsprechend seiner Altersstufe.«

Im Gefolge ganz allgemeiner gefühlsmäßigen Reaktionen, die die meisten Kinder nach dem Scheitern einer Ehe an den Tag legen, so zeigen neuere Untersuchungen, sind einige Verhaltensweisen eher typisch für unterschiedliche Altersstufen. Diese Reaktionen werden einmal gebrochen durch die einzigartige Persönlichkeit des Kindes und dann durch das Maß an innerer Stabilität:

– die Welt des Säuglings oder Kleinkindes ist stark Ich-orientiert; wenn also dasjenige Elternteil, dem das Kind am nächsten steht und von dem es am stärksten abhängig ist, die Fassung verliert oder deprimiert ist, dann vermutet es, persönlich dafür verantwortlich zu sein. »Hat uns Papa meinetwegen verlassen?« oder »Habe ich Mama zum Weinen gebracht?« sind dann in seinem Alter die alles beherrschenden Sorgen. Im Inneren findet ein Kind dann vielleicht, daß es böse gewesen ist und die Scheidung verursacht hat. Wenn ihm allerdings eine dauerhafte, gefühlswarme, zärtliche Fürsorge von beiden Eltern zuteil wird, lassen sich die langfristigen negativen Auswirkungen einer Trennung in Grenzen halten.

Paul, ein 42jähriger Börsenmakler, erhielt das uneingeschränkte Sorgerecht für seinen zweijährigen Sohn, obwohl er und seine Frau gefühlsmäßig verzweifelt über die Aussicht waren, miteinander zu brechen, und sie viele schwierige Sitzungen bei einem Eheberater hinter sich hatten; Paul war dann allerdings doch dazu imstande, in der Art und Weise, wie er für seinen Sohn sorgte, ziemlich beständig und konsequent zu sein. »Ich hatte andere Ventile für meine gefühlsmäßigen Reaktionen: Freunde und dann später meine eigene Therapie. Also gelang es mir immer, für meinen Sohn da zu sein«, sagt Paul. »Eduard ist jetzt 5, und soweit ich erkennen kann, hat er sich jetzt gut darauf eingestellt. Er sieht seine Mutter ziemlich regelmäßig, und für ihn stellt sich das so dar, als wären wir zwei Eltern, die immer unabhängig voneinander gewesen sind.«

– Zu dem Zeitpunkt, zu dem Kinder das Schulalter erreichen, sind sie eher imstande, die Situation zu begreifen und neigen weniger dazu, sich für die Trennung ihrer Eltern verantwortlich zu fühlen. Dennoch bedeutet der Verlust eines der Eltern und die Zerrüttung der Familie, daß sie sich leicht einsam, hilflos und depressiv fühlen. In diesem Stadium entwickeln einige Kinder psychosomatische Krankheiten oder haben Schulprobleme.

– In der Adoleszenz, wenn Teenager nach Selbständigkeit streben, versuchen, sich von der Familie abzulösen und eine unverwechselbare Identität entwickeln, kann eine Scheidung als verheerende Katastrophe erlebt werden. Die Jugendlichen fühlen sich dann oft völlig überrollt, fallengelassen und so, als werde ihnen der Halt unter den Füßen weggezogen. In verzweifelten Anstrengungen, mit einer Situation fertig zu werden, die sich ihrer Kontrolle entzieht, neigen die Jugendlichen dazu, darauf zu reagieren, indem sie sich emotional von den mächtigen Gefühlen distanzieren, die sie vielleicht erleben, indem sie sich gleichgültig und kaltschnäuzig geben, übertriebene Selbstkontrolle zeigen, oder indem sie den Versuch machen, andere Menschen ihrer Umwelt zu gängeln. Andere beginnen mit Drogen, Alkohol oder Sex zu experimentieren, in dem Versuch, Gefühle der Unsicherheit, der Scham oder Depression zu kaschieren. Und ein Teenager wird höchstwahrscheinlich ständig die Grenzen in einem neuen Hausstand zu testen versuchen, der nach einer Trennung entstanden ist.

Zusätzlich zu den Sorgen um das emotionale Wohlergehen ihrer Kinder hatten die Männer eine Vielzahl weiterer Gründe, ihre Kinder und ihre Geliebten voneinander fernzuhalten. Gründe, die in ihren eigenen Bedürfnissen und eigenen Maßstäben ihres Wohlbefindens zu suchen waren. Einige Männer schlossen die Frauen, mit denen sie zusammen waren, nicht mit ein, solange sie mit ihren Kindern beschäftigt waren und sie bei sich hatten, denn zusätzlich zu dem Bedürfnis ihrer Kinder, mit ihnen allein zu sein, empfanden auch sie es als notwendig, mit ihren Kindern allein zu sein. Diese Männer hatten das Gefühl, daß die Zeit, die sie für ihre Kinder zur Verfügung hatten, viel zu kurz und viel zu kostbar wäre, um noch andere mit einzuschließen, und wachten eifersüchtig über die wenigen Augenblicke der Intimität, die sie gemeinsam erleben durften.

Dazu sagt der 39jährige Paxton:

> Ich stand meinen Kindern nach der Trennung ungewöhnlich nahe und lernte die Zeit zu schätzen, die ich mit ihnen gemeinsam verbrachte. Ich bin sehr besitzergreifend mit dieser Zeit geworden, und ich will einfach nicht, daß irgendeiner meiner Freunde aufkreuzt während dieser begrenzten Zeiten, die ich mit meinen Kindern gemeinsam erleben darf.

Einige Männer waren deshalb so ablehnend, ihre Kinder einer Vielzahl von Partnerinnen auszusetzen, weil dies zu ihren eigenen Wertvorstellungen im Gegensatz gestanden hätte.

Charles, ein 45jähriger Mann, der 4 Jahre vor seiner zweiten Ehe allein gelebt hatte, verbrachte gelegentlich die Nächte im Hause seiner Freundin, während seine Kinder bei ihm zu Besuch waren, weil er sie nicht in Verlegenheit bringen oder sie mit einer Reihe von Beziehungen konfrontieren wollte, die möglicherweise ohnehin zu nichts führten. Er sagt:

> Übrigens war ich schrecklich entsetzt bei diesem Gedanken, eine Frau über Nacht bei mir zu haben, während ich die Kinder hier hatte. Also, das tat ich auch nicht. Obwohl ich sie zum Essen hierbehalten würde und ich sie vielleicht umarmt oder gedrückt hätte oder so, würde ich mich doch schuldig gefühlt haben. Ich hatte einen Lebenswandel, den ich selbst

nicht gerade als locker bezeichnen würde, jedenfalls nicht so locker, daß ich befürchten mußte, daß die Kinder etwas mitbekommen könnten, was ich selbst im Grunde ablehnte. Aber es war etwas in mir, das sich dagegen sperrte, daß sie mich mit einer Frau zusammen sehen könnten, mit der ich nicht verheiratet war – einer Frau, mit der ich einfach nur ging. Ich traf mich damals mit einer Vielzahl verschiedener Frauen, und ich wußte nie, wie lange ein Verhältnis dauern würde. Vermutlich hatte ich das Gefühl, daß es eine Belastung für sie sein würde – ich meine, mich mit zu vielen Frauen zu sehen, hätte sie vielleicht aus der Fassung gebracht. Wenn die Kinder die Nacht bei mir zu Hause verbrachten, löste ich das Problem dadurch, daß ich dann zu ihr ging und dort blieb.

Leif, ein 37jähriger Vater, dem nach seiner Scheidung vor 5 Jahren zu gleichen Teilen das Sorgerecht für seine beiden kleinen Söhne zugesprochen wurde, sagt, daß ihm persönlich zwar sein Lebensstil als Alleinstehender zusagt, daß er allerdings nicht »völlig glücklich sein kann über das, was den Jungen dadurch vielleicht vermittelt wird«. Sie sind 9 und 13 Jahre alt, und Leif meint:

Eines der Dinge, die mir am meisten Sorgen machen, ist, welche Wertvorstellungen ich wohl an meine Kinder weitergebe. Als Alleinstehender möchte ich mit einer größeren Zahl von Frauen zusammensein, doch andererseits ist einer der großen Vorzüge einer langfristigen, vertrauensvollen Beziehung zwischen zwei Menschen der, daß die Kinder durch ihr Beispiel – ich meine damit keine großartige vorbildhafte Belehrung – mitbekommen, daß Sexualität das Ergebnis der Zuneigung ist, die zwei Menschen füreinander hegen. Ich frage mich oft, wie sie mich in dieser Beziehung zu anderen Frauen sehen und welchen Reim sie sich darauf machen. Persönlich habe ich das Gefühl, daß das, was ich tue, richtig ist. Aber mir wird etwas unbehaglich bei dem Gedanken, welche Lehren wohl die Jungen für sich daraus ziehen.

Um eigenes Unbehagen zu vermeiden und unvorhersehbare Reaktionen auszuschalten, die Kinder als Folge der Trennung oder Scheidung an den Tag legen mögen, warteten die meisten der von uns interviewten Männer solange ab, bis sie wieder eine feste

Beziehung eingegangen waren, bevor sie dieses Thema zur Sprache brachten. Lester, ein 43jähriger Arzt, der seit einem Jahr geschieden ist, hat seine Kinder an drei Abenden in der Woche bei sich. Dieses Dilemma löst er so, indem er das Zusammenleben mit seinen Kindern und das Leben mit anderen Frauen sorgfältig voneinander trennt:

> Seit ich allein lebe, sind meine Kinder nie gleichzeitig mit mir und einer Freundin zusammengewesen. Sie haben mich nie mit einer anderen weiblichen Person zusammen gesehen als mit ihrer Mama. Mir behagt das dennoch nicht ganz, weil ich bisher auch mit meinen Affären nicht so recht klarkomme. Und ich habe das Gefühl, daß ich erst damit ins Reine kommen muß, bevor ich da meine Kinder mit hineinziehen kann. Ich weiß nicht, ob das richtig ist oder nicht, doch ich empfinde es eben so.

Da den meisten Männern von den Gerichten für gewöhnlich nicht das Sorgerecht für ihre Kinder zugesprochen wird, können sie, anders als alleinerziehende Mütter, sich den Luxus leisten, ein Doppelleben zu führen – einmal als treusorgender Vater und dann als alleinstehender Mann, der sich in allerlei Geselligkeiten stürzen kann. Das war der Fall bei den meisten alleinstehenden Vätern, die wir interviewt haben. Ob die Kinder nun abwechselnd jede zweite Woche bei ihm waren und die übrige Zeit mit ihrer Mutter verbrachten, oder ob sie in derselben Nachbarschaft wie ihre vormaligen Ehefrauen lebten, so daß die Kinder sich frei zwischen zwei Haushalten bewegen konnten, beschränkten doch die meisten jener neun Männer, die gemeinsam mit ihren Ex-Frauen das Sorgerecht für ihre Kinder hatten, anfangs ihre Verabredungen mit Freundinnen auf jene Tage und Abende, an denen ihre Kinder nicht bei ihnen waren. Jene drei von uns interviewten Männer mit uneingeschränktem Sorgerecht mußten sich denselben Einschränkungen unterwerfen wie alleinerziehende Mütter. Wenn sie eine Trennung zwischen ihrem Familienleben und ihrem gesellschaftlichen Leben ziehen wollten, stellten diese Männer entweder auf Zeit Babysitter oder ein Kindermädchen ein und blieben dann über Nacht in der Wohnung ihrer Geliebten.

Während die Mehrzahl der von uns interviewten Männer sich dazu entschloß, ihr geselliges Leben von ihren Familienpflichten abzukoppeln, bis sie wieder eine dauerhafte Beziehung eingegangen waren, fanden viele es doch auch wichtig, ihre Kinder einzuweihen, daß sie mit jemandem gingen. Sie wollten ihnen damit bewußt machen, daß sie gesellige und sexuell aktive Menschen wären, ohne sie kraß mit vollendeten Tatsachen zu konfrontieren.

Indem er sie vorher stets andeutungsweise erwähnte, gab einer der Männer seinem Kind zu verstehen, daß es da eine Frau gäbe, die in seinem Leben eine wichtige Rolle spielte, und daß es jetzt genug über sie gehört hätte, so daß ein zufälliges Zusammentreffen keine Überraschung mehr wäre. Burt, ein 34jähriger Staatsanwalt, rät zu folgendem:

> Solange es sich nicht um eine ernsthaftere Geschichte handelt, neige ich dazu, nicht über Frauen zu sprechen oder die Kinder mit einzubeziehen. Und wenn ich dann glaube, an einen Punkt gelangt zu sein, an dem es mir mit einer Beziehung ernst ist, dann sage ich: Also seht mal, dies ist nicht eine anonyme, fremde Person, das ist jemand, an dem mir etwas liegt, und ich möchte, daß ihr sie kennenlernt und wir uns alle einmal ein bißchen Zeit füreinander nehmen. Ich betone dann nachdrücklich, daß sie nicht eine »Ersatzmutter« für sie sein werde, sondern daß sie künftig mit dabei sein wird und ich mir wünsche, daß wir alle gut miteinander auskommen.

Allerdings kann es schon ein bißchen heikel werden, wenn man den Kindern erzählt, daß diese neue Frau mit Papa auch das Bett teilt. Und während einige Männer sich niemals direkt damit auseinandergesetzt haben und einer Frau gestatteten, sich am nächsten Morgen zu präsentieren, hatten wieder andere den Wunsch, in diesem Punkt feinfühliger zu sein und den emotionalen Streß zu mildern, den das Kind vielleicht erleben mochte.

Alan, der gemeinsam mit seiner Ex-Frau das Sorgerecht für seine 10jährige Tochter hat, war selbst davon überrascht, wie schwer es ihm fiel, das Thema überhaupt zur Sprache zu bringen – im Gegensatz zu seiner Tochter, die mit Leichtigkeit die Situation zu akzeptieren schien.

> Es war etwa 4 Monate nach der Trennung, als ich eine Frau traf und mich mit ihr verabredete, mit der ich bereits mehrmals ausgegangen war. Ich wußte, daß ich an diesem Abend Alice bei mir haben würde, und schlug ihr vor, gemeinsam

mit Alice und mir essen zu gehen. Ich hatte das noch nie vorher getan, aber mit den beiden klappte es überraschenderweise gleich auf Anhieb. Ich erinnere mich noch, wie nervös ich war, als wir nach Hause zurückkamen und ich in Alices Zimmer gehen mußte, um ihr mitzuteilen, daß ich den Wunsch hätte, daß diese nette Frau die Nacht mit mir verbringt. Ich erinnere mich noch genau an unsere Unterhaltung, weil mir so schrecklich unbehaglich dabei war. Ich erzählte ihr, wie einsam es sein kann, allein zu schlafen, und wie schön es ist, manchmal mit jemandem im gleichen Bett zu liegen und daß ich diese Frau sehr gern hätte. Ich war überrascht, als Alice mir darauf ganz einfach zur Antwort gab: Oh, heißt das, daß ich dann morgen früh gleich mit ihr spielen kann?

Der Grund dafür, sagt Alan, daß seine Tochter so einfach die Vorstellung akzeptieren konnte, daß ihr Daddy nachts Gesellschaft brauchte, sei das sichere Gefühl gewesen, daß sie nach wie vor bei ihm die Nummer 1 wäre. Er meinte:

Sie konnte ja sehen, daß niemand mit mir zusammenlebte und daß sie mit mir gemeinsam eine Menge Zeit verbringt, die nur hin und wieder mit anderen geteilt wird.

Andere Kinder reagieren vielleicht nicht ganz so positiv. Nach Auffassung Larry Brains phantasieren viele Kinder noch Jahre nach der Scheidung, daß ihre Eltern irgendwann zusammenfinden. Obgleich ihre Väter zwar erwähnen mögen, daß sie sich hin und wieder mit dieser oder jener Frau treffen, wollen Kinder oftmals nicht die Endgültigkeit eines Bruchs akzeptieren, solange der Vater die neue Frau nicht mit nach Hause bringt. Sobald Kinder mit der neuen Frau ihrer Väter zusammenkommen, treibt dies »den letzten Nagel in den Sarg ihrer Phantasien um eine Wiedervereinigung und Versöhnung der Eltern«, sagt Brain. Allerdings lasse sich diese Situation als eine Gelegenheit nutzen, herauszufinden, wie das Kind die Scheidung erlebt hat. Brain empfiehlt, daß alleinerziehende Eltern Gefühle der Trauer oder der Wut, die das Kind ausdrücken mag, zulassen sollten. Der Umstand, daß solche Gefühle an die Oberfläche dringen dürfen und diskutiert werden, so sagt er, sei für das Kind ein weiteres Anzeichen dafür, daß seine Beziehung zum Vater gesichert ist.

Wenn ein Kind negativ auf die Aussicht reagiert, Vaters neue Freundin kennenzulernen, rieten viele der Männer, die wir interviewt haben, dazu, mit dieser Situation so umzugehen, daß man dem Kind versichert, daß es sehr wohl eine andere Frau tolerieren kann und dennoch weiterhin dem Vater sehr nahestehen wird.

Obwohl der Konkurs einer Ehe kompliziert ist und keiner das Gefühl hatte, daß er mit der Vielzahl sich stellender Probleme in einer Weise fertiggeworden wäre, wie er es sich gewünscht hätte, stimmten die interviewten Männer darin überein, daß die meisten Kinder es am Ende doch schafften, sich mit den veränderten Umständen abzufinden. Es ist eine Tatsache, daß die meisten Kinder im Schulalter durchaus erwarten, daß ihre geschiedenen Eltern mit neuen Partnern gehen werden, und sie werden nur mißtrauisch, wenn das nicht der Fall zu sein scheint. Scheidung ist nicht mehr mit demselben Stigma behaftet wie früher, und die meisten Kinder haben Freunde, die vor ihnen schon dasselbe durchgemacht haben.

Einer der Männer erinnert sich, daß nach seiner Trennung sein 8 Jahre alter Sohn häufig mit einer Klassenkameradin zusammen gesehen wurde, deren Eltern sich 6 Monate vorher getrennt hatten. Die Erklärung seines Sohnes war, daß sie seine »Beraterin« wäre. Und obwohl sein Sohn Trauer und Wut empfand, anfangs sogar stotterte und Schulprobleme hatte, ging es auch ihm bald wieder besser, nachdem seine häuslichen Lebensumstände und die einst sehr wacklige Beziehung seiner Eltern sich wieder stabilisiert hatten. Sogar das Stottern hörte auf, sobald er eine engere Beziehung zu seinem Vater entwickelt hatte.

Der 34jährige Rechtsanwalt Geoff, der das uneingeschränkte Sorgerecht für seinen 6jährigen Sohn hat, hat das Empfinden, daß keine nachteiligen Wirkungen damit verbunden waren, daß sein Sohn Zeuge seines Privatlebens wurde. Geoff trifft sich jetzt ständig nur mit einer Frau, also muß er seinem Sohn nicht komplizierte Erklärungen dafür liefern, daß er ständig wechselnde Partnerinnen hat. Geoff sagt:

> In der Vergangenheit war er nicht eben immer begeistert, wenn eine Frau hier war. Aber jetzt höre ich ihn gern sagen: ›Daddy, wenn Janet kommt, wird sie mir dann auch einen Gute-Nacht-Kuß geben, wenn ich ins Bett gehe?‹ Wissen Sie,

das ist etwas Wunderschönes. Und dann sind wir in unserer Beziehung sehr offen. Manchmal öffnet er die Tür, während wir noch im Bett liegen, und kommt zu uns herein. Ich sage niemals: Verschwinde hier, oder dergleichen. Es ist für uns keine Störung. Natürlich möchten auch wir unsere Privatsphäre haben, doch wir haben immer Zeit für ihn, wenn wir als Paar zusammen sind, und das ist für ihn sehr wichtig.

Geoff sagt, es hätte Zeiten gegeben, in denen er sich schon die Frage gestellt hätte, ob er das richtige täte, in allem so offen zu sein, doch erst kürzlich hätte der Klassenlehrer seines Jungen sich in glühenden Farben über seinen Sohn geäußert und ihm gesagt, er wäre das reifste Kind unter all seinen Altersgenossen. »Und da hatte ich das Gefühl: ›O toll, ich muß etwas richtig gemacht haben.‹«

Wie immer die familiäre Situation eines Mannes aussehen mag, es bleibt für ihn und sein individuelles Wohlergehen sehr wichtig, daß, obwohl Kinder vorhanden sind, sein Bedürfnis nach Intimität, sexuellen Beziehungen befriedigt werden kann. Nach Auffassung der Männer in unserer Untersuchung erfordert es nur etwas Planung, damit die Sexualität ein wichtiger Bestandteil im Leben eines Elternteils sein kann, sogar dann, wenn sie oder er Alleinerzieher ist. Zudem ist die Wahrscheinlichkeit groß, daß der Wunsch eines Mannes nach einem aktiven Geschlechtsleben auch dann noch besteht, nachdem die Kinder groß geworden sind und selbst Familien haben.

Nach herkömmlicher Meinung allerdings soll es ja so sein, daß Männer einen begrenzten Vorrat an sexueller Energie haben, der irgendwann erschöpft ist. Im Herbst ihres Lebens, so lautet die gängige Meinung, verlieren die Männer ihr Interesse am Sex und die Fähigkeit dazu. Unsere Interviews indessen ergeben ein ganz anderes Bild. Auch dann noch, wenn sich sexuelle Verhaltensmuster ändern, bleiben sexuelles Interesse und Vitalität erhalten. Viele der von uns interviewten Männer berichteten, daß ihr Intimleben mit ihren Partnerinnen auch noch im Alter von 60, 70 oder gar 80 Jahren eine Quelle beständiger Freude wäre.

Goldene Jahre – gute Jahre

Kennen Sie schon diesen Witz?:

Da ist ein 75jähriger Mann verhaftet worden wegen versuchter Vergewaltigung mit einer untauglichen Waffe.

Oder kennen Sie den von dem 81jährigen Mann, der eines Abends ins Schlafzimmer hereinspaziert kommt und zusieht, wie seine 70jährige Frau einen Kopfstand macht. Als er sie fragt, warum sie das tut, antwortet sie ihm: Na ja, ich weiß ja, daß wir heute abend Sex machen wollten, und da dachte ich mir, wenn du ihn schon nicht hochkriegst, dann kriegst du ihn doch vielleicht immerhin nach unten rein.

Oder schließlich die traurige Geschichte von Aby und Sady, die seit 50 Jahren verheiratet waren. Aby war 85 und Sady 70 Jahre alt. Eines Tages kommt Sady früh nach Hause und findet ihren Mann mit einem 25jährigen Mädchen im Bett vor. Sie ist so wütend, daß sie ins Schlafzimmer stürzt, Aby aus dem Bett zerrt und ihn aus dem Fenster schmeißt. Aby ist sofort tot. Als die Polizei kommt, sagt einer der Bullen: Sady, Aby und Sie sind doch seit etwa 50 Jahren verheiratet gewesen. Warum haben Sie ihn denn da aus dem Fenster geworfen? Und Sady antwortet: Ich komme nach Hause und finde ihn mit einem 25jährigen Flittchen im Bett. Ich dachte, wenn er mit 85 noch ficken kann, kann er auch fliegen.

Falls Sie nach diesen komischen Geschichten nicht vor Erheiterung im Quadrat springen, dann mag das vielleicht deswegen sein, weil solche schlimme Art von Humor gebraucht wird, um tieferliegende Befürchtungen, die viele von uns hegen, zu beschwichtigen und zu verdecken. Was geschieht mit unserer Sexualität, wenn wir alt werden? Bei Frauen ist es die nagende Angst, daß sie ihre sexuelle Anziehungskraft verlieren. Und bei Männern besteht die Angst vor dem Verlust der sexuellen Leistungsfähigkeit. Der Satyriker Tom Lerer drückt das so aus: »In aller Wahrscheinlichkeit verliere ich meine Männlichkeit und du deine Fruchtbarkeit und Begehrlichkeit.«

Sobald ältere Männer einmal Schwierigkeiten damit haben, eine Erektion zu bekommen, werten sie dies als Zeichen schwindender Potenz. Einige Männer fangen an, sich sexuell als Eunuchen zu sehen.

Einige der von uns interviewten älteren Männer gaben zu, daß sie auf ihre Sexualität ganz verzichtet hätten. Darunter war ein 69jähriger Mann, der sich vor 5 Jahren einer Prostata-Operation hatte unterziehen müssen und der seither, weil es ihm unmöglich gewesen war, mit seiner Frau zu sprechen und ihr zu erklären, daß er mehr direkte Stimulation seines Gliedes brauchte, keinerlei sexuellen Verkehr mehr gehabt hatte. Ein anderer Mann, ein 65jähriger Rechtsanwalt, der seit drei Jahren von seiner Frau getrennt lebt, sublimierte seinen Geschlechtstrieb, indem er sich in seiner Arbeit vergrub. Der Grund dafür, er behauptete: Ich funktioniere sexuell nicht mehr so zuverlässig wie in meiner Jugend.

Aber ist ein geschlechtsloses Leben nach Verstreichen der Jugend notwendigerweise unvermeidlich? Nach Interviews mit 19 Männern über 60 stellten wir fest, daß die Auswirkungen des Alterungsprozesses von Person zu Person verschieden sind. Jeder Mann reagiert sexuell auf eine ganz eigene Weise auf das Altern. Langsam zeichnete sich für uns ein verallgemeinerbares Schema ab. Aus unseren Untersuchungen scheint hervorzugehen, daß ein Mann, sobald er älter wird, letztlich eine oder mehrere der folgenden Erfahrungen macht:

– Er braucht mehr direkte Stimulation seines Gliedes, um eine Erektion zu bekommen.
– Seine Erektionen sind nicht mehr so fest und prall wie in früheren Jahren.
– Er braucht mehr Zeit, um zum Orgasmus zu gelangen.
– Er kommt nicht jedesmal beim Geschlechtsverkehr zum Orgasmus oder zur Ejakulation.
– Seine Ejakulationen sind nicht mehr so reichlich.
– Er braucht länger, um nach einer Ejakulation wieder eine Erektion zu bekommen.

Es scheint also, daß das Älterwerden nicht zwangsläufig bedeutet, daß die Fähigkeit zur Erektion oder zu einer Ejakulation verlorengeht. Es bedeutet lediglich eine graduelle Verlangsamung dieser Reaktionen. Anstatt mit zunehmendem Alter zu verkümmern, kann die sexuelle Leistungsfähigkeit eines Mannes wie alter, gut abgelagerter Wein tatsächlich sogar besser werden. Viele der älteren Männer, die wir interviewt haben, hatten den Eindruck, daß ihre sexuelle Lust noch nie größer gewesen war.

All diese Antworten bestätigen eine kürzlich durchgeführte Untersuchung zur Sexualität von Star und Wayner. Von 800 Männern und Frauen über 60 Jahre alt, die in ihrer Erhebung Fragebögen ausfüllten, erklärten Zweidrittel, ihre Sexualität wäre im Vergleich zu jüngeren Jahren gleich geblieben oder sogar besser geworden. Angesichts dieses Sachverhaltes muß man sich fragen, warum so viele Männer mit ihrer Sexualität ganz abschließen, als wären die Freuden sexueller Intimität mit der Jugend ein für allemal hin. Einer der Gründe dafür ist die lebenslange Konditionierung, durch die sich bei den Männern der Glaube festgesetzt hat, daß dieser Prozeß der Verlangsamung ein Hinweis auf den fortschreitenden Verlust ihrer Männlichkeit ist. Immerhin kennen wir doch unseren starken, virilen Mann:

– Er ist stets bereit zum Sex.
– Er bekommt immer eine Erektion.
– Er muß nur an Sex denken, um gleich auf volle Touren zu kommen.
– Er hat ständig gewaltige steinharte Erektionen.
– Er hat immer eine Ejakulation.

Diese Reaktionen sind nicht mehr die Regel, wenn Männer älter werden. Nach Jahrzehnten der Konditionierung im Hinblick auf das, was es bedeutet, ein Mann zu sein, stellen viele Männer, die in die reiferen Jahre kommen, fest, daß sie diesem Bild nicht mehr entsprechen. Männer, die am Credo des Macho festgehalten haben, sind schwer erschüttert, wenn »Vorspiel« und »Nachspiel« das einzige darstellen, wozu sie noch in der Lage sind, was für sie im übrigen nur heißen kann, daß sie überhaupt keinen Spaß mehr haben.

Die Männer allerdings, die wir interviewt haben, waren bereit, jenes Bild von männlicher Kraft und Potenz noch einmal zu überdenken. Einer der Männer, der jetzt 65 Jahre alt ist, sagt:

Die Männlichkeitsvorstellung verband sich für mich, wie wohl auch für die meisten anderen Männer, damit, wie knüppelhart der Schwanz wird und wie schnell und wie oft man eine Nummer abzieht. Das war etwas, woran man sich halten konnte. Doch dann wird man immer älter, und es passiert schon einmal, daß man eine innere Stimme warnend sagen hört: Verflixt, er rutscht dir ja raus. Dann beginnt man sich Sorgen zu machen, und das Problem schaukelt sich auf und macht einen schließlich ganz verrückt, weil man ja gewohnheitsmäßig sexuelle Kraft mit einer saftigen Erektion gleichgesetzt hat.

Sobald ihnen keine Erektion kommt, sagen viele Männer zu sich selbst: Nun, offenbar bin ich jetzt nicht bereit zum Sex; oder: Irgend etwas kann mit mir nicht stimmen; oder: Vielleicht ist meine Partnerin nicht mehr anziehend für mich. Diese Art von Befürchtungen können die sexuelle Funktionsfähigkeit noch weiter beeinträchtigen, bis sie schließlich anfangen, sexuelle Situationen ganz zu meiden. Das ist auch eigentlich das, was in reiferen Jahren die sexuelle Aktivität ganz zum Erliegen bringt: die Annahme, daß ein Mann nur einen begrenzten Vorrat an sexueller Energie hat, die in der Jugend und in frühen Mannesjahren auf vollen Touren läuft, in mittleren Jahren Schwankungen unterliegt und danach ganz einschläft.

Männer, die in diesem Glauben leben, tun oft alles dazu, daß er Wirklichkeit wird. Sie deuten erste Anzeichen für den Prozeß des Älterwerdens als Vorankündigung ihres künftigen Abstiegs – als den Anfang vom Ende. Also werden sie sexuell abstinent, und ihre Reaktionen setzen immer schneller aus. Die eigentliche Tragödie dabei ist, daß sie sich durch diese Selbsttäuschung von den dauerhaften Freuden eines fruchtbaren wiewohl vielleicht ruhigeren und gemächlicheren Geschlechtslebens ausschließen.

Viele Männer treffen die Entscheidung, ihre sexuelle Aktivität einzustellen, wegen bestimmter Lebensumstände, die ihnen alle Energie und vollste Konzentration abverlangen. Unsere Gesellschaft porträtiert einen älteren Menschen als ein einsames, physisch hinfälliges, geistig nachlassendes und finanziell mittelloses Wesen – das wären sämtlich Bedingungen, die ungeachtet Alter oder Geschlecht den sexuellen Appetit erheblich zügeln müßten.

Kein Wunder also, daß ein Mann, der seinen letzten Lebensabschnitt näherkommen fühlt, sich über den möglichen Verlust seiner sexuellen Leistungsfähigkeit grämt.

Obwohl die herkömmliche Meinung übereinstimmend alt mit hinfällig gleichsetzt, zeigen die Statistiken ein anderes Bild.

Die Mehrheit der alten Menschen lebt allein und ist bei guter Gesundheit. Gegenwärtig gibt es in den Vereinigten Staaten 25 Millionen Menschen, die älter sind als 65 Jahre, und ihre Zahl erhöht sich alljährlich. In 50 Jahren schätzt man eine Verdoppelung dieser Zahl auf 50 Millionen. Nur 5 % lebt in Alters- oder Pflegeheimen. Die verbleibenden 95 % also – 19 Millionen Alte – leben in ihren Wohngemeinden. Und ganz entgegen der Annahme, daß die Alten hinfällig und abhängig sind, sind 70 % dieser älteren Menschen Eigenheimbesitzer.

Die von uns interviewten Männer, die mit ihrem Geschlechtsleben zufrieden waren, bestätigen diese Statistik. In ihrer Mehrheit praktizieren sie auch in älteren Jahren aktiven, kraftvollen Sex. Und da wir einen dringenden Bedarf an solchen positiven Rollenvorbildern haben, haben wir die Männer ausgewählt, die aktiv auf ihr Älterwerden reagiert haben. Wir wollten herausfinden, mit welchen tatsächlichen Veränderungen körperlicher und psychischer Art sie mit zunehmendem Alter konfrontiert wurden und wie diese Männer mit Veränderungen fertiggeworden waren.

Körperliche Veränderungen

Je mehr Männer wir interviewten, desto deutlicher erkannten wir, daß sich bei jedem einzelnen ein je einzigartiges sexuelles Grundmuster herausgebildet hatte. Einige Männer stellten fest, daß das Älterwerden den Erektionsvorgang zwar verzögerte, jedoch ohne Einfluß auf ihre Fähigkeit zur Ejakulation geblieben war. Bei anderen dauerte der Zeitabstand zwischen den einzelnen Erektionen zwar länger, ihre Erektionen jedoch waren so fest und stark wie immer. Und einige Männer, wie Patrick, hatten nur geringfügige physische Veränderungen in ihren sexuellen Funktionen bemerken können. Bei dem 86jährigen Patrick besteht die auffälligste Veränderung in seinen Bettgewohnheiten in seinem Bedürfnis nach mehr Schlaf. Was den Sex angeht, so verkehren er und seine 76jährige Frau zwei- bis dreimal die Woche unverändert lustvoll miteinander. Nicht nur gab es keine merkliche Veränderung in der Häufigkeit ihrer sexuellen Kontakte, sondern Patrick erklärt auch, daß er noch immer ohne Schwierigkeit harte Erektionen bekommt und jedesmal auch ejakuliert – manchmal allerdings etwas schneller als ihm lieb ist. Patrick sagt :

> Ich lese immer wieder in der Zeitung, daß Sex ältere Menschen jung erhält, und ich glaube in der Tat, daß es junge Alte und alte alte Menschen gibt. Ich glaube, es ist unsere sexuelle Beziehung, die uns jung erhält.

Und Clarence, ein 67jähriger College-Professor, sagt, daß er und seine zweite Frau ein ebenso aktives Geschlechtsleben haben, wie er es in den Anfangsjahren seiner ersten Ehe erlebt hatte:

> Wir haben wahrscheinlich zwei- oder dreimal die Woche Geschlechtsverkehr, manchmal mit einem Tag dazwischen, manchmal mit einer Unterbrechung von vier Tagen, außer wenn einer von uns beiden krank ist. Wenn das passiert, sagt meine Frau immer, daß wir eben einfach einmal ein paar verregnete Tage abwarten müssen. Auf unserer Hochzeitsreise im vergangenen Juni haben wir es jeden Tag miteinander gemacht. Was den Sex angeht, glaube ich schon, daß ich mich über all die Jahre ganz gut gehalten habe.

Bei allen von uns interviewten Männern allerdings waren jene die Ausnahme, die keinerlei oder nur ganz geringfügige Veränderungen ihrer sexuellen Empfänglichkeit und der Häufigkeit sexueller Betätigung als Folge des Älterwerdens an sich feststellen konnten. Die Mehrzahl der Männer war durchaus imstande, ganz bestimmte Veränderungen ihrer sexuellen Verhaltensmuster zu benennen, nachdem sie in die Jahre gekommen waren. Bei einigen begannen diese physiologischen Veränderungen mit 30, bei anderen erst in den darauffolgenden Jahren. Doch nahezu jeder von denen, die solche Veränderungen ansprachen, sahen den Gegensatz ihrer aktuell praktizierten Sexualität zu jenem Selbstbildnis des sexuell aktiven Jugendlichen, dem sie im Alter von etwa 18 Jahren gehuldigt hatten – wenn die Hormone noch ein drängendes Eigenleben führen und Erektionen sich ganz plötzlich und ohne Vorankündigung einstellen.

Der 70jährige Righley erinnert sich:

> Manchmal stieg ich in einen Bus und sah da ein umwerfendes
> Weib und hatte gewaltige Schwierigkeiten, unauffällig wieder
> auszusteigen. Ich mußte hinter meiner Aktentasche Deckung
> nehmen. Heute spielt sich da nichts ab. Das kann einfach
> nicht mehr passieren. Ich brauche körperliche Berührung,
> um eine Erektion zu bekommen.

Während solche sexuellen Veränderungen sich bei diesen Männern schrittweise in den 20ern und 30ern vollzogen, war es oft der
40. Geburtstag, der Männer dazu veranlaßte, über ihr Leben
nachzudenken und Bilanz zu ziehen. Für viele Männer bedeutete
gerade dieses Alter einen entscheidenden Meilenstein. Das kann
eine Zeit sein, zu der man in den Spiegel schaut und mit sich selbst
auf den verschiedensten Ebenen abrechnet – auf der beruflichen,
der persönlichen und der sexuellen. An diesem Punkt werden viele
Männer unleugbar mit der Tatsache des Älterwerdens konfrontiert. Dick B. Diehl schreibt in seinem in der ersten Person verfaß-
ten Bericht in der Zeitschrift Esquire:

> Die Vierzig überschreiten heißt, daß man vom Kurzstrecken-
> sprint auf die Langstrecke umsteigen muß. Einige Männer
> waren in der Lage, sich diesen Veränderungen anzupassen,
> während andere dagegen ankämpften und zeitweilig sogar die
> Kontrolle über ihr Leben verloren. In jedem Fall jedoch
> verlangten die mit dem Alterungsprozeß verbundenen Ver-
> änderungen der Sexualität fast ausnahmslos, daß sie sowohl
> ihr Selbstbild als auch ihre persönlichen Beziehungen einer
> genauen Prüfung und Neuanpassung unterziehen mußten.

Justin, ein 48jähriger, der seit 23 Jahren verheiratet ist, sagte:

> Da war ich jetzt also fast 40 Jahre alt geworden, und mir fielen
> einige der Probleme auf, denen ich mich beständig gegen-
> übersah, wie etwa dem Unvermögen, so rasant wie einst in
> früheren Jahren eine Erektion zu bekommen – denn ich bin
> ein Typ, der wirklich Spaß an seinem Geschlechtsleben hat.
> Manchmal hatte ich schon eine Erektion und dann, ganz kurz
> vor der Penetration, plopp – weggeschlafft. Oder ich bin
> gerade voll dabei, und ganz plötzlich bleibt er mir weg und ich
> müßte schon mit der Taschenlampe hinsehen, ob er noch da
> ist. Und das hat mich dann schon gewurmt.

Vor 14 Jahren machte sich Leo, der damals gerade 40 geworden war, Sorgen über die längeren Erholungsphasen, die er zwischen zwei Erektionen brauchte:

Ich bemerkte, daß es mir immer langsamer kam, je älter ich wurde, besonders beim oralen Sex. Er wurde mir auch nicht mehr so schnell steif, wie noch mit 17. Aber es ist immer schwer zu entscheiden, welche Veränderungen physischer und welche psychischer Art sind. Ich kam damit durcheinander und machte mir Sorgen, doch all meine Besorgnisse bremsten mich nur noch mehr ab. Ich habe also einfach aufgehört, mir darüber den Kopf zu zerbrechen.

Wenn ein Mann die Vierzig überschritten hat, ohne Anzeichen des Alterns bei sich festgestellt zu haben, dann muß er wahrscheinlich damit rechnen, daß er mit diesen Veränderungen zu irgendeinem zukünftigen Zeitpunkt konfrontiert werden wird, Veränderungen im Ablauf von Erektion und Ejakulation.

Bei der überwiegenden Mehrzahl der von uns interviewten Männer bestätigte sich die Fachliteratur über das Altern. Viele der älteren Männer sprachen von dem Bedürfnis nach direkter Reizung des Penis, damit er ihnen steif wurde. Die plötzlich hochzukkende Versteifung – die spontane Erektion – war weitgehend ein Ding der Vergangenheit. Es dauerte länger, bis sich die Erektion einstellte, und sie war oft nicht mehr so steif wie in vergangenen Zeiten. Sie hatten das, was einer der Männer das »Mittelknick-Syndrom« nannte, eine Erektion, die für die Penetration ausreichend steif, jedoch weniger fest als in jüngeren Jahren war.

Mitten im Geschlechtsakt spürten viele Männer nicht mehr das Bedürfnis zu ejakulieren, wie sie uns erzählten. Einer der Männer sagte uns zum Beispiel, daß er während des Sex zwar zu einem Höhepunkt kommt, der jedoch nicht unbedingt ein voller Orgasmus sein muß. Ein anderer berichtete: »Ich komme ganz dicht heran, stehe dann kurz davor, die Kurve zu nehmen, und dann plötzlich ist die Luft raus und alles ist zu Ende.« Er fügte allerdings hinzu, daß diese Unfähigkeit zum Orgasmus ihn längst nicht mehr so frustriert oder gereizt zurücklasse wie in früheren Tagen.

Dem 70jährigen Righley macht eine ähnliche Erfahrung zu schaffen:

Da ist heute keine Chance mehr, daß ich Abend für Abend Sex haben und dabei jedesmal ejakulieren kann, aber das heißt auch nicht, daß ich immer gleich drei Tage oder mehr abwarten muß. Ich kann Sex an zwei aufeinanderfolgenden Abenden haben oder abends und dann am nächsten Morgen und beide Male richtig ejakulieren. Aber manchmal habe ich ein rauschhaft tolles sexuelles Erlebnis und fühle mich wie ein Drachenflieger, bin voll dabei, und dann ganz plötzlich, an einem bestimmten Punkt, bin ich mit einemmal körperlich und gefühlsmäßig ganz hundemüde. Ich fühle mich ausgeleiert, ganz daneben und stürze plötzlich einfach ab. Dann muß ich meiner Freundin immer wieder versichern, daß ich mich gut fühle, daß ich alles bekommen habe, was an diesem Abend für mich drin war, und das war es dann, Schluß und aus. Sobald aber mein Wissen um diesen ganzen Prozeß größer wurde und ich erkannte, was sich da abspielt, war mir schon viel wohler.

Auch wenn ein Mann ejakulierte, war das Erlebnis seiner Ejakulation doch manchmal ein ganz anderes. Einige Männer mußten feststellen, daß es zwischen dem Gefühl der ejakulatorischen Unvermeidbarkeit, mit der sich das Kommen ankündigt, und der Ejakulation selbst kaum noch eine Trennung gab. Beides verschmolz miteinander. Andere stellten fest, daß ihre Ejakulation weniger kraftvoll war. »Während der letzten 10 Jahre habe ich bemerkt«, sagte ein 70jähriger Mann, »daß meine Ejakulation weniger stark ist, wenn ich komme. Ich habe eher das Gefühl, daß mein Samen herausrinnt und nicht mehr herausschießt, wie das früher einmal war.« Dennoch läßt er sich von diesen Veränderungen nicht beunruhigen. »Es ist so, als würde ich jeden Tag Handball spielen und dabei genau wissen, daß ich nicht mehr so gut bin wie vor 10 Jahren. Aber ich spiele noch immer gut und habe Freude am Spiel.«

Auch wegen einer Vielzahl physiologischer Veränderungen – zunehmende Erschlaffung der Muskulatur, abnehmende Körperkraft, der Verlust an körperlicher Spannkraft und allgemein geringere Ausdauer – kann das sexuelle Interesse auch zurückgehen. Viele der Männer, die wir als 60jährige, 70jährige oder 80jährige interviewt haben, sagten, ihr Trieb wäre allgemein schwächer als früher. »Schlaf wird immer wichtiger, vielleicht wichtiger als damals, als ich noch sehr jung war und alle Hormone voll im Saft gestanden haben.«

Für das Geschlechtsleben eines älteren Mannes bedeutet dies nach Angaben einiger der von uns interviewten Männer, daß Geschlechtsverkehr gewöhnlich in den Morgenstunden stattfindet, nach reichlich Schlaf, oder an Wochenenden, wenn mehr Zeit zur Erholung zur Verfügung steht und weniger Ansprüche von außen gestellt werden. Ermüdung schafft größere Besorgnis als früher. »Ich bin nicht mehr so aktiv, wie ich einmal gewesen bin«, sagt Lee, 62 Jahre alt, der sich selbst einen »Sonntagskämpfer« nennt. »Ich frage mich, ob es etwas änderte, wenn ich aktiver wäre, doch ich glaube nicht. Ich bin mir nicht sicher, ob die entscheidende Variable mein Alter oder meine körperliche Verfassung ist. Wenn ich besser in Form wäre, würde ich vielleicht nicht so schnell müde werden.«

Ruhepausen waren diesen Männern überaus wichtig. Der 86jährige Patrick war sogar davon überzeugt, daß sein gemächliches Leben im Ruhestand entscheidend für sein aktives Geschlechtsleben war:

> Die wichtigste Sache, die man für eine aktive Sexualität braucht, ist Ruhe. Ich lege ständig Ruhepausen ein. Ich sage den Jungs, daß ich nicht bis 10 Uhr aufbleiben und mit ihnen Karten spielen will. Um 8 Uhr gehe ich nach oben, mache den Fernseher an, lese die Zeitung, und wenn dann meine Frau vom Kartenspielen kommt, bin ich hinreichend ausgeruht und frisch für den Sex.

Körperbild

Viele der Männer aus unserer Untersuchung weigerten sich, die Vorstellung zu übernehmen, daß gleichzeitig mit körperlichen Veränderungen auch ihr Geschlechtsleben einen drastischen Rückgang erleiden müßte. Sie schauten in den Spiegel und machten entweder Frieden mit sich selbst oder, falls ihnen nicht gefiel, was sie zu sehen bekamen, machten sie die notwendigen Anstrengungen, um das zu ändern. Sie mußten sich einstellen auf Falten,

Hängebäuche, gebeugte Haltung und dünner werdendes Haar. Einige Männer ließen sich von solchen Veränderungen jedenfalls nicht das Bild zerstören, das sie von sich selbst als sexuell anziehende Person hatten. Rolf zum Beispiel ist 66 Jahre alt und sagt:

> Ich bin glücklich, wenn ich nackt an einem Strand herumlaufen kann, und schere mich einen Dreck um alle anderen. Meine Philosophie lautet, daß ich mit Würde alt werden will. Und wenn ich ein paar Runzeln oder hier und da Falten habe, macht mir das nicht das Geringste aus.

Greg ist immer sehr schlank gewesen, doch seit kurzem hat er einen Bauch. Ich fühle mich top, wenn ich angezogen bin, sagt er, doch wenn ich ausgezogen bin und mich darauf vorbereite, mit einer Frau ins Bett zu gehen, wird mir meine Wampe schon sehr bewußt. Die Art, wie er sich damit abfindet, ist einfach die, darüber hinwegzusehen.

Es hat sich nie jemand beklagt. Es ist einfach so, daß da ein bißchen mehr vorsteht, woran man sich festhalten kann. Für mich ist das eigentlich wichtiger als für die Frauen, mit denen ich zusammen bin. Ihnen macht das kaum etwas aus, was mich immer wieder überrascht.

Dann waren da auch die Männer, die einfach nicht über die Veränderungen hinwegsehen konnten, die ihnen der Spiegel zeigte. Anstatt »mit Würde alt zu werden«, weigerten sich etliche der von uns interviewten Männer zuzulassen, daß der Prozeß des Alterns ihr Selbstbild ruinierte. Sie kämpften dagegen an, unterwarfen sich einem strengen Regime körperlicher Ertüchtigung. Für einige war das Ergebnis so, als hätten sie die Uhr zurückdrehen könnten. Der 61jährige Mark erzählte uns:

> Ich habe heute ein besseres Körpergefühl, als ich es für gewöhnlich hatte. Mein Körper gefällt mir besser, obwohl er gealtert ist. Er ist kräftiger und flexibler. Als Junger war ich kein großer Athlet. Meine Mutter hemmte mich in meiner physischen Aktivität und brachte mich davon ab, meinen Körper athletisch einzusetzen. Ich mußte also bei Null anfangen. Aber heute habe ich mich mit meinem Körper angefreundet und langsam und schrittweise viele meiner früheren Hemmungen überwunden. Ich habe meinen Körper gekräftigt. Vor einem Jahr begann ich, mich ernsthaft für Jogging zu

interessieren, und ich fing an, sehr viel zu laufen, immer länger und immer weiter. Ich machte auch andere Übungen, die ich vorher nicht gekannt hatte. Als Folge davon bin ich viel stärker geworden, und ich habe das Empfinden, als würde ich jünger. Ich habe einen Vorteil gegenüber anderen Männern, die ich, wären sie in vorgerücktem Alter, durchaus dafür beneiden würde, so athletisch zu sein, wenn ich wenig sportlich und lasch wäre. Jetzt sehe ich mir andere Männer meines Alters an und mir fällt auf, wie schwammig und steif sie sind und in vielerlei Hinsicht gealtert, während ich das Gefühl habe, daß mein Körper straff und besser in Form ist als je zuvor.

Dann interviewten wir einen Mann, der uns als 70jähriger erzählte:

Ich bin seit 10 oder 15 Jahren in allerbester Verfassung. Vor drei Jahren habe ich mit Tai Chi angefangen, und jetzt benutzte ich meinen Körper jeden Tag. Natürlich werden meine Arme ein bißchen schwächer und meine Haut fühlt sich wie Krepp-Papier an, und verflixt noch einmal – das gefällt mir ganz und gar nicht. Es sieht nicht mehr so aus wie früher einmal, aber ich weiß, daß darunter noch alles in Top-Form ist.

Diese Männer, die bewußt ihre körperliche Aktivität beibehielten, wußten nur Gutes über ihr Geschlechtsleben zu berichten. Ihre Ausdauer hatte sich verbessert. Sie stellten fest, daß sie beim Sex mehr Energie hatten. Ihre Körper waren stark und muskulös, und sie fühlten sich viril. Die Leute machten ihnen Komplimente, und sie wußten zu schätzen, daß das zur Kenntnis genommen wurde. Obwohl sie ihre Jugend nicht zurückgewinnen können, versetzte sie ihre gute Gesundheit und ihre ausgezeichnete körperliche Verfassung in die Lage, mit zunehmendem Alter sexuell aktiver zu sein.

Lösungen auf sexuellem Gebiet

Den Körper in Schwung und durch Übungen in hervorragender Verfassung zu halten, ist allerdings nicht genug, die Verlangsa-

mung physiologischer Prozesse wettzumachen, die sich im Alter
unweigerlich einstellt. Man kann die Bauchmuskeln straffen, indem man die Beine anhebt oder sich mit dem Oberkörper von der
Rückenlage in sitzende Stellung bringt, doch all das hilft nichts,
das Glied in voll erigierten Zustand zu bringen. Und obwohl
Joggen zwar das Herz kräftigen mag, garantiert es keine regelmä-
ßige Ejakulation in der Liebe. Wie also begegneten die Männer
unserer Umfrage den physiologischen Veränderungen in der
Struktur ihrer Sexualität?

Eine Weise, in der es Männern gelang, mit diesen Problemen
umzugehen, war eine Erweiterung der Definition all dessen, was
die sexuelle Reaktion des Mannes umfaßt. Das Älterwerden, so
berichteten einige dieser Männer, machte erforderlich, diesen
Aspekt ihres Lebens neu zu definieren. So erzählte uns einer von
ihnen:

> Ich habe inzwischen erkannt, daß meine Sexualität zugleich
> sehr stark und empfindlich anfällig ist. Manchmal ist es nicht
> leicht, ihn hart zu bekommen, und sehr oft kommt es mir auch
> nicht. Aber das Älterwerden entschädigt auch für einiges –
> man hat mehr Durchhaltevermögen, und ich empfinde auch
> viel mehr dabei.

Wenn ein älterer Mann jene Aspekte seiner Sexualität akzeptieren
kann, also größere Empfindlichkeit, Schwankungen und manchmal auch Brüche, so vermag er auch seine Vorstellung von dem
neu zu bestimmen, was ein adäquater sexueller Verkehr sein kann.
Er muß nicht länger den Verlust der reflexartigen Reaktion auf
Reize beklagen, die er als junger Mann so mächtig erlebt hat. Für
diejenigen, denen es gelungen ist, die Maske harter Männlichkeit
abzustreifen, ist das Ergebnis ein tieferes Verständnis ihrer eigenen Sexualität.

Doch ein Mann kann sich diese Maske auch nicht mit verschlossenen Augen abnehmen. Bei all den Veränderungen, die sich im
Laufe des Älterwerdens einstellen, muß jeder einzelne Mann sich
mit seinen individuellen Reaktionen vertraut machen. Mehr denn
je zuvor muß er sein Orgasmusschema verstehen lernen, wenn er
imstande sein will, diese Veränderungen auch zu genießen – genauso wie ein Surfer im Einklang mit dem Meer sein muß, wenn er
eine Welle ausreiten will.

Die Schwierigkeit für die meisten Männer besteht darin, daß sie sich bei ihren Erektionen oder orgasmischen Reaktionen nur selten für allein zuständig und verantwortlich halten. Statt dessen führen sie all dies oft auf ihre Geliebten, ihre Partnerinnen zurück. »Sie war so sexy«, so sagen sie etwa, »daß es einfach passiert ist.« Die Folge ist, daß Männer mit dem Vorgang sexueller Erregung nicht hinreichend vertraut sind, um erkennen zu können, was sich vollzieht. Sobald sich das Grundmuster ihrer Reaktionen ändert, empfinden sie dies vielleicht als Kontrollverlust. Der erste Schritt besteht also darin, die Veränderungen zu verstehen, die sich mit dem Körper vollzogen haben, so daß man lernt, sich ihnen anzupassen. Masturbation ist ein gutes Mittel, den eigenen Erregungsvorgang zu verstehen und die Art mitzuvollziehen, in der sich etwas geändert hat.

Wenn die Erektionen weniger fest und hart sind, jedoch noch immer als lustvoll erlebt werden, muß sich der Mann eben vertraut machen mit den taktilen Empfindungen eines weniger steifen Gliedes. Vielleicht kann eine Vielzahl neuartiger Berührungsformen und andere Weisen, sich selbst zu streicheln, den Penis härter werden lassen. Stellen Sie Experimente an! Stellen Sie fest, wo, wann und wie die Reizung am intensivsten genossen wird. Falls ihr Gefühl für die Schwelle der ejakulatorischen Unvermeidbarkeit schwächer geworden ist, geben Sie schärfer acht auf die Anzeichen, die Sie dorthin führen, und falls Ihre Ejakulationen nicht mehr heftig hervorschießen, sondern langsamer abgehen, dann versuchen Sie zu erkennen, daß solche Veränderung im Rhythmus durchaus von einer Reihe neuartiger Gefühle begleitet sein kann. Der zweite Schritt im Abstreifen dieser Macho-Masken ist der, diese neuen Erkenntnisse, die man über sich selbst gewonnen hat, der Partnerin zugänglich zu machen oder gemeinsam mit ihr zu experimentieren, zu erkunden, mit dem Ziel, neue, lustvollere Formen sexuellen Verkehrs zu entwickeln. Was könnte eine Ehefrau, Geliebte oder Freundin mehr zufriedenstellen, als von einem Mann in diesen Prozeß mit einbezogen zu werden, der gelernt hat, sich mit sich selbst wohlzufühlen.

Justin erklärte das seiner Frau so:

> Wenn es zum Sex kommt, schalte ich nicht mehr so schnell
> und prompt wie noch in jüngeren Jahren. Ich erinnere mich

noch: früher war alles, was ich tun mußte, an Sex zu denken, und sofort hatte ich eine Erektion. Jetzt kann ich mir alles mögliche ausdenken und wünschen, und nichts passiert. Jetzt brauche ich dich tatsächlich als äußeren Reiz. Ich brauche deine Hände, ich muß deine Stimme hören, du mußt deinen Körper an mich drücken, du mußt bei mir ganz aktiv sein.

Viele unserer Interviewpartner waren nicht von Anfang an so mitteilsam. Es war nicht leicht für sie, offen über ihre tiefsten sexuellen Bedürfnisse zu sprechen, insbesondere dann nicht, wenn sie es zum ersten Mal in ihrem Leben tun mußten.

In vielen Fällen war es die nachhaltige Unterstützung und eine aktive Beteiligung einer liebenden Frau, die diesen Männern half, sich ihrer veränderten Sexualität anzupassen. Viele Männer hatten sich aufgrund einer Scheidung oder des Todes der Ehepartnerin ganz vom sexuellen Betrieb zurückgezogen, in der Annahme, daß ihre Potenz sich aufgebraucht hätte und daß Sex für sie ein Ding der Vergangenheit wäre. In solchen Fällen waren es oft die Bewunderung und Zuneigung – und die aktive Ermutigung – einer unterstützenden Partnerin, was sie brauchten, um ihre Virilität zurückzugewinnen.

Der 72jährige Alvin zum Beispiel glaubte nach einer lange dauernden sexuell inaktiven Ehe, die mit Scheidung endete und auf die eine platonische Beziehung zu einer Frau gefolgt war, um die er sich etliche Jahre bis zu ihrem Tod gekümmert hatte, daß seine Sexualität völlig abgestorben wäre. Da bereits mindestens 10 Jahre vergangen waren, seit Alvin zum letzten Mal sexuellen Verkehr gehabt hatte, war er überzeugt, daß bei ihm sexuell nichts mehr funktionierte:

Ich glaube schon, daß ich sexuell noch immer interessiert war, doch ich wich immer aus und drückte mich. Ich versteckte mich hinter meinem fortgeschrittenen Alter. Ich nehme an, daß ich insgeheim Angst hatte, ich würde nicht »richtig« funktionieren, und oft war ich dazu auch sicher nicht in der Lage, weil ich keinerlei Ermutigung oder dergleichen bekam, die man von dem anderen Menschen braucht, um erotisch erregt zu werden. Natürlich kann ein älterer Mann schwerlich erwarten, daß er eine schnelle und dauerhafte Erektion bekommt. Alle Männer sollten das schließlich wissen, doch bei manchen ist das eben nicht so, und sie sind beschämt, wenn sie es nicht mehr so schaffen wie früher einmal. Viele ältere Männer haben immer ein Interesse am Sex, aber sie schieben stets ihr Alter vor, wenn sie Angst haben müssen, sich bloßzustellen. Doch sobald sie das Gefühl bekommen, daß ihre Partnerinnen verständnisvoll und kooperativ sind, dann kommt dieses Interesse am Sex schnell wieder.

Alvins Zuversicht und Beteiligung an sexueller Aktivität wurden mit Hilfe einer Frau neu belebt, die ihn sehr gern hatte. Sie erzählte ihm, daß sie seinen Körper schön fände, daß er sehr anziehend wäre und sie viel Freude daran hätte, mit ihm zusammenzusein. »Wenn man das immer und immer wieder hört«, erinnert sich Alvin, »fängt man an, es zu glauben und geht schließlich darauf ein.«

Ein weiterer Grund, weswegen das Vorgehen dieser Frau so erfolgreich sein konnte, war der, daß sie die Wichtigkeit des Geschlechtsverkehrs herunterspielte und von nun an eine Erektion auch nicht mehr entscheidend wichtig war. Sie lehrte Alvin, daß Sexualität nicht mit Geschlechtsverkehr gleichzusetzen ist – daß das Einander-im-Arm-Halten, Streicheln und Zärtlichkeiten in der Liebe wichtig sind. Durch sie wurde er wieder mit den Freuden des oralen Sex vertraut gemacht – nicht etwa als Ersatz für Geschlechtsverkehr, sondern als eine andere Art und Weise, seiner Freude aneinander Ausdruck zu geben.

Der 73jährige Dan bestätigte diese Auffassung und erklärt all denen, die glauben, für den Sex zu alt zu sein:

Solosex oder gegenseitige Masturbation kann genauso begeisternd sein wie Geschlechtsverkehr. Sexualität ist eine lebendige Kraft, und zwar eine sehr, sehr mächtige. Wenn man sie sich zunutze macht, kann sie uns lebendig und stark erhalten und der Dynamik unseres Interesses immer neue Nahrung geben. Es ist nichts, was man aufgeben sollte, je nachdem, ob man in einem bestimmten Augenblick eine Erektion hat oder nicht.

Dan fühlte sich wie auf einem Kreuzzug. Die Botschaft, die er jenen in seiner Altersgruppe vermitteln wollte, die gleich ihm in dem Glauben groß geworden waren, daß Masturbation und oraler Sex »schmutzig« und »unnatürlich« wären, war die, daß es ganz unabhängig von einer Erektion Mittel und Wege gibt, seine sexuelle Aktivität fortzusetzen.

Dan sagt:

> Alle Männer versagen schon einmal an diesem oder jenem Punkt. Aber anstatt sich nun in Depression zu stürzen, ist eine ganz wundervolle Reaktion die, aus dem Leben ein Fest zu machen, zu erkennen, daß man, obwohl das Glied tatsächlich geschrumpft ist und seinen Dienst verweigert hat, man doch nicht aufhören muß, seine Partnerin sehr zärtlich mit der Hand zu liebkosen, ja fast mit religiöser Hingabe und auch mit der Zunge, falls sie das akzeptieren kann. Schließlich werden Zunge und Hände ja gewiß nicht schlaff. Und anstatt gleich Selbstmord zu begehen, macht man daraus doch besser eine Lernerfahrung. Also, anstatt sich dem Gefühl hinzugeben, daß alles verloren ist und es keinen Sinn weiterzuleben mehr gibt, können wir lernen, unsere ganze Sexualität zu akzeptieren, so daß auch noch in den nächsten 10 Jahren, wenn beide – Mann und Frau – weniger Kraft haben, die Sexualität, diese großartige Lebenskraft, warm und lebensvoll und verfügbar, wann immer man will, uns dabei hilft, uns über alle möglichen Schwierigkeiten hinwegzubringen.

Mehr noch als in jüngeren Jahren kann ein Paar im Herbst seines Lebens, das sexuelle Befriedigung sucht, zu einem Team zusammenwachsen. Es ist wie beim Tanzen: ist es Rock-Musik, dann wird viel Energie eingesetzt und zwei junge Menschen tanzen getrennt, jeder für sich nach der Musik. Ein älteres Paar tanzt oft am besten nach den Klängen einer Big Band. Die Musik ist etwas langsamer, und wenn sie tanzen, geht es allemal besser, wenn sie sich im Gleichklang bewegen. Für viele der von uns interviewten Männer bedeutete das, daß die Frauen manchmal die Führung übernehmen mußten. Diese Männer schätzten solche Frauen sehr, die bei der Liebe den ersten Schritt taten und sie in Erregung versetzten. »Was mich gewaltig in Fahrt bringt«, sagt einer der Männer, der seine Partnerin als sehr aktiv beschreibt, »ist mein Wissen, daß sie es genausosehr will wie ich.«

Wie viele andere auch, die das Gefühl hatten, daß ihr Geschlechtsleben mit fortschreitenden Jahren erfüllter und befriedigender war, spielte auch dieser Mann nicht die Rolle des Macho-Mannes, der der alleinige Initiator sein will. Jeder war gleichberechtigter Partner im vollen Wortsinn – jeder so sehr gebend wie nehmend – und das Lieben wurde so viel intimer und viel befriedigender.

Eine ganze Zahl von Männern, die wir interviewt haben, waren glücklich, aktive, verständnisvolle Partnerinnen zu haben, und sie waren in der Lage, als Team zu arbeiten, um einige der Probleme zu lösen, die sich als Folge des Alterns ergeben mögen.

Viele fanden heraus, daß eine Veränderung der Stellung beim Geschlechtsverkehr eine Möglichkeit war, mit dem Problem einer nicht mehr superharten Erektion fertigzuwerden. Der 67jährige Clarence und seine Frau machten das so, daß sie sich auf ihn setzte. In dieser Stellung konnte sie sich langsam auf sein halb-erigiertes Glied hinabsinken lassen. Auf diese Weise wurde Clarence von dem Druck befreit, steif zu bleiben und Stöße auszuführen, wie er dies in der Missionarsstellung hätte tun müssen.

Der 68jährige Forest fand heraus, daß sein Glied, wenn er auf der Seite lag, mit dem Gesicht zu seiner Partnerin, »fast schlaff und weich« während des Geschlechtsaktes sein konnte und beide trotzdem ein sehr befriedigendes Erlebnis hatten:

> Es war fast ein Zufall, daß ich diese andere Stellung entdeckte. Es ist die, die man Patientinnen empfiehlt, die schwanger sind und es nicht aushalten, wenn der Mann auf ihr liegt. Statt dessen liegt er auf der Seite und schiebt ein Bein zwischen ihre. Es ist eine wunderbare Stellung, weil man die Brüste der Frau spüren kann, und auch die Frau hat dabei viel Spaß.

Als der 68jährige Jean feststellen mußte, daß sein Glied nicht mehr so hart wie gewöhnlich wurde, begriff seine Frau dies Dilemma schnell und half ihm auf die Sprünge:

> Sehr geschickt schob sie die Hände zwischen ihre Beine während ich auf ihr lag, und indem sie ihre Scheidenöffnung für mich etwas weiter machte, konnte sie mich leichter aufnehmen. Gleichzeitig hatte sie einen Finger um mein Glied, damit es nicht wegknickte. Auf diese Weise erfüllte der Penis seine Aufgabe, obwohl er nicht voll erigiert war. Falls die Partnerin das begreift und die Schwierigkeiten des »Mittelknicks« so umschifft, muß man nicht lange nach Entschuldigungen suchen.

Etliche der von uns interviewten Männer bevorzugten die Stellung, in der der Mann oben liegt, um dadurch die Ejakulation zu erleichtern. Einer der Männer erzählte uns:

> Ich kann in der Missionarsstellung heftiger schieben und stoßen. Ich weiß verdammt gut, daß es jetzt auch nicht viel anders ist als damals, als ich noch jünger war. Zugegeben, jetzt, wo ich älter bin, bin ich ein bißchen weniger schnell. Ich halte länger durch, und die Lust dabei ist unbeschreiblich. Doch wenn ich dicht vor der Ejakulation stehe, muß ich mit meinen Stößen rein und raus wirklich sehr, sehr schnell werden. Und am besten geht das in der Stellung, in der ich oben liege.

Doch ganz gleich, welche Stellung ältere Männer wählten, sie konnten sich nicht immer darauf verlassen, eine Ejakulation zu bekommen. Sporadische Ejakulationen waren bei den von uns interviewten Männern unter all den Veränderungen, die sie durchmachten, die wohl beunruhigendste. Der 64jährige Brad zum Beispiel sagt, daß das erste Mal, als ihm der Orgasmus ausblieb, für ihn ganz furchterregend gewesen ist:

> Da kam mit einemmal die ganze Scheiße hoch. Ich dachte: O Gott, ich werde tatsächlich alt. Ich machte mir Sorgen darüber, daß jetzt alles zu Ende wäre und danach nichts mehr kommen würde. Und eine ganze Zeitlang hielt ich mir immer wieder vor: Bin ich, werde ich oder wie kann ich denn, aber schließlich brauchte ich nur ein bißchen Gelassenheit und Zuneigung, und wenn ich jetzt einen Orgasmus habe, sage ich: O schön. Habe ich keinen, ist das zwar nicht so schön, aber es ist auch keine große Tragödie.

Ja, der 53jährige Richard entdeckte sogar, daß es ganz und gar keine Tragödie ist, sondern auch seine Vorzüge hat, nicht zu kommen:

> Wenn es mir nicht mehr so oft kommt, wird mein Interesse am Sex viel größer. Ich bin dann auch am nächsten Tag immer noch ein bißchen geil. Das ist so ähnlich wie beim Tantra, wo man sich auf bestimmte Empfindungen konzentriert, damit sie länger dauern, und man muß dann eben nicht unbedingt kommen. Wenn das so ist, bin ich beim nächsten Mal ansprechbarer für Sex. Aber sofern es mir heute kommt, ist

weniger wahrscheinlich, daß ich mich schon bald wieder für Sex interessiere.

Ein anderer Mann war sich darüber im klaren, daß im Laufe seines Lebens eine Zeit kommen würde, in der wahrscheinlich nicht mehr möglich ist, daß es ihm kommt. Also praktizierte er es in Vorbereitung auf diesen Zeitpunkt, seine Ejakulation zurückzuhalten:

> Das war für mich eine großartige Entdeckung, daß es gar keine so dringend wichtige Sache ist, eine Ejakulation zu haben. Ich dachte, es könnte körperlich unangenehm für mich werden, Schmerz verursachen oder dergleichen oder daß ich so außer Kontrolle geraten würde, daß ich mich bis zum letzten verausgabe. Dann habe ich angefangen, damit zu experimentieren. Das erforderte ein bißchen Übung, und irgendwie ist da schon das Gefühl, daß einem etwas fehlt, doch andererseits ist es auch wieder großartig. Und am nächsten Tag bin ich dann regelmäßig viel stärker erregt.

Im Bett geht es besser und besser

Und jetzt kommen die guten Nachrichten! Darf man denen, die wir interviewt haben, Glauben schenken? Also Männern, die bei guter Gesundheit sind, für die Geld nicht ein stets gegenwärtiges quälendes Problem ist und deren Beziehungen dauerhaft und positiv sind, dann darf man sich mit dem Fortschreiten der Jahre auf eine gesteigerte Befriedigung der sexuellen Lust freuen. Bei dieser Befriedigung, von der uns berichtet wurde, handelt es sich keineswegs um ein Wunder. Niemand hatte einen magischen Jungbrunnen entdeckt, vielmehr schien der Erfolg daher zu rühren, daß sie ihr Alter akzeptierten und all die Möglichkeiten, die es ihnen bot, anstatt verzweifelt den Versuch zu machen, durch magischen Zauber oder einen gleichermaßen nutzlosen Rückgriff auf nostalgische Erinnerungen, ihre Jugend zurückzugewinnen.

Leos Sorge um seine sich verändernde Sexualität wurde dadurch beschwichtigt, daß er akzeptierte und schließlich gar Gefallen daran fand, ein älterer Mann zu sein:

Je ängstlicher ich hinsichtlich dessen wurde, was an meiner Sexualität anders war, desto länger brauchte ich, eine Erektion zu bekommen. Schließlich aber sagte ich zu mir selbst: Ja, tatsächlich, ich verändere mich. Alle Willensanstrengungen oder alles Grübeln darüber kann das nicht aufhalten, das ist doch nur vollkommen natürlich. Also gerate nicht in Panik. Du kannst immer noch Spaß in Hülle und Fülle haben. Also las ich Bücher, in denen geschildert wurde, was sich bei Männern schrittweise vollzieht, und ich sprach auch mit anderen Männern darüber. Schließlich begann ich auch offen mit der Frau zu reden, mit der ich zusammenlebe, und konnte dabei entdecken, daß ich mich viel mehr für meine körperlichen Veränderungen interessierte als irgend jemand sonst. Ich habe also gelernt, geduldig mit mir selbst zu sein, nicht mehr so anspruchsvoll und so finster darauf konzentriert, ob mein Schwanz hart genug ist. Und das hat mir dann geholfen, bewußter zu sein und mich so zu akzeptieren, wie ich bin.

Diese Männer waren ganz auf die Harmonie eingestimmt, die ihnen ihr Alter bot, und sie wußten diese Musik zu schätzen und sich daran zu erfreuen. Ein Mann, der 65 Jahre gelebt hat, kann auf viele Jahre der Erfahrung zurückgreifen, in denen er gelernt hat, was es heißt zu lieben. Die Intimität kann dann subtiler, tiefer und viel befriedigender sein, als der jugendliche Drang nach heißen sexuellen Begegnungen. Die Männer, denen es gelungen war, ein solches Maß an Wechselseitigkeit mit der geliebten Frau herzustellen, hatten gelernt, sowohl die Macht als auch die Brüchigkeit des Sexuellen auszuloten.

Nach ihrer Auffassung wurde Sex erst mit der Zeit besser, da sie dann eine Menge Ballast abgeworfen hatten, den sie seit ihrer Jugend mit sich herumschleppen. Viele, die nun befreit waren von den Belastungen der Arbeitswelt, waren jetzt viel entspannter und hatten mehr Zeit für den Sex. Auch das »Nummernmachen« sowie die Angst vor einer Schwangerschaft hatten den Charakter von Zwangsvorstellungen verloren. Kameradschaftlichkeit und Intimität im Gegensatz zu sexueller Leistungshöhe bildeten die festen Pfeiler ihrer sexuellen Lust. Der 68jährige Forest sagt:

Es ist eine Täuschung, wenn man behauptet, daß Sex älteren Menschen keine Freude mehr bereitet. Es gibt eine Vielzahl von Dingen, die große sexuelle Lust verschaffen können. Man kann einfach daliegen und einander streicheln oder, falls man Geschlechtsverkehr hat, muß man sich keine Sorgen mehr darüber machen, daß die Frau schwanger werden könnte. Wenn man mit Menschen umgeht, die man seit langer Zeit kennt, muß man auch keine Geschlechtskrankheit mehr befürchten. Man kann zwanzig oder dreißig Minuten lang eine Erektion haben und den Liebesakt voll auskosten. Und wenn es dann kommt, ist die Befriedigung so groß wie in jüngeren Jahren.

Viele Männer stellten sogar fest, daß der Sex mit den Jahren besser wurde. Diese Erfahrung machte auch der 66jährige Jean: »Ich würde sagen, daß der Sex während der letzten Jahre viel intensiver geworden ist.« Er führt dieses gesteigerte Lustempfinden auf größere Gelassenheit und Entspanntheit zurück sowie darauf, daß man sich wegen der Schwangerschaftsverhütung keine Sorgen mehr machen muß:

Alle Kinder sind aus dem Haus, es ist gut für sie gesorgt, und man muß sich keine Gedanken mehr machen. Sobald die Spannungen des Lebens nachlassen, kann man sich auch mehr Spontaneität leisten. Meine Frau hat sich einer Hysterektomie unterziehen müssen, und sie kann jetzt vollkommen gelassen sein. Keine Angst mehr, ob das Diaphragma auch funktioniert oder der Schaum, oder ob das Kondom abgeht. Und ich glaube, das trägt viel dazu bei, daß man entspannter sein kann.

Bob, der seit 25 Jahren verheiratet ist, sagt, daß das Älterwerden positive Auswirkungen auf seine sexuelle Beziehung gehabt hätte. Er und seine Frau sind in der Liebe erfahrener und raffinierter geworden. Und auch ihre Partnerschaft ist viel besser geworden. Er meint:

Sex ist besser als damals, als ich noch in den Zwanzigern war. Ich glaube, mit dem Reiferwerden lernen wir auch besser, mit uns selbst und mit unseren Partnerinnen umzugehen. Wir wissen, was ihnen Lust verschafft, und schließlich ist das dann auch für uns lustvoller, selbst wenn es ein bißchen anders ist als das, was wir gern möchten. Und das Sexuelle ist so erregend. Nach 25 Jahren Ehe kann ich sogar sagen, daß es heute besser ist denn je. Wir haben experimentiert und unser sexuelles Repertoir erweitert, und es sind viele aufregende und aufreizende Sachen dazugekommen. Unsere gegenseitige Verständigung hat sich auch gebessert, so daß unser Geschlechtsleben jetzt für uns beide viel glücklicher ist.

Doch all diese positiven Veränderungen beschränken sich nicht auf solche ideellen Aspekte, wie eine sorgenfreie, unproblematische, entspannte Intimität. Einige Vorteile ergaben sich eindeutig aus dem physiologischen Verlangsamungsprozeß – eben jenem Prozeß, den sie selbst mit steigender Angst ablaufen sahen. Denn diese Männer erkannten bald, daß die Verlangsamung von Erektion und Ejakulation gleichbedeutend war mit verlängertem Liebesspiel und gesteigerten Lustempfindungen. Mit dieser Erkenntnis waren viele Männer vielleicht zum ersten Mal in ihrem Leben imstande, sich zu entspannen und gelassen den Liebesakt zu genießen, genau so, wie sie ein festliches Mahl zu schätzen wissen würden. Der 68jährige Dan, ehemaliger Pilot bei einer Fluggesellschaft, drückte das so aus: es gibt jetzt keine Eile mehr. Niemand fühlt sich getrieben, die Sache anzufangen und schnell hinter sich zu bringen. Und ich kann unser sexuelles Erlebnis viel länger ausdehnen, als ich das noch vor 23 oder 24 Jahren konnte. Alvin, der jetzt 72 Jahre alt ist, wünscht sich im nachhinein, daß er schon als junger Mann imstande gewesen wäre, mit demselben Maß an Lust und Freude zu lieben, wie es ihm heute möglich ist:

> In jüngeren Jahren stellte sich die Erektion ganz zwanglos und regelmäßig ein. Die Ejakulation ist jetzt lustvoll verzögert. Ich kann sie hinausziehen. Das ist etwas, wovon ich zugeben muß, daß ich es auch damals gern so erlebt hätte. Es bereitet heute viel mehr Vergnügen, weil alles länger braucht und länger dauert. Früher kam die Erektion urplötzlich. Heute muß bei meiner Partnerin das Interesse vorhanden sein, mein Glied zu streicheln und zu erregen. Und auch ich streichele sie an vielen Stellen ihres Körpers, und die Erektion ist dann viel lustvoller. Es braucht alles länger, aber es ist auch viel schöner.

Ein wunderbares Geschenk, von dem viele ältere Männer gesagt haben, sie hätten nicht erwartet, daß es ihnen zuteil werde, war die Entdeckung, daß sie mit der Verlangsamung ihrer sexuellen Reaktion mehr im Einklang mit dem Rhythmus ihrer Frauen und Geliebten beim Liebesspiel waren. Als jüngere Männer waren sie ihren Partnerinnen oft weit voraus gewesen, indem die Spanne zwischen Erektion und Ejakulation viel kürzer war. Die Frauen brauchten und wünschten sich oft längeres Vorspiel, das sie auf den Geschlechtsverkehr vorbereitete. Und Männer, die auf ihre Frauen Rücksicht nahmen, lernten, sich zurückzuhalten. Es gelang ihnen, die natürlich ablaufenden Prozesse besser zu beeinflussen. Doch sobald dann diese physische Prozesse sich veränderten und verlangsamten, war dies nicht länger nötig. Bei ihnen als älteren Männern glichen ihre sexuellen Reaktionszyklen mehr und mehr denen ihrer Frauen. Dementsprechend waren ältere Männer jetzt mehr daran interessiert, sich länger mit dem Vorspiel aufzuhalten und neue Freuden der Sinnlichkeit zu entdecken.

Frank, ein Geistlicher, stellt fest, daß er im Alter von 63 Jahren die sinnlichen Aspekte des Sex immer mehr zu schätzen gelernt hat:

> Die einzige Erklärung, die mir dazu einfällt, ist die, daß ich vorher nicht gewußt habe, daß es Sinnlichkeit überhaupt gibt. Ich finde, daß ich heutzutage viel sinnlicher bin und sexuell viel weniger aktiv. Mit anderen Worten: ich bin viel weniger aggressiv, wo es um Sexualität geht.

Männer wie Frank, die in ihren späteren Jahren dazu gelangt waren, das Sinnliche stärker zu schätzen, stellten bei sich oftmals ein gesteigertes Interesse daran fest, die Bedürfnisse ihrer Partnerinnen zu befriedigen. Für den 68jährigen Dan ist die Befriedigung seiner Partnerin in sich selbst schon etwas sehr Erregendes:

> Der Sex ist viel besser geworden je älter ich wurde. Ich komme nicht in aller Schnelle zum Orgasmus, und manchmal habe ich auch gar keinen. Es macht für mich überhaupt keinen Unterschied, ob es mir kommt oder nicht. Ich weiß schließlich, daß alles sich von selbst einstellen muß. Aber eins ist neu: es regt mich viel mehr auf, wenn ich spüre, wie die Frau zum Orgasmus kommt. Ich liebe dieses Gefühl der Verschmelzung, das ich dabei habe. Und auch die liebe Frau scheint glücklich darüber, weil ich so lange bei ihr bleiben kann, wie sie mich haben will.

Selbst wenn ältere Männer besser auf die Bedürfnisse ihrer Partnerinnen eingestimmt waren und auch besser dazu in der Lage, sie zu

befriedigen, hatten sie doch auch noch immer Interesse an rausch-
haften sexuellen Erlebnissen nur für sich selbst. Und während in
der Fachliteratur oftmals hervorgehoben wird, daß eine der Folgen des Alterungsprozesses die wäre, daß Ejakulation und Orgasmus oftmals als nicht mehr so intensiv erlebt werden, steht dies
ganz im Gegensatz zu dem, was einige Männer uns zu erzählen
wußten. Für viele von ihnen ist der Orgasmus noch immer etwas
Wundervolles und Intensives.

Der 66jährige Jean meint, daß »der Orgasmus selbst eindeutig
besser ist, sogar besser noch als damals, als ich 20 oder 30 Jahre alt
war«. Nach allem, was wir von diesen Männern erfahren hatten,
ergab diese Antwort durchaus einen Sinn. Sie waren viel entspannter und oft viel freier darin, das Raffinement des Sex bei sich zu
entdecken, die sinnlichen Freuden. Sie waren erfahrene Liebhaber. Es regte sie mehr an und reizte sie mehr, ihren Partnerinnen
Befriedigung zu verschaffen – und sie waren mit viel mehr Feingefühl bei der Sache. Der 54jährige Nicholas drückte das so aus:

> Meine sexuellen Empfindungen sind viel intensiver gewor-
> den, weil ich gefühlsmäßig viel stärker beteiligt bin. Meine
> Gefühle sind mit dem Alter stärker und deutlicher geworden.
> Und im Zusammenhang damit sind die sexuellen Empfindun-
> gen auch feiner und vielfältiger.

Für den 67jährigen Barry ist der Orgasmus selbst viel intensiver
und die sinnliche Spannung beim Sex viel reicher als früher, weil er
einige der Hemmungen seiner Jugend abgelegt hat:

> Mein Orgasmuserlebnis ist definitiv besser, viel besser. Das
> Erlebnis ist viel toller, die Gefühle dabei stärker, der Höhe-
> punkt ist großartiger, es ist viel mehr sinnliche Spannung da
> als früher, und ich glaube, daß sich wahrscheinlich alles viel
> mehr über den Kopf abspielt. Ich bin nicht mehr so schreck-
> lich abhängig vom Sex wie früher. Mir sind als Junge einige
> ziemlich schwere Hemmungen eingepflanzt worden und eini-
> ge Schuldgefühle, die ich überwinden mußte, doch ich habe
> es ziemlich gut geschafft. Das In-die-Jahre-Kommen, das
> Kennenlernen von Menschen, Bücher, die ich gelesen habe,
> dann die Psychotherapie und Erfahrungen, die ich gemacht
> habe, all dies trug zu der schrittweisen Erkenntnis bei, daß es
> Blödsinn ist, bei etwas so Natürlichem wie der Sexualität

Schuldgefühle zu empfinden. Und obwohl ich noch immer nicht sagen kann, daß nicht hin und wieder noch immer kleine Schuldgefühle an mir nagen, ist es doch längst nicht mehr so, wie es früher einmal war. Infolgedessen sind die Augenblicke des Orgasmus jetzt auch viel intensiver als damals, als ich noch jünger war. Das rein sexuelle Vergnügen ist größer und, wie ich meine, auch die rein persönliche Lust, weil ich mich meiner Partnerin viel näher fühle, als das früher gewesen ist. Es gibt weniger Angst, weniger Feindseligkeit und statt dessen viel mehr Zuneigung.

Eine große Anzahl von Männern hatte den Eindruck, daß der Orgasmusverlauf sich bei ihnen auf eine positive Weise verändert hätte. Einige wie der 59jährige Mel sprachen von »Wellen der Lust und multiplen Orgasmen«:

Obgleich ein Orgasmus seltener geworden ist, erlebe ich sie jetzt viel, viel stärker. Ich glaube, das hängt mit einer gesteigerten Bewußtheit zusammen, die ich entwickelt habe. Das ist so eine Art multiple Geschichte, etwas, das ich in meiner Jugend überhaupt nicht erlebt habe. Es ist, als käme Welle auf Welle auf mich zu, und es ist wirklich ein überwältigendes Erlebnis. Die Erholungsphase dauert viel länger, so ungefähr einen Tag oder manchmal auch eine gute Woche. Doch wenn sich dann ein Orgasmus einstellt, ist er um so vieles mächtiger und länger andauernd als früher, was einfach etwas Unvergleichliches hat.

Einige Männer um Mitte 70, deren Ejakulat nur noch tröpfchenweise kam und nicht mehr in einem Schwall hervorschoß wie in ihrer Jugend, sprachen von diesem neuartigen Gefühl eines stetigen Orgasmus. Der 72jährige Alvin meint, daß seine Orgasmusreaktion, die er selbst als »die andere Seite des Abhangs hinabjagen« bezeichnet, für ihn und seine Partnerin viel mehr Lust birgt, als das noch in früheren Jahren der Fall gewesen ist:

Es gibt Zeiten, da ejakuliere ich nicht vollständig. Es ist eine sanfte Ejakulation, ein Tröpfeln, ein langsames Heraussickern gewissermaßen. Wenn meine Freundin und ich gerade mittendrin sind, dann macht sie mich darauf aufmerksam, daß mir was herausläuft, und ich bin mir dann dessen auch bewußt. Doch der langsame Fluß dauert und dauert und dauert. Es kommt nicht ein Schwall nach dem anderen, sondern es ist ein Herausrinnen, das ich wirklich genieße. Es ist schwer zu beschreiben, doch es ist wunderbar, weil es nicht so plötzlich kommt und dann alles vorüber ist. Durch dieses gleichmäßige Fließen bin ich imstande, mich ausgiebig mit meiner Partnerin zu beschäftigen. Mein Höhepunkt zieht sich so lange hin, daß wir dann beide gleichzeitig den Abhang des Berges hinuntersausen. So heißt das in unserer Geheimsprache. Und alles passiert schrittweise. Ich kann sie mit den Fingern reizen, mit der Zunge, mit meinen Beinen, mit jedem Körperteil, das gerade nahe genug dran ist. Weil ich selbst nicht so voll mit meinem Orgasmus beschäftigt bin, daß es mich davon abhält, mich ganz ihr zuzuwenden. Und ich empfinde große Lust dabei, weil es auch bei ihr dann nach und nach soweit ist. Hinterher drehe ich mich nicht einfach um und schlafe ein. Am Schlafen bin ich dann gar nicht interessiert. Bei meiner Freundin ist das Nachspiel so ausgiebig wie das Vorspiel.

Das scheint alles zu beweisen. Wenn Männer jenes Vorurteil unserer Kultur überwinden können, daß ihr Geschlechtsleben beendet ist, sobald Erektionen und Ejakulationen sich verlangsamen, können sie mehr körperliche Lust, größeres Beteiligtsein ihrer Gefühle und größere sexuelle Intimität erleben. Ausgerüstet mit zuverlässigen Informationen, der Fähigkeit, frühere Einstellungen zu überdenken, fortgesetzter körperlicher und sexueller Aktivität und der Kooperation einer liebevollen Partnerin können die goldenen Jahre sexuell genauso gut oder sogar besser sein als die Zeiten der Jugendfrische.

Diejenigen Männer, die das begriffen hatten, brachten ihren Wunsch zum Ausdruck, die ihnen noch verbleibenden Jahre voll zu nutzen.

Der 68jährige Forest sagt es so:

Ich freue mich schon darauf, soviel Sex wie möglich zu bekommen, bevor ich sterbe – und mir auch noch alles mögliche andere zu nehmen. Mein Ziel ist, in allem, was ich tue, das Leben bis zur Neige zu genießen.

Vielleicht sollten all jene herabwürdigenden sexuellen Witze über ältere Männer durch Bilder, die realistischer sind, wie etwa jene, die dem 48jährigen Justin eine positivere Einstellung hinsichtlich des Älterwerdens vermittelten:

> Ich habe Freunde, die Altenheime betreuen. Ich hörte, wie einer der Heimleiter sagte: »Ich kann diesen alten Knaben einfach nicht vom Zimmer dieser Frau fernhalten.« Und dann beobachtete ich diese Frau, wie sie den alten Knaben mit sich fortzerrte, und sah die Schwellung unter dem Bademantel dieses Mannes, und ich wußte sofort, daß sie es wieder miteinander treiben würden. Und ab und an werde ich wieder schwach und kaufe mir dieses Magazin mit dem Titel »Horny (geil)« und führe mir die Leserbriefe dieser alten Knaben zu Gemüte, die noch immer zwei- oder dreimal täglich masturbieren, und Typen, die offen erklären: Ich lebe in einem Seniorenheim, und ich bin immer noch spitz und unheimlich scharf darauf. Wenn ich all diese Sachen zu Gesicht bekomme, verändert sich meine gesamte Einstellung. Und dann glaube ich, daß es auch für mich noch Hoffnung gibt.

Es gibt mehr als Hoffnung für Justin und andere ältere Männer. Nach all dem, was wir aus unseren Interviews gelernt haben, scheint es uns, als hätte Sady doch einen schweren Fehler begangen. Obwohl wir bezweifeln würden, daß ältere Männer fliegen können, eins können sie ganz bestimmt: lieben!

Anmerkung: Ein Problem, das die älteren Männer nicht hatten und unter dem die Frauen litten, die wir für unser Buch »Der einzige Weg, Oliven zu essen« interviewt hatten, war die Schwierigkeit, Partner zu finden. Da es so sehr viel mehr Frauen als Männer über 60 gibt, erklärten die Männer oft verblüfft: Soll das ein Scherz sein. Schwierigkeiten, Partnerinnen zu finden? Die sind doch alle hinter mir her.

Zusammenfassung

Was William angeht, so glaubte er, endlich alles zu haben. Mit 35 Jahren kam seine Karriere nun endlich in Fahrt, und es sah ganz so aus, als wären seine finanziellen Sorgen jetzt zu Ende. Susan, seit 10 Jahren seine Frau, hatte eine Teilzeitbeschäftigung, mit der sie das Familieneinkommen ergänzte, doch wußte sie, daß sie sehr gut auch aufhören konnte, falls sie sich ein Kind wünschte, da Williams Einkommen mehr als ausreichend war, damit sämtliche monatliche Ausgaben zu bestreiten. Nach seiner letzten Gehaltserhöhung konnte William erwarten, daß die nächsten Jahre finanziell gesichert sein würden. Es würde mehr Zeit zur Verfügung sein, auszuspannen und zusammenzusein. Sie konnten sich jetzt eine Haushaltshilfe leisten und sogar jene Reise nach Paris machen, die sie sich als Hochzeitsreise nicht hatten leisten können.

Doch diese Träume zerstoben ganz abrupt. Susan kündigte eines Abends an, daß sie die Scheidung wollte. Ihr Grund: sie hatte mitbekommen, daß sie nicht das Maß an emotionaler Zuwendung hätte, das sie brauchte. Die materiellen Bequemlichkeiten, die er ihr bieten konnte, waren zwar ganz nett, doch sie reichten ihr nicht.

William war entsetzt. Soweit es ihn anbetraf, war er seiner Männerrolle doch auf makellose Weise gerecht geworden. Er war ein verantwortungsvoller und erfolgreicher Brotverdiener, von Freunden und Kollegen respektiert, und er hatte sich nie einen Seitensprung zuschulden kommen lassen. Hatten sie denn nicht alle Requisiten des amerikanischen Traums zusammen – ein beeindruckendes Heim in einem Vorort mit Zweitwagen und eine American Express Gold Card, wovon redete Susan eigentlich? Keine Intimität? Was sollte das denn überhaupt heißen?

Fast über Nacht war William gezwungen, sich der sehr realen Frage zu stellen, was denn den Verlust des einzigen verursacht hätte, das für ihn wirklich wichtig war. Bei seinem Versuch, seine Frau glücklich zu machen, und das doch in der allerbesten Manier, wie er glaubte, hatte er sie dennoch verloren. Seine Grundvorstellungen von dem, was ein rechter Mann zu sein hätte, und der er stets nachgelebt hatte, war in Zweifel gezogen und von seiner Frau schließlich abgelehnt worden. Und nirgendwo in seinem Rollenbuch war das Wort Intimität auch nur erwähnt worden.

Also hatte auch William wie so viele andere Männer den beschwerlichen Weg nach innen anzutreten. Indem er sein bisheriges Leben und sich selbst als Mann einer kritischen Prüfung unterzog, hoffte er zu verstehen, warum er außerstande gewesen war, eine intime Beziehung herzustellen.

Andere machten einen ganz ähnlichen Prozeß der Umwertung der Regieanweisungen für ihre Männerrolle durch, allerdings in eher kleineren Schritten. Jene, die bewußte Anstrengungen gemacht hatten, ihre Einstellungen und Erwartungen hinsichtlich ihrer selbst als Männer zu verändern, sagten, sie hätten dies aus einem ungreifbaren Gefühl der Leere heraus getan, das ständig an ihnen genagt hätte. Einigen schien ihre Ehe entzaubert und nüchtern oder ihr Geschlechtsleben war zur Routine geworden, oder sie hatten das Gefühl bekommen, für ihre Kinder Fremde zu sein. Was immer der Grund sein mochte, diese Männer gelangten jedenfalls zu dem Schluß, daß ihnen Intimität und ein Gefühl der Verbundenheit mit jenen fehlte, die sie liebten.

Wieder andere – vornehmlich jüngere Junggesellen oder ältere Männer, die nach der Trennung von einer festen Partnerin wieder Geselligkeit und Möglichkeiten zum Kennenlernen suchten – veränderten sich als Reaktion auf einen ganz neuartigen Frauentyp. Diese Frauen waren selbstbewußter und entschlossener; sie waren gewöhnt, alles auf eigene Rechnung und Verantwortung zu tun, machten zuweilen auch einem Mann Anträge oder hielten beim Geschlechtsverkehr die »Oben-Stellung«.

Sie waren eine neue Generation von Frauen, die mit einer neuen Männergeneration zusammensein wollten. Emotional erwartete man von diesen Männern größere Geschmeidigkeit sowie die Fähigkeit, eine größere Bandbreite von Gefühlen zum Ausdruck zu bringen. Und auf sexuellem Gebiet wurde von ihnen erwartet, verspielt, zärtlich, gelegentlich auch passiv und ganz bestimmt nicht eingeschüchtert von Frauen zu sein, die gelegentlich auch in der Liebe die Führung übernahmen.

Was immer auch einen Mann dazu veranlaßt haben mochte, sein sexuelles Rollenscript noch einmal zu überdenken, das Ergebnis war im allgemeinen immer dasselbe: das alte »Muß«, in dem, was man als Mann zu sein hätte, war dem Zustandekommen von Intimität entgegengesetzt, insbesondere auf sexuellem Gebiet. Der Machismo mit der Betonung auf Rekordnummern, Hochleistung und Gefühlskontrolle lief dem Zum-Ausdruck-Bringen von Liebe, Zuwendung und zärtlichen Gefühlen direkt zuwider.

Zwei Jahre nach seiner Scheidung von Susan, so sagt William, fange er gerade an, sich langsam aus dem Stadium des Schocks herauszuarbeiten. Jedenfalls hat diese Erfahrung ihn dazu gezwungen, seine Einstellung in einer Weise unter die Lupe zu nehmen, zu der er ohne Susans Ultimatum vielleicht nie imstande gewesen wäre. Und er hat es auf sich genommen, Dinge zu verändern. Ihm ist bewußt, daß, wenn es Susan gelingt, ihre Rolle neu zu schreiben und sich weigert, nach veralteten Regeln zu spielen und bestimmte Verantwortlichkeiten zu übernehmen, einzig deswegen, weil sie eine Frau ist, er auf jeden Fall auch dazu in der Lage sein müßte und im weiteren Verlauf vielleicht als Mann größere Erfüllung findet.

Eine Zahl von Männern, die wir interviewt haben, war zu ähnlichen Einsichten gelangt. Sie experimentierten ganz offen mit und übernahmen in einigen Fällen sogar Verhaltensweisen, Handlungsformen und Rollenverhalten, die man gemeinhin mit Frauen in Verbindung gebracht hatte. Zum Beispiel finden viele Männer Spaß daran, ein Gourmet-Menü zu kochen, ihr Heim auszuschmücken und sich neue künstlerische Formen anzueignen. Auf sexuellem Gebiet experimentieren zunehmend mehr Männer mit einer breiteren Fülle von Verhaltensweisen und erleben gleichzeitig ein ganz neues Spektrum von Gefühlen. Die Beweise dafür, die wir aus unseren Interviews mit Männern zusammengetragen haben, weisen auf einen gesellschaftlichen Wandel in sexuellen Verhaltensweisen und Einstellungen hin, doch sind sie keineswegs schon ein klarer Hinweis darauf, daß wir uns mitten in einer umfassenden Revolution der herkömmlichen sexuellen Rollen befinden. Männer haben länger gebraucht als Frauen, ihre Rollenbü-

cher zu überprüfen und die Texte neu zu schreiben, weil Frauen
zumindest teilweise dazu imstande waren, sich bei ihren Ge-
schlechtsgenossinnen nach Unterstützung umzusehen. Die Männer versuchten unterdessen, sich oftmals ganz allein durchzuwur-
steln. Gewöhnlich ist ein Wechsel der sexuellen Haltung oder die
Änderung von Verhaltensweisen eine ganz private Erfahrung für
einen Mann, die er innerhalb der Grenzen seines eigenen Schlaf-
zimmers macht und bei der seine Partnerin der einzige Zeuge ist.
Wegen einer tiefverwurzelten Männlichkeitsethik sind all diejenigen Männer, die damit experimentieren, ihre Macho-Masken abzulegen, naturgemäß sehr zurückhaltend darin, ihre Sorgen und
Befürchtungen mitzuteilen und, falls sie dazu bereit wären, ihre
Wunden dem Urteil anderer Männer auszusetzen. Die meisten der
von uns interviewten Männer waren klüger als andere und riskier-
ten es, uns Einblick in ihre geheimsten Gedanken zu gewähren.
Indem sie sehr ins einzelne gehenden Interviews zustimmten, nahmen sie uns gewissermaßen auf eine Reise mit, auf der sie uns
Einblick gewährten über ihre Vorstellungen von Männlichkeit.
Vielleicht fühlten sie sich ganz wohl dabei, weil wir Frauen und
nicht konkurrierende Männer waren, oder womöglich auch deswegen, weil wir vom Fach waren und ihnen Vertraulichkeit zusi-
cherten. Was immer auch der Fall gewesen sein mochte, diese
Gelegenheit, ersten Einblick in die Korrekturen zu nehmen, die
sie mit ihren neuen Rollenbüchern vorgenommen hatten, gewähr-
te uns einen einzigartigen Einblick in die Verfassung von Männern, die sich mitten in einem Veränderungsprozeß befinden.
Im folgenden führen wir einige der Veränderungen auf, die die
von uns interviewten Männer durchgemacht hatten. Bei einigen
geht es um leichte Veränderungen ihrer Einstellungen, bei anderen muß man von einer radikalen Wende sprechen. Insgesamt
gesehen glauben wir jedoch, daß es sich um beeindruckende Hin-
weise dafür handelt, daß diese Männer auch sich so radikal wie
möglich äußern wollten. Die alten, herkömmlichen Erwartungen
ziehen nicht mehr, und was die Männer uns heute zu sagen haben,
ist folgendes:
daß sie nicht mehr
– das Gefühl haben, daß eine Erektion notwendig ist, um beim
  Sex Lust zu spüren;

- das Gefühl haben, Stunden über Stunden eine Erektion haben zu müssen, um gute Liebhaber zu sein;
- das Gefühl haben, sie müßten bei jedem Liebesakt ejakulieren;
- sich zu sexuellen Handlungen verpflichtet zu fühlen, nur weil es sich gerade so ergibt;
- das Gefühl haben muß, über alles Bescheid zu wissen, was man über Sexualität wissen muß, oder deswegen irritiert zu sein, weil man noch einiges darüber lernen muß;
- man nicht gleich tief gekränkt sein muß, wenn eine Partnerin davon spricht, daß es Mittel und Wege gibt, in der Liebe besser zu sein;
- man nicht das Gefühl haben muß, weniger Mann zu sein, falls die Partnerin stärkere sexuelle Bedürfnisse hat;
- man immer das Gefühl haben muß, daß die Partnerin immer einen oder mehrere Orgasmen haben muß, damit ein Mann sich für einen guten Liebhaber hält;
- das Gefühl haben, daß größere Anstrengungen dazu, eine Erektion zu bekommen, nicht unbedingt gleichbedeutend damit sind, daß das Geschlechtsleben vorbei ist, sobald man älter wird.

Ältere Tabus sind nicht mehr in Kraft, und die Männer von heute geben bereitwillig zu, daß:

- sie gelegentlich auch passiv sein dürfen;
- sie einige Zeit verstreichen lassen können, bevor es zum Sex kommen muß;
- sie auch anstatt nach Sex auf körperliche Zuwendung aus sein dürfen – sofern die Lust zum Verwöhntwerden oder nach Zärtlichkeit überwiegt;
- man sich manchmal ängstlich oder beunruhigt fühlt;
- man über Gefühle sprechen will und der Partnerin zu verstehen – geben will, auf welche Weise man erregt sein möchte;
- man es vorzieht, sich mit einer selbstbewußten Frau einzulassen, die es versteht, im Bett die Initiative zu ergreifen;
- die romantischen Seiten einer Beziehung lebendig zu erhalten und gleichzeitig den Sex zu planen;
- man sich für Monogamie entscheidet, wenn es richtig zu sein scheint;

- man onaniert, weil man Lust an der eigenen Körperlichkeit empfindet;
- man ganz intim auch sich mit Schwangerschaft auseinandersetzen möchte, ganz gleich ob die sexuelle Aktivität dabei zurückgeht oder nicht;
- man in seinen vorgerückten Jahren eine stärkere körperliche Reizung braucht, um eine Erektion zu bekommen.

Diese Listen sollte man sich Punkt für Punkt einprägen. Sosehr es einige Männer und Frauen ermutigen mag, daß auch Männer beginnen, aus zähen, rigiden Verhaltensschemata auszubrechen, ist es gerade wichtig, behutsam und vorsichtig vorzugehen, damit man nicht das Endziel aus dem Auge verliert, das schließlich in größerer Erfüllung und Intimität besteht. Die Gefahr wäre die, daß man lediglich die alten Imperative des Machismo gegen neue eintauscht. Falls Männer in diesen neuen Verhaltensweisen und Einstellungen neue Diktate anstatt Optionen sehen sollten und noch einmal beginnen, sich danach zu beurteilen, wie getreu sie jeder einzelnen Bestimmung dieser Liste entsprechen, stellen sie vielleicht irgendwann fest, daß sie in einer gleicherweise beengenden Zwangsjacke stecken. Und wenn es zum schlimmsten käme, könnten diese Standards sogar völlig unerfüllbar werden, und zwar dann, wenn sowohl Frauen als auch Männer – von Männern einst erwarten sollten, daß sie gleichzeitig wie Machos und befreite Männer handeln. Einem solchen Supermann wird man in dieser Welt nicht begegnen. Während Männer zwar zwischen einer Reihe von Möglichkeiten wählen und entscheiden können, können sie jedoch nicht erwarten, daß ihnen alle jederzeit und immer offenstehen.

Frauen, die eine derartige Vielschichtigkeit an einem einzelnen Mann fordern, setzen unrealistische Erwartungen in ihn und werden höchstwahrscheinlich enttäuscht werden. Wie der folgende Witz zeigt, wird dieser Druck in einigen Beziehungen vielleicht sogar schon ausgeübt:

Nach dem Liebesspiel lehnen ein Mann und eine Frau sich satt in die Kissen zurück, jeder lächelnd und entspannt, jeder mit eigenen Gedanken beschäftigt, während sie in sanfter Ermattung ihr schönes gemeinsames Erlebnis genießen. Selbstzufrieden zieht der

Mann an seiner Zigarette. Die Frau hebt zu sprechen an: »Weißt du, was ich bei einem Mann wirklich mag, sie spannt ihre Muskeln und sagt: Ich liebe Kraft ... Und dann schlingt sie den Arm um sich und fügt hinzu: Und ich schätze Zärtlichkeit sehr und ich stehe auf einen Typ, der mir Zuwendung gibt und mich stützt, aber nicht schwafelt, einem Mann, der vollkommen aufrichtig zu mir ist und natürlich hochintelligent sein muß, aber dabei bescheiden und zurückhaltend bleibt. Während sie sich von ihren Worten fortreißen läßt, schaut er zunehmend skeptischer drein. Ich liebe einen Typ, der mit größter Selbstverständlichkeit sich ein Drama von Shakespeare ansieht und zugleich auch in Hard-Rock-Konzerte geht – einen Mann, der kühl und lässig und äußerlich ganz unberührt scheint, aber innerlich ganz differenziert und gefühlvoll. Ja, also jemand, der sehr selbstsicher ist, aber auch mir gleichzeitig genügend Spielraum läßt. Ungeduldig und ärgerlich blafft der Mann sie an. Wenn du mir so einen Mann findest, werde ich mit ihm schlafen.

Kein Wunder, daß er verärgert war. Kein Mann könnte – oder vielleicht möchte das nicht einmal jemand – eine solche Bandbreite widersprüchlicher Gefühle und Haltungen zum Ausdruck bringen. Ebensowenig könnte eine Frau das Ideal der Super-Woman erreichen – eine erfolgreiche Karrierefrau/Hausfrau/Mutter/Ehefrau/Geliebte sein und gleichzeitig noch Energie und Zeit genug haben, zärtlich, beschützend und liebevoll zu sein. Anstatt zuzulassen, daß solche überlebensgroßen Modelle gesellschaftlich zwingend werden und gefordert sind, könnten diese Veränderungen doch von der neuen Freiheit zeugen, daß man sich aus den Optionen in Verhalten, Einstellung oder Gefühl dasjenige wählt und herausgreift, was am besten zum Ausdruck bringt, was man empfindet und was man will. Wenn ein Mann zärtlich sein möchte, kann er es sein. Wenn er eine Frau ins Bett schleifen will, kann er es tun. Und falls er sich am nächsten Abend entspannen möchte und sanft zur Lust verführt werden möchte, dann kann er sie unbefangen auffordern, die Führung zu übernehmen. Entscheidend ist, daß er sich nicht unbedingt auf ein festes Rollenschema festlegen muß. Er kann sich wohl dabei fühlen, um das zu bitten, was er möchte, und gleichzeitig wissen, daß er ungeschützt seine geheimsten Wünsche äußern und seine tiefsten Gefühle zum Ausdruck bringen kann, ohne daß er dabei auch nur das kleinste Stück seiner Männlichkeit aufgeben müßte.

Es ist diese Freiheit, sein innerstes Selbst zum Ausdruck zu bringen, die für die von uns interviewten Männer am wichtigsten war, die ihnen ermöglichte, intime Beziehungen herzustellen, die wirklich befriedigend waren. Wenn sie sich ihr eigenes Leben anschauen, gewinnen sie dann den Eindruck, daß das Skript, das man ihnen als Mann auf den Leib geschrieben hat, ihrer gefühlsmäßigen Ausstattung entspricht und ihnen gestattet, ihre wahren Gefühle zum Ausdruck zu bringen, hilft ihnen ihr Rollenbuch dabei oder hindert es sie in ihrer Beziehung, Intimität zum Ausdruck zu bringen. Falls es untauglich ist, ihre innersten Gefühle zum Ausdruck zu bringen oder jeglicher Intimität sogar im Wege steht, dann können sie einiges am Text ändern, ohne daß sie ihre Männlichkeit aufs Spiel setzen müssen. Denn es braucht wirklich Mut, sich zu ändern – insbesondere, wenn die Konditionierung zum Mann Stoizismus und Starksein auf Kosten von Feingefühl und Verletzlichkeit verstärkt. Männer, die in der Lage sind, Warmherzigkeit, Verletzlichkeit und Zärtlichkeit zum Ausdruck zu bringen, haben in ihrer persönlichen Entwicklung ein weites Stück zurückgelegt, um diese gesellschaftliche Konditionierung zu überwinden. Es erfordert großen Mut und Charakterstärke, diese tief verwurzelten gesellschaftlichen Regieanweisungen zu überwinden. Das zu erreichen, erfordert einen echten Superman, und von diesen Männern gibt es in letzter Zeit mehr und mehr.

Hat Kirsty Middleton tatsächlich zehn Jahre ihres Lebens vergessen? Einfach so? Warum sie ins Krankenhaus eingeliefert wurde, weiß sie nicht mehr. Man sagt ihr, sie sei nur wenige Minuten bewußtlos gewesen – aber wovon? Nach ihrem Krankenhausaufenthalt bringt man sie »nach Hause«. Doch sie ist überzeugt, noch nie in diesem Haus gewesen zu sein. Ihre Eltern leben auf einmal nicht mehr eine Autostunde von ihr entfernt, sondern in Spanien an der Costa Brava. Für Kirsty ist alles ein Alptraum. Erst als sie allmählich hinter das Geheimnis ihrer Amnesie kommt, beginnt sie zu begreifen: Vergessen ist manchmal leichter, als sich zu erinnern.

Für ihren fesselnden und gleichzeitig bedrückenden Erstlingsroman hat Crysse Morrison gründlich recherchiert: Die Krankheitsgeschichte ihrer Protagonistin Kirsty ist zwar fiktiv, jedoch psychologisch denkbar. Nicht zuletzt deshalb ist *Sommer der Erinnerung* ein atmosphärisch dichter, packender Roman über die Identitätssuche einer jungen Frau.

Crysse Morrison

Sommer der Erinnerung
Roman
Deutsche Erstausgabe

List GRANDE

Econ | ULLSTEIN | List